本文集出版得到南京市文学艺术界联合会非遗传承人工作室
"二十四节气文化活态传承与践行"项目资助

季中扬　杨旺生◎主编

农业民俗研究

节气、农具与乡土景观

AGRICULTURAL FOLKLORE STUDIES
solar terms, farm implements
and rural landscapes

社会科学文献出版社
SOCIAL SCIENCES ACADEMIC PRESS (CHINA)

前　言

在走出"民间文学""口头传承"研究之后，中国民俗学围绕"生活文化"范畴，建构了涵盖物质生产与生活民俗、社会组织民俗、岁时节日与人生礼仪、民间信仰、民间科学技术、民间文艺诸方面的宏大研究框架。在这个研究框架中，农业民俗是物质生产民俗的重要组成部分，农业生产及其相关的知识、技术、工具、习俗被纳入当代民俗学的研究视野。钟敬文主编的《民俗学概论》、董晓萍的《现代民俗学讲演录》等著作均将农业民俗视为民俗学的重要研究对象。尤其是董晓萍的《现代民俗学讲演录》一书，专章讨论了粮食民俗、水利民俗、土地民俗等。

古代中国创造了极为辉煌的农耕文明，大多传统民俗都与农业生产密切相关，不研究农业民俗，就不可能真正把握中国民俗学。现代中国仍然是一个农业大国，还有近6亿人口生活在农村，直接或间接从事着农业生产，研究农业民俗是理解农民、农业、农村，从而真正理解现代中国的一个非常重要的视角。因此，不管从民俗学学科发展自身来看，还是从学术研究应有的现实关怀来看，都应该重视农业民俗研究。然而，农业民俗虽然已经进入当代民俗学的研究视域，却一直处在一个很少有人关注的角落，就专著而言，仅有詹娜的《农耕技术民俗的传承与变迁研究》、戴嘉艳的《生存智慧与文化选择——达斡尔族农业民俗及其生态文化特征研究》、惠明与王勇超的《关中农业生产民俗》等寥寥几本。

为了促进民俗学界对农业民俗研究的关注，南京农业大学民俗学研究所在南京市文学艺术界联合会的资助下，于2016年12月、2017年9月以"二十四节气研究"为中心议题，召开了两次学术研讨会。其后，我们决定出版一本"二十四节气研究"论文集。在编选论文过程中，我们不断研讨，不断调整编选理念，结果改变了原初的编选设想，最终决定编选的论文集涵盖"节气研究""农具研究""乡土景观研究"三个方面。之所以要涵盖这三个方面，一是因为二十四节气研究只有放置在农业民俗研究框架内，才能获得合法的学科身份，进而以学科的力量不断推进其研究；二是因为"节气研究""农具研究""乡土景观研究"事实上已经成为当下农业民俗研究的重要方向，但是，这三个方向一直处于各自为战状态，将其放置在一起，有利于放大农业民俗研究的学术影响力。这两个理由都比较"现实"，都是策略性的，其实，关注"农具研究"与"乡土景观研究"，也有学术性考量。

目前，欧美的物质文化研究方兴未艾，已有"西学东渐"之势，国内艺术人类学等学科已经开始关注日常器具研究。民俗学显然更应该关注日常器具，不管是农具、家具，还是玩具、文具，这些器具都是人们生活方式与价值观念的物化，对"物"的研究，是民俗学研究民族文化的一条重要路径。在日本，民具学一直是民俗学中的显学，周星先生多次呼吁国内民俗学界要重视民具学研究，认为这是中国当代民俗学的"缺漏"。2013年在山东大学开会时，周星先生就对我说，你在农业大学工作，应该重视农具研究。确实如此，在民具中，农具最为丰富多样，也最有文化内涵，最具历史传承性，研究农具可以说是深入研究民具学与农业民俗的一条秘密通道。我们期待这本选集能够引起同行对农具研究的关注，有更多民俗学者深入研究中国农具。

在诸多版本的《民俗学概论》中，大多认可传统建筑（如江南民居、北京四合院、陕北窑洞等）是民俗学的研究对象，但是很少有人把建筑、巷道、田野、沟渠、桥梁、墓地等作为整体的乡土景观视为民俗学研究对象，尤其是农田，一直在民俗学研究视野之外。在日本民俗学界，柳田国男及其追随者虽然提出了整体性的"乡土"研究，但也没有从"景观"角度认识"乡土"，研究农田。乡土景观是"民"作为一个社群长期生产、生活的文化空间，是其群体性劳作方式与生活观念的表征，如梯田、垛田等，凝结着这一方人生产、生活的历史，以及与环境不断相调适的智慧，只有深入研究乡土景观，才能真正理解群体性的"民"及其"俗"。就此而言，本文集关注乡土景观研究，尤其是把农田景观研究纳入民俗学研究范畴，在一定程度上拓展了民俗学对农业民俗研究的认识。

当然，农业民俗研究范畴远远不止节气研究、农具研究、乡土景观研究、水利研究、粮食生产研究、农业灾害研究等都是极富现实意义的课题，都应该得到农业民俗研究者的关注。就拿水利研究来说，且不论北方传统的农业灌溉技术，就是当下农田沟渠水泥硬化所产生的生态问题，就非常值得我们从民俗学角度进行调查研究。再如粮食生产问题，在转基因食品、有机食品论争中，听不到民俗学研究者的声音，这也是值得民俗学界反思的问题。限于本文集的容量，我们未能编选相关文章，在条件许可的时候，我们将弥补这个缺憾。

师慧、夏春晨、赵天羽、马海娅、蒋乐畅在本文集编辑出版过程中付出了辛勤劳动，特此表示感谢。南京市文学艺术界联合会非遗传承人工作室"二十四节气文化活态传承与践行"项目对本文集的出版提供了支持与资助，特此致谢！

季中扬

2018 年 7 月

目 录

节气研究

3 二十四节气形成过程初探 / 刘晓峰

15 二十四节气歌形成时间及流变路径初探 / 张隽波

36 二十四节气制度的历史及其现代传承 / 刘宗迪

42 论二十四节气：精英与民众共同创造的简明物候历 / 陈连山

49 节点性与生活化：作为民俗系统的二十四节气
     ——二十四节气保护与传承的一个视角 / 王加华

61 从节气歌谣、谚语看二十四节气的活态传承 / 季中扬　师　慧

72 危机·转机·生机：二十四节气保护及其需要解决的
     两个重要问题 / 张　勃

89 二十四节气在日本的传播与实践应用 / 毕雪飞

104 自媒体环境中的非物质文化遗产保护与传播
      ——以二十四节气为例 / 方　云

118 二十四节气与民俗 / 萧　放

农具研究

133　物质文化研究的格局与民具学在中国的成长／周　星

168　农具：肢体功能的延伸与象征意义的衍化
　　　　——以辽东沙河沟人的农具制作与使用为例／詹　娜

184　苏州稻作木制农具及俗事考／金　煦　陆志明

196　江南稻作农具民俗遗产的文化表现
　　　及其意义／丁晓蕾　孙　建　王思明

213　近代华北农村农具、役畜的使用习俗探讨／朱洪启

224　水车与秧苗：清代江南稻田排涝与生产恢复场景／王建革

乡土景观研究

247　找回老家：乡土社会之家园景观／彭兆荣

261　日本乡土景观研究的历史与方法
　　　　——从柳田国男的"乡土研究"谈起／张　颖

272　河浜·墓地·桥梁：太湖东部平原传统聚落的景观
　　　与乡土文化／吴俊范

289　哈尼族梯田文化的内涵、成因与特点／陈　燕

298　文化景观遗产及构成要素探析
　　　　——以广西龙脊梯田为例／王　林

309　兴化垛田的历史渊源与保护传承／卢　勇　王思明

节气研究

二十四节气形成过程初探 *

刘晓峰 **

摘要： 本文参考考古学、历史学、文献学等相关资料对古代二十四节气观念的形成过程进行了讨论。文章指出：圭表测日为二十四节气观测确定最主要之方法，由冬夏二至发展至七十二候，是一个不断细化的时间划分体系，而二十四节气因为划分得疏密最为适宜而获得广泛流传。二十四节气是分至启闭系统吸收月数知识的结果，作为吸纳月数知识的证明，本文还对十二律与十二月的联系做了基本的讨论。

关键词： 二十四节气；圭表测日；时间划分体系；十二律；损益

中国申报的"二十四节气——中国人通过观察太阳周年运动而形成的时间知识体系及其实践"被正式列入人类非物质文化遗产代表作名录。这是中国继中医针灸、珠算后第三项"有关自然界和宇宙的知识和实践"的代表作。然而遗憾的是，二十四节气的形成过程、在中国古典知识体系中二十四节气拥有怎样的位置等非常基础的学术问题，却至今没有得到令人满意的清理。有鉴于此，本文意图参考考古学、历史学、文献学等相关资料对古代二十四节气观念的形成过程做一检讨。笔者认为：第一，圭表测日为二十四节气观测确定最主要之方法；第二，由冬夏二至发展为两分两至，再发展到分至启闭，进而发展为二十四节气以至七十二候，是一个不断细化的时间划分体系，在这一体系中，二十四节气因为疏密最为适宜而

---

* 本文原刊于《文化遗产》2017 年第 2 期，题名为《二十四节气的形成过程》，收入本文集时略有改动。

** 刘晓峰（1962～ ），吉林省吉林市人，文学博士，清华大学历史系教授。

获得广泛流传；第三，二十四节气是分至启闭系统吸收月数知识的结果，"二十四"这一数字，是分至启闭系统吸收月数知识后在两者之间找到的最小公倍数。作为吸纳月数知识的证明，本文还对十二律与十二月的联系做了基本的讨论，并期待以此为古代二十四节气知识的正本清源提供一点参考。不当之处，还请方家指正。

一

　　一年年时间的循环，是自然时间的基本特征。二十四节气的形成过程，是中国古人立足大地对太阳周年运行规律认识的不断深化过程。人类的知识起源于人们的生产生活。中国古代农业文明发达，考古学证明河姆渡稻作距今 7000 年，东灰山遗址麦种距今 4000 年。水稻与小麦这两种主要农业植物的栽培技术的发展，为南北中国奠定了农耕生产的基调。一如《吕氏春秋·当赏》云："民无道知天，民以四时寒暑日月星辰之行知天。四时寒暑日月星辰之行当，则诸生有血气之类皆为得其处而安其产。"[①] 四时寒暑、日月星辰的运行，对国计民生实有重要影响。因为农耕生活的核心是春种秋收，而古代天文学、历学的发达应当与为农业播种收割提供准确时间有直接关系。古人在实际生活中，应当很早就体会到了四季循环的存在。但从最初感性地认识这一循环到最后达到准确地把握这一循环，历史上经过了一个不断探索的过程。这是因为感知四季循环与精准把握四季循环，是完全不同的两个层面。前者仅凭感性的认识就足够了，而后者既需要持续准确地观察积累作为研究材料，又需要比较复杂的知识体系作为认知框架。这一点在古代人眼中就是如此。《晋书》记载古代日本"不知正岁四节，但计秋收之时以为年纪"。"计秋收之时以为年纪"就是感性地对四季循环产生简单的认识，而"知正岁四节"则是精确地把握四季循环的意义。可见在《晋书》撰写者那里，这两者是截然不同的。

　　古人用阴阳来概括一年寒暑的变化，而太阳是影响气候变化所有因素中最重要的"阳"。一如班固《汉书》所指出："日，阳也。阳用事则日

---

① 陈奇猷撰《吕氏春秋校释》，台湾华正书局，1985，第 1610 页。

进而北，昼进而长。阳胜，故为温暑，阴用事则日退而南，昼退而短。阴胜，故为凉寒也。故日进为暑，退为寒。"① 二十四节气的根本目标，是为循环的时间合理地安排出刻度，但在安排这些刻度时，古人同样有一套自己依据的观念。二十四节气的核心之一，是"气"的观念。司马迁《史记·律书》云："气始于冬至，周而复始。"② 古人认为一岁之间，"本一气之周流耳"，一年的节气变化就是"一气"的循环。二十四节气的另一个核心是"节"的观念。节就是为周流天地之间的"一气"画出刻度。第三个核心是"中"，在每节时间的正中画出阴阳变化的刻度，这就是中气。《汉书·律历志》云："夫历春秋者，天时也。列人事而因以天时。《传》曰：民受天地之中以生，所谓命也。""中"是"定命"的根本，能否获得"中"关系重大，因为"能者养以之福，不能者败以取祸"。③ 二十四节气就是节气与中气的合称。一元之气分而为二，则有阴有阳存焉。分而为四划分寒暑之气，则春分为节，夏至为中气；秋分为节，冬至为中气。二分二至节而分之则为分至启闭。立春为春节，春分为春之中气；立夏为夏节，夏至为夏之中气；立秋为秋节，秋分为秋之中气；立冬为冬节，冬至为冬之中气。参之十二月，则以冬至为基点，分一岁为十二月，月初为节气，月中为中气。节气得气之始，中气得气之中。在这种划分中，存在古代人对太阳周年运动的准确的观察，也包含古代人的世界观和宇宙观，这是我们在理解二十四节气时应当知道的。

从根本上说，二十四节气正是基于对太阳一年周期性变化的准确观测和把握。日月之行，四时皆有常法。问题是用什么方法来掌握它。在这方面中国古人很早就发明了以圭表测日的方法。在距今 4000 年的陶寺遗址中，考古学者发现了带有刻度的圭尺，这一实物的发现，证明我们的先民很早就掌握了圭表测日的方法。通过持续地观测一年之中日影的变化，古人发现了日影最长的夏至日和日影最短的冬至日这两个极点，并准确掌握了一年日影变化的周期性。陶寺遗址的发现意味着我们文献中所称讲的"用夏之时"并不是假托古人，更可能的是历史上古人确实早已经掌握了冬至、夏至太阳的变化规律。

---

① 《汉书·天文志》，中华书局，1962，第1294页。
② 《史记·律书》，中华书局，1959，第1251页。
③ 《汉书·律历志》，中华书局，1962，第979页。

观察到冬至、夏至的现象，对于古人认识一年周期性变化意义重大。因为这意味着在一年的时间循环中发现了两个最重要的刻度。根据《周髀算经》的记载可知，在后来的中国古代时间体系的形成过程中圭表测日同样发挥了极为重要的作用，它是古代划分二十四节气时间刻度最主要的方法。有关这方面，我们会在第三节进一步加以论述。

二

陶寺遗址的发现并不是孤立的。冯时根据河南濮阳西水坡 45 号墓的墓穴形状表现了二分日及冬至日太阳周日视运动轨迹，认为早在公元前 4500 年前人们已经对分至四气有所认识。他还认为公元前 3000 年的辽宁省建平县牛河梁的三环石坛表示了分至日太阳周日视运动轨迹。殷商时期已经发现了春分秋分，不过称谓上与现代有异。冯时在《中国天文考古学》中指出，殷代四方神实即分至之神，四方神名的本义即表示二分二至昼夜长度的均齐长短，而四方风则是分至之时的物候征象。"殷商时代，分至四气仅单名析、因（迟）、彝、宛，而不与季节名称相属，直观地描述了二分二至昼夜的均齐长短。"① 这是很值得重视的观点。保守地说，到殷末周初，古人应当已经从认识冬至夏至，进而发展出对春分和秋分的认识。这可以从文献记载中得到明确的证明。两分两至在《尚书·尧典》中有明确的记载：

> 乃命羲和，钦若昊天，历象日月星辰，敬授人时。分命羲仲，宅嵎夷，曰旸谷。寅宾出日，平秩东作。日中星鸟，以殷仲春。厥民析，鸟兽孳尾。申命羲叔，宅南交。平秩南讹，敬致。日永星火，以正仲夏。厥民因，鸟兽希革。分命和仲，宅西，曰昧谷。寅饯纳日，平秩西成。宵中星虚，以殷仲秋。厥民夷，鸟兽毛毨。申命和叔，宅朔方，曰幽都。平在朔易。日短星昴，以正仲冬。厥民隩，鸟兽氄毛。帝曰："咨！汝羲暨和。期三百有六旬有六日，以闰月定四时成岁。"②

---

① 冯时：《中国天文考古学》，中国社会科学出版社，2010，第 256 页。
② 《尚书·尧典》，《十三经注疏》，中华书局，1980，第 119 页。

这段文字中的日中、日永、宵中、日短，就是对春夏秋冬四季太阳变化的描述。对这段记载，学者们的讨论非常多。竺可桢以实测的角度考证出这是殷末周初之天象，这说明早在殷末周初人们就认识到了两分两至。① 春分、秋分在《尚书·尧典》中的记载，明确告诉我们沿着观察太阳变化这一线索，古人们已经认识到春分、秋分是一年中两个昼夜均衡划分的特殊日子这一自然现象。

春秋时代，伴随古代天文学的发达，人们的认识进一步从两分两至细化到"分至启闭"。分指春分、秋分，至指夏至、冬至，启指立春、立夏，闭指立秋、立冬。《左传·僖公五年》记云："凡分、至、启、闭，必书云物，为备故也。"杜预《注》："分，春秋分也；至，冬夏至也；启，立春立夏；闭，立秋立冬。"② 又《左传·昭公十七年》亦记"分至启闭"云："凤鸟氏，历正也；玄鸟氏，司分者也；伯赵氏，司至者也；青鸟氏，司启者也；丹鸟氏，司闭者也。"③ 到战国末期，《吕氏春秋》"十二月纪"中立春、春分、立夏、夏至、立秋、秋分、立冬、冬至等八个节气的准确称谓都已经出现。由一年而分冬至夏至，由冬至夏至而分两分两至，再由两分两至而发展到四立与两分两至组合成的"分至启闭"，距离二十四节气就只有一步之遥了。

这一步就是在已经被分至启闭一分为二的春夏秋冬四季八个刻度间，再一分为三，亦即在每个时间刻度之间再分别增加两个刻度，这样就形成了二十四节气。由八而二十四这个变化比较特殊。因为按照从一分为二到二分为四，再到四分为八的数字排列，下一个数字应当是偶数的十六④，而不应当是二十四。为什么会发生这种特殊的变化？笔者认为，在这个环节，以月象观察为主要标志的分一年为十二月的月数知识被结合进来，这才是二十四节气最后形成最为关键的核心点。从时间文化的形成顺序来

---

① 竺可桢：《论以岁差定〈尚书·尧典〉四仲中星之年代》，《科学》1927年第12期，第100~107页。

② 《左传》，《十三经注疏》，中华书局，1980，第1794页。

③ 《左传》，《十三经注疏》，中华书局，1980，第2083页。

④ 沿着自八而十六这一数字结构延展的，是式盘的十六神将。十六神将在式盘上由十二辰与乾坤艮巽而命名，但内在的数字逻辑是由一、二、四、八这个顺序延展。王希明《太乙金镜式经》引《传》曰："太乙者，天帝之神也。主使十六神，知风雨、水旱、兵革、饥馑、疾疫、灾害之国也。"

看，二十四节气的划分方法是比较后起的。在二十四节气出现之前，依靠月象观察确定时间并划分一年为四季十二月和划分一年为三百六十五日的传统时间框架早已经根深蒂固。划分节气很难无视这一巨大的现存传统时间框架。今天的二十四节气所取的二十四这个数字，实际上是八与十二的最小公倍数，节气定在这个数字上并非出于偶然。这一组合变化的结果，是在一年为十二个月这一基数上，中分一月为二，一为节气、一为中气，最后形成由十二个节气和十二个中气结合而成的二十四节气。要而言之，在二十四节气形成过程中，一、二、四、八、十二、二十四这组数字的意义是非常重要的。

三

从分至启闭体系发展到二十四节气的过程中，组合进了十二月的月数知识，这一点也反映在节气较早的记载中。《逸周书》主体被认为是先秦文献的汇总，其"周月解"云：

> 凡四时成岁，有春夏秋冬，各有孟仲季，以名十有二月。中气以著时应。春三月中气：雨水、春分、谷雨。夏三月中气：小满、夏至、大暑。秋三月中气：处暑、秋分、霜降。冬三月中气：小雪、冬至、大寒。闰无中气，指两辰之间。万物春生、夏长，秋收、冬藏。天地之正，四时之极，不易之道。①

这段记载中有和今天我们使用的二十四节气版本不同的地方，主要是在春

---

① 黄怀信撰《逸周书校补注释》，三秦出版社，2006，第251页。按：后人校对此书时认为该排列方法不古，曾改为"惊蛰、春分、清明"，见该书同页所引"卢校"。《夏小正》云："正月启蛰。"《考工记》云："启蛰，孟春之中也。"又将惊蛰归为孟春。同书《时训解》："立春之日，东风解冻。又五日，蛰虫始振。又五日，鱼上冰。风不解冻，号令不行。蛰虫不振，阴奸阳。鱼不上冰，甲胄私藏。惊蛰之日，獭祭鱼。又五日，鸿雁来。又五日，草木萌动。"足见这一划分法自有古老传统作为依托。又《礼记·月令》注云："汉始以雨水为二月节。"可知早期二十四节气或曾以启蛰为孟春中气，后更改为今日的顺序。

天的中气划分上。[①] 但"十有二月,中气以著时应"的记载,提醒了我们十二月和十二中气的对应关系。从《淮南子·天文训》中有关二十四节气最早的完整记载中,也可看见月数知识影响的端倪:

> 两维之间,九十一度十六分度之五而升,日行一度,十五日为一节,以生二十四时之变。斗指子则冬至,音比黄钟。加十五日指癸则小寒,音比应钟。加十五日指丑则大寒,音比无射。加十五日指报德之维,则越阴在地,故曰距日冬至四十六日而立春,阳气冻解,音比南吕。加十五日指寅则雨水,音比夷则。加十五日指甲则雷惊蛰,音比林钟。加十五日指卯中绳,故曰春分则雷行,音比蕤宾。加十五日指乙则清明风至,音比仲吕。加十五日指辰则谷雨,音比姑洗。加十五日指常羊之维则春分尽,故曰有四十六日而立夏,大风济,音比夹钟。加十五日指巳则小满,音比太蔟。加十五日指丙则芒种,音比大吕。加十五日指午则阳气极,故曰有四十六日而夏至,音比黄钟。加十五日指丁则小暑,音比大吕。加十五日指未则大暑,音比太蔟。加十五日指背阳之维则夏分尽,故曰有四十六日而立秋,凉风至,音比夹钟。加十五日指申则处暑,音比姑洗。加十五日指庚则白露降,音比仲吕。加十五日指酉中绳,故曰秋分雷戒,蛰虫北乡,音比蕤宾。加十五日指辛则寒露,音比林钟。加十五日指戌则霜降,音比夷则。加十五日指蹄通之维则秋分尽,故曰有四十六日而立冬,草木毕死,音比南吕。加十五日指亥则小雪,音比无射。加十五日指壬则大雪,音比应钟。加十五日指子,故曰阳生于子,阴生于午。阳生于子,故十一月日冬至,鹊始加巢,人气钟首。阴生于午,故五月为小刑,荠麦亭历枯,冬生草木必死。[②]

此处提及的黄钟、大吕、太蔟、夹钟、姑洗、仲吕、蕤宾、林钟、夷则、南吕、无射、应钟即古代的十二律。古人很早就已经在十二律与十二月中间建立了联系。《吕氏春秋·音律》称:"天地之气,合而生风。日至则月钟其风,以生十二律。仲冬日短至,则生黄钟。季冬生大吕。孟春生太

---

① 黄怀信撰《逸周书校补注释》,三秦出版社,2006,第253~261页。
② (汉)刘安著,何宁撰《淮南子集释》,中华书局,1998,第213~218页。

蕤。仲春生夹钟。季春生姑洗。孟夏生仲吕。仲夏日长至。则生蕤宾。季夏生林钟。孟秋生夷则。仲秋生南吕。季秋生无射。孟冬生应钟。天地之风气正，则十二律定矣。"[1]《礼记·月令》中也记载，孟春之月，律中太蔟；仲春之月，律中夹钟；季春之月，律中姑洗；孟夏之月，律中仲吕；仲夏之月，律中蕤宾；季夏之月，律中林钟；孟秋之月，律中夷则；仲秋之月，律中南吕；季秋之月，律中无射；孟冬之月，律中应钟；仲冬之月，律中黄钟。所以这里出现的十二律，可以说是将月数知识体系纳入二十四节气的一个证明。

其间涉及了音律与节气的关系问题。在二十四节气的确立过程中，以圭表测日根据日影变化为时间确定刻度这一根本方法依旧是最重要的方法。《周髀算经》卷下记载了日晷影长一年的规律性变化过程：

> 凡八节二十四气，气损益九寸九分六分分之一。冬至晷长一丈三尺五寸，夏至晷长一尺六寸。问次节损益寸数长短各几何？冬至晷长丈三尺五寸，小寒丈二尺五寸（小分五），大寒丈一尺五寸一分（小分四），立春丈五寸二分（小分三），雨水九尺五寸三分（小分二），启蛰八尺五寸四分（小分一），春分七尺五寸五分，清明六尺五寸五分（小分五），谷雨五尺五寸六分（小分四），立夏四尺五寸七分（小分三），小满三尺五寸八分（小分二），芒种二尺五寸九分（小分一），夏至一尺六寸，小暑二尺五寸九分（小分一），大暑三尺五寸八分（小分二），立秋四尺五寸七分（小分三），处暑五尺五寸六分（小分四），白露六尺五寸五分（小分五），秋分七尺五寸五分（小分一），寒露八尺五寸四分（小分一），霜降九尺五寸三分（小分二），立冬丈五寸二分（小分三），小雪丈一尺五寸一分（小分四），大雪丈二尺五寸（小分五）。凡为八节二十四气。气损益九寸九分六分分之一。冬至、夏至为损益之始。[2]

这段记载的重要性在于以下四点。第一，正如我们第一节所讲的那样，圭表测日对二十四节气的最后确定，提供了技术上最重要也是最可靠的数据

---

① 陈奇猷撰《吕氏春秋校释》，台湾华正书局，1985，第324~325页。
② 《周髀算经》，《丛书集成初编》本，中华书局，1985，第69~71页。

支持。这段记载告诉我们，古代二十四节气的确定，最主要的根据是从冬至晷长到夏至晷长之间的变化。① 第二，这段记载从古代算学的视角，为我们提供了古代二十四节气所对应的日影变化的完整记录。第三，这段记载反映了古人对气的损益和晷长变化的规律已经有了非常准确的把握。第四是关于"损益"。准确把握了晷长变化的规律后，古人是怎样看通过对日影观测所获得的这种变化的？古人在一年的时间变化中看到了什么？这一准确把握唤起了古人对宇宙怎样的想象？出现在这段文字中的"损益"，是了解这一切的重要的关键词。所谓"冬至、夏至为损益之始"，即以冬夏两至为基点，以"损""益"的思路理解气的变化，这非常重要。因为"损益"也是古人讨论音乐节律规律性变化时最重要的关键词。古代有关音乐的知识发轫甚早。距今有 8000～9000 年的河南舞阳七孔骨笛的出土，告诉我们古代中国人很早就有使用五声乃至七声音节的艺术实践。到了春秋时期，人们对声音的节律变动已经有了比较深入的认识。《管子·地员》中记载的"三分损益法"，以三分损益生五律：

> 凡将起五音，凡首，先主一而三之，四开以合九九，以是生黄钟小素之首以成宫；三分而益之以一，为百有八，为徵；不无有三分而去其乘，适足以是生商；有三分而复于其所，以是生羽；有三分去其乘，适足以是成角。②

《吕氏春秋·季夏》则记载了三分损益生十二律：

> 黄钟生林钟，林钟生太蔟，太蔟生南吕，南吕生姑洗，姑洗生应

---

① 成语有云："立竿见影。"立木而观其影是中国古代研究天文变化广为人知的观测手段，古代典籍中还保留有由此衍生出的相关习俗。北魏贾思勰《齐民要术》卷三"杂说"云："《物理论》曰：正月望夜，占阴阳。阳长即旱，阴长即水。立表以测其短长，审其水旱。表丈长二尺。月影长二尺者以下，大旱。二尺五寸至三尺，小旱。三尺五寸至四尺，调适，高下皆熟。四尺五寸至五尺，小水。五尺五寸至六尺，大水。月影所极，则正面也。立表中正，乃得其定。"按：《物理论》为晋杨泉所著（《旧唐书·经籍志》："《物理论》十六卷，杨泉撰。"），是此俗南北朝即已有之。宋陈元靓《岁时广记》卷十二"上元下"引王仁裕《玉堂闲话》亦记古人有正月十五候竿影占丰穰之俗，其云："上元夜，立一丈竿于庭中，候月午。其影至七尺，大稔。六尺、八尺，小稔。九尺、一丈，有水。五尺，岁旱。三尺，大旱。"是则此俗至宋末元初或尚存也。
② 《管子校正》，《诸子集成》本，河北人民出版社，1986，第 311～312 页。

钟，应钟生蕤宾，蕤宾生大吕，大吕生夷则，夷则生夹钟，夹钟生无射，无射生仲吕。三分所生，益之一分以上生。三分所生，去其一分以下生。黄钟、大吕、太蔟、夹钟、姑洗、仲吕、蕤宾为上，林钟、夷则、南吕、无射、应钟为下。[1]

音律的增减损益和日影的增减损益之间的相似性，唤起了古人丰富的联想。《史记·律书》记载："王者制事立法，物度轨则，一禀于六律，六律为万事根本焉。"[2]古人不仅认为天气变化与音乐有关，而且将音律神圣化，认为其中有数理，有无形但俨然自在的天地法则。有关中国古代人对宇宙法则的认识，因篇幅所限，我们以后另文论述。要而言之，只要将十二月与十二律的对应关系作为背景知识，我们就能够理解《周髀算经》中的"损益"所包含的丰富含义。需要指出的是，前引《淮南子》文中，自冬至至夏至十二节气，以冬至为黄钟，以下小寒、大寒等分别次第与应钟、无射、南吕、夷则、林钟、蕤宾，仲吕、姑洗、夹钟、太蔟、大吕等十二律相对应，自夏至至冬至十二节气，则反过来以夏至为黄钟，以下小暑、大暑等分别次第与大吕、太蔟、夹钟、姑洗、仲吕、蕤宾、林钟、夷则、南吕、无射、应钟等十二律相对应。这种冬至后日益与夏至后日损排列所展示的节气与十二律的对应，与《吕氏春秋》的十二律与十二月的对应关系有很大不同，这是需要加以注意的。

四

《古微书》载："昔伏羲始造八卦，作三画以象二十四气。"这是利用八卦每一个卦象都有三爻的特点，试图在"二十四节气"与八卦之间建立直接联系。正如以六十四卦值日用事的"卦气说"晚起于京房、孟喜一样，这种直接在八卦与二十四节气之间建立联系的努力，应当也是二十四节气成立后附会的。但古人认为"三"是多，并且"三生万物"，八乘三而生二十四符合"三生万物"的逻辑。沿着这一思路向前推进，二十四复

---

① 陈奇猷撰《吕氏春秋校释》，台湾华正书局，1985，第 324~325 页。
② 《史记·律书》，中华书局，1959，第 1239 页。

乘以三，就出现了和二十四节气关系密切的"七十二候"。"七十二候"最早见于《逸周书·时训解》。① 它把一年365天（平年）按大致五天一候划分，并规定三候为一节，以与二十四节气对应。每一候均以一种物候现象作为"候应"。和二十四节气多为天气变化不同，"七十二候"更多地利用了生存于大地之上的动植物以及大自然的多种变化作为时间标志。如"水始涸""东风解冻""虹始见""地始冻""鸿雁来""虎始交""萍始生""苦菜秀""桃始华"等。发展到"七十二候"，已经开始把时间的刻度细致到以五日为一个单位来把握。从数字而言，"五"是"天之中数"②，《周易·系辞上》云："天数五、地数五，五位相得而各有合。天数二十有五，地数三十，凡天地之数五十有五，此所以成变化而行鬼神也。"③ 所以在古代"五"是神圣数字，古代曾五日一休沐，就与"五"的神圣性相关。所以从象数之学的传统来看，不论二十四乘以三还是以五为划分单位都是非常理想的。但是，从内容上讲，由立竿见影发现冬至、夏至，发展到把一年的季节变化细致到五天一个单位，以寒暑认识大自然变化的时间体系至此已经发展到了极致。我们知道影响大地万物生长变化的因素很多。而物极必反，单纯依靠太阳运动的规律设定物候，并具体到五日一候，实际上已经超出了这一时间划分体系应有的边界，其准确性已经大有问题。加之七十二候的"候应"并非一一来自现实观测，其中不乏对上古时间文献分割转述者，所以"七十二候"可以说只具时间划分体系发展至极致的象征意义。真正在后来的社会生活中产生重要影响的，并不是具体而微的"七十二候"，而是详略最为得当的二十四节气。

要而言之，二十四节气并不是孤立存在的，它是由冬夏二至（寒暑阴阳）、四季、八节、二十四节气、七十二候构成的时间划分体系的一部分。在这一时间划分体系中，以十五日为周期的二十四节气既较诸八节之简略更为详尽，又因为以太阳运行周期为核心而有别于十二月划分，同时避免了七十二候的过于详尽而失当的弊病，可以说详略最得其宜。它最后能广为流传，成为中国古代农事活动中最有参考价值的时间文化体系，良有以也。二十四节气此后获得的发展，是"定气法"的提出。早期的二十四节

---

① 黄怀信撰《逸周书校补注释》，三秦出版社，2006，第253~261页。
② 《汉书·律历志》，中华书局，1962，第964页。
③ 《周易·系辞上》，《十三经注疏》，中华书局，1980，第80页。

气，是将一周年平分为二十四等分，定出二十四节气，从立春开始，每过15.22日就交一个新的节气，这种做法被称为"平气"，这样定的节气叫作平气。但太阳周年运动是不等速的，在各个平气之间，太阳在黄道上所走的度数并不相同。隋朝天文学家刘焯为此提出"定气"之法，以太阳在黄道上的位置为标准，自春分点起算，黄经每隔15°为一个节气，使二十四节气的划分变得更为科学。不过这一方法比较复杂，所以一直未被采用，直到清朝《时宪历》才正式采用。我们今天的二十四节气，使用的就是刘焯定气之法。

以上围绕二十四节气的成立过程，我们做了一次基本的学术性梳理。通过这一梳理我们看到，古代人由认识寒暑发展为认识两分两至，再进而认识分至启闭，再进而认识二十四节气以至七十二候，有一个发展的过程。在这一过程中，圭表测日是确定二十四节气最主要的方法。二十四节气是观察太阳周年运动而形成的时间知识体系，但发展中吸收了月数知识。"二十四"这一数字的确定，就是分至启闭系统吸收月数知识后在两者之间找到的最小公倍数。作为吸纳月数知识的证明，本文还对十二律与十二月的联系做了基本的讨论。二十四节气并不是孤立存在的。"气""节""中"是理解二十四节气的三个核心概念。举凡寒暑、二分二至、分至启闭、二十四节气和七十二候，都是按照"节""中"对"气"的不断划分。而在这些划分方法中，二十四节气之所以流传最广，与其划分得详略最得其宜密切相关。围绕二十四节气的形成，今后尚有一系列有待解决的学术问题，比如如何认识《淮南子》排列的十二律与节气的对应关系和《吕氏春秋》的十二律与十二月的对应关系不同，再比如二十四节气与包含音律在内的古代人的世界观和宇宙观有非常深的关联，今后有必要从古代时间文化发展史的角度对此做出清理，等等，这都是有待今后研究者们认真做的工作。

二十四节气歌形成时间及流变路径初探 *

张隽波 **

摘要： 作为二十四节气文化的一部分，妇孺皆知的二十四节气歌作者是谁，何时形成，现在的出版物中或语焉不详，或互相矛盾，或表述错误，莫衷一是。一般认为，节气歌形成时间是 1950 年，但笔者发现，新中国成立前的历书、教材、工具书中，已有不同版本的节气歌。种种迹象显示，发端于黄河中下游的二十四节气历经千年后，在长江中下游率先被编成节气歌。民国改用阳历后，升级版节气歌最晚在 1929 年由张心一创作完成，随之扩散到全国，并在 1947 年形成经典版节气歌。由于各地自然条件不同，切合时宜的地方版节气歌应运而生，最少的 28 字，最多的 420 字，构成了一幅丰富多彩的节气歌"全家福"。

关键词： 节气歌；历书；张心一

"春雨惊春清谷天，夏满芒夏暑相连，秋处露秋寒霜降，冬雪雪冬小大寒。每月两节不变更，最多相差一两天，上半年来六、廿一，下半年是八、廿三。"①

翻开商务印书馆出版的《新华字典》，附录最后一项就是上面的这首 8 句 56 字的二十四节气歌。从 1971 年节气歌开始出现在《新华字典》算起②，距今整整 47 年。近半个世纪以来，数亿人通过这个媒介，看到、熟

　＊　本文原刊于《民间文化论坛》2018 年第 1 期，收入本文集时略有改动。

　＊＊　张隽波，山西日报社主任编辑。

　①　《二十四节气歌》，载《新华字典》，商务印书馆，2011，附录页。

　②　《二十四节气歌》，载《新华字典》，商务印书馆，1971，附录页。

记、背诵并灵活运用二十四节气及其相关知识。

与《新华字典》类似，《四角号码新词典》《现代汉语小词典》等字（词）典，附录部分都有这首节气歌。借助字（词）典这一学习必不可少的工具书，56 字节气歌成为目前流行最广的一个版本。这首节气歌前四句比较固定，第五句有的为"每月两节不变更"①，有的为"每月两天（节）日期定"②，其余内容大都一样。

作为二十四节气文化的一部分，妇孺皆知的二十四节气歌作者是谁，何时形成，现在的出版物中或语焉不详，或互相矛盾，或表述错误，莫衷一是。种种迹象显示，发端于黄河中下游的二十四节气在历经上千年后，在长江中下游率先被编成歌谣形式的节气歌。民国改用阳历后，升级版节气歌最晚在 1929 年由张心一创作完成，随之扩散到全国。由于各地自然条件不同，切合时宜的地方版节气歌应运而生，五字句和七字句都有，最精练的 4 句 28 字，最经典的 8 句 56 字，字数最多的有 60 句 420 字，构成了一幅丰富多彩的节气歌"全家福"。

为行文方便，本文所称不同版本二十四节气歌，根据字数多少，分别以 56 字、182 字、420 字、××字节气歌代替。为区别各版本节气歌，本文称明清时期的为"传统版节气歌"，1929 年以后的为"升级版节气歌"，载入《新华字典》的为"经典版节气歌"，1950 年后各地各行业改编的为"升华版节气歌"。

一　二十四节气歌作者的七个版本

薛琴访版本　在百度上搜"薛琴访"，可看到简介为"物理学家、二十四节气歌作者"。③ 1950 年，《二十四节气歌》和署名薛琴访的《推行真正的农民日历——阳历》同时发表在《人民日报》上，节气歌标题处并无署名，后人误认为作者也是薛琴访的可能性较大。这首节气歌 10 句 70 字：

---

① 《二十四节气歌》，载《四角号码新词典》，商务印书馆，2008，第 900 页。
② 《二十四节气歌》，载《现代汉语小词典》，商务印书馆，2007，附录页。
③ "薛琴访"，百度百科，https：//baike.baidu.com/item/%E8%96%9B%E7%90%B4%E8%AE%BF，最后访问日期：2018 年 8 月 17 日。

"春雨惊春清谷天，夏满芒夏暑相连，秋处露秋寒霜降，冬雪雪冬小大寒。每月两节日期定，年年如此不更变。上半年来六廿一，下半年来八廿三。人人熟读节气歌，按时播种过丰年。"① 该节气歌因刊登媒体权威，时间又在新中国刚刚成立的 3 个月后，影响非常大，时隔多年，在多种出版物中还能看到只字未改的该版本节气歌。薛琴访（1910～1980）教授是四川蓬溪县槐花镇人，1935 年从北京大学物理系毕业，先留校工作，后在西南联合大学、北京地质大学任教，在光谱实验研究方面颇有建树。

赵却民版本 《天文·时间·历法》一书中说"为了便于记忆，我国天文学家赵却民教授将二十四个节气各取一个字，按顺序编成二十四节气歌：春雨惊春清谷天，夏满芒夏暑相连，秋处露秋寒霜降，冬雪雪冬小大寒。"② 在百度上搜"赵却民、节气"关键词，可以看到相关文章。在"24 节气网"上的《二十四节气是什么意思》一文里，节气歌的作者也是赵却民。③ 赵却民（1899～1982）生于湖南长沙市，天文学家、天文教育家，是我国现代天文学教育开创者之一。1923 年于长沙的雅礼大学理科本科毕业，1936 年 5 月被录取到英国学习天文学。1941 年 8 月，经陈遵妫介绍到中山大学数学天文系任教授，1947 年 9 月成立天文系，赵却民任系主任。1952 年 10 月，因院系调整，天文系并入南京大学，赵却民仍担任系主任。赵却民在工作中以教学为重，只发表过一篇论文《书经日食时代考》。后来进行中国历法研究，因各种干扰而进行困难，去世前仍在考虑。④ 目前没有发现赵却民创作 56 字经典版节气歌的直接证据。

张心一版本 1929 年前后出版的《国历之认识》一书中，有一篇《新历二十四节歌》⑤，作者就是张心一。张心一（1897～1992）是甘肃省永靖县人，我国农业统计学的奠基人。1922 年毕业于北京清华学堂，大学期间立志学农，组织"新农会"，1925 年毕业于美国依阿华农学院畜牧系。

---

① 《二十四节气歌》，《人民日报》1950 年 1 月 9 日，第 6 版。
② 李芝萍、贾焕阁：《天文·时间·历法》，气象出版社，2003，第 113 页。
③ 《二十四节气是什么意思》，24 节气网，http：//www.24jq.net/24jieqi/jie1283/，最后访问日期：2018 年 8 月 17 日。
④ "赵却民"，百度百科，https：//baike.baidu.com/item/% E8% B5% B5% E5% 8D% B4% E6% B0% 91/6979732? fr = aladdin，最后访问日期：2018 年 8 月 17 日。
⑤ 佚名：《国历之认识》，中国国民党中央执行委员会宣传部印，第 50 页。按：本书无出版时间，但书中有 1930 年节气时分表。

1926 年获美国康奈尔大学农业经济学硕士学位。1927～1929 年，任南京金陵大学农学院农业经济系副教授，兼农业推广系主任。1929～1932 年，任南京国民政府立法院统计处农业统计科科长。在这期间，他把 24 个节气同阳历联系起来，每月固定上旬为一个节气，下旬为另一个节气，并编成《二十四节气歌》，32 句 224 字，以指导农业生产。新中国成立后曾任中央财经委员会计划局农业计划处处长、农业部土地利用局副局长等职务。①

李元芝版本 《纪念日史料》一书中，《四季歌》作者为李元芝，共 44 句 220 字，内容为："立春阳气转，雨水润大田，树木芽萌动，麦苗绿垄间。惊蛰乌鸦叫，春分地皮干，黄牛耕四野，锄地要抢先。清明忙植树，谷雨种大田，立夏鹅毛稳，小满地种完……小寒风雪聚，大寒到年关，总结工作好，雇主两喜欢，开展大生产，人民有吃穿，中国新民主，男女一齐干。"② 很遗憾，笔者没有查到李元芝的生平资料。

古代劳动人民版本 有的书中节气歌作者是"我们的先祖"。③ 有的书中说："在长期的生产、生活实践中，古人们还采用诗词的韵律，按二十四节气的顺序，每节气取一个字，编成了七言绝句的节气歌。4 句共 28 个字。"④

当代人民群众版本 有的书中称"我们可以这样概括"⑤，有的书中说，"如果有兴趣记住这二十四节气，有个歌谣教给大家"⑥，还有的书中 3 次提到节气歌，第一次称"我国民间广为流传，可谓妇孺皆知"，第二次称"这首耳熟能详的"，第三次称"有首歌谣可以帮助大家理解"⑦。

无时间无作者版本 有的书中说"我省农村就广泛流传着"⑧，有的辞典中也有"二十四节气"词条，提到节气歌时直接说"二十四节气歌作了简洁的概括"⑨，还有的书中说"节气在阳历上的日期是基本固定的"⑩，

① 张心一：《我的自述》，载《甘肃文史资料选辑》，甘肃人民出版社，1985，第 53 页。
② 林平：《纪念日史料》，大连大众书店，1948，第 311 页。
③ 《经典读库》编委会编著《中华万年历：实用民俗百科知识》，江苏美术出版社，2014，第 18 页。
④ 沈泓：《春分冬至：民间美术中的二十四节气》，中国广播电视出版社，2011，第 23 页。
⑤ 张云飞：《中国农家》，宗教文化出版社，1996，第 107 页。
⑥ 张淑媛、张淑新等：《问不倒的导游：天象》，中国旅游出版社，2012，第 26 页。
⑦ 李志敏：《二十四节气知识全书》，中国纺织出版社，2010，前言页，第 2、7 页。
⑧ 温克刚：《节气与农事》，山西人民出版社，1974，第 2 页。
⑨ 唐祈、彭维金主编《中华民族风俗辞典》，江西教育出版社，1988，第 6 页。
⑩ 韩湘玲：《二十四节气与农业生产》，金盾出版社，2015，第 2 页。

然后直接列出56字版本。目前，相当多的出版物中出现节气歌时，都是直接拿来使用，几乎没有任何作者名字和创作时间的说明。

二 民国初期及之前的歌谣式节气歌（传统节气歌）

对古人来说，专门针对二十四节气编一首节气歌，可能远没有针对某个节气编一首诗或歌谣更为重要。目前存世的把节气与歌谣相结合的农谚、诗词非常多，而成体系的、完整的二十四节气组诗、歌谣却十分少见。

元代赵孟頫《题耕织图二十四首奉懿旨撰》较为成体系，组诗以时令月份为序，如《二月》诗："东风吹原野，地冻亦已消。早觉农事动，荷锄过相招……所冀岁有成，殷勤在今朝。"① 组诗词句里有个别节气名称，由于关注的重点不同，与节气歌相差较远。赵孟頫是吴兴（今浙江湖州）人，元代著名画家，楷书四大家之一，长期在北方为官，晚年归故里。

清早期刻本《时历纂》中有"一年二十四气七十二候总括歌"，共24句160字，6字句和7字句混杂，内容为："立春东风振陟，雨中獭雁（鹰）萌芽，惊开桃树苍鹰化，分玄雷电偏大……鸡乳征禽紧正当。"② 二十四节气名称在诗中"藏头"出现，且题目中突出了二十四节气，这首总括歌可以说是二十四节气歌的萌芽之一。这本书里有"时宪历"字样，不是为避乾隆的讳"历"字而改名的"时宪书"，可以判定为清早期刻本。

需要指出的是，清代乾隆年间，山东临朐贡生马益著编写的《日用杂字》（俗称《庄农日用杂字》）曾在山东及全国各地，尤其是北方农村广泛流传，直到民国时期，仍与《三字经》《百家姓》等书一起用作民间学堂的识字课本。该书对当时北方农村的生产生活、民风民俗有详细的描述，遗憾的是，书中的农时农事、勤俭持家等内容中并无二十四节气名称词句，也无节气歌谣。③

清末同治、光绪年间，苏州著名弹词艺人马如飞，新颖别致地用节气

---

① 中华农业科教基金会组编《农诗300首》，中国农业出版社，2015，第89页。
② 佚名：《时历纂》，清早期刻本，第1页。
③ （清）马益著：《庄农日用杂字》，中国文化出版社，2011。

和戏剧名称编写一首《节气歌弹词》进行演唱，深受广大听众欢迎。这首弹词文辞典雅，巧嵌节气、戏名，而且与当时物候丝丝入扣，浑然一体，闻者无不叫绝。内容为："西园梅放立春先，云镇霄光雨水连。惊蛰初交河跃鲤，春分蝴蝶梦花间。清明时放风筝误，谷雨西厢好养蚕……幽阃大雪红炉暖，冬至琵琶懒去弹。小寒高卧邯郸梦，一捧雪飘空交大寒。"①

还有一首站在闺房怨妇视角写成的节气歌，约形成于明清时期，770余字，内容为："立春雨水恨来迟，手托香腮滴泪珠。蓬松乌云减珠翠，撒拉着花鞋懒待提。紧闭樱桃全不语，病恹恹身子步难移。自惹情牵将谁怨，哑吃黄连苦自知。惊蛰春分杏花天，脱去棉衣换夹单。身弱犹觉微风冷，谨闭纱窗怯春寒……清明谷雨百草生，丈夫立志求功名。一去求名三年整，至到而今信不通……小寒大寒春将还，梅花香风透竹帘。冰心岂把芳心冷，守着松柏耐久寒。闭户不知春来也，日月时令记不全。愁锁眉尖将你盼，眼看着，斗柄回寅又是一年。"显然，这首诗传递的信息并不在"节气"上。

《永宁通书》中有《春夏秋冬歌》，5字一句，共24句，"立春正月节，雨水正月中，惊蛰二月节，春分二月中……"②，这一版本的节气歌比较简单，是二十四节气顺序歌。

手抄本无名书籍，应为清末民初抄写，内有《便览一年农务》，约有上千字，里面有二十四节气内容，多为8字一句："孟春令交立春雨水，初一元旦放开门炮杖，烧香吃年朝饭……仲春节气惊蛰春分，初二诸虫降地……对四真说利市话，一年农务完备俱全。"③

手抄本《庄农杂字》，应为清末民初抄写，4字一句，约有上千字，里面有二十四节气内容："天地人才，日月星辰，山川河海，江湖树林……先论四季，后论庄农，立春雨水，惊蛰春分，清明谷雨，立夏前云，小满之后，芒种随跟……小寒大寒，四季已终，二十四气，按时相生，寒来暑往，川流不停……同道见者，勿笑勿晒，之乎者也，读此不用。"

手抄本无名书籍，应为清末民初抄写，12句96字，里面有二十四节气内容："正月建寅立春雨水，二月建卯惊蛰春分，三月建辰清明谷

---

① 甄真：《二十四节气新编》，中国社会出版社，2006，第58页。
② 佚名：《永宁通书》，清晚期刻本。
③ 佚名：《便览一年农务》，清末民初抄写本。

雨……腊月建丑小寒大寒。"

以上是笔者所能查找到的极为有限资料中的节气歌，大量史料均未来得及逐一翻阅。以农书为例，据统计，我国实有农书1747种，属于明清时期的古农书1540种，约占总数的88%，为明代以前农书的7.43倍。① 随着研究的进一步深入，肯定还会发现其他版本节气歌。

由此可以看出，民国初期及以前的二十四节气歌已经蔚为大观，有的简洁明快，有的内容稍长，有的添加了许多生动的生产生活内容，但仔细分析，它们都有一个在全国流行的"先天缺陷"：只有"内容"，少有"时间"。这里的"内容"指的是节气名称和生产活动，"时间"指的是节气在某个月份的固定日期，这一"先天缺陷"只有等到民国实行阳历后才能弥补。

三　1928年节气歌是民国历法改革的副产品（升级版节气歌）

二十四节气在汉代《淮南子》一书中完整记载以来，历代的史书中也都有所记录。《史记·太史公自序》中说："夫阴阳、四时、八位、十二度、二十四节各有教令，顺之者昌，逆之者不死则亡，未必然也，故曰'使人拘而多畏'……"《汉书》记载了二十四节气的推演方法，星次、星宿和节气的关系等。《周髀算经》还对每个节气的日影长度做了比较粗疏的计算。② 此外，卷帙浩繁的史书、古文献，尤其是古诗词中还有大量的二十四节气的记载，但几乎都是如何计算二十四节气的位置，或吟咏某一时节的文章和诗词，少有把二十四节气连起来作诗或编节气歌的。从上一部分的例子可以看出，即便有，也都混在《庄农杂字》《启蒙课本》里，没有专门拿出来，当作单一的二十四节气歌。

二十四节气歌为什么最后在1929年产生？显然，这和民国初期改用阳历，尤其是1928年后，当局采取激进手段强制推行阳历有关，甚至可以

---

① 闵宗殿主编《中国农业通史·明清卷》，中国农业出版社，2016，第460页。
② 高倩艺编著《二十四节气民俗》，中国社会出版社，2010，第6页。

说，二十四节气歌就是民国历法改革的副产品。

历法改革属于王官之学，与天命授受、王朝兴衰密切相关。历代王朝的改正朔都带有极强的政治象征，昭示了统治者自身的合法性、正统性。与此相关，奉正朔成为归属和臣服的重要标志。民国成立后，官方开始使用阳历，带着与时局、世界文明接轨的新意，人们感知世界的方式开始发生变化。由于时局动荡，城头变幻大王旗，阳历在各地的推行并不理想，"阴历在整个社会仍占主流，阳历仅为点缀"。[①]"北洋军阀假借旧历书大行封建迷信的现状，更引起社会上层知识精英为代表的进步势力的不满，不时发出改变阴阳历并行现状的要求。"[②]

1927年4月南京国民政府建立后，将阳历定为"国历"，将阴历（旧历）视为"废历"，并"特制国民历颁行各省，凡属国民，均应遵守"。10月9日，南京市政府议决《民间一律遵用阳历案》，饬令市公安局具体负责实施。10月28日和11月5日，南京市公安局两次召集各团体开会，讨论遵用阳历问题，"意见未能一致"。商界不赞同废除旧历的局面，令南京市当局意识到必须借助政府的政治力量强制推行才能收效。尽管当局及各地党政机关积极呼吁并推行国历，但1928年的旧历年仍然十分红火。这种状况给国民政府以强烈刺激：要真正废除旧历，必须采取政治强制手段。之后的1930年春节，北平市公安局大肆抓捕胆敢违背政府禁令在春节期间缮写、张贴春联者。据统计，在内城捕获缮写春联者252名，外城151名；张贴春联并燃放鞭炮者，内城396家，外城318家。[③]

国民政府为什么要推行国历、废除旧历？1928年底，国民党中央宣传部制定的庆祝元旦宣传要点中用通俗的语言，将这一原因做了明确说明：一是"国历是世界上最通行最进步的历法"；二是"旧历是一本阴阳五行的类书，迷信日程的令典"；三是改变北京政府的"正朔"，完成总理遗志，进行除旧布新的社会变革。[④]

"废除旧历改用国历"的争议和官民冲突被刚从美国回国，时年30岁

① 左玉河：《评民初历法上的"二元社会"》，《近代史研究》2002年第3期。
② 左玉河：《拧在世界时钟的发条上——南京国民政府的废除旧历运动》，《中国学术》2006年第21辑。
③ 周星：《国家与民俗》，中国社会科学出版社，2011，第143~163页。
④ 周星：《国家与民俗》，中国社会科学出版社，2011，第146页。

出头的张心一看在眼里，并记在心里，他心里默念：应该用一种让老百姓主动接受国历的好办法来推行新历法。资料显示，张心一 1927～1929 年在南京金陵大学农学院农业经济系任副教授，兼农业推广系主任；1929 年，开始到南京国民政府立法院任职。资料还显示，在这期间，他把 24 个节气同阳历联系起来，每月固定上旬为一个节气，下旬为另一个节气，并编成《二十四节气歌》，广为传播，以指导农业生产。①

同一时期，另外两位可能是"经典版节气歌"的作者，薛琴访 1928～1929 年在成都师范大学读预科，赵却民 1928 年 1 月到第 6 军（军长程潜）军需处审计股任上尉股员，5 月因程潜反蒋被软禁，赵却民失业回家，9 月到上海沪江大学任物理系助教，直至 1936 年。由此可知，两人肯定不是"升级版节气歌"的作者，也不可能是"经典版节气歌"的作者（另述）。

由于时过境迁，当事人张心一已于 1992 年 3 月在北京逝世，具体细节难以掌握，只能做合理的推测：节气歌的创作时间就在 1929 年。1928 年的可能性不大，因为当时南京国民政府刚刚成立，张心一回国时间也不长，正在大学任教。1929 年的可能性最大，原因是全社会讨论历法改革的氛围已经形成，况且节气歌最早出现在《国历之认识》这本书里，书中虽没有准确的印刷时间，但书里有 1930 年的节气时分表，按照常理，应在 1929 年底印刷发行完毕。如果事实真是这样，节气歌最晚应在 1929 年年底前完成创作。当时，张心一刚从金陵大学上调到立法院，《国历之认识》编辑部得知张心一的专业背景后，安排他完成节气歌创作，张心一凭借自己扎实的学术功底，厚积薄发，一气呵成。

张心一的节气歌与之前的节气歌有明显不同，开头便是"改用国历真方便，二十四节极好算。每月两节日期定，年年如此不更变。上半年来六廿一，下半年来八廿三"，不仅把 24 个节气全部镶嵌进去，还把节气在阳历中的准确日期提炼出来，使节气歌既有了"内容"，也有了在某个月内的"具体时间"。清代及以前因使用旧历，节气具体时间在历表中飘移不定，前后可差约 1 个月，所以说，这在以前是不可能实现的。

闪耀着智慧光芒的节气歌不仅是一首诗歌，更是当时学人参与"创新

---

① "张心一"，百度百科，https：//baike.baidu.com/item/% E5% BC% A0% E5% BF% 83%
E4% B8% 80/6316749？fr = aladdin，最后访问日期：2018 年 8 月 17 日。

社会治理"的有益实践。相对于当局动用警察、法规、红头文件等冷冰冰的国家机器（手段）强迫老百姓改用国历，借助民谣、诗歌，站在老百姓角度考虑问题的节气歌，就显得温柔且有人情味多了。

四 1947 年已出现经典版节气歌 "蓝本"
（经典版节气歌）

　　1929 年出版的《国历之认识》一书第四部分就是《新历二十四节歌》，署名为张心一。节气歌分为"长江流域""黄河上游""黄河下游"三个版本，都为 32 句 224 字，前面 9 句完全相同，内容为"改用国历真方便，二十四节极好算。每月两节日期定，年年如此不更变。上半年来六廿一，下半年来八廿三。诸位熟读这几句，以后宪书不必看。一月大寒随小寒"，第 10 句开始有了变化，依次为"若种早稻须耕田""农人无事拾粪团""农人无事拾粪团"。接下来的奇数句完全相同，偶数句因地域不同，农事安排略有差异。最后两句三个版本完全相同，都是"只等大雪冬至到，把酒围炉过新年"。[1]

　　节气歌编好并印刷成书后，肯定在社会上引起较大反响，尤其会在来年的历书中留下痕迹。历书从古至今有许多不同的名称，民国以前叫日书、历日、大统历、时宪书、黄历、皇历等，民国成立后叫国历、阴阳合历、农历、农家历等。由于人们生产和生活要依靠历书科学合理地来安排时间，尤其是农副业的生产，所以这本书发行量巨大。这本书还把日月运行规律、二十四节气具体交节日期、民俗百科内容等，通过各级"学术权威"传递到百姓手中，潜移默化地影响着百姓的生产和生活。

　　果不其然，笔者手中的 1930 年历书中就有一首《国历节令歌》，共 32 句 224 字，内容与 1929 年《国历之认识》书中的"长江流域"版本完全相同，从第 10 句开始为："若种早稻须耕田。立春雨水二月到，小麦地里草除完……立冬小雪农家闲，拿去米棉换洋钱。只等大雪冬至到，把酒围炉过新年。"[2] 从"早稻""黄梅雨"等字词中可以看出，这本历书印刷和

---

① 佚名：《国历之认识》，中国国民党中央执行委员会宣传部印，第 50 页。
② 佚名：《中华民国十九年阴阳合历通书》，出版社不详，1929，第 34 页。

使用范围是长江、淮河的中下游地区。

紧接着的一本 1931 年历书，也刊登了 1930 年的这首《国历节令歌》，内容几乎一模一样，只是第 9 句和第 11 句出现了混乱，"一月雨水随惊蛰，若种早稻须耕田。春风清明二月底，小麦地里草除完"①，显然，这两句是依据传统的阴历编的，因为当年阴历正月初三是雨水节气，正月十八是惊蛰节气。"春风"应为"春分"。时年，当局强制推行阳历，好多历书中都只有阳历而没有阴历，编辑、校对人员对历法知识一知半解，致使刚刚流传的节气歌出现了混乱。

国立中央研究院天文研究所编制的 1942 年历书中，节气歌的"长江流域""黄河上游""黄河下游"三个版本全部刊登，内容与 1929 年《国历之认识》书中的完全相同。②

浙江省的一本 1944 年历书中，节气歌改编成了 60 句 420 字，这也是目前为止看到的最长版本，内容为："改用阳历真方便，三六五日作一年。四六九十一是小，其余七个月为大。惟在二月廿八日，每届四年加一天。若算二十四节气，亦用阳历最相宜。上半年来六廿一，下半年来八廿三。每月二节日期定，年年如此不改变。一月小寒接大寒，扩种冬作初步完。全年农业预先计，闲时还把副业算……大雪过后又冬至，把酒围炉过新年。"③

山西省吕梁市 1947 年的历书中，《二十四节气歌》共 26 句 178 字，内容为："打罢春来消背阴，准备农具好春耕，雨水送粪加草料，惊蛰听得牛鞭响……霜降杀百草，一年农事了，立冬十日不封地，牛儿翻地加鞭跑……立春也许年前过，雨水一定在明年。"这本书的《二十四节气歌》前面，还有一首名为《记节气》的歌谣，共 12 句 84 字，内容为："使用阳历真方便，二十四节不用算，前半年来六二三，后半年来八二三……春雨惊春连清谷，夏满芒夏暑相连，秋处露秋寒又霜，冬雪雪冬小大寒。每月两个挨住数，学会这个不费难。"④

四川省 1948 年历书中，节气歌与 1930 年时的基本一样，个别字句做

①　佚名：《大中华民国二十年阴阳合历》，出版社不详，1930，第 32 页。
②　佚名：《中华民国三十一年国民历》，国立中央研究院天文研究所，1941，第 63 页。
③　魏颂唐：《魏颂唐农历》，出版社不详，1943，第 2 页。
④　佚名：《中华民国三十六年农家历》，吕梁文化教育出版社，1946，第 1、2 页。

了改动，如"每月两节有定期""在上半年六廿一，在下半年八廿三""立冬小雪农家闲，运米挑麦换银钱"等。①

1948年，辽宁省《纪念日史料》中，《四季歌》的作者为李元芝，共44句220字，内容为："立春阳气转，雨水润大田……小寒风雪聚，大寒到年关，总结工作好，雇主两喜欢，开展大生产，人民有吃穿，中国新民主，男女一齐干。"②

1948年，冀中出版的历书中，《二十四节歌》共8句56字，内容均为："立春雨水惊蛰苏，春分清明谷雨入……立冬小雪连大雪，冬至小寒大寒无。"③ 北岳行政公署农业处编辑的1949年历书，节气歌前4句变成了"春雨惊春清谷天，夏满芒夏二暑连，秋暑露秋寒霜降，冬雪雪冬小大寒"。④ 与现在的节气歌仅差两个字：当时为"二暑连"，现在为"暑相连"；当时取"处暑"中的"暑"，现在为"处"。而1947年吕梁文化教育出版社用的是"暑相连"。

东北书店印行的1949年历书中，节气歌分为《阳历节令歌》和《阴历节令歌》。《阳历节令歌》共24句168字，内容为："一月小寒随大寒，拾粪打柴莫偷闲。立春雨水二月里，春节家家乐喧天……大雪冬至农事了，全家欢喜过新年。"《阴历节令歌》共24句120字，内容为："立春春不暖，雨水冰还坚。惊蛰仍冻手，春分雪化完……小寒又大寒，转眼到来年。"⑤

新华书店察哈尔支店1947年4月再版的教材中，第一课就是《二十四节》，共有24句96字，内容为："立春雨水，趁早送粪。惊蛰春分，栽蒜当紧。清明谷雨，瓜豆快点。立夏小满，开渠防旱。芒种夏至，割麦种谷。小暑大暑，快把草锄。立秋处暑，种菜莫误。白露秋分，种麦打谷。寒露霜降，耕地翻土。立冬小雪，白菜出园。大雪冬至，拾粪当先。小寒大寒，杀猪过年。"⑥

晋察冀新华书店1948年1月修订再版的教材中，第一课《二十四节》内容为："立春雨水，计划订起。惊蛰春分，送粪耕地。清明谷雨，瓜豆

---

① 佚名：《中华民国三十七年农民便览》，四川省印刷局，1947，第14页。

② 林平：《纪念日史料》，大连大众书店，1948，第311页。

③ 佚名：《一九四九年农用日历》，冀中行政公署农业处编印，1948，第21页。

④ 北岳行政公署农业处：《中华民国三十八年新农历》，北方印刷局，1948，第19页。

⑤ 佚名：《中华民国三十八年历书》，东北书店，1948，第7页。

⑥ 佚名：《初级国语课本》（第五册），新华书店察哈尔支店，1947，第1页。

快点。立夏小满，抓紧种棉。芒种夏至，割麦种谷。小暑大暑，遍地开锄。立秋处暑，种菜莫误。白露秋分，种麦打谷。寒露霜降，秋耕最好。立冬小雪，白菜入窖。大雪冬至，拾粪当先。小寒大寒，杀猪过年。"[1] 与1947 年 4 月的比较后发现，偶数句中有 6 处不同。

华北新华书店 1948 年 10 月出版的教材中，《二十四节》成了第十二课，内容与 1948 年 1 月的完全相同。[2] 新华书店 1949 年 12 月出版的教材中，《二十四节》也是第十二课[3]，内容也与 1948 年 1 月的相同。

五　1949 年后二十四节气歌内容丰富多彩（升华版节气歌）

作为全国较早解放的东北地区，东北人民政府农业部资料室编辑的1950 年历书中，节气歌与 1949 年东北书店印行的历书中的一模一样，都为《阳历节令歌》和《阴历节令歌》两首。[4]

河北省人民政府农业厅编的 1950 年历书中，《公历二十四节歌》风格与该省之前两年的有较大变化，与 1949 年东北版的十分相似，只是农事安排内容有所不同："公历节气真好算，一月两节不改变。上半年来六廿一，下半年来八廿三。一月小寒随大寒，积粪堆肥事在前。立春雨水二月天，农家开始整田园。三月惊蛰和春分，栽蒜种麦（大麦）好时间……大雪冬至十二月，庆祝年节万象新。"[5]

新华书店 1949 年 12 月出版的 1950 年历书中，《节气口诀》共 10 句70 字："阳历节气最好算，按月两节不改变。上半年逢六廿一，下半年逢八廿三。每节日期安排定，旧法历书不必看。立雨惊春清谷天，夏满芒夏二暑连。立处白秋寒霜降，冬雪雪冬小大寒。"[6]

笔者手边 43 本（种）1951 年历书中，有 10 余本中有《农家二十四节

---

①　刘松涛、黄雁星等：《初小国语课本》（第七册），晋察冀新华书店，1948，第 1 页。
②　惠频、刘松涛等：《初小国语课本》（第七册），华北新华书店，1948，第 23 页。
③　惠频、刘松涛等：《初小国语课本》（第七册），新华书店，1949，第 17 页。
④　东北人民政府农业部资料室编《公历一九五〇年农家历》，1949，第 18 页。
⑤　河北省人民政府农业厅编《新农用日历》，河北省联合出版社，1949，第 1 页。
⑥　新华书店编辑部编《一九五零年历书》，新华书店，1949，第 19 页。

歌》，大致分为两种类型：一为 24 句 168 字，开头直接就是"一月小寒连大寒"；二为"穿靴戴帽"式，共 36 句 252 字，在"一月小寒连大寒"前加了 8 句，内容与 1930 年历书中的基本相同，"使用阳历真方便，二十四节极好算。每月两节日期定，年年如此不改变。上半年来六廿一，下半年来八廿三。诸位熟读这几句，以后历书不用看"，后面新增加了 4 句，"农民翻身样样好，变工互助方法巧。若想明年多收成，生产计划要订早"。① 新华书店编辑的历书由于发行覆盖面大，节气歌分为"黄河下游""西北东北""长江珠江流域"三个版本，都为共 36 句 252 字，前面 9 句完全相同，之后的偶数句根据各地的生产实践灵活改编。

从 1952 年开始，整个 50 年代历书中的二十四节气歌变化不大，个别省份，尤其是南方省份根据自身需要，改编了一些内容。如福建省有"修船补网添农具，橄榄柚子都成熟"，江西省有"植树种竹接桃李，移栽宁麻种菜园"，广东省有"荔枝黄皮收成好，防洪抗旱不宜迟"等。

20 世纪六七十年代，节气歌也与时俱进，增加了好多当时的时髦新词，如"一月小寒接大寒，公社生产大发展，农林牧副渔齐跃进，工业农业翻加番""大雪冬至到新年，总结丰产好经验，农业生产党领导，八字宪法是关键""寒露天气冷，忙把梯田修，山地变平地，保墒又保收""大寒三九天，二十四节完，社员开大会，总结找经验""一月小寒接大寒，胜利进入六二年，人民公社更巩固，欢度春节过新年""正月小寒大寒连，学习毛著干劲添，思想革命学大寨，自力更生记心间""十月寒露和霜降，各种作物齐登场，多卖余粮留储备，备战备荒为人民""大雪冬至庆新喜，发展生产靠集体，公社兴旺人欢笑，感谢党和毛主席"。②

教材也不甘落后，山西人民出版社的《农业基础知识》，节气歌为 14 句 104 字③和 10 句 70 字两个版本，前一版本顺序较乱，后一版本前 4 句 28 字不变，后 6 句为："上半年逢六廿一，下半年逢八廿三，二十四节有

① 均出自笔者收集的各省人民出版社、农林（业）厅等 1950 年编辑的《历书》《农历》《农家历》。

② 均出自笔者收集的各省人民出版社 20 世纪六七十年代编辑的《历书》《农历》《农家历》。

③ 佚名：《农业基础知识》（山西省中学试用课本第一册），山西人民出版社，1970，第 167 页。

先后，前后只差一两天。抓紧季节搞生产，过河跨江庆丰年！"①

太原市革命委员会教育局 1973 年翻印的教材中，《二十四节农事歌》为 24 句 168 字："立春雨水二月天，积肥送粪到田间……过了小寒和大寒，总结经验庆丰年。"② 1979 年部队小学的一本教材中，节气歌为 10 句 70 字版本，目的是"适应文化水平较低的战士学习文化的需要"。③ 1984 年，太原市教育局选编的农民识字课本，节气歌为 12 句 85 字，中间 4 句不变，前 4 句为"地球绕着太阳转，转完一圈是一年。一年分成十二个月，二十四节分先后"，后 4 句为"常言节气不等人，抓紧季节莫迟缓。力争粮棉再丰产，誓为四化做贡献"。④

进入 21 世纪以来，节气歌在各种书籍中继续出现，传统版和现代版均有。《二十四节气知识全书》中有两个版本，一为 4 句 28 字版本，一为 26 句 182 字版本："地球绕着太阳转，绕完一圈为一年……一月小寒接大寒，二月立春雨水连，惊蛰春分在三月，清明谷雨四月天……抓紧季节忙生产，种收及时保丰年。"⑤《二十四节气与农业生产》有套袋苹果管理的节气歌："一月小寒又大寒，辞旧岁来迎新年，拉枝开角缓树势，学习科技冬不闲……"还有黑龙江省二十四节气歌："打春阳气转，雨水沿河边。惊蛰乌鸦叫，春分地皮干……"⑥

《2018 年中国农历》中，出现了两个版本的二十四节气歌，一为 5 字一句，共 24 句 120 字，"立春阳气转，雨水沿河边。惊蛰乌鸦叫，春分滴水干。清明忙种粟，谷雨种大田……小寒忙买办，大寒要过年"；一为 7 字一句，共 24 句 168 字，"立春梅花分外艳，雨水红杏花开鲜，惊蛰芦林闻雷报，春分蝴蝶舞花间……"⑦ 遗憾的是，两首节气歌都没有标明出处或适宜何地，不过凭其中的"种粟""打囤""梅花""樱桃"等字词可以看出，第一首应为东北地区，第二首应为江南地区。

---

① 佚名：《农业基础知识》（初中试用课本第一册），山西人民出版社，1971，第 90 页。
② 佚名：《农民注音识字课本》，山西省太原市革命委员会教育局翻印，1973，第 43 页。
③ 佚名：《语文》（部队小学课本上册），北京军区政治部宣传部翻印，1979，第 56 页。
④ 太原市教育局选编《农民识字课本》，太原市教育局印，1984，第 71 页。
⑤ 李志敏：《二十四节气知识全书》，中国纺织出版社，2010，第 2、7 页。
⑥ 韩湘玲：《二十四节气与农业生产》，金盾出版社，2015，第 105 页。
⑦ 姚红主编《2018 年中国农历》，中国农业出版社，2017，第 26、28 页。

六　不同地区和不同行业都有了切合时宜的节气歌

我国幅员辽阔，各地冷热、干湿状况差异很大，土地类型、生物种类多种多样。为切合本地实际，各省几乎都改编了自己的节气歌，有个别县（市）也编了当地版的节气歌。

四川省流传着一首《节气百子歌》："说个子来道个子，正月过年耍狮子。二月惊蛰抱蚕子，三月清明坟飘子……腊月年关四处去躲账主子。"[①]每句以"子"结尾，描述了旧社会劳动人民的苦和乐。

浙江、福建等南方省份二十四节气歌的内容为："立春梅花开得鲜，雨水红杏开满园，惊蛰响雷报春到，春分蝴蝶嘟嘟飞，清明风筝放断线，谷雨嫩茶香咪咪，立夏种田吃金团，小满养蚕好收蚕，芒种五谷要种齐……冬至瑞雪兆丰年，小寒游子思乡归，大寒岁末庆团圆。"[②]

山西省临汾市节气歌有48句336字："立春天冷地还冻，送粪备耕检查种。雨水天气逐渐长，动手做好青苗床……小寒腊月透骨寒，天降瑞雪兆丰年。大寒过了迎新年，畜圈菜窖防严寒。"山西省晋中市的节气歌有24句168字："立春雨水二月间，顶凌压麦种大蒜。三月惊蛰又春分，整地保墒抓关键。四月清明和谷雨，种瓜点豆又种棉……"[③]

山西省原平市（县级市）1959年《农民识字课本》中，节气歌内容为26句130字："一月有两节，一节十五日。立春修农具，雨水送完粪。惊蛰快耙地，春分早种麦。清明多栽树，谷雨点瓜豆。立夏种高粱，小满不种棉……白露卸南瓜，秋分收割忙。寒露收割过，霜降把地翻。立冬起白菜，小雪犁耙闲。大雪去打柴，冬至积肥忙。小寒到大寒，迎接过新年。"[④]

辽宁省建平县《1962年气象农历》中的节气歌有三个版本。一个是24句120字版本，内容为："立春阳气转，雨水沿河边。惊蛰乌鸦叫，春

---

① 甄真：《二十四节气新编》，中国社会出版社，2006，第57页。
② 梅子：《不可不知的二十四节气常识》，线装书局，2015，第9页。
③ 山西省农业厅编《二十四节气与山西农事》，山西经济出版社，2015，第129~132页。
④ 原平县文教局：《农民识字课本》，原平县新华书店，1959，第21课。

分地皮干。清明忙种麦，谷雨种大田……"一个是48句240字版本，内容为："打春阳气转，备换良种全。雨水忙生产，温床畦秧苗。惊蛰快整地，顶浆作畦田……"一个是每页月历旁边的节气歌，一月份为："一月小寒接大寒，三九天气冻死狼，薯菜贮藏要做好，牲畜防寒须加强。"①

节气歌不仅有地方版本，还有种植业、养殖业等行业版本。

我国北方暖温带地区盛产苹果，广大果农根据每月实际操作的经验编了果树生产节气歌，48句336字："一月小寒又大寒，生产计划订周全，修剪技术先试点，不同品种细修剪。二月立春就雨水，药械肥料备齐全，成龄果树先修剪，幼树修剪三月完。三月惊蛰到春分，顶凌刨盘要紧跟，专人刮治腐烂病，灭菌清园贯常年……"②

农户养牛节气歌："立春雨水天气转，防止疫情来感染，全部打上预防针，牛舍消毒要安全。惊蛰春分雨水升，饲养管理不能松，不失时机抓春配，全配满怀是目标……"农户养羊节气歌："一月小寒再大寒，放牧补饲加喂盐。避免拥挤饮温水，妊娠母羊防流产。二月立春雨水升，全省迎来产羔期，羊舍场地严消毒，接产保羔早准备……"农户养猪节气歌："一月计划订周全，猪场治理是开端。防寒工作不能忘，猪群稳定最关键。二月立春阳气升，病菌疫情易流行。严格消毒打好针，科学管理有保证……"

农户养鸡节气歌："一月天气小大寒，全年计划做周全。规模养鸡大发展，科技兴牧迎新年。二月立春天气暖，孵化鸡苗好时间。控好温度是关键，鸡舍消毒要安全……"农户养兔节气歌："立春雨水天转暖，防止疫病来感染。全部打上预防针，兔舍消毒要安全。惊蛰春分雨水升，兔子营养要加强。科学计划抓春配，一年生产五六窝……"农户养蜂节气歌："一月里来小大寒，箱外观察是关键。打扫场地掏死蜂，确保越冬是重点。二月里来春风暖，工蜂排泄王产卵，蜂具消毒防空飞，冷暖分区春繁好……"③

近几年，高致病性禽流感、口蹄疫、猪瘟、新城疫等疫情较为突出，为此，有人专门针对以上疫情编写了"农户养殖防疫节气歌"："立春雨

---

① 建平县科学技术协会、建平县农牧局：《1962年气象农历》，建平县气象服务站，1961。
② 山西省农业厅编《二十四节气与山西农事》，山西经济出版社，2015，第132页。
③ 山西省农业厅编《二十四节气与山西农事》，山西经济出版社，2015，第135～141页。

水天转暖，畜禽防疫要开展，增膘复壮是关键，确保畜禽大发展。惊蛰冰化春分到，鸡猪防疫要抓早，强制免疫全搞完，繁育改良紧相连……小寒大寒又一年，总结防控好经验，规模养殖树典范，来年目标早实现。"[①]

七 节气歌的版本、作者、形成时间及流变路径探析

总结以上节气歌版本，可以按作者、地域、创作时间、字数多少来分，这个相对简单；也可以按节气歌包含的内容（信息）来分，可划分为"节气顺序歌"和"节气农事歌"两种，这个较为复杂。

"节气顺序歌"以 4 句 28 字版本最为简洁明快，此外还有 56 字、72 字、84 字等版本。56 字版本为经典版本，流传最广。72 字版本结合月份平铺直叙："正月立春雨水，二月惊蛰春分……"。84 字版本为："一月小寒接大寒，二月立春雨水连……立冬小雪十一月，大雪冬至迎新年。"

"节气农事歌"多数是在"节气顺序歌"的基础上添加词句后改编的，如 120 字版本增加了物候和气象变化，"打春阳气转，雨水沿河边。惊蛰乌鸦叫，春分地皮干……小寒近腊月，大寒又一年。"以上所举例子多是如此，不再赘述。

依照以上逻辑和划分，节气歌作者也可分为"节气顺序歌"和"节气农事歌"来考查。"节气顺序歌"可看到的是清初的印本和清末民初的诸多版本，也就是说最晚应在明清时期已在民间流传。这一时期的节气歌，除个别有署名外（如苏州弹词艺人马如飞的《节气歌弹词》），其他均因年代较久远，作者暂不可考。民国以后的节气歌多为"节气农事歌"。

"节气农事歌"有署名的目前有 2 人。一为李元芝，相关资料没有找到，他创作的节气歌为 5 字句顺口溜形式；一为张心一，从他的履历和文献资料中的记录可以肯定，张心一就是后来社会上流传最广的"节气农事歌"的原创人。其之所以不被人知，笔者认为原因有三：一是编写节气歌

[①] 山西省农业厅编《二十四节气与山西农事》，山西经济出版社，2015，第 143 页。

时他刚从金陵大学上调到立法院工作，是为当局强制推行新历法、废除旧历法完成的"急就章"，不是他的专业所长和优势所在，不值得宣传；二是他当时的身份和职务，新中国成立后他不想过多提及；三是节气歌后来与各地实际相结合，节气歌偶数句经过多次改编，与原作相差较大，再加上当时人们没有知识产权保护意识，也没有人追根究底。

另外，民国的众多节气歌版本中，与现在流行的 56 字节气歌最接近的是吕梁文化教育出版社 1947 年历书中的《记节气》歌谣，作者不详，歌中有："……前半年来六二三，后半年来八二三，虽然有时不准确，前后只差一两天。春雨惊春连清谷，夏满芒夏暑相连，秋处露秋寒又霜，冬雪雪冬小大寒。每月两个挨住数，学会这个不费难。"因为该出版社前一年的历书中并无节气歌内容，所以可以说，这首节气歌就是现在流行 56 字节气歌最早的"蓝本"。

吕梁文化教育出版社从 1940 年筹备到 1949 年 9 月解散，历时 9 年。1944 年以前，负责人为王修，之后由樊希骞、吉喆负责。1945 年初，出版社机关由河西神府县杨家沟搬到了河东兴县北坡村，由时任晋绥分局宣传部副部长的周文兼管。1947 年晋绥解放区实行土地改革时，全体人员下乡，停止工作一年多。1948 年土改完成，出版社工作恢复正常，由卢梦和马烽负责。9 年间共有 32 人在该出版社工作，同一时间段内一般只有 5～6 人，最多不超过 10 人，人员流动较为频繁。节气歌出现在 1947 年历书中，编辑时间应为 1946 年下半年，按以工作时间先后顺序排列的人员名单推算，当年的编辑有以下几人：张广洪、路克军、郑文安、李文荦、李束为、西戎、蔡国铭等。资料显示，这些人中，"李文荦是位诗人"。节气歌也许就出自他之手，或是他写初稿，其他人修改，最后刊登在 1947 年历书的第一面。李文荦是四川广汉人，详细资料待查。其他几人多为山西人，马烽、李束为、西戎后来都成为山西及至全国很有实力和影响力的大作家，以他们的国学功底，其中任何一人都有编辑加工二十四节气歌的可能。①

1947 年前，薛琴访和赵却民是否创作过经典版节气歌？如果有，节气歌

---

① 张友：《吕梁文化教育出版社简介》，载山西文史资料编辑委员会编《山西文史资料》第 27 辑，山西人民出版社，1983。

在西南和华南的相关书籍上应该留下实证，目前没有发现；如果有，节气歌在战争年代如何跨越千山万水来到山西吕梁，可能性还需要进一步研究。两位教授大学所学专业都是物理学，笔者一直对两位学人曾改编过节气歌而心生敬佩，同时心存疑虑，因为他们都出生在祖国的南方，一为四川省，一为湖南省，又长期生活在华东、华南和西南，新中国成立时薛琴访回到北京时间又不长，而赵却民后来一直生活在南京市。能改编出经典版节气歌，这可能与他们的专业和从事的工作有很大关系，因为天体运行本身就属于物理学的一部分，但他们的阅历又与创作节气歌不太符合。薛琴访当时一直在抗战的大后方西南地区工作，创作经典版节气歌的可能性基本可以排除。

赵却民有没有可能？赵却民1939年1月从英国回到昆明后，先在中正医学院任教，1940年7月去广西医学院任教，1941年8月，到粤北避难的中山大学数学天文系任教授。抗战胜利后，学校迁回广州，1946年复课，1947年9月成立天文系，赵却民任系主任。战争状态下的知识分子，不仅要完成学校转移和授课任务，还要为安全和生计发愁，且都在华南一带，由此可见，赵却民创作经典版节气歌的可能性也不大。当然，这一细节还需资料证实。

需要指出的是，二十四节气农事歌能够在全国各地流传开来，都经过了大量的本地化加工，其中涉及农业、气象、物候等知识，还有当时的政策、法规等，有劳动人民的创作和实践，肯定也有无数专家和行家的精心提炼和修改，最后构成了一幅丰富多彩的节气歌"全家福"，所以说是集体创作也不为过。

八　结语

综以上，二十四节气歌的形成时间和作者可以用图1来直观表示。

二十四节气歌的形成时间和作者也可以用以下文字表述：最晚在明清时期，我国民间已有二十四节气歌（传统版），1929年张心一创作了含有农业事象和阳历时间的节气歌（升级版），后经多位专家的精心提炼和修改，在1947年前后形成了朗朗上口的56字二十四节气歌（经典版）。70多年来，节气歌借助历书、教材、字典等书籍广为传诵。新中国成立后，为更好地服务农业生产，不同地域、不同行业都精编了自己需要的节气歌（升华版）。遗憾的是，后来创作的这些节气歌作者均未留名。

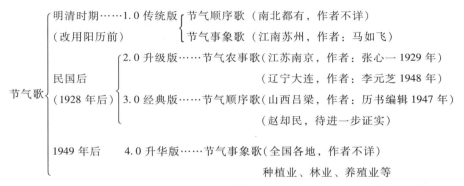

图1 二十四节气歌的形成时间和作者一览

二十四节气歌的流变路径较为复杂，种种迹象显示，发端于黄河中下游的二十四节气，在历经千年之后，在长江中下游率先被编成歌谣形式的节气歌，先是清末同治、光绪年间，被艺术加工成苏州弹词《节气歌弹词》，又在20世纪20年代的江苏南京被编成《新历二十四节歌》，1947年前后在山西吕梁被历书编辑提炼成经典版节气歌。

经典版节气歌最先发表在1947~1949年晋绥、东北、北岳等解放区的历书上，紧接着在1950年1月9日的《人民日报》上与广大读者见面，后又被多个省份的多个年份历书转载，并从1971年起在《新华字典》中刊登，至今已整整70个春秋，接触人员数以亿计，成为最广为人知的一首歌谣。

二十四节气制度的历史及其现代传承[*]

刘宗迪[**]

摘要：二十四节气源于物候历，即根据自然现象的季节变化划分时间，确定农时。现行的二十四节气名称大都与物候和气象有关，《诗经·七月》《夏小正》《月令》等文献关于物候和农时的记载保存了节气制度的原始形态，直到汉代，才演变为统一的太阳历。节气制度自始至终就是农事历法，与农耕生活相始终，在此意义上，它无法保护，也无须保护。但节气制度在漫长的历史演变过程中，被赋予了丰富的文化内涵，体现了中国人尊重自然秩序、追求天人和谐的古老智慧，这为它在现代化条件下的继续传承和文化创造提供了契机。

关键词：二十四节气；非物质文化遗产；物候历

二十四节气入选人类非物质文化遗产代表作名录，在整个社会引起强烈反响，同时，二十四节气文化的保护和传承也自然被纳入了学界和政府的议事日程。二十四节气制度源远流长，乡间农夫世世代代按照节气的循环安排生产和生活，并形成了丰富多彩的与节气制度相关的风俗文化。"春雨惊春清谷天，夏满芒夏暑相连，秋处露秋寒霜降，冬雪雪冬小大寒"，简单易记、朗朗上口的《二十四节气歌》妇孺皆知，乡下人家司空见惯的农历历书上依然清楚地标明每一个节气到来的日子，节气制度作为中国人标识时间和岁月的独有工具，早已成为中国人日常生活和民俗活动中不可分割的一部分。当

---

　* 本文原刊于《文化遗产》2017年第2期，收入本文集时略有改动。

　** 刘宗迪（1963~　），山东即墨人，民俗学博士，山东大学儒学高等研究院教授。

前，城市化进程不断加快，传统的乡土生活和自然节律离我们越来越远，"乡愁"越来越成为人类社会中一种普遍流行的集体情绪，二十四节气进入人类非遗名录，在社会各界引发的巨大热情是可想而知的。但是，热情如同一阵风，很快就会退去，而基于全面而深入的了解之上的热爱才是一种文化得以传承的动力所在，也只有以对一种文化的正确了解为基础，对它的保护和传承才不至于走入歧途。二十四节气作为一种文化传统有漫长的历史，并正是在历史演变过程中集聚了丰富的内涵。因此，了解二十四节气，首先要了解二十四节气的历史。实际上，尽管提起二十四节气来，中国人无人不知，但是要问起二十四节气的起源和历史，大概就没有几个人能说出个所以然了。

二十四节气自始至终是一种农耕历法。华夏民族是一个古老的农耕民族，而农耕生活与大自然的节律息息相关，二十四节气就是中国传统农业社会根据自然季节循环的节律，以物候、气象、天文等自然现象为标识划分农耕周期、安排农事劳作的时间制度，二十四个节气无非是对季节的进一步细分。由于草木的荣华凋零、鸟兽的迁徙蛰藏、雨露霜雪的四时变化等气象和物候最为直观，也最直接地反映了大自然的盛衰荣枯、季节轮回，因此，古人自然而然地形成以物候、气象等现象标识农事时令的做法，这就是所谓"节气"，实际上，现在的二十四个节气名称中，除了四立和四仲是依据太阳的回归运动而命名外，其他节气名，都是由其相应的物候或气象而得名：雨水表示空气的湿度逐渐增加，雨水开始增多了；惊蛰表示随着气温的进一步升高，冬眠的动物和虫子开始苏醒；清明表示春和景明、天气晴和的阳春三月到来了……节气原本是一种"物候历"。

可以想象，最初，在不同地区，由于纬度、气候不同，季节到来的早晚和延续的长短不同，作物种植和生计方式不同，必定会形成本地特有的物候历。实际上，甚至就在不久以前，云南傈僳族还流行着一种分一年为十个"季节月"的自然历法，每月的时间长短不一，其名称顺序为：过年月（相当于公历一月），盖房月（二月），花开月（三月），鸟叫月（四月），火烧山月（五月），饥饿月（六月），采集月（七、八月），收获月（九、十月），酒醉月（十一月），狩猎月（十二月）。① 这些名称大都来自

---

① 邵望平、卢央：《天文学起源初探》，载《中国天文学史文集》（第二集），科学出版社，1981，第 5 页。

物候和农时，是典型的物候历。这种制度，你可以称之为季节月、物候月，但也不妨称之为"节气"，"节气"的字面意思无非就是"按气象的变化对时间分节"。

因为物候的出现在不同年份有早晚，在不同地区参差不齐，更由于观察上有误差，所以用物候划分时间，不可能易时易地都整齐划一，不同物候点之间的间隔也不会是均匀等分的，傈僳族的物候月时间长短不一，就足以说明这一点。正是因为物候历欠缺可公度性和精确性，所以，随着天文学的发达和太阳历的出现，以物候定节气的做法必然被更具普适性和准确性的以太阳位置定节气的办法所代替，于是，最初的物候历也就被太阳历所代替了。现在的二十四节气，每一个节气在阳历中的日期基本是固定不变的，相邻节气之间的时间也是相同的，就是典型的太阳历。节气从参差不齐变成整齐划一，已成为一种纯粹的天文历，只有节气的名称中，还保存着古老的物候历的印记。

按照物候和气象的变化而休养生息是动物的本能，因此人类依据物候标识时间、安排生产生活的做法肯定非常古老，它肯定是人类最原始的知识之一。一般认为成书于西周时期的《诗经·豳风·七月》和《夏小正》就包含了丰富的物候历内容，如《七月》所谓"春日载阳，有鸣仓庚""四月秀葽，五月鸣蜩。八月其获，十月陨蘀""五月斯螽动股，六月莎鸡振羽""九月肃霜，十月涤场"，以及《夏小正》所谓"正月：启蛰……雁北乡……雉震呴……鱼陟负冰……囿有见韭……田鼠出……獭献鱼……柳稊……梅、杏、杝桃则华……鸡桴粥"① 之类记载，就是典型的以物候或气象现象标识农时，其中"正月启蛰""九月肃霜"无疑是后来的立春、霜降两个节气的滥觞。战国后期成书的《礼记·月令》，其中的物候记载大多源于《夏小正》，却较《夏小正》的记载更为规整，其中除了四立（立春、立夏、立秋、立冬）和四仲（仲春之月日夜分即春分、仲秋之月日夜分即秋分、仲夏之月日长至即夏至、仲冬之月日短至即冬至）之外，孟春之月"蛰虫始振"，仲春之月"始雨水"，孟夏之月"农乃登麦"，仲夏之月"小暑至"，孟秋之月"白露降"，季秋之月"霜始降"等②，惊

---

① （清）王聘珍：《大戴礼记解诂》，中华书局，1983，第24～30页。
② （清）朱彬：《礼记训纂》，中华书局，1996，第213～285页。

蛰、雨水、芒种、小暑、白露、霜降几个节气已经呼之欲出了。

如果说《七月》和《夏小正》反映的是与地方风土息息相关的民间物候历，那么，《月令》作为经由学者文人整理的时间制度，已经体现出来官方统一物候历标准的努力。到西汉时期的《淮南子·天文训》，二十四节气系统已经基本定型：

> 十五日为一节，以生二十四时之变。斗指子则冬至……加十五日指癸则小寒……加十五日指丑则大寒……加十五日指报德之维……而立春，阳气冻解……加十五日指寅则雨水……加十五日指甲则雷惊蛰……加十五日指卯中绳，故曰春分则雷行……加十五日指乙则清明风至……

相邻节气之间皆相隔十五天，并用北斗斗柄指向的变化作为判断节气到来的标志，这已经是典型的天文历了。

值得注意的是，在《管子·幼官篇》中记载了一种与二十四节气大异其趣的三十节气制度：

> 春：十二，地气发，戒春事。十二，小卯，出耕。十二，天气下，赐与。十二，义气至，修门闾。十二，清明，发禁。十二，始卯，合男女。十二，中卯。十二，下卯。三卯同事。
>
> 夏：十二，小郢至，德。十二，绝气下，下爵赏。十二，中郢，赐与。十二，中绝，收聚。十二，大暑至，尽善。十二，中暑。十二，小暑终。三暑同事。
>
> 秋：十二，期风至，戒秋事。十二，小卯，薄百爵。十二，白露下，收聚。十二，复理，赐与。十二，始节赋事。十二，始卯，合男女。十二，中卯。十二，下卯。三卯同事。
>
> 冬：十二，始寒，尽刑。十二，小榆，赐予。十二，中寒，收聚。十二，中榆，大收。十二，寒至，静。十二，大寒，之阴。十二，大寒终。三寒同事。[①]

每隔十二天为一个节气，全年共三十个节气，其中，春、秋两季各八个节

---

① （唐）房玄龄注《管子》，影印《二十二子》本，上海古籍出版社，1986，第100页。

气，夏、冬两季各七个节气，共合 360 天。一个太阳回归年为 365 天，多出的五天大概被作为"过年日"。这一种节气制度，与二十四节气制度不可通约，应该是一种为战国时期的齐国所特有的节气制度，暗示了上古时期节气安排的多样性。

总之，二十四节气制度作为一种农时安排制度，源远流长，它源于原始的物候纪时制度，逐渐演变为规范统一的太阳历制度，唯其如此，它作为华夏王朝正朔的一部分，方能得到有力的推行和广泛的普及，并因此获得悠久的生命力，一直流传到现在。

需要指出的是，按照自然节律（天文、物候）安排农时是各农耕民族的普遍现象，因此，节气现象并非中国所独有。即使在中国境内，少数民族尽管大多都接受了夏历的节气，但有些民族仍有自己因地制宜的农事节气制度。所以，那种为节气赋予强烈的民族主义色彩或国粹色彩，将之宣传为华夏民族所独有，天下独此一家的做法，是有违自然常识和历史事实的，不值得提倡。有一种十分流行的说法，认为世界上只有中国才有二十四节气制度，而西方则只知道四个节气，即春分、夏至、秋分、冬至，并认为这体现了中国历法的优越性云云。西方历法确实只有四个节气，这种说法貌似很有道理。其实，此说纯属缺乏科学常识的文化自恋，西方固然不知道二十四节气，但西方历法作为阳历，其十二个月份就具有确定节气和农时的功能，因此本身就具有节气的功能，说穿了，二十四节气无非就是中国阴阳合历制度中的太阳历成分而已，换言之，西方的历法根本不需要在十二个月之外再画蛇添足地增加一个节气制度。

但是，毋庸置疑，世界上只有中国形成了如此广为流传的具有丰富文化内涵的节气制度，唯有中国文化在农事之外还保留了节气制度丰富的文化象征意味（如养生、占岁、游戏、祭祀、诗歌等），这除了中国农耕文化源远流长之外，还与阴阳五行哲学的影响密不可分。但是，不管二十四节气被赋予多少文化象征意味和所谓的"诗意"，它归根结底是一种农耕时间安排制度，它的这一本质含义是不容抹杀和淡化的。

二十四节气既然与农业生产密不可分，那么，它就必然与农业活动相始终。只要农民还在耕地，他们就离不开节气，那些世代相传的农时谚语就会一直在乡村流传，农家墙壁上的月份牌上就一直会标注节气。只要农村还在，节气就不会消亡，那种认为二十四节气正在消亡的说法，未免夸大其词。

有鉴于此，二十四节气无须保护，更不需要一些从来没有种过庄稼的学者、官员、媒体工作者奔走呼吁进行保护。只有当农业消亡，不再有农民种地，二十四节气丧失实际功能时，它才会消亡，也必定会消亡，所以真正意义上的、作为农耕时间安排制度的二十四节气也无法保护。

尽管如此，二十四节气被列入人类非物质文化遗产代表作名录仍是有意义的。它除了增进全世界对中国传统文化的认知度之外，更进一步促进了中国青年一代对以二十四节气为代表的中国农耕传统的了解和热爱，二十四节气中所体现的效法自然、顺应天时、与时偕行、天人和谐的传统智慧也会因其与现代生态思想的呼应而更加深入人心。

所以，二十四节气文化所需要的不是保护，而是"再创造"：在现代条件下，尤其是现代都市化和工业化的条件下，适应现代人的生活和精神需要，用新的表达形式和传播方式，对我们的农耕先民留给我们的这份珍贵的文化遗产中蕴含的传统智慧进行提炼、升华、传播、弘扬，在现代社会条件下赋予它新的意义和新的生命，借以寻回日益远离自然的现代人失落的"精神家园"，安顿现代人的"文化乡愁"，将二十四节气作为传播中国文化、讲好中国故事的一个重要内容，这是一项有意义的工作。而这一工作，不是单靠民俗学者或农业史学者所能完成的，更需要艺术界、文化创意界、传播界的共同参与。

总之，对作为农耕历法的二十四节气的保护，笔者主张顺其自然的态度；对作为一种传统文化形式的二十四节气的弘扬，笔者主张推陈出新的态度。二十四节气无须保护、无法保护，但二十四节气的丰富文化内涵为这个全球化、城市化和大众传媒化时代的文化创造提供了丰富的想象空间。

论二十四节气：精英与民众共同创造的
简明物候历 *

陈连山 **

摘要：中国传统历法是阴阳合历，二十四节气是其中不可或缺的阳历部分。从二十四节气的形成历史、名称与性质看，它是一种简明的物候历，是古代精英与百姓共同的文化创造。

关键词：二十四节气；物候历；传统历法；阴阳合历

1912 年，孙中山发布《临时大总统关于颁布历书令》，令内务部编印新历书。从此，在公共生活中，来自西方的格里高利历以公历的名义取代夏历，而后者只在百姓日常生活中使用，并被贬称为"废历"、"旧历"或"农历"。这就是沿用至今的"二历并存"现象。于是，作为夏历内容之一的二十四节气逐步退出知识分子的生活和视野，只在普通民众生活中得以保存和沿用。这使得我们很多人误以为二十四节气是民间文化。本文从二十四节气的形成历史及其在后世的应用论证它是古代精英与百姓共同的文化创造。二十四节气是一种阳历性质的简明的物候历，它是中国传统的阴阳合历中不可或缺的组成部分。

一 二十四节气是中国传统历法的必要内容之一

中国传统历法是一种阴阳合历。每年十二个月，每个月的长度完全根

---

* 本文原刊于《文化遗产》2017 年第 2 期，收入本文集时略有改动。

** 陈连山（1963 ~ ），河南洛阳人，文学博士，北京大学中文系教授。

据月相的圆缺周期来确定，小月为 29 天，大月为 30 天。这就造成平年只有 354 或 355 天，比太阳回归年大约少了 11 天。所以每十九年设置七个闰月，有闰月的年份实际上就有十三个月，为 383 天或 384 天。通过平年与闰年的搭配，这样制订的历法就最终与太阳回归年保持了一致。这种做法符合阴阳和谐的哲学观念，满足了官方纪年的需要。但是，它每年的同一个日期里太阳在天空的位置不一致，无法准确体现大地的四季变化。所以，传统历法之中就必然地需要一个完全与太阳回归年保持一致的阳历性质的节气，这样才能准确反映四季变化，满足人们的农业生产与日常生活需要。说到底，大地的四季变化不是由人类的哲学与政治决定的，而是由太阳决定的。中国古代所有历法的物候描述实际上都是阳历性质的内容。由于阳历性质的节气是传统历法必需的内容，所以，古代知识分子为了完善历法对此进行了持续不断的探索。二十四节气正是他们长期研究、不断改善的结果。《尚书·尧典》已经知道阳历性质的"日中"、"日永"、"宵中"和"日短"，即春分、夏至、秋分和冬至，而且记录了与之对应的天文现象。可见这些知识不是简单地测日影就能得出的结论，这一定是当时的专业的天文学者努力探索的结果。《左传》记载，到了春秋时代，人们已经区分了"分至启闭"，即春分、秋分、夏至、冬至和立春、立夏、立秋、立冬等八个阳历节气。

完整的二十四节气体系是在战国时代创立的。起初，人们对把一年划分为多少个时段看法不一，并进行了各种不同的尝试。《管子》把一年细分为三十个时节，部分时节的名称与后来的二十四节气相同或相似。《管子》的三十时节虽然细化了节气，但是作者牵合五行思想，三十个时节不能与每月一致，也不能按照四季平均分配①，所以，未能被后世普遍采用。《逸周书·时则训》开始有完整的二十四个节气排列。《黄帝内经·素问·六节藏象论》以十五天为一气，一年为二十四个节气："五日谓之候，三候谓之气，六气谓之时，四时谓之岁，而各从其主治焉。"不过，初创的二十四节气与现在的二十四节气名称有一些差异。

沿用至今的二十四节气体系是西汉时代的《淮南子》最后确定的。

---

① 李零：《〈管子〉三十时节与二十四节气——再谈〈玄官〉和〈玄官图〉》，《管子学刊》1988 年第 2 期。

《淮南子》不仅确定了后世二十四节气的名称，而且记录了与之对应的天文现象。其《天文训》用北斗星可见的指向和不可见的在大地的对应位置作为确定二十四节气的天文学依据。众所周知，北斗星在初昏时刻的指向可以用来区分四季，所谓"斗柄指东天下皆春"是也。而《淮南子》正是利用这种天文知识来判定二十四节气。书云：

> 两维之间，九十一度十六分度之五，而升（斗）① 日行一度，十五日为一节，以生二十四时之变。斗指子则冬至，音比黄钟。加十五日指癸则小寒，音比应钟。加十五日指丑则大寒，音比无射。加十五日指报德之维，则越阴在地，故曰距日冬至四十六日而立春，阳气冻解②，音比南吕。……加十五日指壬则大雪，音比应钟。……

以上是《淮南子》阐述的北斗星在初昏时刻的指向与全部二十四个节气的关系。

而《淮南子·天文训》还用不可见的北斗星在大地上的对应位置来判断节气："紫宫执斗而左旋，日行一度，以周于天。日冬至峻狼之山（即南极之山），日移一度，凡行百八十二度八分度之五，而夏至牛首之山（即北极之山），反复三百六十五度四分度之一而成一岁。"这里说冬至日北斗到达南极之山，而夏至日到达北极之山，跟人类肉眼可见的北斗指向正好相反。所谓北斗星到达的位置，笔者的理解是对应于大地的位置。而这只能理解为淮南王刘安身边的文士们的想象。

某些星辰也可以对应于二十四节气，例如辰星。《淮南子·天文训》云："辰星正四时，常以二月春分效奎、娄，以五月夏至效东井、舆鬼，以八月秋分效角、亢，以十一月冬至效斗、牵牛。"这里的"效"，就是出现。辰星常常在春分出现在奎宿和娄宿，夏至出现在东井和舆鬼二宿，秋分出现在角宿和亢宿，冬至出现在斗宿和牵牛宿。

笔者在这里如此不厌其烦地详述《淮南子》用天文现象解说二十四节气，目的是说明《淮南子》创造了一套完整的有关二十四节气的理论体系，其中有科学性的客观内容，也有想象性的主观内容。如此复杂精细的

---

① 此句依据王念孙校订。王认为"升"字当为"斗"，并句读如此。
② 王引之认为此句当为"阳冻解"，指地表层的冰冻融化。

关于二十四节气的理论与想象只能产生于当时的知识分子。二十四节气的发明是古代知识分子持续努力的结果。

由于民众在历史记录中通常是沉默的，所以，我们无法确切地知道二十四节气的发明是否有民众参与。不过，推想起来，民众的生活和生产实践应该是学者们创立和校订二十四节气的基本依据之一。民众如何具体地参与二十四节气的再创造待本文第三部分说明。

二十四节气是纯粹阳历性质的东西。它的出现并进入历法体系，保证了传统历法对太阳回归年的准确把握，保证了历法在生产实践中的指导性作用。1972 年，山东临沂银雀山二号墓出土竹简历书一份，银雀山汉墓竹简整理小组定为汉武帝时期《元光元年历谱》。该历谱是目前发现最早、最完整的古代历谱。它以十月为岁首，记述当年每月每日干支与重要节气。由于原文有残缺，特根据吴九龙《银雀山汉简释文·元光元年历谱（复原表）》引述相关部分如下："十一月己未，二十八日，丙戌冬日至。……正月戊午，十五日，壬申反立春。……六月丙戌，三日戊（子）夏日至。七月乙卯，二十日甲戌立秋。"① 除了冬至、夏至、立春、立秋四个节气之外，该历谱还标记了腊、初伏、中伏、后伏等。这是当时人们在日常生活中使用节气的直接证据。

东汉时代崔寔的《四民月令》和北魏贾思勰的《齐民要术》都采用了一些节气作为指导农业生产的重要参考。

二 二十四节气是一种抽象化的简明物候历

《夏小正》是古代物候历，每月都有极为详细而具体的物候描述。例如："正月：启蛰。雁北乡。雉鸡响。鱼陟负冰。……囿有见韭。时有俊风。……田鼠出。獭献鱼。……鹰则为鸠。"描述越多越具体，它的适用地域必然越窄，因为两地距离过于遥远，会导致物候差异过大而不准确。好在上古时期中国的疆域以黄河中下游为主，地区间节令略有早晚，但误差不会超出一个月的范围，所以，还能适应。

---

① 吴九龙：《银雀山汉简释文》，文物出版社，1985，第236页。

《淮南子》对每月的物候描述大量沿用了《夏小正》的说法。可是，《淮南子》二十四节气每个只有大约十五天，时间范围缩小一半，为使物候误差不至于太大，它用北斗星初昏时刻的指向来对所有节气加以精确定位，基本每十五天为一个节气，但是立春、立夏、夏至、立秋、立冬各推迟一天，一岁正好三百六十五日。这样，二十四节气就和太阳回归年保持了一致。所以，《淮南子》的二十四节气在性质上是纯粹的阳历。

既然是纯粹的阳历，那么它的命名和物候描述在特定地区应该是精确的。其中，全部节气的命名都具有物候特征，有些还补充了其他方面的物候。例如，《淮南子》中的冬至、小寒、大寒三个节气，其名称都具有物候特征，其下都没有详细的其他物候描述；立春有一个物候叫"阳冻解"（根据王念孙校改），意思是地表冰层解冻；雨水之下无其他物候描述；雷惊蛰（后世简称惊蛰），意思是开始打雷，惊动冬眠的虫子，此节气无其他物候描述；春分有物候叫"雷行"，即打雷经常出现；清明为"清明风至"；谷雨无其他物候描述；立夏有物候"大风济"，意思是大风停止；小满、芒种、夏至、小暑、大暑都无其他物候描述；立秋之下有"凉风至"，意思是西南风至；处暑无其他物候描述；白露的物候是"白露降"；秋分的物候是"雷戒，蛰虫北乡"，意思是停止打雷，虫子都躲进背对北方的洞穴冬眠；寒露、霜降都无其他物候描述；立冬的物候是"草木毕死"；小雪、大雪都无其他物候描述。总体来看，《淮南子》二十四节气所保存的物候描述都很简略，所以，笔者认为二十四节气是一种阳历性质的简明物候历。

同时，《淮南子》二十四节气的物候主要是风、雷、雨、雪等事物，和较为抽象的二分二至和四立。这些描述跟《夏小正》中的物候描述相比是很模糊的，没有具体的某种植物、某种动物的活动内容。当二十四节气的物候描述更加抽象的时候，就容易适应不同地区的实际气候状况。这为后世不同地区民众根据本地区的实际情况对之加以再创造预留了相当广阔的发挥空间。

三　从各地物候谚语看民众对二十四节气的再创造

古代文献对民众的文化创造缺乏记录，致使我们对广大民众在二十四节气的发明创造方面了解不够。所幸，民间谚语是长期流行于民众中的生活经验总结。其中关于二十四节气物候与生产活动的概括代表了民众对二十四节气的创造性解释。

中国幅员辽阔，南北东西的跨度都在 5000 千米以上，各地四时物候千差万别。农业与其他生产的需要，使得人们不得不根据各地实际物候来描述二十四节气，用不同的节气谚语来说明本地如何安排生产。下面，笔者以物候变化比较明显的春秋两季的节气为例来说明。

《淮南子》立春的物候为"阳冻解"，即地表解冻。现代河北保定地区谚语虽然也说"立春一日，水暖三分"，但是，当地谚语却说要到三十天之后的惊蛰才能化冰："惊蛰化不透，不过三五六。"该地区的易县谚语说："惊蛰十天地门开。"甚至于河北南部的巨鹿县竟然也说："惊蛰开地冰，清明起春风。"涉县也说："过了惊蛰老冰开。"① 从以上几则谚语看，河北地区的解冻物候比《淮南子》里面的"阳冻解"晚了两个节气，一个是立春，一个是惊蛰。其中的主要原因应该是《淮南子》描述的物候是中原地区的情况，到了河北，自然晚一些。下面请看另外一个例子，《淮南子》立秋的物候是"凉风至"。这里的"凉风"专指西南风，并不是指凉爽的风。但是河北邢台谚语说："立了秋，凉飕飕。"沧州谚语是："早晨立了秋，晚上凉悠悠。"② 笔者老家河南洛阳立秋谚语也是"早晨立了秋，晚上凉飕飕"。湖北、湖南、四川关于立秋的谚语也如此。全国各地如此一致，这有些奇怪。笔者参考气象学的资料做出如下解释：秋季北风力量强，能够以较快的速度横扫全国大部分地区。这就是各地对立秋的物候描述比较一致的原因。但春季来自南方的暖湿气流力量弱，需要慢慢地逐步吹到北方，所以河北地区的解冻物候就在其二十四节气中出现得较晚。由这些谚语例子可见，后世百姓没有考虑《淮南子》给二十四节气下的定义，更没有考虑《淮南子》的凉风是什么，而是根据本地区气候变化实际对二十四节气进行了再创造。

民众对二十四节气还有另一个创造，就是直接把它跟生产活动联系起来。农业生产完全由四时决定，所以农谚说："种田不懂二十四节气，白

---

① 《中国谚语集成·河北卷》，中国社会科学出版社，1992，第569页。
② 《中国谚语集成·河北卷》，中国社会科学出版社，1992，第572页。

把种子种下地。"不同的庄稼播种日期不同。以流传颇广的清明播种的谚语为例，河南说："清明前后，种瓜点豆。"到了河北省，情况开始发生变化。保定地区的安国市也说："雨打清明节，豆儿拿手捏。"表示要清明播种豆子。但是同地区的容城县谚语则说："谷雨前后，种瓜点豆。"这比安国市晚了一个节气。到了更加寒冷的东北地区，则普遍流行"谷雨前后，种瓜点豆"了。

根据以上所论，笔者认为各地民众在生活中对二十四节气进行了自己的再创造。这种再创造使得中原地区发端的二十四节气能够逐步扩大传播范围，乃至于全国通行，对古代中国产生了巨大影响力。

节点性与生活化：作为民俗系统的二十四节气

——二十四节气保护与传承的一个视角 *

王加华 **

摘要： 作为农耕时代的特有产物，二十四节气在我国传统时代的民众生产、生活中发挥了极其重要的作用，具有实用性、节点性与生活化等几个方面的特点。其基本性质，不但是一种历法体系或者说时间制度，而且是一个包含丰富民俗事象的民俗系统。今天，要想更好地保护与传承二十四节气，就要充分发挥其作为民俗系统的特性，并使其"无孔不入"地介入现代民众的社会生活。

关键词： 二十四节气；民俗系统；保护与传承；节点性；生活化

2016 年 11 月 30 日，我国的二十四节气被正式列入联合国教科文组织人类非物质文化遗产代表作名录，成为继昆曲、古琴艺术、中国书法、中国剪纸等之后的第 39 项跻身"世界级非遗"① 的项目。② 在多元保护主体、相关学界、新闻媒体等为此欢欣鼓舞之时，一个更为现实的问题亦随着名录的入选而摆在了人们面前：我们应该如何在当下更好地去保护

---

　* 本文写作受山东大学"青年学者未来计划"项目资助。本文原刊于《文化遗产》2017 年第 2 期，收入本文集时略有改动。

　** 王加华（1978 ~ ），史学博士，山东大学儒学高等研究院教授、博士生导师。

　① "世界级非遗"的说法其实是不确切的，联合国教科文组织的人类非物质文化遗产代表作名录并没有级别之分，但受我国非遗保护四级分类与保护体系的影响，凡入选联合国教科文组织人类非物质文化遗产代表作名录的项目，在绝大多数人心目中即"世界级"了。

　② 《盘点：中国目前有多少个世界级非遗》，新华网，http://www.xinhuanet.com/2016 - 12/02/c_1120041027_4.htm，最后访问日期：2018 年 8 月 17 日。

与传承这一人类优秀非物质文化遗产项目呢？按联合国教科文组织《保护非物质文化遗产公约》的宗旨和《中华人民共和国非物质文化遗产法》的要求，遗产代表作名录的入选，不仅是一种"荣誉"，而且是一种责任与义务。

作为一种源于农耕时代的人类非物质文化遗产，二十四节气在今天的存续与传承确实遇到了一定的问题，因应今天的社会形势，提出切实可行的保护与传承措施，成为一个亟待解决的现实问题。而要对二十四节气加以保护与传承，首先需要解决的就是其性质界定问题，即究竟何为二十四节气，其根本性质是什么。对于二十四节气，我们传统上基本将其界定为一种历法体系或者说时间制度，但实际上二十四节气绝不仅仅只是一种时间制度，而更是一种包含丰富民俗事象的民俗系统，并在传统中国人的日常生产、生活中发挥了极为重要的作用。认识到这一点，对于我们今天更好地去保护与传承二十四节气，具有极为重要的意义。

一　实用性、节点性与生活化：二十四节气的传统意义与价值

二十四节气最早起源于我国黄河流域，是人们长期对天文、气象、物候等进行观察、探索并总结的结果，是我国古代劳动人民独创的文化遗产，已有非常久远的历史。中国古人在长期的生活实践中逐步认识到，一年之中，太阳投射到地面上的日影长度总是呈现一定的规律性变化，于是人们便利用日影的长度变化来判断时间与季节，也即《吕氏春秋·察今》所言的"审堂下之阴，而知日月之行，阴阳之变"。以此知识为基础，至迟到西周时期，人们测定了冬至、夏至、春分、秋分这最初的四个节气。到春秋中叶，随着土圭的应用及人们测量技术的日益提高，又确立了立春、立夏、立秋、立冬四个节气。而到战国时期，完整的二十四节气已基本形成，到秦汉时期更是臻于完善，形成了我们今天完整的二十四节气系统。[①]

---

① 沈志忠：《二十四节气形成年代考》，《东南文化》2001 年第 1 期。

作为一种人们通过观察太阳周年运动而形成的时间知识体系，二十四节气是一种标准的阳历历法系统。但是，在中国传统历法体系中，二十四节气并非一种独立的历法制度，而只是我国传统占主导地位的阴阳合历历法制度（俗称"阴历""农历""夏历"等）的组成部分之一。中国古人之所以要采用阴阳合历的历法制度，根本目的在于兼顾农业生产与日常社会生活的顺利开展。一方面，农作物生长与太阳的周年回归运动有关，因此依据太阳制定历法便于安排农时，由此形成传统历法的阳历成分，节气制度便是重要体现；另一方面，月亮是夜空中最明亮的星体，具有周期性的朔望变化，因此用月相变化来纪日既醒目又方便，由此形成传统历法的阴历成分。具体而言，以"阴"作为日常社会生活开展的主要时间标准，如婚嫁、祭祀、节庆活动等；以二十四节气（"阳"）作为农事活动的主要时间标准。也就是说，在整个中国传统阴阳合历历法制度中，二十四节气其实并不占主导地位，这可能是造成大部分中国人误认为二十四节气为阴历属性的最主要原因。

不过，虽然二十四节气系统并非完全独立的历法系统，在传统阴阳合历历法制度中也不占主导地位，但在传统中国人的社会生产与生活中仍旧发挥了极其重要的作用。

首先，二十四节气具有极为重要的实际应用与指导价值，是农业生产活动的时间指针，这也是二十四节气在传统时代最基础、最基本的功能与价值。传统中国一直是一个以农为本的国度，农业生产一直是国民经济的最主要组成部分与民众衣食生活的最主要来源，因此上至皇帝下至普通平民百姓，都对农业生产极为重视。农业生产由一系列工作环节所组成，如耕地、播种、灌溉、施肥、收获等。一年之中，从农作物的播种到收获，各工作环节必须要顺应农时而依次展开。而所谓农时，通俗来讲，也就是进行农事活动的恰到好处的时节。只有把握好了农时，才能获得农业的丰收，有吃不完的粮食，所谓"不违农时，谷不可胜食也"《孟子·梁惠王上》。于是，"不违农时"、符合"时宜"也就成为农业生产最基本的要求之一。那么农时应该如何去具体把握呢？答案就是二十四节气。由于二十四节气是据太阳周年回归运动而来，因此能比较准确地反映气候的冷暖变化、降水多寡与季节变化等情况，而农业生产的进行恰是与冷暖变化等紧密相关的，所以以之为农业生产的时间指针是完全可行的，正如农谚所云："种田无定例，全靠看节气。"但是，二十四节气全部加起来也只有四十八个字，要发挥其农事指导作用，还必须结合其他形式，其中最主要的就是农谚。从土壤耕作到播种，再到收获，可以说几乎每一个工作环节都有农谚与之相对应，如华北地区广泛流传的小麦种植农谚："白露早，寒露迟，秋分种麦正当时。"当然，农谚不会自动创造与流传，还需要有经验的老农在其中具体发挥主导作用。①

其次，二十四节气亦是传统时代民众日常社会生活的重要时间节点，而这一点又是由农业社会的本性所决定的。一年之中，受自然节律的影响，农业生产活动从种植到收获也会表现出一定的节律性特征，也即农事节律。与此相适应，乡村社会生活也会表现出一定的节奏性，从年初到年末，各种活动各有其时。农业生产活动有涨有落，于是乡村社会生活诸活动也必然会随之起起落落，一年四季各有其时，各种活动也就会巧妙配合而又有序地分布于时间与空间之中。② 对此，美国人富兰克林·H. 金曾说道："（中国）农民就是一个勤劳的生物学家，他们总是努力根据农时安排自己的时间。"③ 而作为农事活动的基本时间指针，二十四节气也就成为民众年度时间生活的重要节点与时间坐标，由此在一定程度上亦成为民众日常社会生活的时间指针。这一点在传统的月令性农书中即体现得非常明显。月令，即根据年度自然节律变化的行事记录，曾经是中国早期社会各阶层均需遵守的律令，反映了当时民众尤其是社会上层的时间观念与王政思想，并具有多方面的实际意义与价值，是一种时间政令、王官之时，具有强烈的规范与指导意义。④ 其中，提及各月活动时，通常总会说到节气，然后是对应之农事活动，再然后是其他各项活动，从《礼记·月令》《淮南子·时则训》《四民月令》等，一直到明末清初的《补农书》，这一传统一直延续下来。正是认识到二十四节气在指导农业生产

---

① 王加华：《节气、物候、农谚与老农：近代江南地区农事活动的运行机制》，《古今农业》2005 年第 2 期。

② 参阅王加华《被结构的时间：农事节律与传统中国乡村民众年度时间生活——以江南地区为中心的研究》，上海古籍出版社，2015。

③ 〔美〕富兰克林·H. 金：《四千年农夫——中国、朝鲜和日本的永续农业》，程存旺、石嫣译，东方出版社，2011，第 7 页。

④ 萧放：《〈月令〉记述与王官之时》，《宝鸡文理学院学报》（社会科学版）2001 年第4 期。

与民众日常生活时的便利性，很多人主张以节气历法系统来取代阴阳合历历法系统，其中最著名的要算宋代博物学家沈括了，他曾以节气为标准制定了十二气历。① 事实上，一直到 20 世纪 90 年代，仍有人在做这方面的呼吁。②

最后，二十四节气不仅是一种时间制度，还具有异常丰富的民俗内涵，是民众多彩生活的重要体现与组成部分之一。一是节气与节日具有紧密的联系。在远古的观象授时时代，农事周期就是庆典周期，节气也就是节日，只是后来由于阴阳合历历法制度的创立与推行，节气与节日才发生了分离。③ 虽然如此，节气与节日也并没有变得毫无关系，而是仍然保持了千丝万缕的联系：一些原本在节气日举行的活动，被挪移到了某个节日举行，如秋分祭月之于中秋节④；一些节气仍旧作为节日保留了下来，如"四立"与"二至"；有的在后世发展为极其重要的传统节日，比如清明，中唐时期作为一个独立节日逐步兴起⑤，现今是与春节、端午、中秋并称的四大传统节日之一。二是几乎每个节气都有丰富多彩的习俗活动。总体来说，这些习俗活动可概括为如下几个方面：奉祀神灵，以应天时；崇宗敬祖，维护亲情；除凶祛恶，以求平安；休闲娱乐，放松心情。另外，基本上每个节气也都有特殊的饮食习俗，比较著名的如冬至饺子夏至面、立春咬春与尝春等。⑥ 再者，遵循传统"天人合一，顺应四时"的理念，以二十四节气为中心，亦形成了丰富的养生习俗，如立春补肝、立夏补水、立秋滋阴润燥、立冬补阴等，以求通过养精神、调饮食、练形体等途径达到强身益寿的目的。⑦ 总之，围绕二十四节气中的主要节点，形成了众多与信仰、禁忌、仪式、礼仪、娱乐、饮食、养生等相关的民俗活动。⑧ 三是围绕二十四节气，产生了数量众多的民间故事、传说以及诗词歌赋等，

---

① 可参见（宋）沈括《梦溪笔谈·补笔谈》卷二《象数·十二气历》。
② 边福昌：《关于改革现行农历为节气历的探讨》，《河南大学学报》（自然科学版）1991 年第 1 期。
③ 刘宗迪：《从节气到节日：从历法史的角度看中国节日系统的形成和变迁》，《江西社会科学》2006 年第 2 期。
④ 萧放：《中秋节的历史流传、变化及当代意义》，《民间文化论坛》2004 年第 5 期。
⑤ 张勃：《唐代节日研究》，中国社会科学出版社，2013，第 132～148 页。
⑥ 王加华：《二十四节气：光阴的习俗与故事》，光明日报出版社，2015，第 84～135 页。
⑦ 刘婷婷：《二十四节气养生》，中原农民出版社，2008。
⑧ 萧放：《二十四节气与民俗》，《装饰》2015 年第 4 期。

集中表达了人们的思想情感与精神寄托。①

总之，通过以上之论述我们可以发现，二十四节气绝不仅仅只是一种时间制度，而是具有极为丰富的民俗内涵，牵涉到人们社会生活的方方面面并深深融入其中，因此将其称为"民俗体系"或者说"民俗系统"② 应该更为合适。而作为一种民俗系统，二十四节气之所以能在民众日常社会生活中普及与流行开来，与其具有实际的价值与意义有直接关系。概而言之，我们可以将其概括为实用性、节点性与生活化等几个方面。反过来说，正是因为具有实际的功用，二十四节气才能融入民众生活之中并发展成为一种"民俗系统"。二者相互建构，共同促进了二十四节气民俗系统的生成。

二 介入生活：二十四节气保护与传承的有效途径

就民俗传承的内容言之，我们可大体将其分为两个层面。一种是民俗事象的实践传承，即与民众现实生活相联系，通过"活生生"的话语、行为及心理等进行传承，也即当下非遗保护中所提倡的"活态传承"。一种是单纯的知识传承，可通过博物馆、书籍等途径进行。在这种情况下，所传承的不一定是现实生活中所实际践行的知识系统，就如同我们今天通过古籍而了解到的今已不存的古代知识一样。对二十四节气而言，据联合国教科文组织《保护非物质文化遗产公约》的宗旨，需要的肯定是活态之保护与传承。而要进行活态的保护与传承，就必须要使其真正与民众生活相

---

① 可参阅高倩艺编著《二十四节气民俗》，中国社会出版社，2010；王加华《二十四节气：光阴的习俗与故事》，光明日报出版社，2015；王景科主编《中国二十四节气诗词鉴赏》，山东友谊出版社，1998；等等。

② 乌丙安先生曾从民俗构成的角度对"民俗系统"概念做了相关论述与说明。他认为民俗现象从民俗质、民俗素、民俗链到民俗系列，逐级向上，最终构成了民俗系统。在此，民俗系统即对包罗万象之民俗现象最高层面的概括与系统性分类（乌丙安：《民俗学原理》，辽宁教育出版社，2001，第13～32页）。郑杰文亦曾对"民俗系统"做过相关论述，他认为，作为民俗要素的精神和物质文化现象的存在形态及其间的有机联系，以及它们的发生、发展、流传、演变的历史过程，即构成为一个民族的特定民俗系统（郑杰文：《论民俗系统的二重性结构》，《民俗研究》1991年第4期）。本文的"民俗系统"概念，更类似于郑杰文先生之概念，即在二十四节气的产生、发展与流变过程中，所形成的口头、行为、心理等多个层面的习俗形态及其有机联系。

结合并发挥实际价值与意义。传统时代，二十四节气之所以能逐渐发展成为一个庞杂的民俗系统，就是因其与民众生活的深入、紧密结合。基于此，介入当下民众之社会生活，应该是今后二十四节气保护与传承的最根本、最有效途径。正如乌丙安先生在谈及传统工艺保护时所说的那样，让传统工艺"无孔不入"地走进现代生活才是振兴之道。①

问题在于，如何才能使二十四节气介入当下民众之社会生活而实现活态化传承呢？这又有多大的可行性呢？利好消息在于，正如安德明所指出的那样，同许多处于濒危状态的非物质文化遗产项目不同，二十四节气仍然在当下的民众社会生活中发挥着重要的作用。②确实，如冬至吃饺子的习俗，各地多有所谓"冬至不端饺子碗，冻掉耳朵没人管"的俗谚，至少在笔者的家乡山东一带，每届冬至，基本家家吃饺子，各商场超市也总是早早即开始饺子的宣传与销售。这为二十四节气的活态传承提供了现实的社会基础。当然，也有观点——或许是更为流行的观点认为，二十四节气是传统农耕时代的产物，其主要作用在于指导农业生产，而当下我们正在经历急速的社会变迁，正逐渐由农耕社会向工业与信息化社会转变，因此二十四节气已不再适应今天的社会需要，即使当下二十四节气仍有一定的"用武之地"，但随着将来社会的进一步变革，其也将因日渐过时而失去效用。

二十四节气是传统农耕时代的产物，其最初的主要作用在于指导农业生产，而今天，随着社会的急速变迁，各方面已发生了极大变化。一方面，在整个社会生产体系中，农业生产的重要性已大大降低——虽然其仍是基础性产业。从清末民国时期开始，尤其是 20 世纪 80 年代改革开放之后，工业生产日益取代农业生产而成为最主要的产业。与传统农业生产不同的是，工业生产的进行不以自然节律为基础，而主要依靠各种机械装置单调重复的动作。正如马克吉所言："农业的常规又是由自然的活动的节奏和周期，由因为阳光、湿度和降雨的分布不同而出现的农业季节更替以及土壤恢复和植物生长的生态周期所支配的……城市工业社会的社会和经

---

① 张淅默：《乌丙安：让传统工艺"无孔不入"地走进现代生活才是振兴之道》，搜狐网，http://www.sohu.com/a/115973223_488211，最后访问日期：2018 年 8 月 17 日。
② 谢颖：《"新的驿程"刚刚开始——中国民俗学会"二十四节气保护工作专家座谈会"综述》，中国民俗学网，http://www.chinesefolklore.org.cn/web/index.php? NewsID = 15508，最后访问日期：2018 年 8 月 17 日。

济节奏远为不同。在工业社会中，职业的规则，日复一日，与自然现象没有什么关系了；它在很大程度上是由机器体系的速度所支配的，而机器体系的节奏并不遵循生活的节拍。"① 在这种情况下，作为自然节奏律动性体现的二十四节气自然也就不再适用了。另一方面，就现代农业生产来说，由于气象预报等现代科技手段的运用，人们对自然律动的把握亦日渐精确，可不必再完全依赖传统的二十四节气。同时，随着温室大棚、无土栽培、新的作物品种培育等现代农业技术的运用，反季节农业生产亦日益流行，这亦使得传统二十四节气日益失去其指导性功用。

虽然当下二十四节气农事指导作用的日益降低确实是不争的事实，但是，如前所述，二十四节气不仅是一种时间制度，更是一种民俗系统，其意义不只是为农业生产的进行提供时间指导，还与民众之社会生活紧密相连。因此，虽然今天二十四节气的农事指导作用降低了，但我们仍可以继续发挥其对民众社会生活的价值与意义。作为一种民俗系统，二十四节气是人为创造的产物，而民俗系统"是一个矛盾运动的动态过程，那么它必然处在永恒发展和不断更新中，非理性结构因素的消亡、合理性结构要素的流传、新鲜血液的不断增加，构成了民俗系统的稳固性与可塑性共存的特色"。② 历史上，在二十四节气的产生、发展与流变过程中，其内涵一直在因应社会形势的发展变化而日益变化与发展。因此，在今天的社会形势下，我们仍然可以对其进行进一步的"再创造"，即"淡化"其对农业生产的指导作用，而强调其与民众社会生活的关系，让其充分介入现代民众的社会生活，即充分发挥二十四节气在民众仪式生活、休闲娱乐、饮食养生等方面的功用与价值。当然，这样说并不意味着二十四节气对今天的农业生产已没有任何指导意义了，实际上在广大农村地区，二十四节气仍有其现实意义。③

传统时代，二十四节气是民众年度时间生活的重要节点。虽然与节日有所不同，节气却也是民众日常生活中"非日常"的日子，且包含丰富的仪式、娱乐、饮食等相关习俗，故而在一定程度上我们完全可以将其作为

---

① 〔印〕雷德哈卡马·马克吉：《时间、技术和社会》，载〔英〕约翰·哈萨德编《时间社会学》，朱红文、李捷译，北京师范大学出版社，2009，第 36 页。
② 郑杰文：《论民俗系统的二重性结构》，《民俗研究》1991 年第 4 期。
③ 陈丹：《二十四节气在现代农业中应用须注意的问题》，《广西气象》2001 年第 2 期。

节日来看待。因此，在今天的社会生活中，要增强人们对二十四节气的认知与认同感，就要对其"节点性"与"非日常性"加以特别强调。但是，仅仅强调"节点性"还远远不够，还要强调节气"神圣性"的一面，即对每个节气所包含的仪式活动及其背后的精神文化内涵加以强调，而这应该是二十四节气在当下保持良好传承与发展的核心所在。① 因为只有这样，才能真正唤起民众对二十四节气的认同感。第一，二十四节气的精神文化内涵，在于其所体现的人与自然的和谐关系。对于今天的人们来说，这一点尤其具有现实意义。今天由于工业化的日益推进及对机器运作节奏的遵从，我们与自然日渐疏离，于是我们开始日益漠视甚至忽视"自然因素"对我们人类社会发展的价值与意义——日渐严重的雾霾问题本质上就是我们漠视自然的结果。因此，"这就是为什么我们需要在生活中加入像二十四节气这样的时间框架。现代人生活在钢筋水泥的森林中，漠视自然已经太久了，而要了解自然，二十四节气作为一个时间尺度是必不可少的"。② 第二，二十四节气的精神文化内涵，还在于其在与民众社会生活紧密结合中所体现的崇宗敬祖以维护亲情以及除凶祛恶以求平安等重要意义。因此，从更高的层面来说，作为民俗系统的二十四节气亦是中国传统文化的重要组成部分与重要载体，体现了中国人的天人关系、伦理孝道等多文化的文化内涵。从这个角度来说，今天二十四节气被列入联合国教科文组织人类非物质文化遗产代表作名录及我们加强对二十四节气在当下的保护与传承，就不仅仅是在传承一种文化遗产，还在于重新唤起我们对传统文化的认知，进而提升我们的民族自豪感，增强我们的民族认同，同时也是世界认识中国的一个标志。③

二十四节气的保护与传承具有极为重要的意义与价值，而保护与传承的最佳途径则是让其"无孔不入"地介入现代民众的社会生活。但问题在于，如何才能实现无孔不入的介入呢？要做到这一点，仅靠二十四节气的

① 笔者曾以节日为例，对节日在当下社会中的节点性与神圣性重建做了相关论述。具体参见王加华《传统节日的时间节点性与坐标性重建——基于社会时间视角的考察》，《文化遗产》2016年第1期。

② 《刘魁立：中国人的时间制度——值得骄傲的二十四节气》，人民政协网，http://www.rmzxb.com.cn/c/2016-12-12/1209211.shtml，最后访问日期：2018年8月17日。

③ 《刘魁立：中国人的时间制度——值得骄傲的二十四节气》，人民政协网，http://www.rmzxb.com.cn/c/2016-12-12/1209211.shtml，最后访问日期：2018年8月17日。

自然发展或者相关保护主体的努力是远远不够的，还必须要有新闻媒体、学校教育、国家政策等方面的强力辅助与支持。第一，要加强二十四节气的知识传承，这是开展实践传承的前提与基础。今天，越来越多的年轻人，即使是那些生活在乡村地区的年轻人，对二十四节气基本都很陌生。在此情况下，要求他们在心理上认同并主动实践二十四节气习俗是完全不可能的。因此，必须加强对年轻人二十四节气知识的普及与推广，而最有效的办法就是为中小学生编写二十四节气知识读本，加强相关知识与文化内涵的普及与教育。其中，可将二十四节气与学生的实际学习生活相结合，制定校园生活中的二十四节气，以使他们对二十四节气有直观的理解与把握。如立春，一年之计在于春，传统是农民准备春耕的时节，而对广大在校中小学生来说，此时通常正值寒假，也正是需要为接下来的学期生活做好准备的时候。[1] 其他诸如开设专题讲座、举办相关展览等，也是进行二十四节气知识传承的重要方式。第二，在知识传承的基础上，加强对二十四节气习俗活动实践传承的引导。如每到一个节气，就通过广播、电视、网络等现代传媒手段，对该节气的起源发展、历史流变、文化内涵、仪式活动、饮食习俗、娱乐活动、养生实践等进行"铺天盖地"的广泛宣传，在增强民众对二十四节气节日内容和文化内涵充分了解与理解的基础上，通过潜移默化的影响，使民众在自觉与不自觉之间开始践行相关节气习俗活动，并使之成为自己生活的一部分。若有可能，或可通过国家立法的形式，将某些节气定为法定的庆祝日，就如同今天日本所做的那样。[2] 另外，各行各业也可以结合自身特点，制定自己的二十四节气时间表，在实际工作与生活中践行二十四节气。如国网厦门供电公司就根据国网公司部署，结合自身实际，制定了"二十四节气表"，并层层推广应用至部门、班组、个人，发挥了积极成效。[3]

当然，在对二十四节气进行生活化保护与传承的过程中，有两个维度必须要充分注意。一是二十四节气的异质性特征，即虽然我们要加强对作

---

[1] 参阅王加华《二十四节气：光阴的习俗与故事》第三章"校园生活的二十四节气"，光明日报出版社，2015，第 59~61 页。

[2] 据浙江农林大学毕雪飞副教授于 2016 年 12 月 20 日在中国社会科学院举行的"二十四节气保护工作专家座谈会"上的谈话而知。

[3] 吴兆磊：《浅谈"二十四节气表"在基层班组的文化实践》，《中外企业家》2015 年第 28 期。

为民俗系统的二十四节气的整体保护，但也必须充分认识到，对民众的生活来说，并非每一个节气都是同质的，也即并非都是具有同样意义的。一些节气，如"四立""二至"等，由于产生较早且与民众生活关系紧密，因此习俗活动、文化内涵等也就更为丰富，至于清明更是发展成为中国传统四大节日之一；一些节气，如小暑、大暑、小雪、大雪、小寒、大寒等，相对而言文化内涵与习俗活动就不那么丰富[①]，通常只是强调其于人的养生意义，如大暑进补、大寒进补等。因此，在具体的生活化保护与传承过程中，就不能一味地强求对每个节气都"一视同仁"地进行保护，虽然从观念上来说每个节气都是值得重视的。二是二十四节气的地域性差异，即对不同地区而言，同一个节气的意义可能是不一样的。如冬至，虽然在广大地区都有很大影响力，但在江浙一带尤其重要，素有"冬至大如年"之说，此日人们会祭祖、全家团圆，并包馄饨、蒸年糕等，其情景就如同除夕守岁。再比如谷雨节气，在山东荣成等沿海地区就备受重视。此时"百鱼上岸"，为祈求出海平安、预祝丰收，人们便在谷雨这天举行隆重而盛大的祭祀海神仪式，由此形成了深为当地民众重视的谷雨节，其隆重程度相比于春节是有过之而无不及。[②] 因此，对二十四节气的保护与传承，不能采取"一刀切"的方式进行，而要结合各地实际，针对不同的节气采取不同的措施。

三　小结

以上我们主要对二十四节气在传统时代的价值与意义及其在当下的保护与传承问题做了简要论述。从中我们可以发现，对传统中国社会的民众来说，二十四节气绝不是如我们一般意义上所理解的那样，只单纯是一种历法体系或者说时间制度，而更是一种包含丰富民俗事象的民俗系统，具

---

① 之所以如此，可能与这些节气通常处于农闲期有直接关系。农闲时期，人们没有多少农活可做，于是节气的农事指导意义也就不那么明显，由此导致了文化意义与习俗活动的薄弱。

② 谢宇芳等：《谷雨节：渔家狂欢节》，威海新闻网，http://www.whnews.cn/mlweihai/2005 - 04/24/content_287534.htm，最后访问日期：2018 年 8 月 17 日。

有实用性、节点性与生活化等几个方面的特点。二十四节气之所以被创造出来、广泛流布且内涵日益丰富，与其深深融入传统民众的生产、生活之中具有直接关系。基于此，要想在当下更好地保护与传承二十四节气，使其如传统时代那样充分介入现代民众的社会生活应该是一种最佳途径。随着我国由农业社会向工业社会转变，今天的社会已发生了巨大变化，由此二十四节气所赖以存在的社会环境亦发生了极大变化，这直接导致了其在传统时代的基础性功用，即作为农业生产时间指针的作用日益降低。但作为一种人为创造的民俗系统，二十四节气的意义是表现在多方面的。因此，我们应该以一种发展的观点来认识并对待其在今天的传承与发展问题，即我们可以对其做进一步的"再创造"，"淡化"其对农业生产的指导作用，而强调其与民众社会生活的关系，充分发挥二十四节气在今天民众的日常生活、休闲娱乐、饮食养生以及民族认同、生态文明建设等方面的功用与价值。当然，要做到这一点，还必须充分依靠新闻媒体、学校教育、国家政策等方面的强力辅助与支持，如此才有可能使其"无孔不入"地介入现代民众的社会生活。另外，在具体进行保护与传承的过程中，不能"一刀切"，而要充分观照二十四节气的内部差异及地域差异等问题，分别相应采取不同的保护与传承措施。

从节气歌谣、谚语看二十四节气的活态传承*

季中扬　师　慧**

摘要： 二十四节气作为时间经验框架，是一种抽象的形式，具体的生产、生活经验构成了二十四节气文化丰富多彩的内容，内容与形式的自由结合产生了既有普遍性又有地方性的二十四节气知识。二十四节气内容与形式之间的自由结合关系，使其传播具有超空间性特征，传承具有超时间性特征。二十四节气作为一种知识，歌谣、谚语是其主要存在形态与传承方式。在当代社会，各种传统的节气歌作为文化遗产已经得到或者应该得到保护，但更为重要的是，出现了大量新编节气歌，这说明二十四节气作为时间经验框架在现代社会仍然有实用功能，而且歌谣、谚语仍然是其主要存在形态。

关键词： 歌谣；谚语；二十四节气；非物质文化遗产

2016 年 11 月 30 日，"二十四节气——中国人通过观察太阳周年运动而形成的时间知识体系及其实践"被列入人类非物质文化遗产代表作名录，这是中国继中医针灸、珠算后的第三项"有关自然界和宇宙的知识和实践"类的"非遗"。与中医针灸、珠算不同，二十四节气是一种知识，没有某种具体的技艺可操练，也没有特定的传承人，那么如何在

 ＊ 本文受南京农业大学中央高校基本科研业务费人文社科基金项目（编号：SKCX2017010）资助。本文原刊于《南京师大学报》（社会科学版）2018 年第 2 期，收入本文集时略有改动。

＊＊ 季中扬，南京农业大学人文与社会发展学院教授，主要从事民间艺术、民俗景观、非物质文化遗产保护研究；师慧，南京农业大学人文与社会发展学院 2015 级硕士研究生，主要从事民俗文化史研究。

当代社会对其进行活态传承呢？笔者认为，二十四节气首先是一种传统的纯形式的时间经验框架，农耕社会丰富的地方性知识填补在这框架中，构成其具体的内容，各种歌谣、谚语是其存在的具体形态，因而，二十四节气活态传承应该重视节气歌谣、谚语的当代传承与发展。

一　二十四节气是时间经验的框架

康德在《纯粹理性批判》的"先验感性论"中指出，时间并非事物本身的客观属性，而是主体的先验直观形式。他说："时间不过是内感官的形式，即我们自己的直观活动和我们内部状态的形式。因为时间不可能是外部现象的任何规定；它既不属于形状，又不属于位置等等，相反，它规定着我们内部状态中诸表象的关系。"[①] 这也就是说，时间并不是客观存在，而是一种主体经验，但这主体经验又有一定客观性，因为它是人类共同的先验直观形式。既然是一种主体经验，这先验直观形式就不可能绝对超脱人类的历史经验，事实上，在不同的文化形态中人们的时间经验框架、模式也是不同的，二十四节气就是一种特殊的人类时间经验框架。

我们先人的时间知识主要来自对谷物成熟、四季变化的直观体验与对太阳、月亮、星星等天体运行规律的认识。人们基于对寒暑的直观体验，可以产生冬夏的观念，但不容易区分四季；人们基于对谷物生长、成熟等物候的长期经验观察，可以产生"年"的观念，但不容易区分"年"为十二月。四季、十二月、二十四节气等传统时间知识主要来自古人长期的天文观测。在陶寺遗址中，考古学者发现了带有刻度的圭尺，这说明古人早在4000多年前就已经掌握了圭表测日的方法。人们用圭表测日的方法较早把握了冬至、夏至，从《尚书·尧典》的记载来看，古人用观察太阳变化的方法很早就发现了冬至、夏至、春分、秋分。[②] 两分、两至的发现，已经初步理论性地建构起了一年四季的时间经验框架。春秋时期，人们又确

---

① 〔德〕康德：《纯粹理性批判》，邓晓芒译，杨祖陶校，人民出版社，2004，第36~37页。
② 《尚书·尧典》："日中星鸟，以殷仲春……日永星火，以正仲夏……宵中星虚，以殷仲秋……日短星昴，以正仲冬。"

定了立春、立夏、立秋、立冬，进一步明晰了一年四季的时间经验框架。"分至启闭"① 知识体系的形成，就一年四季的理论认识需要而言，已经完备了，后世的二十四节气也罢，三十节气②也好，其他节气不过是对"分至启闭"框架的细化而已。从名称上来看，"分至启闭"八个节气是根据四季时序来命名的，而"雨水、惊蛰、清明、谷雨、小满、芒种、小暑、大暑、处暑、白露、寒露、霜降、小雪、大雪、小寒、大寒"等十六个节气则主要根据气象、物候来命名，可见另外十六个节气与"分至启闭"八个节气是不可同日而语的。事实上，"分至启闭"八个节气后世大都成了重要节日，而其他十六个节气，除了清明取代寒食成了节日，民间大都不甚看重。

既然二十四节气只是对"分至启闭"时间框架的细化，不过是一种数学分割，而不是像"分至启闭"那样是为了准确把握一年四季的时间，那么，后世为什么接受了二十四节气，而不是将"分至启闭"二分为十六节气或四分为三十二节气呢？对此，刘晓峰的解释比较合理，他认为，"在二十四节气出现之前，依靠月象观察确定时间并划分一年为四季十二月和划分一年为三百六十五日的传统时间框架早已经根深蒂固。划分节气很难无视这一巨大的现存传统时间框架。今天的二十四节气所取的二十四这个数字，实际上是八与十二的最小公倍数，节气定在这个数字上并非出于偶然。这一组合变化的结果，是在一年为十二个月这一基数上，中分一月为二，一为节气、一为中气，最后形成的就是由十二个节气和十二个中气结构而成的二十四节气。"③ 概而言之，二十四节气其实是关于太阳周年运动的时间知识体系与以月亮阴晴圆缺来划分一年四季十二月的阴历时间框架的统一。众所周知，传统的农历是"阴阳合历"，虽然以十九年七闰月的方法保持了农历年与太阳回归年大体一致，但每一年、每一季节的时数并不固定，而二十四节气和太阳回归年是基本一致的，是纯粹的阳历，它弥补了农历的缺陷，完善了中国古代时间知识体系。

---

① 《左传·僖公五年》："凡分、至、启、闭，必书云物，为备故也。"杜预注："分，春秋分也；至，冬夏至也；启，立春立夏；闭，立秋立冬。"
② 管子提出了三十个节气的划分方案。参见李零《〈管子〉三十时节与二十四节气——再谈〈玄宫〉和〈玄宫图〉》，《管子学刊》1988 年第 2 期。
③ 刘晓峰：《二十四节气的形成过程》，《文化遗产》2017 年第 2 期。

就其本质而言，二十四节气与一年四季十二月的划分一样只是一种时间经验框架，是一种抽象的历法知识，是一种可以不断填充内容的形式。陈连山发现，《淮南子》中的二十四节气的物候主要是风、雷、雨、雪等事物，跟《夏小正》相比是很模糊的，《夏小正》中每月都有极为详细而具体的物候描述，如："正月：启蛰。雁北乡。雉鸡响。鱼陟负冰。……囿有见韭。时有俊风。……田鼠出。獭献鱼。……鹰则为鸠。"他进而指出，正是因为二十四节气的物候描述比较抽象，才容易适应不同地区的实际气候状况，这为后世不同地区民众根据本地区的实际情况对之加以再创造预留了相当广阔的发挥空间。① 陈连山的这个发现很重要，他看到了二十四节气并不是一个固定不变的民俗文化事象，而是一个可以填充不同地方性知识的框架形式。这个框架形式不能太粗疏，也不能太具体而微。早在《逸周书·时训解》中就已经有了"七十二候"一说，但"七十二候"在后世社会生活中的影响远不及二十四节气②，主要原因就是"七十二候"太过具体而微，不利于填充不同的地方性知识。二十四节气作为一种框架形式，地方性知识作为其具体内容，内容与形式之间的自由结合关系，使其传播具有超空间性特征，传承具有超时间性特征，不同地域、不同历史时期的人们都可以创造性地填充、阐释、利用这个框架结构。

二　歌谣、谚语与二十四节气遗产的存在形态

二十四节气本身只是一种历法知识，一个抽象的框架形式，内容与形式的结合才形成了具体的存在形态。那么，二十四节气作为一种遗产，是以怎样的形态存在的呢？大体而言，有两种主要形态，一是节日文化形态，"分至启闭"与清明在古代都是重要节日，尤其是"二分""两至"，不仅官方有隆重的祭礼，而且民间节日习俗也很多；二是歌谣、谚语形态，除了流传甚广的二十四节气歌，各地与二十四节气相关的丰富多彩的农耕知识也大都以歌谣、谚语形态流传着。时至今日，二十四节气的节日

---

① 陈连山：《二十四节气：精英与民众共同创造的简明物候历》，《文化遗产》2017 年第 2 期。
② 刘晓峰认为这是因为具体到五日一候，实际上已经超出了时间划分体系应有的边界，其准确性已经大有问题。参见刘晓峰《二十四节气的形成过程》，《文化遗产》2017 年第 2 期。

习俗在有些地方还被看重①，但传统节日文化整个系统已经严重衰微，在此背景下如何保护、传承二十四节气的节日文化形态，是一个值得关注的问题。笔者认为，从一定意义上可以说，农耕社会的生产、生活知识是二十四节气文化的核心内容，而歌谣、谚语的口头传承则是二十四节气文化遗产的最主要传承方式。因此，本文着重讨论二十四节气的歌谣、谚语形态。

与同样作为"有关自然界和宇宙的知识和实践"类的"非遗"的中医针灸和珠算相比，二十四节气最为突出的特征就是其既有统一性，又有多样的地方性，这个特征突出地表现在其歌谣、谚语形态中。

众所周知，《二十四节气歌》在全国各地有个通行的版本，即"春雨惊春清谷天，夏满芒夏暑相连，秋处露秋寒霜降，冬雪雪冬小大寒"。这是作为历法知识的二十四节气，是具有通约性的知识，虽有"变文""异文"，但相差不大。二十四节气作为民间歌谣的叙述框架，其具体形态可就千差万别了。

先看东北地区的《二十四节气歌》：

> 打春阳气转，雨水沿河边，惊蛰乌鸦叫，春分地皮干，清明忙种麦，谷雨种大田，哎咦哎嗨哎嗨哟，春呀吗春天；立夏鹅毛住，小满雀来全，芒种开了铲，夏至不拿棉，小暑不算热，大暑三伏天，哎咦哎嗨哎嗨哟，夏呀吗夏天；立秋忙打靛，处暑动刀镰，白露割蜜薯，秋分不生田，寒露不算冷，霜降变了天，哎咦哎嗨哎嗨哟，秋呀吗秋天；立冬交十月，小雪地封严，大雪河汊牢，冬至不行船，小寒大寒冰如铁，迎来又一年，盼望冰消雪化艳阳天，哎咦哎嗨嗯哎哎嗨哟。

在这首民歌中，东北的二十四节气有显著的地方性特色，如清明才开始种麦子，立夏才不再下雪，夏至才不穿棉衣。到了长江流域，则是另外一番景象了，在江苏常熟白茆山歌《十二条手巾》（其实也是二十四节气歌）中，立春梅花开，惊蛰杏花开，春分就已天气回暖、百草碧绿了：

---

① 如湖南的安仁赶分社，被称为传统历法节气和传统民俗节日融为一体的"活化石"，其热闹程度甚至超过春节。参见周作明《浅谈安仁赶分社》，《艺海》2015 年第 1 期。

第一条手巾是白绫，正月里梅花初立春，那初交雨水正月半，家家人家门前结彩挂红灯。挂红灯来吊红灯，梁山泊聚义宋江是首领，那结成兄弟是一百另八将，李逵独自闹东京。//第二条手巾燕子青，初交惊蛰杏花春，那交了春分是天气暖，百草回芽碧里青。碧里青来蛇翻身，唐伯虎出外去游春，游到虎丘山浪山前山后碰着一位秋香女，那三笑姻缘是结成亲。//第三条手巾是红纱，三月里桃红柳绿开好花，那风吹杨柳是沿村景，清明谷雨赶山茶。赶山茶来发三车，要到沿河街上去卖花，许郎勿见贤妻面，五月端阳白娘娘吃仔雄黄酒现原形。……

到了海南，立春雨水时节就已经泡种子，放水入田，准备栽稻谷了，如临高县的《二十四节气歌》：

要有水入田，百姓才打圈秧。放谷种入泡，等到立春雨水。啊燕来筑巢，（在）二月惊蛰春分。百姓（地）"打虎"，（是）三月清明谷雨。百姓耙谷种，（在）四月立夏小满。芒种和夏至，（地）过五月初五。小暑大暑在六月，百姓下田收割。百姓（地）送"寒衣"，（是）七月立秋处暑。稻嗲（地）"挂孕"，（在）八月白露秋分。大雁（地）过海，（在）九月霜降寒露。立冬和小雪，十月百姓收割。大雪和冬至，百姓做糟春粿。小寒大寒（在）十二月，年完夜也暗。父母愁钱银债，儿女喜新衣。讲也讲不完，数也数不透，按二十四个节气，简单唱至此。

在这些节气歌中，二十四节气是文本的结构，同时又是叙述的逻辑线索，地方性知识按二十四节气时间变化填充在其中，因而，节气歌既有稳定的结构，又是开放的，是民间对二十四节气知识体系的一种创造性阐释与应用。

以四季、十二月、二十四节气作为叙事框架，是中国传统文化中的一种叙事原型，从《诗经·豳风·七月》到《清院本十二月令图轴》，再到民间年画、剪纸中的《男十忙》《女十忙》以及民歌《十二月花名》等，我们看到这种叙事原型是广泛存在、深入人心的。正是因为有了这种社会文化心理基础，二十四节气歌从东北到黄河流域，再到长江流域，甚至到海南，都广泛流传着。二十四节气作为"时间知识体系及其实践"，民间早就创造了最契合其特点的传承方式，这也是二十四节气知识体系能够在民间长久不衰、广泛流传的主要因素，如今将其作为"非遗"来传承、保护，也应该总结、学习传统社会的传承方式，这样才能找到最佳保护方式。

二十四节气歌其实是一种民间艺术，相比较而言，它与特定地域农业生产、生活结合度不如谚语形态那么紧密。谚语是民众对生产、生活经验的总结，不仅内容极其丰富，而且地域特色非常鲜明。二十四节气谚语大体可以分为三种主要类型：一是与物候相关的谚语，如"春打三日，百草萌芽""清明断雪，谷雨断霜""芒种逢壬便入梅，夏至逢庚便出梅"；二是总结生产经验的谚语，如"立春早，收成好""打春一百，磨镰割麦"；三是总结生活经验的谚语，如"立春雨水到，早起晚睡觉""年内立春春勿冷，年后立春三月冷""春分有余寒，藏衣勿宜早""小暑热过头，大暑凉飕飕""立了夏，把扇拿，立了秋，把扇丢"。[①] 由于谚语是特定地域生产、生活经验的凝练，其地域差异很明显，比如东北地区的农谚说"谷雨前后，种瓜点豆"，河南农谚则说"清明前后，种瓜点豆"，而在海南则是"三月惊蛰又春分，薯芋瓜豆种及春"。种瓜点豆从东北到海南，整整差了两个节气。

三 二十四节气歌谣、谚语的当代传承

基于上文考察可见，二十四节气歌谣、谚语虽然形式相对单一，但包含的内容极其丰富，凝聚着不同地域、不同历史时期民众对生产、生活经验的总结、积累。在城市化与"三农"现代转型语境中，这些歌谣、谚语还有活态传承的价值与可能性吗？

随着科技的进步，靠经验从事农业生产的时代已经成为过去，尤其是随着大棚栽种等"设施农业"的快速发展，传统农业知识似乎不再适用了。其实，据笔者调研，大多数农民仍然在按照传统农历安排生产生活，他们还在应用着农业生产方面的节气知识。今年 8 月初，笔者在苏北农村调研时听到一位农

---

① 以上谚语见《中国谚语集成·上海卷》，中国 ISBN 中心，1999，第 647～653 页。

民说要去买点菜籽种白菜，另一位农民就说太早了，并随口说了一句农谚"处暑萝卜白露菜"，8月初才立秋，到白露还有 1 个月，确实太早了些。如上文所述，二十四节气歌谣与谚语不仅仅是农业生产方面的，更多的是日常生活方面的，如"春分有余寒，藏衣勿宜早""立了夏，把扇拿，立了秋，把扇丢"等，这些日常生活方面的节气知识在任何时候也许都不会过时。

二十四节气作为传统的时间知识体系虽然有活态传承价值，在广大农村地区也还在实践着这些传统知识，但是，其当代传承与保护确实遭遇了前所未有的困境。一是城市化与人口流动，造成传承主体的不稳定性。与在学校中通过间接学习或实验所获得的知识不同，民俗文化知识大都是在特定空间、社群中相互影响习得的，个体经验、传统知识与实践是三位一体的，这就要求文化主体要长期生活在特定空间与社群中，而快速流动的现代社会是不利于民俗文化知识习得与传承的。二是传统的节气歌大多依托于民歌、说唱、地方小戏等民间表演艺术传播，随着民间表演艺术的衰落，形态丰富的节气歌大多不再流传了。三是谚语所包含的经验、知识地域性很强，不太适宜通过学校教育与现代传播等手段来传承。其实，这些困境非独二十四节气歌谣、谚语的遭遇，绝大多数"非遗"都面临这些困境。能否突破这些困境，如何突破这些困境，这是需要长期实践、观察、讨论的问题。

一方面，传统的节气歌、谚语的传承、保护面临很难破解的困境，另一方面，我们又发现了大量新编的节气歌。这些新编节气歌涉及面很广，有种植方面的，如《蘑菇生产节气歌》[①]《桑蚕生产二十四节气歌》[②]《果树生产二十四节气歌》[③] 等；有养殖方面的，如《养猪二十四节气歌》[④]《养鱼节气歌》[⑤]《养蜂节气歌》[⑥] 等；有养生方面的，比较著名的如《杨

---

① 张华庆：《蘑菇生产节气歌》，《中国食用菌》1988 年第 1 期。
② 陈学光等：《桑蚕生产二十四节气歌》，《山东蚕业》2005 年第 1 期。
③ 果树生产方面的节气歌比较多，有李宝玉的《果树生产二十四节气歌》（《新农业》1998 年第 2 期）、王援国的《苹果管理二十四节气歌》（《瓜果蔬菜报·农业信息周刊》2008 年 12 月 9 日，第 6 版）、韩映南的《套袋果园管理节气歌》（《山西科技报》2001 年 1 月 2 日，第 4 版）等。
④ 《养猪二十四节气歌》，《养殖与饲料》2013 年第 2 期。
⑤ 养鱼方面的节气歌也比较多，从知网检索可见《农村·农业·农民》2000 年第 8 期、《河南农业》2000 年第 9 期、《江西农业经济》2001 年第 1 期、《山东农机化》2004 年第 6 期、《渔业致富指南》2006 年第 5 期、《科学种养》2007 年第 12 期都刊登过《养鱼节气歌》。
⑥ 黄孝恩：《养蜂节气歌》，《中国蜂业》2014 年第 5 期。

建宇二十四节气养生歌》①。以上所列，仅是报纸、杂志刊登过的，此外，还可能有大量不曾在媒体上公开发表过的新编节气歌。由这些内容丰富的新编节气歌可见，二十四节气作为"时间知识体系"在现代社会仍然被广泛实践着，这是其作为"非遗"活态传承的一个重要表征。为什么说新编二十四节气歌也是"非遗"活态传承呢？联合国教科文组织《保护非物质文化遗产公约》第二条提出："这种非物质文化遗产世代相传，在各社区和群体适应周围环境以及与自然和历史的互动中，被不断地再创造，为这些社区和群体提供认同感和持续感，从而增强对文化多样性和人类创造力的尊重。在本公约中，只考虑符合现有的国际人权文件，各社区、群体和个人之间相互尊重的需要和顺应可持续发展的非物质文化遗产。"这也就是说，可持续发展是"非遗"的核心指标之一，而且"非遗"是可以"被不断地再创造"的。笔者在上文已经指出，二十四节气作为"时间知识体系"只是一个框架结构，可以填充不同地域、不同历史时期的生产、生活内容，创造性地填充这个框架结构就是对二十四节气"非遗"的"活态传承"。

有必要指出的是，与传统的节气歌相比，新编节气歌很少关注地方性的物候，而是借助节气歌这个传统框架来传播生产、生活经验。且看《蘑菇生产节气歌》：

> 小寒备牛粪，干燥又黄亮。大寒想菇床，石灰小土壤，立春轻调水，视温定水量，雨水温微升，换气使温上。惊蛰始春管，逐步增水量，春分菌萌发，寒冷仍需防。清明菇上市，调水要适量。谷雨产菇旺，务把病虫防。立夏温转高，用足菇水量，小满清床架，消毒切莫忘，芒种拆床架，竹木浸水中。夏至修菇房，病虫需灭光。小暑天转热，搭好蘑菇床。大暑忙堆料，预堆不可少。立秋忙翻料，视料定水量，处暑忙进房，后酵周期长，白露前播种、兼顾温湿氧，秋分忙覆土，促使菌粗壮，寒露产菇旺，水准菇才壮。霜降菇更旺，分级交售忙。立冬天气好，科管要加强，小雪温下降，减少用水量，大雪天气寒，调水要适当。冬至已无菇，保温管菇房。②

① 王志华等：《杨建宇二十四节气养生歌赏析》，连载于《中国中医药现代远程教育》2012年第1期至第21期。
② 张华庆：《蘑菇生产节气歌》，《中国食用菌》1988年第1期。

再如《杨建宇二十四节气养生歌》：

> 小寒慢跑跳踢毽，畅达乐观防肾寒，三九温补食药疗，参芪首乌归阿胶，滋阴潜阳肝血养，固肾养心羊肉尝。……①

尤为有意思的是《供电所二十四节气歌》：

> 惊蛰——惊雷一鸣万物醒，避雷检查不能等；合理配备保险丝，防止大风刮断线。春分——春分时节正植树，电力通道要维护；巡视检查走几遍，防护区内没有树。……

由于新编节气歌意在推广、传播，因而其内容大都凸显其通约性，淡化其地方性。从《蘑菇生产节气歌》《杨建宇二十四节气养生歌》来看，其实只是把蘑菇生产、养生等知识填充在二十四节气叙述框架中，借用二十四节气的时间结构来完成其叙述而已。当然，二十四节气其实是有较强地域性的，传统节气歌、谚语都是在特定地域口耳相传的，而新编节气歌在媒体上公开发表，很显然漠视了节气的地域性，其传播效用其实是很可疑的。

四　结语

二十四节气原本只是历法知识，但民众将其作为表达生产、生活经验的叙述框架，容纳了不同历史时期、不同地域的生产、生活内容，以节气歌、谚语等形态不断创造出内容丰富的二十四节气文化。在现代社会中，由于城市化、人口流动、村庄拆迁、农业生产的机械化以及农业科技的发展，传统的节气歌、谚语丧失了固有的传承空间与传承主体，二十四节气作为"非遗"，其活态传承面临前所未有的困境。但是从各种新编节气歌来看，二十四节气的节气歌、谚语等文化形态在民间仍然有较为深厚的社会心理基础，二十四节气作为"时间知识体系"在现代社会中还有一定的

---

① 王志华等：《杨建宇二十四节气养生歌赏析》，连载于《中国中医药现代远程教育》2012年第1期至第21期。

实用功能：一是可以继续为各种种植、养殖业提供时间节点；二是可以为日常生活中的养生保健确立时间节点。新编节气歌其实是民众在社会现代变迁过程中，不断调适与外在环境的关系，在与自然和历史的互动过程中，对传统二十四节气文化的再创造，是对二十四节气"非遗"的活态传承。

危机·转机·生机：二十四节气保护及其需要解决的两个重要问题[*]

张　勃^{**}

摘要： 二十四节气是历史地形成的时间制度，在传统社会的国家事务、农业生产、日常生活等诸多方面发挥了重要作用，并形成了十分丰富的节气文化和实践活动。受社会变迁、中国人宇宙观和月令思维模式变化、历法变更、文化失忆、珍视不够等因素的影响，二十四节气在当代面临生存危机，具体表现在：纪时意义大大降低；作为国家行政和举行国家祭祀礼仪的时间节点意义全面失落；习俗活动大量减少；作为农业生产指南的作用大大下降；作为日常生活风向标的功能不再突出；等等。2016 年二十四节气入选联合国教科文组织人类非物质文化遗产代表作名录，是二十四节气发展史上的重要事件，也意味着二十四节气可能迎来生命史上的一次重要转机。要促成二十四节气重振生机，需要加强宣传，采取多种保护措施，尤其是要回答保护的正当性问题，厘清保护主体及其担责问题。

关键词： 二十四节气；人类非物质文化遗产；文化遗产保护

2016 年 11 月 30 日，在埃塞俄比亚首都亚的斯亚贝巴，召开了联合国教科文组织保护非物质文化遗产政府间委员会第十一届常会，经过审议，将中国申报的"二十四节气——中国人通过观察太阳周年运动而形成的时间知识体系及其实践"列入人类非物质文化遗产代表作名录。喜讯一经传

＊　本文原刊于《文化遗产》2017 年第 2 期，收入本文集时略有改动。
＊＊　张勃，女，历史学博士，北京联合大学北京学研究所研究员。

出，立刻引发广泛关注。人们为人类非物质文化遗产代表作项目大家庭中再添新的中国成员感到由衷的自豪和高兴。然而正如文化部的一位官员所说：“申报的成功并不是使命的终结，而是非遗保护工作的又一个里程碑。”二十四节气申遗成功相当不易，然而二十四节气保护成功是比其更为艰难的工作。当前，我们需要深刻认识、解析二十四节气的生存危机，抓住保护工作的重要转机，以促成它重振生机。

一 当下二十四节气的生存危机及其原因分析

（一） 二十四节气是历史地形成的时间制度

柳诒徵曾在《中国文化史》中十分简要且精当地概述了中国古人测度时间的方法、过程和功用：

> 古人立国，以测天为急；后世立国，以治人为重。盖后人袭前人之法，劝农教稼，已有定时；躔度微差，无关大体。故觉天道远而人道迩，不汲汲于推步测验之术。不知邃古以来，万事草创，生民衣食之始，无在不与天文气候相关，苟无法以贯通天人，则在在皆形枘凿。故古之圣哲，殚精竭力，绵祀历年，察悬象之运行，示人民以法守。自羲、农，经颛顼，迄尧、舜，始获成功。……吾侪生千百世后，日食其赐而不知，殊无以谢先民也。①

二十四节气正是中国先人“察悬象之运行，示人民以法守”的产物，是通过观察天象尤其是太阳周年运动，认知一年中时令、气候、物候等方面变化规律所形成的知识体系和社会实践，是中国传统时间制度的重要组成部分。

二十四节气的完整出现是一个历史的过程。早在《尚书·尧典》中即已记载：“日中星鸟，以殷仲春。……日永星火，以正仲夏。……宵中星虚，以殷仲秋。……日短星昴，以正仲冬。”② 当时的人们根据日影长短与黄昏时分出现在南中天的星象来确定季节，并已经发现二十四节气中的二

---

① 柳诒徵编著《中国文化史》（上），东方出版中心，1988，第 44 页。
② 《十三经·尚书》，中州古籍出版社，1988，第 1 页。

至（即日永、日短）和二分（即日中、宵中），也把握住了二至二分与季节变化的关系。2003 年发现的山西襄汾陶寺遗址观象遗址更以实物表明，大约 4000 年前我国已经有了相当成熟的测定节气的专门技术。根据考古发现，该观象台有 13 根夯土柱，呈弧形，长 19.5 米，半径 10.5 米。考古队在原址复制模型进行模拟实测，从观测点通过土柱狭缝观测塔尔山日出方位，发现从第 2 个狭缝看到日出为冬至日，从第 12 个狭缝看到日出为夏至日，从第 7 个狭缝看到日出为春分和秋分。① 而至少在春秋时期，立春、立夏、立秋、立冬也已经出现了。《左传·僖公五年》记载："凡分、至、启、闭，必书云物，为备故也。"② 又《左传·昭公十七年》记载："凤鸟氏，历正也；玄鸟氏，司分者也；伯赵氏，司至者也；青鸟氏，司启者也；丹鸟氏，司闭者也。"③ 其中的分、至、启、闭，即二至、二分、四立。《淮南子·天文训》中则已经出现与后世基本相同的完整的二十四节气。汉武帝时，将二十四节气订入历法，此后二十四节气一直成为中国传统历法的重要组成部分，并在国家事务、农业生产、日常生活等方面发挥了重要作用，并形成了十分丰富的二十四节气文化和实践活动。可以说，二十四节气在传统社会没有生存危机可言。

（二） 当下二十四节气的生存危机

当下二十四节气的生存却成了问题，二十四节气成为需要进行有意识保护的文化遗产。具体而言，其生存危机表现在以下几个方面。

第一，二十四节气的纪时意义大大降低。二十四节气首先是一种纪时方式，是中国人对时间的一种切分方法，根据地球在黄道（即地球绕太阳公转的轨道）上的位置变化，人们将从冬至日（立春日）到下一个冬至日（立春日）之间的时间划分为二十四个段落，并加以命名，它们分别对应于地球在黄道上每运动 15°所到达的一定位置。节气与岁（年）、时、月、

---

① 中国社会科学院考古研究所山西队、山西省考古研究所、临汾市文物局：《山西襄汾县陶寺城址祭祀区大型建筑基址 2003 年发掘简报》，《考古》2004 年第 7 期，第 9～24 页；李维宝、陈久金：《中国最早的观象台发掘》，《天文研究与技术》2007 年第 3 期，第 301～306 页。

② 杨伯峻编著《春秋左传注》（修订本），中华书局，1990，第 303 页。

③ 杨伯峻编著《春秋左传注》（修订本），中华书局，1990，第 1387 页。

旬、日、时辰、刻等一起构成了中国传统社会基本的时间单位。但在现代社会，我们的纪时制度发生了深刻变化，年、时、月、星期（礼拜）、日、小时、分、秒等成为基本时间单位，至于二十四节气，许多人连完整的名称都说不出了。

第二，节气作为国家行政和举行国家祭祀礼仪的时间节点意义全面失落。"钦若昊天，历象日月星辰，敬授民时"①，是古代帝王的大事，而重要的节气日一直是国家行政的时间节点，是月令的重要内容。如《礼记·月令》对立夏日的记载："先立夏三日，大史谒之天子曰：'某日立夏，盛德在火。'天子乃齐。立夏之日，天子亲帅三公、九卿、大夫，以迎夏于南郊。还反，行赏，封诸侯，庆赐遂行，无不欣说。乃命乐师，习合礼乐。命太尉，赞桀俊，遂贤良，举长大，行爵出禄，必当其位。"②又如关于立冬日的记载："先立冬三日，太史谒之天子曰：'某日立冬，盛德在水。'天子乃齐。立冬之日，天子亲帅三公九卿大夫，以迎冬于北郊，还反，赏死事，恤孤寡。"③此外，被视为"国之大事"的祭祀礼仪通常也在节气日举办，如冬至祭天、夏至祭地、春分朝日、秋分夕月、霜降祭旗等。以清代为例，自顺治帝到光绪帝，于1644~1908年264年间在北京天坛共举行了199次冬至祭天活动。④而现在，国家政策的制定、颁布、实施一般不会选择"有意味"的时间，更不会将其与节气联系起来。至于国家层面的祭祀礼仪体系，目前尚未建立，与节气无关。

第三，节气日的习俗活动大量减少。在长期的历史发展中，节气积淀了相当深厚的文化内涵，每个节气都拥有或多或少的习俗活动，一些节气日还发展成为重要的节日，习俗活动十分丰富。但是如今堪称节日的节气日已为数不多，能够保留下来的习俗活动数量少且流传不够广泛。以立春日为例，历史上它曾是一个重要的节日，民间有"新春大如年"或"春朝大如年朝"的说法。"春日春风动，春江春水流。春人饮春酒，春官鞭春牛。"立春日要举办盛大的迎春礼，这一活动至迟在东汉时期已经出现，

---

① 《十三经·尚书》，中州古籍出版社，1988，第1页。

② 《十三经·礼记》，中州古籍出版社，1988，第55页。

③ 《十三经·礼记》，中州古籍出版社，1988，第61页。

④ 参见北京市地方志编纂委员会《北京志·世界文化遗产卷·天坛志》（北京出版社，2006，第336~348页）提供的附表《清代皇帝祭祀天坛年表》。

到清代达到极盛，甚至民国期间在一些地方还十分繁荣，成为官民共同参与的大型礼俗活动。民国十年（1921）刻本四川《合川县志》就记录了当地举行迎春礼的盛况：

> "立春"前一日，市中商贾酿金装扮春亭，庆贺春禧。雇小儿装扮各项角色，配成剧目，架木为兀，中竖铁心，布束小儿胸背，牢系铁尖。……计三十架……齐集厅署，候点某街某戏，岁有成例。各街富商炫装未满十岁儿童，冠一品顶戴，朝衣、朝服、朝靴；或扮小生，蓝衫头巾；或扮太子，雄冠雉尾，艳色花衣。衣冠先由成都买制。通行骑马调之。骑顶马在前，各春亭从之。沿街行，直出北门司空堤上小住。知州盛服，八抬明轿，承吏各执春花骑马，通着公服顶戴，阗街执事人等皆美服，至东郊迎春。捕厅先至，亦明轿四抬，知州后至。礼成，知州赏各春亭银牌，视人数有差。至是，芒神、土牛，鼓乐前导，各春官从之，各吏役从之，各春亭又从之。城乡观者，男女老少填街塞巷，拥护不通。古云：铜梁灯，合州春，最喧闹也。①

迎春之外，还要鞭春、送春，并有特定的饮食习俗、服饰习俗和社交习俗。这天人们要吃萝卜、生菜，"咬春""嚼春""啃春"，吃春饼、春卷、春盘，饮春酒；用春帖子、春牛图装饰房屋，剪春花、春燕、春蝶、春蛾儿打扮自己，给小孩子佩戴春鸡和春娃。亲朋好友要互相"拜春"、"会春客"、"享春福"……立春时节，我国北方许多地区仍然是千里冰封，万里雪飘，但经过人们特意营造，天地间已洋溢春天的气息。但这些活泼生动且充满诗意的民俗活动如今已难得一见了。当代，清明节算是保留习俗活动最多的一个节气日，但是其习俗活动的丰富程度也远不能与清代之前相比。②

第四，节气作为农业生产指南的作用大大下降。农业生产最讲究不误农时，对准确把握播、耘、收、藏的时机提出了要求。二十四节气的产生

---

① 丁世良、赵放主编《中国地方志民俗资料汇编·西南卷》，北京图书馆出版社，1991，第204～205页。
② 参见张勃《坚守与调适：城市化进程中清明节的传承与变迁》，《文化遗产》2016年第1期。

与农业生产密切相关，形成之后又成为农业生产的重要指南。"种田无定例，全靠看节气"，"不懂二十四节气，白把种子撒下地"，"人随节气变，保证吃上饭"，诸如此类广泛流传于全国各地的农谚很好地揭示了这一点。"清明高粱谷雨谷，立夏芝麻小满黍" "寒露蚕豆霜降麦，种了小麦种大麦" 等，更显示了节气对农业生产的具体指导作用。然而，如今这种作用大大下降了，许多农业生产劳动者已经不再依赖二十四节气而是依赖天气预报进行生产，反季节果蔬的生产更与节气失去了联系。

第五，节气作为日常生活风向标的功能不再突出。在传统社会，节气不仅关乎生产，亦深系生活，往往对人们的衣食住行具有规范作用和提示意义。如《礼记·月令》载夏至时，君子要"齐戒，处必掩身，毋躁；止声色，毋或进；薄滋味，毋致和；节耆欲，定心气"[1]，对人们在夏至期间的生活起居均做了具体要求。又如刘侗、于奕正《帝京景物略》载明代北京的人们"立秋日相戒不饮生水，曰呷秋头水，生暑痱子"。[2] 再如，有谚语云"清明过十天，单裤单布衫"，告诉人们根据节气调整穿衣的多少；"小雪腌菜，大雪腌肉"，告诉人们根据节气安排饮食所需。但是现在许多人已不再关心节气与生活的关联。

伴随着二十四节气在时间制度、国家事务、农业生产、日常生活领域的普遍式微，我们对节气的认知和理解也已大打折扣。

（三） 二十四节气出现生存危机的原因

二十四节气在当前出现生存危机是多种因素综合作用的结果。

首先，与近现代以来深刻的社会变迁密切相关。中国长期以来以农立国，二十四节气在农业生产方面发挥着重要作用，人们在很大程度上是通过农业生产对节气的依赖性来认识节气并利用节气的。随着农业社会向工业化社会乃至后工业化社会的变迁，城市化进程的加快，越来越多的人脱离了农业生产，进入第二产业或第三产业，第二产业或第三产业依赖于更加精细的时间制度，与季节、时令转变的关系相对疏离，二十四节气的纪时功能和对农业生产、日常生活的指示功能均在很大程度上弱化。

---

① 《十三经·礼记》，中州古籍出版社，1988，第 56 页。

② （明）刘侗、于奕正：《帝京景物略》，北京古籍出版社，1982，第 69 页。

其次，与中国人宇宙观和月令思维模式的变化密切相关。传统社会中国人的宇宙观是以阴阳五行为核心的关联宇宙观，这种宇宙观主张，"宇宙的一切都是相互依存、相互联系的，每一事物都是在与他者的关系中显现自己的存在与价值"①，而阴阳的对立分别与交互作用，是宇宙存在变化的普遍法则。董仲舒说："天地之气，合而为一；分为阴阳，判为四时，列为五行。"② 朱熹说："天地只是一气，便自分阴阳，缘有阴阳二气相感，化生万物。"③ 时间的变化也是阴阳互相作用的结果，先秦文献《管子》就已提出："春秋冬夏，阴阳之推移也。时之短长，阴阳之利用也。日夜之易，阴阳之化也。"④ 宇宙的理想状态是阴阳调和。人生在天地之间，要循时而动，顺应阴阳变化，并促成阴阳调和。基于有机整体的宇宙观，天象、物候、人事被统一组织到一个井然严密的时间秩序之中。"物理时间被文化化了，它被划分为前后相续、依次出现的不同段落，天空中日月星辰的运转、位置的变化与大地上的草木荣枯、风雪雨霜、鸟飞南北、虫振虫伏则成为时间段落推迁往复的具象表征；每个时间段落都被赋予了特殊的属性，各有其帝，各有其神，各有其虫，各有其音，各有其数，各有其味，各有其臭，各有其祀。"⑤ 这些各有属性的时间段落是国家政令和以天子为代表的社会成员活动的根本依据，它要求人类的一切活动都必须与其特性保持高度的一致。而人符合时宜的活动也能对时间的顺利转化起到积极的作用。正如《白虎通义》在解释为什么冬至日要"休兵不举事，闭关商旅不行"时所说："此日阳气微弱，王者承天理物，故率天下静，不复行役，扶助微气，成万物也。"⑥ 在古人的心中，时间不仅是人事活动的维度，更是人事活动成败的决定性力量，节气日是重要的阴阳转化节点，因此古人非常重视节气日的人事活动。节气日在传统社会成为王政的时间准绳、农业生产的指南针、日常生活的方向标，是以关联宇宙观和月令思维模式为基础的。近代以来，受西方文化的影响，人与自然二元对立的宇宙观渐次取代关联宇宙观，月令思维模式也受到深刻影响。与此相关，人们

---

① 陈来：《中华文明的核心价值：国学流变与传统价值观》，三联书店，2015，第29页。
② （汉）董仲舒撰，（清）凌曙注《春秋繁露》，中华书局，1975，第457页。
③ （宋）黎靖德编，王星贤点校《朱子语类》，中华书局，1986，第1286页。
④ 黎翔凤撰，梁运华整理《管子校注》，中华书局，2004，第85页。
⑤ 张勃：《明代岁时民俗文献研究》，商务印书馆，2011，第46~47页。
⑥ （清）陈立撰，吴则虞点校《白虎通疏证》（全二册），中华书局，1994，第217页。

不再惧怕节气日作为阴阳转化节点所具有的神秘力量，也不再刻意通过调整自己的行为去顺应或扶助阴阳的转化了。

再次，是历法变更、文化失忆的结果。二十四节气是中国传统历法的有机组成部分，中华民国成立后，源自西方的公历纪元法代替了传统历法成为官方正式历法，尽管在国家颁布的历书中还有二十四节气的一席之地，但其重要性明显下降。包括二十四节气在内的中国传统历法被称为"农历""阴历"就是其重要性明显下降的表现。与此相关，对二十四节气的系统介绍也相对少见。中国传统社会，很早就形成了岁时记述传统，出现了大量时令类著述，仅有明一代，就有李泰的《四时气候集解》、卢翰的《月令通考》、洪常的《岁时节气集解》、陈三谟的《岁序总考全集》、冯应京的《月令广义》、李一楫的《月令采奇》、陈阶的《日涉编》、戴羲的《养余月令》、黄谏的《月令通纂》、许仲誉的《月令事纪》、王勋的《广月令》等多种，二十四节气往往是其中的重要内容。

明人李登在为冯应京辑、戴任增释的《月令广义》所作序言中曾说："在读者，得其说而存之，于以佐天下国家，俾君臣上下咸知若时之义，将气运蒸洽，郁为太和。即不然，家置一册，无物而不奉天时，此亦君子居身之所珍也。"① 说的虽是《月令广义》一书的用途和作者的理想，却也道出了与二十四节气相关的文献是深受时人重视并颇为流行的。然而近代以来，关于二十四节气的系统介绍较为少见，这反映了二十四节气在生产生活领域作用的下降，也造成了人们对二十四节气知识的进一步失忆。

最后，人们对二十四节气的价值和意义认识不足，珍视不够。二十四节气是中华传统文化的综合载体，既有国家祭典，又有生产仪式和习俗活动，还有谚语、歌谣、传说、诗词、工艺品、书画等各种文艺作品，是中华民族珍贵的文化遗产。然而近年来人们对这份宝贵的文化遗产并没有予以珍视，目前的报纸很少对其进行标注便是一个明证。而面对它的式微，也只是到了近几年随着非物质文化遗产保护工作的开展才开始予以重视并加以保护。

---

① （明）冯应京辑，戴任增释，李登参订《月令广义》，《四库全书存目丛书》史部第 164 册，齐鲁书社，1996，第 506 页。

二 入选人类非遗名录是二十四节气生命史上的重要转机

二十四节气是值得保护也需要保护的文化遗产。2006 年，"农历二十四节气"被列入我国第一批国家级非物质文化遗产代表性项目名录，开启了国家层面对二十四节气的保护工作，2011 年和 2014 年，九华立春祭、班春劝农、石阡说春、三门祭冬、壮族霜降节、苗族赶秋、安仁赶分社等又被列入该遗产项目的扩展名录。而"二十四节气"成功入选人类非物质文化遗产代表作名录，使业已开始的二十四节气保护工作步入新的阶段。这是二十四节气发展史上的重要事件，也意味着二十四节气迎来生命史上的一次重要转机。

第一，入选人类非遗代表作名录，势必要求国家动员各种社会力量，采取更加有组织、有计划的保护措施，积极履行联合国教科文组织《保护非物质文化遗产公约》，以促进二十四节气重振生机。事实上，文化部和农业部等部门已联合制定了《二十四节气五年保护计划（2017～2021）》。根据该计划，相关部门将每年组织举办两期"二十四节气"保护与传承培训班，以期在五年内培训 300 人。培训内容包括"二十四节气"的专门知识、保护行动及其策略举措。同时，还将组织来自农学、天文学、民俗学等学科的专家、学者为中小学生编写"二十四节气"知识读本，开设专题讲座，并设计或组织形式多样的实践活动。此外，文化部还将在全国范围内开展"二十四节气"调查，记录该遗产项目的存续现状，全面搜集口头资料。同时，组织有关机构、专家、学者开展二十四节气学术研究，每两年举办一次专题学术研讨会，每五年举办一次国际学术研讨会，交流保护经验，促进跨学科对话，出版研究成果。[①] 而在 2016 年 12 月 6 日文化部举行的中国"二十四节气"列入人类非物质文化遗产代表作名录新闻发布会上，该项目申报群体代表之一的中国农业博物馆的研究员王应德，提到二十四节气保护的工作思路和具体措施，包括改善组织协调、促进代际传承、加

---

① 《文化部联合多部门推"二十四节气"五年保护计划》，环球网，http：//china. huanqiu. com/hot/2016 – 12/9783820. html，最后访问日期：2018 年 8 月 17 日。

强调查记录、开展学术研讨、举办专题展览、强化协作机制、推动信息共享、改善实践条件等内容。① 相信这些措施的推行，对普及二十四节气知识、推动二十四节气实践、增强二十四节气传承观念具有积极意义。

第二，入选人类非遗代表作名录从外来的视角、国际的层面肯定了二十四节气对人类文化多样性具有贡献，会激发国人形成对二十四节气的文化自信和传承自觉，从而进一步增强二十四节气重振生机的可能性。当然，转机之所以可能出现，也在于伴随着我国综合国力的增强，近几年来我们对自己的传统文化、原创文化的态度发生了很大变化，正在由自轻、自贱、自卑转向自重、自尊、自信，在这种时代思潮中，我们对二十四节气会更加珍视。

三　促进二十四节气重振生机需要解决的两个重要问题

天上不会掉馅饼，可能性转化为现实需要付出艰苦的努力。要促成二十四节气重振生机，需要利用申遗成功这一契机，加强宣传，采取多种保护措施，尤其应该解决好两个重要问题。

第一个重要问题是保护二十四节气的正当性问题。这里主要涉及五个方面的内容。

第一，二十四节气的性质。尽管申遗成功了，但二十四节气到底是什么，这个问题迄今为止并没有完全说清楚，还有进一步探究的必要。比如，许多人将二十四节气说成农历二十四节气，列入我国第一批国家级非物质文化遗产代表性项目名录的也是"农历二十四节气"，这种表述容易让人想到二十四节气仅与农业生产有关。而在百度百科上，二十四节气被解释为"是中国古代订立的一种用来指导农事的补充历法。用于指导农业耕种"②，更明确将二十四节气定性为指导农事的补充历法。但自其产生以

---

① 《文化部举行"二十四节气"列入"非遗"名录发布会》，中国网，http：//wmzh．china．com．cn/2016 – 12/09/content_9213873_5．htm，最后访问日期：2018 年 8 月 17 日。

② "二十四节气"，百度百科，http：//baike．baidu．com/link？url = UNHCr0ga30X96gXLZzL4cKq8Y5LFUpt_OwtMEA0R – ZT_pfZtrbh7YV_m7SQ8x6Uu44p2MQNvswfufgReEAcvEvpbH6sw5iewq 4t4L5_Vy-go53Rrt9LicopBMhCSM02uAUsau2PKRcjuqduIktis5ga，最后访问日期：2018 年 8 月 17 日。

来，二十四节气就不仅指导农事，也不能称为"补充历法"。它是汉代以来传统社会的基本时间框架，节气以及构成节气的候，是中国传统社会的基本时间单位，没有二十四节气，就无法说我国传统历法是一种阴阳合历。

再比如，作用于国家行政祭祀、百姓日常生产生活的传统历法是极其复杂的时间制度和时间系统，与日月星辰、天干地支、阴阳五行、气候物候、律管律吕以及空间方位等均有密切关系，宋人陈元靓撰《岁时广记》首卷图说中绘有月令主属大全、春季气数悉备、夏季气数悉备、秋季气数悉备、冬季气数悉备、尔雅十干岁阳、十二岁名、尔雅十干月阳、十二月名、气候循环易见、日永短、月盈亏、经星昏明迭见、闰月成岁为章、玉衡随斗指建、招摇逐月推移、日月交会、阴阳消长、律管浅深候气、律吕损益相生等图①，反映了传统时间制度和时间系统的复杂性。虽然现在二十四节气被独立出来作为一个非物质文化遗产项目来对待，但是只有将其放置于中国传统历法的整体中加以理解，阐明它与其他部分的相互关系，才有可能全面正确地认识二十四节气到底是什么。

又如，二十四节气作为中国人创造的时间知识体系及其实践，蕴含着怎样的宇宙观、思维模式和核心价值理念？在笔者看来，它是中国人宇宙观、思维模式和核心价值理念的重要载体，具体体现为关联宇宙观、月令思维模式、尊重自然、效法自然、爱护自然、利用自然、扶助自然的天人合一的核心价值理念。当然，这方面同样有继续探求的巨大空间。

第二，二十四节气的形成和传播史。二十四节气是历史地形成的时间知识体系和实践，需要厘清其从二至发展到八节（指二至、二分、四立），再到完整的二十四节气的发展演变过程。如它与历史上曾经存在的三十节气②之间的关系。同时也应该注意到早期二十四节气的顺序与现在的也有所差别，比如《逸周书·时训解》记载的前六个节气的顺序是立春、惊蛰、雨水、春分、谷雨、清明，与现在的立春、雨水、惊蛰、春分、清明、谷雨的顺序不同，这种转变是如何发生的也值得探究。

---

① （宋）陈元靓：《岁时广记》，《续修四库全书》编纂委员会编《续修四库全书》第885册，上海古籍出版社，1995，第142~150页。

② 关于三十节气，萧放先生有过论述。参见萧放《岁时——传统中国民众的时间生活》，中华书局，2002，第12~13页。

一般认为，二十四节气起源于黄河流域，以黄河流域的天文物候为依据。但后来全国范围内都有二十四节气的身影，甚至还传播到其他国家和地区，那么二十四节气是如何传播开来的？传播开来之后，不同地方、不同民族乃至不同国家的人们如何解决二十四节气与本土天文物候不相符合的难题，又是如何形成自己的节气文化的？不同地方、不同民族、不同国家的节气文化又有怎样的同与异？这些问题都有继续探究的必要。

第三，二十四节气的生存现状。尽管目前二十四节气面临危机，但并不是说它已经死亡，事实上，二十四节气还在当下的生产、生活中发挥着一定的作用。有必要弄清楚它的生存现状：哪些地方还在将二十四节气作为时间制度来应用？人们的日常生产和生活有哪些还与二十四节气相关联？哪里还在举办与二十四节气有关的礼俗活动？还有哪些与节气有关的传说、歌谣、谚语仍然在讲述和使用？人们对二十四节气的认知程度和传承态度如何？

第四，二十四节气在传统社会中的功能。从目前情况来看，大家比较强调二十四节气指导农业生产和日常生活的功能，并注意到围绕二十四节气中的主要节点形成了众多礼仪、饮食、养生、服饰以及娱乐等活动，但比较忽略它的政治功能。在传统社会，包括二十四节气在内的时间制度原则上是由王朝确定并颁行的。比如在明代："正朔之颁，太祖定于九月之朔，其后改于十一月初一日，分赐百官，颁行天下。今又改十月初一。是日御殿比于大朝会，一切士民虎拜于廷者，例俱得赐。……若外夷，惟朝鲜国岁颁王历一册、民历百册，盖以恭顺特优之。其他琉球占城，虽朝贡外臣，惟待其使者至阙，赐以本年历日而已。"[1] 颁历是王朝统治合法性的体现，受历是承认颁历者统治权力的象征，颁历与受历，反映的是中央与地方乃至宗藩之间的关系。只有有权威的王朝才能顺利将历书颁行下去。历书的颁行使王朝通过时间管理实现了统治管理以及辖域内生产、生活的秩序化，使政治、军事、经济、文化等方面的统一行动成为可能。从这个意义上说，二十四节气对中国大一统的形成功不可没。那么除了上述功能之外，二十四节气还有没有其他功能？

第五，二十四节气的当代价值与意义。二十四节气作为一套时间知识

---

[1] （明）沈德符：《万历野获编》，中华书局，1959，第525页。

体系和实践，是传统农业社会的产物，今天人们已步入现代工业社会，甚至后工业社会，二十四节气还有存在的价值和意义吗？这是当前迫切需要回答的问题。我们认为，尽管时移世易，现代社会发生了重大变迁，二十四节气当前所处的环境与它所生发的环境十分不同，这给二十四节气的生存提出了挑战，也使二十四节气的传统功能弱化，但并不意味着二十四节气不再具有存在的价值和意义。

其一，二十四节气仍然具有纪时和时季转换的提示意义。公历是国际通行的历法，是一种阳历，当前我国实行的是公历和中国传统历法并行、以公历为主的历法，对二十四节气的标注和使用，意味着中国在与世界节奏保持一致的同时，又保留了自己的特色和元素；不仅如此，二十四节气之名中有8个与季节变化相关，5个与温度变化相关，7个与天气变化相关，4个与物候变化相关，从而使其具有公历所没有的时季转换的提示意义。

其二，二十四节气仍然可以发挥指导农业生产的作用。我国当前正在经历快速的城镇化进程，城镇化率2015年已达56.1%，未来一段时间将继续保持较高的城镇化速度[①]，但是中国仍然是农业大国，农业生产仍然是国民经济中最基本的物质生产，是经济发展的基础。这使二十四节气在指导农业生产方面仍然大有可为。类似"大麻种在清明前，叶大皮厚又耐旱"这些在长期历史发展中积累的二十四节气与农业生产相关的经验总结，仍然具有重要价值。

其三，二十四节气仍然可以指导人们的日常生活，尤其是在养生方面意义重大。现代社会，一方面，物质生活水平提升，人们越来越注重生命的安全与健康，另一方面，人们的生活节奏日益脱离自然的时序节奏，由此带来身体亚健康等一系列问题，促使人们对反自然行为进行反思。二十四节气养生强调人合着自然的节拍，根据不同的节气适时调整自己的行为、饮食与精神，这对强身健体、延年益寿具有积极作用。

其四，相关文化和实践活动仍然可以在很大程度上丰富生活内容，并为人们观察自然、感受自然、诗意地栖居提供可能性。由于城市化的推进，越来越多的人口生活于城市之中，城市更多的是人类在超越自然条件的基础上改造自然的产物，城市让人远离了大自然。人是自然之子，却常

---

① 根据《国家新型城镇化规划（2014~2020年）》，到2020年，常住人口城镇化率要达到60%左右。参见中国政府网，http://www.gov.cn/zhengce/2014-03/16/content_2640075.htm，最后访问日期：2018年8月17日。

年栖居于非自然的环境之中，与自然的疏离催生了回归大自然的念头。二十四节气让人更好地感知自然的韵律和气息，从而真切地体会到融入自然、与自然和谐相处的亲密与诗意。2016 年 6 月 21 日是夏至日，23 日清晨，笔者在北京安定门处的护城河畔散步。"吸引我的是那些五颜六色的木槿花，白粉红紫，十分齐全，花朵仍然不少，种子则似乎更多。时光推移，它们也已到成熟季节了。正走着，蓦然间听到几声蝉鸣，高亢而骄傲。夏至二候①蝉始鸣，这几声鸣叫真应了时节。……不由想起虞世南那首有名的咏蝉诗：'垂绥饮清露，流响出疏桐。居高声自远，非是藉秋风。'但这几声蝉鸣显然是从面前那棵柳树上传出来的。当然，无论柳桐，能够在上面安身立命，自由歌唱，便是佳处。"上述这段文字摘自笔者的日记，至今笔者还能回想起当时心中涌起的诗意，这是因节气而产生的独特感受。中国古代文人有许多因节气而写、为节气而写的诗词，状写气候物候，抒发节气推迁引起的情感之变，它们流传至今，成为时下人们穿越时空、与诗人共同感受自然节律、让生活充满诗情的重要凭依。

其五，二十四节气贯穿天人合一的价值理念，遵循顺天应时、循时而动的法则，反映了中华民族对人与自然之间关系的深刻理解：人是万物之灵，又是自然之子。尊重自然而不是肆意改造自然，顺应自然而不是完全服从自然，发挥人的能动性却不狂妄傲慢，在全球生态环境严重恶化，可持续发展遭遇危机的今天，这种理念凸显出普遍意义和共享价值。

其六，具有文化认同价值。二十四节气是中华民族的原创文化，是古代民众在长期实践中不断求索、认知、总结的智慧结晶，它所蕴含的中华文明的宇宙观和核心价值理念，是中华文明区别于其他文明的重要方面。历史上，二十四节气伴随王朝历法的颁布成为老百姓遵循的日用之时，为全国各地所采用，并为多民族所共享，在长期的生产生活实践中，各地的人们对二十四节气进行因地制宜、因俗制宜的创造性利用，形成了十分丰富的物质文化和精神文化②，甚至成为文化认同的重要载体。马来西亚地处热带，无明显的四季之分，但马来西亚的华人顽强地保持着冬至祀祖、吃汤圆的习俗。③ 对同一种时

---

① 夏至三候，一候鹿角解，二候蝉始鸣，三候半夏生。
② 张勃：《二十四节气的文化意蕴》，《光明日报》2016 年 12 月 5 日，第 2 版。
③ 〔马来西亚〕王琛发：《马来西亚华人民间节日研究》（增订本），艺品多媒体传播中心，2002，第 139 页。

间制度的共享，在同一时间举行约定俗成的活动，是形成中华文化认同的重要路径。在社会上普遍存在认同危机的当下，这种文化认同的价值就更加突出。

二十四节气保护的正当性问题，既是学术问题，又是保护工作实践首先需要解决的现实问题，需要大众尤其是专家学者进行深入研究。

促进二十四节气重振生机需要解决的第二个重要问题是，根据二十四节气的特点厘清保护主体及其担责问题。

二十四节气既是中国传统历法的有机组成部分，又是包含 24 个节气单体的一套完整系统，既是时间知识体系，又包含众多的社会实践活动，它比其他许多非物质文化遗产项目更加复杂，对它的保护行动也就更加复杂。二十四节气的成功保护，不仅体现在不同地方、不同群体创造出来的二十四节气实践活动诸如九华立春祭、班春劝农、石阡说春、三门祭冬、壮族霜降节、苗族赶秋、安仁赶分社等，能够继续传承和发展，还体现在二十四节气作为一种基本的时间制度仍然在现实生活中被广泛使用，历史上形成的丰富的二十四节气文化还在丰富我们的生活，而我们也在不断发展出新的二十四节气文化。

与许多非物质文化遗产项目是小众的，为某些群体或某些地方社会所创造、享用和传承不同，二十四节气是大众的文化遗产，亦可以说是全体中国人的文化遗产。因此，全体中国人都应是它的保护主体，都应在保护行动中担责，且在担责方面需要全面协调与共同努力。中国民俗学会作为二十四节气这一人类非物质文化遗产代表作项目的群体代表，申遗成功不久即召开了二十四节气保护工作专家座谈会，会上，中国民俗学会会长朝戈金指出："根据《公约》精神及其对保护的定义，政府部门（如文化部、教育部、农业部等）、大众传媒（如今天到会的媒体代表），乃至社会各界（包括许许多多的社会团体、行业组织、社区协会、专业机构、研究中心、中小学等）都应当纳入多元行动方。其中基层社区、年轻人和儿童更是确保该遗产项目代际传承的重要力量。"① 构筑多元化行动方协同增效的保护机制，无疑是开展二十四节气保护行动所亟须的。多种保护主体一方面应

---

① 朝戈金：《构筑多元行动方的保护机制——在中国民俗学会二十四节气保护工作专家座谈会上的致辞》，民俗学论坛，http：//www.chinesefolklore.org.cn/forum/viewthread.php? tid=42576，最后访问日期：2018 年 8 月 17 日。

该根据自己的特长，发挥自己在保护行动中的优势，另一方面应该加强交流与合作，共同承担约定的责任和履行义务。

但是由于掌握资源不同等原因，不同保护主体发挥的作用各不相同，且有大有小。从目前公布的信息来看，专家学者以及相关传承保护社区、群体的作用得到格外重视。这当然是正确的，但是鉴于二十四节气的特殊性，在保护行动中，媒体人和政府的主体作用发挥需要格外予以重视。

信息化社会，媒体的作用无比强大，各种新兴媒体和传统媒体是向公众普及二十四节气知识，提升地方性、群体性二十四节气实践活动认知度和美誉度，激发大众保护热情的主要平台，媒体的宣传报道其实是保护工作的组成部分，而且是十分重要的组成部分。但目前媒体人自己似乎并没有意识到这一点。当二十四节气入选人类非物质文化遗产代表作名录之后，各大媒体迅速掀起宣传报道的热潮，这本来是极好的事情，但诸多媒体将二十四节气称为世界遗产，又传递了错误信息。因此，我们主张，媒体人要提升自觉意识，将宣传报道视为保护行动的有机组成部分，同时学习关于非物质文化遗产的各种文件，尤其是《保护非物质文化遗产公约》《中华人民共和国非物质文化遗产法》，重视非物质文化遗产项目的宣传伦理，传递正确的信息。

媒体人在保护二十四节气方面的作用不仅在于宣传报道，还在于媒体本身是可以标注二十四节气的地方。时间标注是各种媒体的必然之举，但如何标注时间大有讲究，体现了对不同时间制度的不同态度。比如 1967 年 12 月 31 日的《人民日报》报头对时间的标注是"1967 年 12 月 31 日　星期日　夏历丁未年十二月初一日"，其中"1967 年 12 月 31 日　星期日"为黑体字，"夏历丁未年十二月初一日"非但没用黑体字，且字号明显要小，显示了公历更为重要的地位；次日即 1968 年 1 月 1 日的《人民日报》对时间的标注是"1968 年 1 月 1 日　星期一　农历丁未年十二月初二日"，字体字号与前日相同[1]，但将"夏历"改作"农历"，反映了对中国传统历法看法的某种转变。再比如 1952 年的《山西日报》曾经标注二十四节气，但现在已不再标注。

---

① 颜色由黑色变成了红色，反映了对公历新年的重视。

现在报纸对时间的标注主要有三种形式：（1）×年×月×（日） 星期×①；（2）×年×月×日(公历) 星期× 农历×年×月×（日）；（3）×年×月×日(公历) 星期× 农历×年×月×（日） ×月×日（或今日）节气名。虽然如《农民日报》《解放日报》《文汇报》等一些报纸采用第三种形式，对节气加以标注②，但总体而言，采用第二种形式的报纸为数最多，像一些大报如《人民日报》《光明日报》《经济日报》《工人日报》等如今仍然还在采用这种形式，并没有因二十四节气申遗成功而有所改变。如果这些报纸能对二十四节气加以标注，就是在参与二十四节气的保护行动，这不仅是对二十四节气的应用，也表明了对二十四节气的认可和珍视态度，并可以为其他媒体树立表率，带动其他媒体积极参与，这对二十四节气保护势必起到极其重要的积极作用。

除了媒体以外，政府作为保护主体的作用也应该得到格外强调，这一方面是因为政府本来就在非物质文化遗产保护中负有主导责任，另一方面也因为政府掌握着国家的时间制度，在采用阳历、以公元纪年为主流的当下，只有政府才有权力决定官方是否使用传统历法，是否将二十四节气纳入正规教育之中。如果政府在我国当下的时间制度中给予二十四节气以地位，在各种需要对时间进行标识的场合使用二十四节气，让国人从小就在课堂上接受相关教育，那么二十四节气就会被人们所熟知，就会成为社会生产生活的基本框架，就会因此得到保护，并获得传承下去的生机。

二十四节气本来就是大众的生产生活日用文化，只有让它扎根人心，回归生产生活的日用，才能实现真正的保护与传承。

---

① 这里是公历的年月日。
② 2017年1月20日《农民日报》标注为"2017年1月20日 星期五 农历丙申年十二月廿三 今日大寒"；2017年1月24日《解放日报》标注为"2017年1月24日 星期二 丙申年十二月廿三 农历正月初七立春"。

二十四节气在日本的传播与实践应用 *

毕雪飞 **

摘要： 二十四节气随着历法于公元 553 年传入日本，已有近 1500 年的历史，因而早已渗透日本各个领域，成为日本文化不可分割的一部分。今天，它依然引导着日本人的农事，影响着日本人的衣食住行，对日本人的生活有重要的指导意义。其中，有的被列入国家法定祝日，更多的则在民间节日（节气）中得以传承实践，其他领域，如文学等方面也有对二十四节气的大量表达。从日本的经验看，国家层面的立法，民间层面的践行，媒体与商业宣传推动，特别是传统文化教育实践，对二十四节气的保护与传承起到了极为重要的作用。

关键词： 二十四节气；日本历法；明治改历；国民祝日法

2016 年 11 月 30 日，中国的"二十四节气——中国人通过观察太阳周年运动而形成的时间知识体系及其实践"被正式列入联合国教科文组织人类非物质文化遗产代表作名录。与此同时，二十四节气的保护、传承及其研究工作也正式启动。近一个月以来，从国家层面到学者个人，都在密切关注或探讨二十四节气的国内工作，却很少将目光投向域外。二十四节气作为中华民族优秀的文化传统早已远播东亚各国，东亚各国是如何认识二十四节气的，又是如何实践应用的，这一系列问题是我们今天必须要做的研究工作，同时，这也是中国二十四节气保护与传承工作的重要组成部

---

 *   本文原刊于《文化遗产》2017 年第 2 期，收入本文集时略有改动。

 **   毕雪飞，女，文学博士，浙江农林大学外语学院教授。

分。鉴于此，本文以二十四节气在日本的传播与实践应用为中心，探讨二十四节气在日本的历史传承与当下实践，以期为中国二十四节气保护与传承工作提供一些参照。

一 二十四节气传入日本的历史回顾

若想探讨二十四节气在日本当下的实践，首先必须要了解二十四节气传入日本的历史。当前检索到最早的史料是成书于8世纪的《日本书纪》第十九卷、第二十二卷与第三十卷中关于中国历法传入日本的内容。第十九卷记载："（钦明天皇十四年）六月，遣内臣阙名使于百济，仍赐良马二匹、同船二支、弓五十张、箭五十具。敕云：'所请军者，随王所须。'别敕：'医博士、易博士、历博士等，宜依番上下。今上件色人，正当相代年月，宜付还使相代。又卜书、历本、种种药物，可付送。'"① 第二十二卷记载："（推古天皇十年）冬十月，百济僧观勒来之，仍贡历本及天文地理书并遁甲方术之书也。是时，选书生三四人以俾学习于观勒矣。阳胡史祖玉陈，习历法。大友村主高聪，学天文遁甲。山背臣日立，学方术。皆学以成业。"② 第三十卷记载："（持统天皇纪四年）十一月甲戌朔庚辰、赏赐送使金高训等，各有差。甲申、奉敕始行元嘉历与仪凤历。"③ 从这三则史料记载中可以清晰地看出中国历法传入日本与开始使用的时间轨迹，钦明天皇十四年（553），历博士和历本传入日本，推古天皇十年（602）日本开始学习历法，持统天皇四年（690）开始并行使用元嘉历与仪凤历。④ 随后，日本的历法使用情况，可以参见表1。

---

① 《日本书纪》原文检索，http：//www. seisaku. bz/nihonshoki/shoki_19. html，最后访问日期：2018 年 8 月 17 日。
② 《日本书纪》原文检索，http：//www. seisaku. bz/nihonshoki/shoki_22. html，最后访问日期：2018 年 8 月 17 日。
③ 《日本书纪》原文检索，http：//www. seisaku. bz/nihonshoki/shoki_30. html，最后访问日期：2018 年 8 月 17 日。
④ 日本称中国的麟德历为仪凤历。

表 1 日本的历法使用情况

历法	实施年	使用年数	制定者	出处	备注
元嘉历	持统天皇四年（690）	不详，曾与仪凤历并行使用	何承天	南北朝·《宋书》	平朔
仪凤历	文武天皇元年（697）	67 年	李淳风	《旧唐书》《新唐书》	麟德历
大衍历	天平宝字八年（764）	94 年	一行	《旧唐书》《新唐书》	岁差
五记历	天安二年（858）	4 年	郭献之	《新唐书》	
宣明历	贞观四年（862）	823 年	徐昂	《新唐书》	894 年遣唐使终止
贞享历	贞享二年（1685）	70 年	涩川春海	《贞享历书》	第一本"和历"，考虑到北京与京都的经度差，以及近日点的移动等
宝历历	宝历五年（1755）	43	安部泰邦等人	《历法新书》（宝历）	明和八年（1771）修正
宽政历	宽政十年（1798）	46	高桥至时等人	《历法新书·宽政历书》	采用了西洋天文学椭圆运动的内容
天宝历	弘化元年（1844）	29	涩川景佑等人	《新法历书》	采用了不定时法、定气法
太阳历	明治 6 年（1873）				

从表 1 可以梳理出日本历法使用的历史脉络。日本 690 年开始使用中国历法，历经元嘉历、仪凤历、大衍历、五记历、宣明历，到 1685 年终止，大约使用了近 1000 年，其中宣明历使用了 823 年，时间最长（推测因 894 年终止遣唐使而一直使用宣明历）。贞享历是日本第一本"和历"，1685 年开始使用，后历经宝历历、宽政历、天宝历，直至 1873 年结束，大约使用了 180 多年。这些"和历"以中国历法为基础进行修订，仍属于"太阴太阳历"（即阴阳合历）。明治五年（1872）政府宣布废除太阴历，采用太阳历。明治 6 年（1873）1 月 4 日，太政官布告第一号发布令改历，使用太阳历。

从日本历法使用的历史来看，明治 6 年（1873）以前，日本一直使用的是"太阴太阳历"，1873 年以后，明治政府改历开始使用太阳历。

从各个历法体系使用的历史时段来看，中国历法近1000年，"和历"180多年，太阳历不到150年。由此可知，中国历法对日本的影响应该是最为深远的。

二 明治改历与传统节日（节气）的去留

明治初期，明治政府一方面积极由上而下推行"文明开化"，加速近代化的进程，促进城市化的发展；一方面通过加强中央集权制度，以强化皇权统治。明治政府的皇权和西化的奇妙结合，在对传统历法的修改、存废规定上，体现得尤为明显。日本明治6年（1873）使用太阳历，同时建立了一整套以皇家为中心的"祝祭日"体系，公开确定了元始祭（1月3日）、新年宴会（1月5日）、孝明天皇祭（1月30日）、纪元节（2月11日）、神武天皇祭（4月3日）、神尝祭（10月17日）、天长节（11月3日）、新尝祭（11月23日）8个年中祝日，祭日为公定休息日。在明治11年（1878）又追加了春季皇灵祭（实为春分日）和秋季皇灵祭（实为秋分日）。① 明治政府的改历，外显透出对西洋文化特别是西洋历法的摄入，内化调整或消减存续已久的传统节日（节气），从而达到"归一于天皇"，并为国民日常生活沿着天皇的统治而制定了方向②，以达到真正的中央集权统治目的。

明治改历与以天皇为中心的"祝祭日"体系并没有得到民众顺从与迎合，相反，却引起了民间强烈的"抵抗"。其原因在于：第一，民间传承久远的历法与传统节日体系，以祖先崇拜和田神祭祀为背景，与四季变化和稻作周期相吻合，植入完全异质的天皇崇拜，使得民众在实际生活层面上难以接受；第二，国民在生活上依然依赖于旧历，想把旧历从民众日常生活中去除并没有那么容易；第三，新历和对应的节日在季节上错位，导致节日无法按照传统进行。由此，民众面临艰难的二选一：要么按照原来的历法时间进行，抵抗明治政府改历；要么改变节日的内容，改变传承已

---

① 毕雪飞：《明治时期改历及其对年中行事的影响》，载《日本近代以来城市化进程中的年中行事传承与变迁——以东京地区为中心》，山东大学博士后研究报告，2015，第39~40页。

② 〔日〕有泉贞夫：《明治国家与祝祭日》，《历史学研究》1968年10月号。

久的传统。

事实上，明治政府改历以及建立起来的以皇家为中心的"祝祭日"体系，除了学校和政府部门以公休体现以外，直到明治末期为止，都没有在国民的日常生活中固定下来。从明治时代开始，经过大正时代，直到昭和30年（1955）前后旧历依然存在。[①] 明治政府对皇权统治的强调，对西洋历法的吸收，对传统历法（包括节日以及节气）的废止，强化了皇权统治的中央集权，而民众依旧使用旧历，传承传统节日（节气），与之"较量"，则是面对政府的"去"，而表现出极力的"留"。

三 二十四节气传入日本的变化

在明治政府改历以及对传统节日（节气）的废止问题上，民间的传统力量显示了强大的传承性，也正因为如此，才使得传统节日（节气）绵延未绝，传承至今。那么，二十四节气传入日本至今天，内容是否发生了变化呢？参照平成28年（2016）历法要项，可以看出二十四节气名称与时间基本未变，但是，加入了土用、彼岸等11个杂节（见表2）。从杂节的情况来看，主要是依据与二十四节气同等观测基准制定。

表 2　平成 28 年历法要项（二十四节气与杂节）

名称	太阳黄经	中央标准时		名称	太阳黄经	中央标准时	
小寒	285 度	1 月 06 日	7 时 08 分	寒露	195 度	10 月 08 日	5 时 33 分
大寒	300 度	1 月 21 日	0 时 27 分	霜降	210 度	10 月 23 日	8 时 46 分
立春	315 度	2 月 04 日	18 时 46 分	立冬	225 度	11 月 07 日	8 时 48 分
雨水	330 度	2 月 19 日	14 时 34 分	小雪	240 度	11 月 22 日	6 时 22 分

---

① 新生活运动协会在《新生活通信》第一号中提出"新历一本化"（只使用新历），引起社会舆论注意。至昭和 30 年（1955）前后，旧历基本废止，国家、社会、家庭通用新历。参见毕雪飞《新生活运动与文化财保护对年中行事的影响》，载《日本近代以来城市化进程中的年中行事传承与变迁——以东京地区为中心》，山东大学博士后研究报告，2015，第 103～104 页。

续表

名称	太阳黄经	中央标准时		名称	太阳黄经	中央标准时	
启蛰	345 度	3 月 05 日	12 时 44 分	大雪	255 度	12 月 07 日	1 时 41 分
春分	0 度	3 月 20 日	13 时 30 分	冬至	270 度	12 月 21 日	19 时 44 分
清明	15 度	4 月 04 日	17 时 28 分				
谷雨	30 度	4 月 20 日	0 时 29 分	土用	297 度	1 月 18 日	1 时 43 分
立夏	45 度	5 月 05 日	10 时 42 分	节分		2 月 03 日	
小满	60 度	5 月 20 日	23 时 36 分	彼岸		3 月 17 日	
芒种	75 度	6 月 05 日	14 时 49 分	土用	27 度	4 月 16 日	22 时 48 分
夏至	90 度	6 月 21 日	7 时 34 分	八十八夜		5 月 01 日	
小暑	105 度	7 月 07 日	1 时 03 分	入梅	80 度	6 月 10 日	20 时 13 分
大暑	120 度	7 月 22 日	18 时 30 分	半夏生	100 度	7 月 01 日	19 时 14 分
立秋	135 度	8 月 07 日	10 时 53 分	土用	117 度	7 月 19 日	15 时 03 分
处暑	150 度	8 月 23 日	1 时 38 分	二百十日		8 月 31 日	
白露	165 度	9 月 07 日	13 时 51 分	彼岸		9 月 19 日	
秋分	180 度	9 月 22 日	23 时 21 分	土用	207 度	10 月 20 日	8 时 23 分

资料来源：平成 28 年（2016）曆要項，http：//eco. mtk. nao. ac. jp/koyomi/yoko/pdf/yoko2016. pdf，最后访问日期：2018 年 8 月 17 日。

相较于二十四节气，七十二物候则有了很大的调整，以适应本土情况。以中国宣明历与日本明治 7 年（1874）略本历相比较可以看出日本在七十二物候方面做出的调整（见表 3）。

表 3　中国宣明历与日本明治 7 年略本历"七十二物候"之比较

二十四节气	候	日本略本历名称	中国宣明历名称
立春	初候	东风解冻	东风解冻
	次候	黄莺睍睆	蛰虫始振
	末候	鱼上冰	鱼上冰
雨水	初候	土脉润起	獭祭鱼
	次候	霞始靆	鸿雁来
	末候	草木萌动	草木萌动
启蛰	初候	蛰虫启户	桃始华
	次候	桃始笑	仓庚鸣
	末候	菜虫化蝶	鹰化为鸠

二十四节气	候	日本略本历名称	中国宣明历名称
春分	初候	雀始巢	玄鸟至
	次候	樱始开	雷乃发声
	末候	雷乃发声	始雷
清明	初候	玄鸟至	桐始华
	次候	鸿雁北	田鼠化为鴑
	末候	虹始见	虹始见
谷雨	初候	葭始生	萍始生
	次候	霜止出苗	鸣鸠扩其羽
	末候	牡丹华	戴胜降于桑
立夏	初候	蛙始鸣	蝼蝈鸣
	次候	蚯蚓出	蚯蚓出
	末候	竹笋生	王瓜生
小满	初候	蚕起食桑	苦菜秀
	次候	红花荣	靡草死
	末候	麦秋至	小暑至
芒种	初候	螳螂生	螳螂生
	次候	腐草为萤	鵙始鸣
	末候	梅子黄	反舌无声
夏至	初候	乃东枯	鹿角解
	次候	菖蒲华	蜩始鸣
	末候	半夏生	半夏生
小暑	初候	温风至	温风至
	次候	莲始开	蟋蟀居壁
	末候	鹰乃学习	鹰乃学习
大暑	初候	桐始结花	腐草为萤
	次候	土润溽暑	土润溽暑
	末候	大雨时行	大雨时行
立秋	初候	凉风至	凉风至
	次候	寒蝉鸣	白露降
	末候	蒙雾升降	寒蝉鸣
处暑	初候	棉柎开	鹰乃祭鸟
	次候	天地始肃	天地始肃
	末候	禾乃登	禾乃登

续表

二十四节气	候	日本略本历名称	中国宣明历名称
白露	初候	草露白	鸿雁来
	次候	鹡鸰鸣	玄鸟归
	末候	玄鸟去	群鸟养羞
秋分	初候	雷乃收声	雷乃收声
	次候	蛰虫坏户	蛰虫坏户
	末候	水始涸	水始涸
寒露	初候	鸿雁来	鸿雁来宾
	次候	菊花开	雀入大水为蛤
	末候	蟋蟀在户	菊有黄华
霜降	初候	霜始降	豺乃祭兽
	次候	霎时施	草木黄落
	末候	枫蔦黄	蛰虫咸俯
立冬	初候	山茶始开	水始冰
	次候	地始冻	地始冻
	末候	金盏香	野鸡入水为蜃
小雪	初候	虹藏不见	虹藏不见
	次候	朔风扩叶	天气上升地气下降
	末候	橘始黄	闭塞而成冬
大雪	初候	闭塞成冬	鹖鴠不鸣
	次候	熊蛰穴	虎始交
	末候	鳜鱼群	荔挺出
冬至	初候	乃东生	蚯蚓结
	次候	麋角解	麋角解
	末候	雪下出麦	水泉动
小寒	初候	芹乃荣	雁北乡
	次候	水泉动	鹊始巢
	末候	雉始雊	野鸡始雊
大寒	初候	款冬华	鸡始乳
	次候	水泽腹坚	鸷鸟厉疾
	末候	鸡始乳	水泽腹坚

资料来源：七十二候，https：//ja. wikipedia. org/wiki/%E4%B8%83%E5%8D%81%E4%BA%8C%E5%80%99，最后访问日期：2018 年 8 月 17 日。

四　二十四节气在日本当下的实践应用与意义

二十四节气传入日本至今，日本人一边调适，一边实践应用，已然渗透日本各个领域。其中，日本现有的节日及历法中应用最为广泛。日本节日及历法包括国民祝日与休日、年中行事、节句、二十四节气、杂节等，综合指导着日本人的生活、农事等各个方面。

日本近代以来主要围绕来源于天皇家的"祝祭日"导入休假和庆贺体系，并在旧的宪法下贯彻到底。昭和22年（1947）5月3日，"日本国宪法"实施，体现了"国民主权""尊重基本的人权""和平主义"三大特征。在此基础上，昭和23年（1948）7月20日，日本公布了"国民祝日法"，并即日实施，代替了旧有的"皇家祝祭日"体系。"国民祝日法"实施之初规定的节日共9个，时间以及记述见表4。

表4　"国民祝日法"节日内容

节日	时间	记述
元日	1月1日	祝贺一年开始
成人日	1月的第二个星期一	自觉意识到已经成人，青年祝贺仪式（原来的成年戴冠仪式在小正月的1月15日）
春分日	3月20～21日	歌颂自然，热爱生物
天皇诞生日（昭和天皇）	4月29日	祝贺天皇生日
宪法纪念日	5月3日	纪念日本宪法实施，期待国家成长
儿童日	5月5日	重视培养孩子的人格，谋求孩子幸福，同时，向母亲表示感谢
秋分日	9月23日	尊重祖先，向逝去的亲人哀悼
文化日	11月3日	爱惜自由与和平，推进文化发展
勤劳感谢日	11月23日	奖励勤劳，祝贺生产，国民互相感谢

资料来源：「国民节日」，日本内阁府网页，http://www8.cao.go.jp/chosei/shukujitsu/gaiyou.html，最后访问日期：2018年8月17日。

日本"国民祝日法"首先废止了"元始祭（1月3日）、新年宴会（1月5日）、纪元节（2月11日）、神武天皇祭（4月3日）、神尝祭（10月17日）、大正天皇祭（又称先帝祭，12月25日）"；其次，将原有的一些节日进行改称，将"春季皇灵祭"改称"春分日"，将"天长节（4月29日）"改称"天皇诞生日"，将"秋季皇灵祭"改称"秋分日"，将"天长节（11月3日）"①改称"文化日"，将"新尝祭（11月23日）"改称"勤劳感谢日"。新宪法下的国民祝日继承了已有的"祝祭日"日期的一部分，哀悼先帝驾崩的祭日、春秋皇灵祭等天皇灵祭日的意识衰退，以祝贺国民的成长或健康为宗旨的日子或纪念日被设定为国民祝日。② 其中，春分日与秋分日为歌颂自然与尊重祖先的日子。除了法定祝日以外，民间传承的节日也有与二十四节气有直接关联的节日（见表5）。

表5　民间传承中与二十四节气有关联的节日

月份	节句	主要内容	备注
1 月	7 日人日	食七草粥	五节供
	15 日小正月	相对于元日大正月而言，食小豆粥，预祝丰收	
2 月	6 日初午	旧历二月农耕开始。立春后最初的午日，一年中运气最好的日子	
3 月	3 日桃节句	原上巳节，现女孩节"雏祭"，供奉桃花	五节供
5 月	5 日端午节句	端午节，国民祝日中为"儿童日"，民间为"男孩节"	五节供
7 月	7 日七夕	"七夕祭"，也叫"星祭"	五节供
	15 日盂兰盆	祖先祭祀和祈求丰收等相结合	
8 月	15 日盂兰盆	由于使用太阳历，晚一个月举行的盂兰盆节逐渐普及全国	
9 月	9 日重阳节句	宫廷饮菊花酒，观菊宴；民间吃栗子饭	五节供
	15 日十五夜	旧历 8 月 15 日，新历 9 月 15 日，中秋赏月	
10 月	13 日十三夜	赏月，秋季收获季	
11 月	15 日七五三	三岁、五岁男孩与三岁、七岁女孩参拜神社，祈求健康成长	
12 月	13 日新年准备	扫除，新年准备工作开始	

　　资料来源：一年中行事・節句、日本の行事・暦，http://koyomigyouji.com/nenchugyouji.htm，最后访问日期：2018 年 8 月 17 日。

　　二十四节气作为重要的农事指导坐标，一直指导着农事活动，对于城

---

① "天长节"根据历任天皇生日而定，所以并非固定日期。

② 日本"国民祝日法"几经修订，至平成 26 年（2014）5 月 23 日"国民祝日法"修正（平成 26 年第 43 号法律）公布为止，国民祝日增至 16 个。

市化已经超过90%的日本来说是否还具有现实指导意义呢？以平成28年（2016）二十四节气为例，其对农事活动的影响与指导意义见表6。

表6　平成28年二十四节气对农事活动的指导

月份	节气	对生活、农事等影响
1月	6日小寒	寒四郎：从小寒数第四天的天候影响麦收，是麦子的厄日；寒九：从小寒数第九日，这一天的雨被称为"寒九雨"，预示丰收
	20日大寒	寒水：这期间的水少杂菌，用来做酱、酱油、酒等不腐坏
2月	4日立春	将"立春大吉"四个大字左右对称贴起来，主好运，一年无灾
	19日雨水	三寒四温，冷暖交替
3月	5日启蛰	立春后第一个雷会将沉睡的昆虫惊醒，要将缠在松树等树上预防虫害的稻草席拿下来
	20日春分	社日：距离春分、秋分最近的戊日，春社为播种季，祈求五谷丰登，秋社为收获季，感谢丰收，是农耕比较重要的时期
4月	4日清明	清明祭是冲绳三大祭祀之一；赏樱花
	19日谷雨	百谷春雨：最适合播种的时期，被视为农耕基准
5月	5日立夏	最舒适的季节
	20日小满	梅雨前奏，准备夏季衣服
6月	5日芒种	即将进入梅雨，研究湿气对策
	21日夏至	梅雨最盛期，农家插秧最繁忙的季节，关西地区吃章鱼，关东地区供奉烤年糕
7月	7日小暑	梅雨结束时期，集中进入大雨期
	22日大暑	各地举行洒水仪式
8月	7日立秋	各地开始准备推迟一个月的盂兰盆节，也叫"七日盆"
	23日处暑	谷物结实；预防夏日疲倦与食物中毒；以京都为中心举行地藏节
9月	7日白露	从这一日起进入仲秋
	22日秋分	春秋分前后各三天加一起七天为春之彼岸和秋之彼岸，扫墓；残寒、残暑只到彼岸
10月	8日寒露	天高气爽
	23日霜降	农业栽培等要注意防霜灾
11月	7日立冬	晚秋至初冬，冷风较强
	22日小雪	红叶开始凋落，银杏、柑橘类叶子开始变黄
12月	7日大雪	冬鰤捕获季节
	21日冬至	洗柚子澡，吃南瓜粥或小豆粥；伊势神宫举行冬至祭

资料来源：二十四節気，日本の行事・暦，http：//koyomigyouji.com/24.htm，最后访问日期：2018年8月17日。

从二十四节气的影响来看，有对农事、渔业等方面的引导，更多的则是对生活方面的指导，可见二十四节气已经成为日本人生活不可分割的一部分。此外，日本人还根据二十四节气观测基准增设了11个杂节，以补充二十四节气及其指导作用。杂节的月份、日期与二十四节气的关联及其指导内容见表7。

表7　日本杂节情况一览

月份	杂节	与二十四节气关联及其指导内容
1月	18日冬土用	立冬前18日之间为土用。祭土公神；忌动土，盖房等动土的工事最好避开这个时期
2月	3日节分	立春前一天。宫中追傩；寺院、神社举行撒豆仪式；民间撒豆习俗为一边撒一边唱"福内鬼外"，撒豆结束，数出与年龄相同数目的豆子吃掉
3月	17日进入彼岸	春分前后各三天加一起七天。扫墓，祭祀祖先；吃"牡丹饼"（一种年糕）
4月	16日春土用	立春前18日之间为春土用。祭土公神；忌动土，盖房等动土的工事最好避开这个时期
5月	1日八十八夜	从立春数第八十八。播种基准；八十八组合为"米"字，各地举行农耕预祝敬神仪式
6月	10日入梅	芒种后最初的壬日，从芒种数第六日。以前没有天气预报时，判断入梅的最重要的标准。农家插秧的季节
7月	1日半夏生	从夏至数第十一日。插秧结束，这一天农家根据天候预测收成。据说这一时期地面湿毒，忌食笋、蕨菜等野菜，忌撒种
	19日进入夏土用	立夏前18日之间为夏土用。祭土公神；忌动土，盖房等动土的工事等最好避开这个时期。"土用三郎"：进入夏土用第三天，晴预示丰收，大雨预示歉收；晒衣服、书籍等；吃"うなぎ（鳗鱼）、梅干し（梅干）、瓜、うどん（面条）"等带"う"的食品
8月	31日二百十日	从立春数第二百一十日。这一日被称为"厄日"，稻子开花结实最重要的季节，也是台风袭来农作物易受灾害的时期，为预防农作物受害，各地举行镇风仪式"风祭"
9月	19日进入彼岸	秋分前后各三天加一起七天。扫墓，祭祀祖先；吃"お萩"（一种小豆食品）
10月	20日进入秋土用	立秋前18日之间为秋土用。祭土公神；忌动土，盖房等动土的工事最好避开这个时期

　　资料来源：雑節、日本の行事・暦，http://koyomigyouji.com/zatsusetsu.htm，最后访问日期：2018年8月17日。

　　除了历法与节日中的二十四节气传承以外，日本的其他领域，如文学艺术等亦有大量的实践表达。形成于15世纪的独立诗体——俳句是日本传统诗歌形式中的一种短诗，也是世界上最短的格律诗之一。它以极其短小的形式表现作者刹那间的感受，多用比喻、象征等手法，语言含蓄、隽永、简练，便于记忆和流传。俳句是一种有特定格式的诗歌，其创作必须遵循两个基本规则：第一，俳句由五、七、五三行十七个字母组成（以日文假名为标准）；第二，每首俳句都必须有而且只能有一个"季题"。所谓"季题"，又称"季语"，即与四季有关的自然现象或人事社会现象。自然现象以与春夏秋冬四季有关的风花雪月、鸟兽虫鱼、花卉草木等为标志和暗示，使读者一看即知该俳句所吟咏的是四季中的某个特定季节的事物。人事社会现象则以宗教、习俗、人事（包括节日、忌日、纪念日）等来暗示一年四季中的一个特定季节。"季题（季语）"中，二十四节气出现的频率非常高，现代俳句依然如此。检索现代俳句数据库①，出现六个栏目，分别为"春の季語""夏の季語""秋の季語""冬の季語""新年の季語""無季"，二级检索立春、夏至、冬至三例，检索出立春50例、夏至21例、冬至21例。日本俳句诗人通过"季语"中的季节转换，表达对自然与人事的感慨，以及对幼小时代或故乡的一种怀念眷恋之情。"季语"中的二十四节气成了俳句意象，承载着日本人的喜怒哀乐、悲欢离合，以及对人生的感慨与感悟。

　　二十四节气在日本的当下实践离不开媒体与商业的大力宣传。每至二十四节气，日本的天气预报中都会进行详细讲解。以处暑为例来了解一下日本人宣传二十四节气的叙事顺序。

　　　　一年二十四等分的节点是二十四节气，今天是处暑。处暑即"出暑"，天气开始转凉，但是现在的季节感怎么样呢？通过调查，现在的季节感是夏天，天气仍然十分炎热。那么历年的状况怎么样呢？过去十年东京的气温数据显示最高34.7度，最低28度，平均在30度左右，特别是2010年逼近35度，果然现在仍处于炎热的夏季。那么，大家关注的炎热要持续到什么时候呢？请看各大城市的未来一个星期

---

① 现代俳句データパース，http：//www.haiku-data.jp/kigo.html，最后访问日期：2018年8月17日。

的气温状况，高温一直还要持续。在这炎热的天气里，大家最应该注意的是要管理好身体。不仅是气温，还要注意湿度。高温多湿的时期，容易引发中暑等症状，请大家巧妙利用空调，在屋内、屋外采取万全措施预防中暑。最后，今天也是七十二候中的"棉柎开"，大家猜一猜怎么读。①

从上述二十四节气宣传叙事顺序来看，先是讲解二十四节气与处暑的由来，然后讲解处暑日及未来一周的天气状况，接着再讲处暑湿热时期要注意管理身体，最后是对七十二候知识的普及。

商业宣传则主要集中在季节转换时节令食品与用品的贩卖上。以冬至为例，我们来了解一下商业以及旅游业的宣传。每至冬至，商场外面都会竖起旗子或宣传招牌，介绍冬至的由来，讲解吃南瓜粥、洗柚子澡的习俗以及好处等，商场内部则将柚子与南瓜摆放在一起贩卖。日本的一些温泉也会打出冬至柚子浴的广告，吸引游客前往观光与休闲。如日本日光公园中的鬼怒川温泉的冬至柚子浴广告这样写道："冬至时期，鬼怒川川治温泉乡迎来了柚子浴。严寒季节，鬼怒川的柚子浴使您身心温暖。18 日（星期日）10 点开始，在鬼怒川车站前派发柚子，先到 500 名有份。"② 不仅商业、旅游业，这一时期的网络也大量宣传冬至由来以及习俗。从这些线上线下的宣传可知，二十四节气在日本当下社会中的认知程度与民众的接受程度都不低。

二十四节气的传承也离不开国家立国方策与基础教育。日本进入平成（1989～　）时期，开始建设"文化立国"的制度体系③，建立了由经济大国向政治大国、文化大国迈进的战略目标，以应对政治多极化、经济全球化、文化多样化的发展趋势。日本政府凭借其强大的经济实力、先进的科技水平和发达的资讯体系，雄心勃勃地提出要把日本建成一个"文化发

---

① 2016 年 8 月 23 日は処暑（しょしょ）です，お天気. com，http：//hp. otenki. com/2454/，最后访问日期：2018 年 8 月 17 日。

② 《日光旅ナビ》，ゆず湯風呂キャンペーン | イベント | ，http：//www. nikko-kankou. org/，最后访问日期：2018 年 8 月 17 日。

③ 日本自明治维新以来，国家发展战略大体上可以分为三个阶段：军事立国战略阶段（明治维新至第二次世界大战）、经济立国战略阶段（二战以后至 20 世纪 80 年代）、文化立国战略阶段（20 世纪 90 年代以来）。参见『第 2 部/文教・科学技術施策の動向と展開』、『文化芸術立国の実現』，日本文部科学白書，2013。

信国家", 使日本成为一个"向世界传播文化的国家", 并在扩大日本文化国际影响力、提升日本国家形象方面表现不俗。[①] 日本的"文化立国"策略的实施, 加之学校的教育、家庭的教育以及企业的配合, 使得节日(节气)得以很好地保护和传承下去。日本传统文化基础教育非常值得提倡与学习, 如学校、家长会让学生在立春前一天撒豆驱鬼, 之后认真数出与自己年龄数目一致的豆子吃掉; 女孩节让女孩子们摆放"雏祭"人偶, 男孩节让男孩们悬挂端午鲤鱼旗; 七夕节让学生认真写好七夕祈愿纸条, 虔诚地挂到屋上; 盂兰盆节学生跟随大人返乡祭祖, "七五三"跟着家长去神社参拜, 正月大规模参拜。传统节日(节气)活动举行之际, 稍加驻足, 就会发现一些企业赞助的招牌, 取之于民而还之于民, 企业对节日顺畅推进贡献了应有的力量。

五　结语

二十四节气随着历法于公元 553 年传入日本, 已有近 1500 年的历史, 因而早已渗透日本各个领域, 成为日本文化不可分割的一部分。今天, 它依然引导着日本人的农事, 影响着日本人的衣食住行, 对日本人的生活有重要的指导意义。其中, 有的被列入国家法定祝日, 更多的则在民间节日(节气)中得以传承实践, 其他领域, 如文学等方面也有对二十四节气的大量表达。从日本的经验看, 国家层面的立法, 民间层面的践行, 媒体与商业宣传推动, 特别是传统文化教育实践, 对二十四节气的保护与传承起到了极为重要的作用。

---

① 欧阳安:《日本文化政策解读》(上),《中国文化报》2012 年 7 月 27 日, 第 3 版。

自媒体环境中的非物质文化遗产保护与传播

——以二十四节气为例*

方　云**

摘要：随着新媒体时代的到来，以博客、微博、微信、网络论坛等为代表的自媒体，深刻改变了人们作为社会个体的自我意识的建构，更为自主、灵活的记录与传播方式已日益被民众接受且盛行。非物质文化遗产相关知识也可以在自媒体环境中更为行之有效地进行多维度传播，这不仅有利于非遗保护，更有利于深入挖掘民俗资源的开发与应用，促进中国传统文化的复兴。本文试以中国新列入人类非物质文化遗产代表作名录的二十四节气为例，对其在以微信、微博为代表的自媒体环境中的传播特质与表现做一分析探寻，并以此为借鉴，助力于其他非遗保护项目的传播、保护以及合理应用。

关键词：新媒体；自媒体传播；二十四节气；非物质文化遗产保护；传统文化

非物质文化遗产是人类文化多样性的熔炉，旨在增强对文化多样性和人类创造力的尊重，从而达到相互欣赏的目的。保护非物质文化遗产是各国普遍的意愿和共同关心的事项。在全球化与社会转型进程中，非物质文化遗产面临损坏、消失和破坏的严重威胁，在当下的世界语境里，更好地保护与传承人类共有的文化财富，是每个国家共同致力的方向。

＊　本文原刊于《民间文化论坛》2017 年第 1 期，收入本文集时略有改动。

＊＊　方云，华东师范大学民俗研究所 2015 级博士研究生。

联合国《保护非物质文化遗产公约》中强调，"提升人们，尤其是年轻一代对非物质文化遗产及其保护的重要意义的认识"是极为必要的。①各缔约国应竭力采取种种必要的手段，以使非物质文化遗产在社会中得到确认、尊重和弘扬，应向公众，尤其是向青年宣传和传播信息。在公约业务指南"提高对非物质文化遗产认识"章节中，还专门制定"传播和媒体"条款，从 No. 110 到 No. 115 条特别指出："媒体可以有效提高对非物质文化遗产重要性的认识。鼓励媒体促进提高对非物质文化遗产作为培育社会凝聚力、可持续发展和预防冲突手段重要性的认识。……"②

中国已有 39 个项目跻身世界级非遗，项目总数位居世界第一。其中，人类非物质文化遗产代表作名录中有 31 项，急需保护的非物质文化遗产名录中有 7 项，非物质文化遗产优秀实践名册中有 1 项。2016 年 11 月 30 日，中国申报的"二十四节气——中国人通过观察太阳周年运动而形成的时间知识体系及其实践"成为最新列入联合国教科文组织人类非物质文化遗产代表作名录的项目。二十四节气凝聚着中国古人与自然和谐相处的智慧和创造力，体现了中国人尊重自然、顺应自然规律和可持续发展的理念，真正体现了每一位中国人实践与传承的职责。

在拥有如此众多遗产资源的中国，如何行之有效地传播遗产知识，提升大众的自觉意识以及实现传统文化的复兴？本文试从近年来一直于自媒体传播中实践的案例——二十四节气入手，探寻其传播表象、路径、内容与特质，以此说明在飞速发展的新媒体时代，非物质文化遗产保护完全可借力于自媒体传播，达到增进国民认同感，增强社会凝聚力与向心力，建构和谐社会，于新时代充分发挥优秀传统文化价值的功用。

一　自媒体是非物质文化遗产知识传播的全新思路

（一）　自媒体定义及传播特点

"自媒体"（We-Media），是一种区别于"传统媒体"的传播新生态，

---

① 《保护非物质文化遗产公约》，巴黎，2003 年 10 月 17 日。
② 《实施〈保护非物质文化遗产公约〉的业务指南》第四章，第 110～115 条款。

又称"公民媒体"或"个人媒体"，是指私人化、平民化、普泛化、自主化的传播者以现代化、电子化的手段，向不特定的大多数或者特定的单个人传递规范性及非规范性信息的新媒体的总称。此定义由美国的谢因波曼（Shayne Bowman）与克里斯威理斯（Chris Willis）两位学者在他们的《自媒体研究报告》中提出，报告中称，"自媒体是普通大众经由数字科技强化，与全球知识体系相连之后，一种开始理解普通大众如何提供与分享他们本身的事实、他们本身的新闻的途径"。[①] 这一概念涵盖技术（数字科技）、知识（知识体系）、自我认识（提供与分享自身）三项内容，并揭示了它们之间的关系。

随着信息技术的发展与信息化程度的提高，作为普通大众提供与分享他们本身事实与新闻途径的"自媒体"平台大量涌现，主要包括博客（Blog）、微博（Micro Blog）、微信（WeChat）、新闻客户端、论坛/BBS（Bulletin Board System）、播客（Podcasting）等，特别是媒介与传播技术的融合，使网络和智能手机拥有海量性、交互性、超时空、超文本等特性，从而使得此种新型传播模式飞速发展。自主化的传播者们随时随地用文字、声音或图像于平台上传播信息，影响力迅速攀升。自媒体传播的显著特征，集中表现在以下几方面：一是传播自主化，自媒体用户个人就是信息编写者、发布者、传播者，即时发布增强了交互性；二是内容多样化，涵盖社会生活的方方面面，可分为用户原创内容（如原创博文）和转发内容（来自互联网，也可通过超文本链接进入互联网庞大而多彩的信息世界）；三是方式多元化，改变了传统的沟通和交流方式，例如声音、图像、视频等信息是自媒体传播的亮点与核心竞争力；四是功能设计人性化，有全方位、立体化的社交平台，如微信不断推出适用于远距离陌生人交际圈的诸多功能，如摇一摇、漂流瓶、LBS定位、二维码等；五是传播目标精准化，依靠平台，增加用户黏度，如特定的朋友圈以及微信公众号是精准营销传播的重要平台。

与传统的纸媒、广电媒体相比，自媒体消解了符号权力，打破了意识形态与商业资本等力量的传播垄断，实现了人际自主交流、共享、娱乐和学习。自媒体具有用户黏性大、传播影响力大、覆盖范围广、传播

---

① 转引自代玉梅《自媒体的传播学解读》，《新闻与传播研究》2011年第5期。

速度快等特点，利用自媒体自身优势以及其快速兴起与发展的趋势，无疑可为非遗知识以及中华传统文化的普及和传播提供一种全新的思路。

（二）"认同理论"与"强弱连接理论"

自媒体改变了行之多年的传统新闻传播模式，以往媒体机制"由上至下"传播新闻给受众的"广播"（Broadcast）模式，开始演变为传播者与受众随时改变角色的点对点（Peer to Peer）传播模式，也就是"互播"模式。① 社会网络（Social Network）的传播，就是一种平等的互动传播。英国文化研究者斯图亚特·霍尔（Stuart Hall）的"社会学主体认同理论"主张，人的自我认同是在与世界互动中产生的，认同是连接自我与世界的桥梁，将个人通过文化、情感、信仰的共享嵌入社会结构之中。自我建构与文化共同体之间，一方面自我的形成离不开文化共同体的影响，另一方面文化共同体的产生是自我意识集体呈现的结果。② 基于网络技术的微博和微信等自媒体传播，使分散的个体从自身诉求出发，主动寻找具有共同文化诉求的群体圈子，也使原本通过地缘关系、血缘关系、学缘关系、宗教信仰、大众传媒等形成的地域、民族、国家等共同体产生松动和分化，将历时性的文化记忆置换成共时性的全球文化体验。基于此点，自媒体构建的认同与非遗文化传播的要求不谋而合。

美国著名社会学家马克·格兰诺维特（Mark Granovetter）提出的"强弱连接理论"，也可以为自媒体传播提供理论支撑。他将人际关系分为"强连接"（Strong Ties）与"弱连接"（Weak Ties）。③ "强连接"指的是人类在传统社会中接触最频繁的"熟人关系"，如父母、同事、朋友等，是一种十分稳定然而传播范围有限的社会认知，对于以微信为代表的自媒体而言，其主要功能流通于熟人关系圈中。可以说，微信传播是基于强连接关系的产物。强连接关系通常代表行动者彼此之间具有亲密的互动关系形态，并持有相似的态度，社交双方互动的频率也会更高。

同时，另外一类基于广泛社会关系的相对肤浅的社会认知，被称为

---

① 〔美〕丹·吉尔莫：《下一时代的新闻：自媒体来临》，《哥伦比亚新闻评论》2003 年 1 月。
② 郭讲用：《自媒体中的自我建构与文化认同》，《当代传播》2015 年第 3 期。
③ 李阳：《微信的传播机制研究》，西南大学硕士学位论文，2014，第 12 页。

"弱连接"。格兰诺维特指出，与一个人的工作和事业关系最密切的社会关系并不是"强连接"，而是"弱连接"。"弱连接"虽然不如"强连接"那样坚固，却有极快的、低成本和高效能的传播效率。"强连接"中，亲朋好友圈里的人可能相互熟识，为他人提供的交流信息可能是冗余的，因为最亲近的朋友生活圈子具有相似性，生活的大部分是重合的，从这个朋友或亲戚听到的消息，可能早已经在另一个朋友那里听说了，他们之间也可能相互交谈过此话题，而那些久不见面的或是生活圈之外的人，他们却掌握了更多你所不了解的情况。"弱连接"在我们与外界交流时发挥了关键的作用，为了获取新信息，我们更为需要"弱连接"所带来的陌生信息。正是这些"微弱关系"的存在，为信息抵达不同的圈子搭建了桥梁，信息才能在不同的圈子中流传，"弱连接"的威力正在于此。微信订阅号等自媒体账号提供的正是这样一种弱关系连接。并非人人都对非遗熟知了解，这种非遗信息的缺少恰恰会引起更多的"弱连接"关注，利用好订阅号等点对面的大众传播条件，也是扩大非遗知识与传统文化辐射范围和影响力的良好途径。

（三） 中国自媒体发展情况

中国互联网络信息中心发布的调查报告显示，2013 年全国微信、微博、社交网络的使用率分别为 86.2%、45.5% 和 45%。截至 2014 年 5 月，我国手机用户达 12 亿人，微信用户达 6.3 亿人，年底微博活跃用户为 2.49 亿人，每天信息发送量超过 200 亿条。2016 年 11 月腾讯公布第三季度业绩报告，内容显示微信与 WeChat 合并月活跃用户数已经达到 8.46 亿，同比增长 30%；效果广告收入增长达 83%，数额更是达到 43.68 亿元，这些收入主要来自微信公众号、微信朋友圈等。[①]

在最具代表性的自媒体平台中，"微信公众号"用户群数量最大，是碎片化时间的主要阅读平台，也是企业品牌的第一自媒体、自助服务媒体；"今日头条"拥有 4 亿规模的用户群体，每日有 4000 万活跃用户，具有信息权威、影响广泛的特点；"搜狐自媒体"原创好一些的文

---

① 《腾讯第三季度总收入 403.88 亿元　同比增长 52%》，腾讯网，http://tech.qq.com/a/20161116/036457.htm，最后访问日期：2018 年 8 月 17 日。

章能获得大量流量，主要因为搜狐自媒体是百度的新闻源；腾讯开发媒体平台（企鹅媒体平台）、一点资讯自媒体平台、UC 自媒体平台等，都具有十分强大的影响力。

腾讯报告还对微信用户使用行为做了深入分析："超过九成微信用户每天都会使用微信，半数用户每天使用微信超过 1 小时。拥有 200 位以上好友的微信用户占比最高，61.4% 用户每次打开微信必刷'朋友圈'。35.8% 的微信读书用户，提升了自己的阅读量……社交网络成为第二大新闻渠道，渗透率超电脑＋电视；促成用户微信分享新闻三要素：价值，趣味，感动；泛媒体类公众号比例最高，超过 1/4；微信企业运营者调研显示，传统制造业占比最高。"①

短时间内自媒体使用数据增长之惊人、覆盖范围之广、平台用户之活跃，说明"自媒体"时代到来且成为传统媒介的挑战是不可抗拒的新趋势，非遗保护借力于自媒体传播是全新的发展思路。

二 自媒体环境中的二十四节气传播路径与表现举隅

（一） 二十四节气概述

"春雨惊春清谷天，夏满芒夏暑相连。秋处露秋寒霜降，冬雪雪冬小大寒。"二十四节气最初作为一种补充历法来指导农事，如今已经演化为中华民族的一种文化时间，凝结着中华民族的智慧，是实践着的真理，不仅规范了民众的行为，而且启迪了大众的思想。历经 2700 多年的世代传承，二十四节气俨然是一座巨大的文化资源宝库，蕴含着大量的历史传说、节令饮食、养生文化、节俗庆典以及丰富多彩的民俗生活，丰富了中国人的文化精神生活，成为中华传统文化的重要组成部分。2006 年 5 月，二十四节气成功列入国家级非物质文化遗产代表性项目名录，并于 2016 年 11 月 30 日列入联合国教科文组织人类非物质文化遗产代表作名录。

有关节气记载的最早文献记录见于《尚书·尧典》："日中星鸟，以殷

---

① 《"微信"影响力报告：用数据读懂微信五大业务》，腾讯网，http://tech.qq.com/a/20160321/030364.htm，最后访问日期：2018 年 8 月 17 日。

仲春；日永星火，以正仲夏；宵中星虚，以殷仲秋；日短星昴，以正仲冬。"① 据研究，"日中""日永""宵中""日短"分别相当于春分、夏至、秋分、冬至。至迟在战国时代，二十四节气的天文定位已经确立，并且有了节气、中气之分。《逸周书·时则训》有完整的二十四节气的排列。② 传世文献中最早完整记载二十四节气名称的是西汉的《淮南子·天文训》，分别为："冬至、小寒、大寒、立春、雨水、惊蛰、春分、清明、谷雨、立夏、小满、芒种、夏至、小暑、大暑、立秋、处暑、白露、秋分、寒露、霜降、立冬、小雪、大雪。"③ 它和现在通用的二十四节气名称和次序完全相同。也就是说最迟到了西汉时期，二十四节气已经形成，二十四节气的名称已经确定下来，并且至今未变。在历史的长河中，随着朝代的更迭、社会的变革，二十四节气从古人把握农作物生长时间、认知自我生命规律、观测动植物生产活动规律的文化技术演变成如今华夏民族共同的文化时间。

然而，随着经济全球化进程的不断加快，中西方文化和价值观的交会碰撞成为常态，加之我国经济建设中某些急功趋利的思想影响，不少国人过激地将西方价值观念凌驾于中国传统价值观念之上，否定中华五千年文明，抛弃优秀传统文化传承，诸如二十四节气之类的传统文化，被打上了应被淘汰的旧知识标签。顾炎武曾在《日知录》中说："三代以上，人人皆知天文。'七月流火'，农夫之辞也；'三星在天'，妇人之语也；'月离于毕'，戍卒之作也；'龙尾伏晨'，儿童之谣也。后世文人学士，有问之而茫然不知者矣。"④ 对明朝国人不了解传统文化知识的种种现象大有针砭之意。推及今天，年轻的一代热衷于过洋节、吃西餐、追求物质与快速消费，对本国传统文化一问三不知的情形愈发严重，长此以往，丢弃了中国文化的"根本"，"家""国"概念薄弱，危险性显而易见。

（二） 自媒体中二十四节气的传播内容

以下将以取自自媒体平台的微信、微博案例为文本进行分析。微信对

① 白寿彝总主编，徐喜辰、斯维至、杨钊主编《中国通史·上古时代》（上），上海人民出版社，2015，第478页。
② 张闻玉：《逸周书全译》，贵州人民出版社，2000，第210页。
③ （汉）刘安撰，杨有礼注说《淮南子》，河南大学出版社，2010，第189页。
④ 张念瑜：《绿色文明形态：中国制度文化研究》，中国市场出版社，2014，第212页。

二十四节气的传播主要是通过朋友圈分享、原创文章发布与转载、公众号（企业与个人）推送等；微博推送的形式更细，分为综合、用户、视频、文章、图片、主页等。传播内容主要集中在以下几类。

1. 二十四节气天文历法与自然、农事知识的传播

推送的内容主要集中在讲述二十四节气知识体系构成、由来、形成历史以及相关天文、自然与农事知识。如"在东汉的《四民月令》和北魏的《齐民要术》中就记录有依据节气来进行农业生产的耕、种、收，并成为我国农业生产的重要依据。""清明忙种麦，谷雨种大田。……芒种开了铲，夏至不纳棉……立秋忙打靛，处暑动刀镰……"等谚语描述的根据节气来制定合理的农事活动安排才能达到预期效果，对现代农业生产仍有参考借鉴意义。此外，还有大量博文、微信帖子是描写不同节气特征的，如"春分，今日昼夜均，寒暑平……盛春花宴，百花浓重，绯樱缤纷，遍地金黄，酡荼满树……青柳垂风，一派姹紫嫣红……"；还有物候的描述介绍，如"小寒时节，一候雁北乡，二候鹊始巢，三候雉始雊……"；等等。通过文章与信息的复制与扩散，人们对二十四节气基本知识体系有了一定的掌握与了解。

2. 中医养生保健、饮食文化的传播

推送内容主要为顺应气候变化，关注个人保健养生，进行相宜的体育锻炼，例如介绍中医原理"治未病"。"养生保健"离不开顺应时序的博文。"《内经》中详尽地讲解了时间物候与人体生理、病理以及养生的关系，这些因素的关联往往以二十四节气时令物候的独特形式联系起来。"还有养生公众号与美食平台推送的时令养生美食，如"小暑黄鳝赛人参"，到了小暑节气，很多家庭都会以黄鳝入菜。小暑时，食用具有温补作用的黄鳝，可调节脏腑，冬季便能最大限度地减少这些疾病的发作。"大暑吃羊肉、处暑吃西瓜、小寒吃糯米……祖先们坚持在各种节气之际食用特定食品以达到保健养生的目的。"在幅员辽阔的中华大地，南北时令美食也不尽相同，通过自媒体用户的分享，每一节气的时令美食均会以美图以及大量评论的形式出现。这些与日常生活紧密相关的点点滴滴，紧扣时下注重养生保健的理念，此类文章关注度高，点击数量大，是极受欢迎的传播内容。此外还有相关的养生体育运动指导等。

3. 时间节点与节俗庆典、民俗活动的传播

在相应的时间节点推送各种节俗与庆典的历史渊源与典故。例如：

"立春之日，天子亲率三公、九卿、诸侯、大夫，以迎春于东郊。立夏之日，天子亲率三公、九卿、大夫，以迎夏于南郊。立秋之日，天子亲率三公、九卿、诸侯、大夫，以迎秋于西郊。立冬之日，天子亲率三公、九卿、大夫，以迎冬于北郊。"推送大量配有图文与视频的各地民间节庆活动，如：春季民俗活动"迎春接福"中的祭祖仪式；大暑前后，台州一代送"大暑船"下海的海神祭奠仪式；夏季，人们举行"祭龙"仪式，划龙舟禳灾祈年，以祈盼农事活动顺利进行；"白露时节，太湖人祭禹王，祈求禹王佑护他们的美好生活……"；"立冬吃饺子时要先敬土地神，感谢他在秋天里慷慨的给予。寒露，则露水增多，北方人便会知晓已至深秋，纷纷登高游玩"。中华大地南北风俗迥异，精彩纷呈，人们在度过自己的节日的同时，也关注了其他场域的节俗活动，加上平台上的即时互动，问答与对比之中，收获不同的生活知识，具有十分积极的传播价值。

4. 诗意生活与美学生活知识的传播

越来越多的艺术形式与二十四节气相结合，为我们生活的日常提供美学的参照。推送内容主要体现在以下几个方面。第一，诗歌、文学作品与传说故事。历代文人创作了大量与二十四节气有关的诗词作品并流传至今。如"《诗经》中《七月》展现了古代农民在一年二十四节气变化过程中的农事活动，'无衣无褐'展现冬日生活，'春日载阳，有鸣仓庚'展现春天万物复苏"；又如"唐代韩翃的《寒食》，'春城无处不飞花，寒食东风御柳斜。日暮汉宫传蜡烛，轻烟散入五侯家'"。通过对每一节气主题诗歌作品的搜集、整理以及推送，使公众完成了对文学作品从陌生到熟识再到传播的自主性学习过程，自媒体的传播不管对二十四节气本身还是对文学作品的传播来说，都有事半功倍的作用。第二，与二十四节气相关的音乐作品。自媒体平台交互海量音频与视频，推送古老的节气歌以及新创作的各类节气音乐作品，形式多样。如民间歌手的节气民谣颂唱，还有民族乐团的节气音乐会，特别是传统乐器——古琴演奏的曲目，让人感受到音乐作品中的时令之美。第三，与摄影、美术、艺术类相关的节气作品。如网络红人青简的个人公众号主推个人摄影作品，其是较早关注节气主题的博主，图文被大量转载，粉丝多达15万人。中国传统插花在不同节气推出的插花作品，二十四节气与茶道融合推出的时令茶席等，使中国传统艺术形式也借助二十四节气传播之势而不再高冷，变得触手可及。第四，与二十四节气相关的传统手工技艺类作品。传统生产工具、生活器具、工艺品、服饰纷纷被挖掘并呈现，多种形式的二十四节气文创品涌现，如"节气书签""节气笔记本""节气绘本"等。正是这些自媒体的多元解读，使得二十四节气与现代文明艺术融合，形式更为多样，与时代共同发展。

5. 与节气相关的企业产品传播

二十四节气对企业的传播更是意味着无限商机。与二十四节气相关的金融产品、投资理财产品、商业促销活动不胜枚举。如电子运营商天猫的全年促销活动便是紧扣着与二十四节气相关的节令、假日安排进行的。每一个特殊的时间节点，对于电子运营商来说都是一场没有硝烟的战役，而对于消费者来说则是一个又一个狂欢节，由此产生的交易额令人惊诧。还有如银联在线支付携手光大银行创新推出"二十四节气"网购营销，不少知名电商如京东、携程、途牛等均是活动商家。

总之，从自媒体传播所包含的种种内容与表现来看，二十四节气渗透人们的日常起居、生产活动、礼仪、信仰、节日、集会以及民间工艺、民间艺术等方方面面，表达了中华民族对美好生活的向往，成为人们日常生活、娱乐、趋利避害和精神追求的一部分。虽然时代发展早已远离了农耕生活语境，但在自媒体环境中，有关二十四节气的无数微不足道的个体记录以一个微观的视角，真实地反映了二十四节气体系随时代而演进的过程。当所有信息碎片聚集在一起时，就会构成一幅宏大而丰富的社会生活节气图景，反映这一特殊文化时间体系是如何真实而深刻地影响人们的日常生活以及思维方式的。作为时间的践行者与传播者，要用有形、有声、有色的活动，来渡过无形、无声、无色的时间。

三　更好地利用自媒体，做好非遗以及传统文化的传播

基于对自媒体的传播特质以及对二十四节气在自媒体传播中的表现的分析，我们看到，在全新的传播生态中，自媒体与非物质文化遗产保护以及传统文化是有良好契合基础的，对于如何更好地利用新媒体促进文化交流与传播，笔者认为应从以下几方面进行考量。

（一）占领移动社交阵地，人人可做非遗与传统文化的传播使者

在传统媒体时代，媒体所传播的信息大多代表了官方的意志，是一种"自上而下"的传播，有时官方发声并不容易被大众所接受。而博客、微信记录的更多的是普通民众个人的真情实感与经验教训，易产生共鸣、取得信任，这在某种程度上是对传统媒体不足的补充。根据博客、微博、微信、网络论坛等平台的社交特征，自媒体为个人提供了信息生产、积累、共享、传播的独立空间，使得一人面向多数人的、内容兼具私密性和公开性的符号传播得以实现，并循环进行彼此的即时互动反馈。在二十四节气的传播中，自媒体用户多利用超文本链接、网络互动、动态更新，将差不多半月一节气自动设为生活时间坐标，将自己对时间的感悟、思想历程、灵感闪现等及时记录并即时发布，利用独具特性的个人表达来以文会友，并通过结识与汇聚朋友，在扩大自己的网络社交圈的同时，也将非遗知识与保护最大限度地扩散，取得与传统媒介不同的传播效果。加上近年来我国智能手机普及应用，更是强化了自媒体的参与性和互动性，扩大了人际传播网络，使得用户对自我的建构更为自由、主动和丰富。正是有了绝大多数普通百姓的喜爱，并以人人都是传播者、践行者为前提，非遗与传统文化才能以更多群众喜闻乐见的形式得以普及、继承和发展。

（二）发挥专业学术研究机构与团体的力量，提高自媒体平台文化影响力

在自媒体个性化传播的同时，我们也必须注意到，伴随自媒体瞬间性、碎片性的传播方式，对非遗知识的简化、解构、快餐性消费以及娱乐化倾向，势必会引发错误的解读并影响非遗的正确传播。将非遗以及传统文化过度娱乐化，其严肃性、科学性与正确性自然大打折扣，会影响文化传播的真正效果。所以我们急需具有专业知识的团队，在自媒体平台的有效传播上占据主导地位，编创正能量、高质量的文章，做到信息全面、数据可靠、研究科学，以供自媒体用户阅读并复制，为传播起到积极的推进作用。一是要让具有影响力的公众人物、自媒体人或是实名认证的用户

（俗称大 V）发挥引领作用，利用他们自身公众人物的影响力，对粉丝群造成潜移默化的影响，使其成为非遗以及传统文化"口口相传"的主力军。二是要充分利用专家学者的学术研究成果。专家学者的文章选题具有针对性，逻辑严密，资料翔实，内容有深度，具有极强的学理性与启发性，要充分利用专家学者的气质风格来提高自媒体用户的阅读与接受能力。三是要让专业院校与研究机构打造自己的自媒体平台。如民俗学论坛、北京师范大学民俗学都建立了学术公众号，吸引了大量非遗与传统文化爱好者粉丝。作为专业学术研究机构平台的"北师大民俗学"公众号，不仅关注学术知识，亦关注生活热点，将专业领域的学术研究，深入浅出地转化为指导生活的实用知识服务于社会，短短一年时间收获海内外粉丝 5251 人，单篇文章点击量 17000 多次。这样的学术自觉与引领作用值得大力推广与借鉴。所以，大力做好人才培养工作，加强文化人才队伍建设，发挥专业学术研究机构与团体的力量，定能大大提升自媒体平台的文化影响力。

（三）打造好互动平台，设计数字交互 App，提高娱乐性与关注度

充分利用新媒体技术，设计开发优秀的 App 应用软件来拓宽非遗的传播领域，增强非遗知识的应用性。基于移动端的随时随身性、互动性等特点，App 易通过微博、SNS 等方式分享和传播，快速实现裂变式增长，特别是整合了 LBS、QR、AR 等新技术之后，能带给用户前所未有的体验，相比传统营销手段来讲，成本也更经济，更重要的是 App 通过新技术运用以及数据分析，可以精准定位企业目标用户，商机无限。

例如已上线的数款二十四节气的 App，有的捆绑日历，适时推送相关二十四节气知识，更有许多以主题形式设计的交互式 App，涵盖养生、食品、旅游、节俗、文学等诸多方面，风格多样、内容丰富、图文并茂，更有音乐、视频、游戏等多种形式，尤其符合公约业务指南中"鼓励媒体在提高大众对非物质文化遗产表现和表达形式多样性的认识方面做出贡献，特别是通过制作针对不同目标群体的专门节目和产品；鼓励信息技术机构推动信息的互动交流，强化非物质文化遗产的非正规传承途径，特别是通过制作针对青年人的互动节目和游戏"之条款精神。

（四）既要加强对自媒体传播核心文化的保护，又要通过文化重塑，增强创新动力，大力开发二十四节气相关的民俗经济

　　田兆元在他的《经济民俗学：探索认同性经济的轨迹》一文中从以下三个方面界定了民俗经济：第一，与民俗直接关联的生产与消费，包括生活类相关之衣、食、住、行与婚、丧、嫁、娶等产品生产与消费；第二，民俗的演艺及其与民间文艺相关的文化创意产品的生产与消费；第三，民俗活动带来的消费，如民俗旅游、节日消费等。[①]　二十四节气就是这样一座蕴藏巨大民俗资源的经济宝藏，应充分认识其经济价值，发掘相关的民俗资源。自媒体平台上的微商、微店早就将目光投向了与节气时令相关的商业营销，如在线推广的养生产品、节气时令食品、与岁时相关的节庆民俗与民俗旅游等。电商们更是忙不迭地利用时令节气大做文章，建构了一个又一个购物狂欢节，甚至与银行业联手，如银联在线支付携手光大创新推出"二十四节气"网购营销等，这些无不说明优秀的传统文化不会随时间的流逝而湮灭，其可以顺应时代的发展，合理挖掘利用，创造出更多新的价值。

（五）　利用自媒体传播，　积极推动中国非遗与传统文化走向世界

　　非物质文化遗产是培育社会凝聚力、可持续发展和预防冲突的手段，可通过为社区与群体提供认同感与持续感来增强对人类文化多样性和创造力的尊重，特别是增强国际之间的交流与尊重，真正做到不同文化间的相互欣赏。中国非遗以及中国传统文化要走向世界，多途径的传播是大有必要的，其中自媒体的传播不容小觑。根据统计数据，在海外生活的华人华侨人数多达6000多万，分布在全球198个国家，建立在华人生活辐射圈基础之上的自媒体传播范围广泛。加之近年来与中国商务贸易往来增多，越来越多的国外商户使用WeChat，前瞻产业研究院的数据显示，截至2016年6月，中国网民规模为7.1亿，手机网民规模为6.56亿。[②]　这意味着在

---

①　田兆元：《经济民俗学：探索认同性经济的轨迹》，《华东师范大学学报》（哲学社会科学版）2014年第2期。

②　《微信用户突破8亿　海外用户增长明显》，搜狐网，http://www.sohu.com/a/111049144_114835，最后访问日期：2018年8月17日。

统计口径一致情况下，微信的海外用户数量已经非常可观。利用自媒体传播平台，打开窗口，将中国非遗与优秀传统文化推向世界，充分展示东方文化的魅力，人人都是传播的使者。自媒体是中国非遗走向世界的切实可行的有效路径。

四　结语

始于中国悠久农业文明的源头，二十四节气具有浓厚的自然属性，体现了科学探索精神，高度凝练了天、地、人和谐共处的哲学理念，更是中国传统生活方式的诗意呈现，让置身于科技高度发展的当下的现代中国人，仍能在俯仰体察天地自然之间，重获心灵的自由。以二十四节气为代表的中国优秀传统文化，具有增强民族认同感、强化民族精神、塑造民族品格的功效，对人们的精神生活具有调节作用，也对群体的价值取向具有聚拢作用。作为世界级的非物质文化遗产，二十四节气更是全人类共有的财富。利用好自媒体这一新媒介，做好传播与保护工作，具有深入研究与推广的价值。

纵观人类文化史，每一次传播技术的革新，都会带来人类文化的深刻变革，我们也应清醒地看到，自媒体传播既能促进文化的发展繁荣，不当地使用也可能造成文化的沉沦与迷失。人们通过微博、微信、网络社区等发生的交流互动，一方面营造出信息、情感、精神共享的场域，另一方面又解构了广场集会、民族节庆、传统庙会等文化交流共享的实体空间，所以无论是对自媒体的研究还是对非遗以及传统文化传播的研究，都应避免单一的技术论或功能论的单向度研究，而是应对"传统与创新"进行多角度，诸如哲学、社会学、民俗学、心理学等方面的多维观照，以期达到更为完整与良性的传播功效。

二十四节气与民俗 [*]

萧　放^{**}

摘要： 二十四节气起源于黄河流域，指导着农人一年四季的农事活动。围绕二十四节气中的主要节点形成了众多与信仰、禁忌、仪式、养生、礼仪等相关的民俗活动。本文就节气中所包蕴的传统民俗文化择要分类叙述，并指出我们应自觉地传承这一文明财富，遵循自然时间，尊重生命节律。

关键词： 二十四节气；民俗文化；节气时令

时间如风，星移斗转，天道无穷。节气是自然时令，它依据的是地球围绕太阳公转过程中，因所处的位置的关系，接受阳光照射角度、时间的不同，而带来的一系列天文物候变化。中国人在生产生活中很早就发现了这一自然时间节律，发明了二十四节气时令体系。

二十四节气起源于黄河流域，它以黄河流域的天文物候为依据。早在春秋以前，人们已用土圭测日影的方法，测定了春分、秋分、夏至与冬至四个节气点，后又推算出立春、立夏、立秋、立冬的时间。战国时期，二十四节气已经出现，在《逸周书》中有完整的二十四节气序列，只是个别名称位置不同。汉人刘安的《淮南子》中关于二十四节气的顺序与当代二十四节气序列完全一致。它指导着农人一年四季的农事活动。围绕二十四节气中的主要节点还形成了众多与信仰、禁忌、仪式、养生、礼仪等相关的民俗活动。这里我们就节气中所包蕴的传统民俗文化择要分类叙述。

---

* 　本文原刊于《装饰》2015 年第 4 期，收入本文集时略有改动。

** 　萧放（1960～　），湖北黄冈人，民俗学博士，北京师范大学中文系教授。

一　节气时令信仰与仪式民俗

二十四节气时令是我们先民认识天地自然时序的时间框架，是中国古代社会人们生产生活的时间指南。在二十四节气中有八个时间点是最主要的，那就是"四立"（立春、立夏、立秋、立冬）、"二分"（春分、秋分）、"二至"（夏至、冬至），也就是我们通常说的"四时八节"。围绕四时八节等节气时令，传统社会形成了一系列信仰与仪式活动。

古人认为二十四节气运行的内在动力是阴阳二气的流转，不同的节气时令，阴阳二气在天地中处于不同的位置。如《管子·乘马》所说："春秋冬夏，阴阳之推移也。"如果按年度周期划分四季的话，立春、立夏所在的上半年是阳气上升、阴气收敛下降的阶段，立秋、立冬所在的下半年是阴气上升、阳气下降藏伏的阶段。夏至是阳气高涨到极点，阴气开始发生的时刻；冬至是阴气上升到极点，阳气发动的时刻。由于阴阳二气分别代表温暖与寒冷的气候属性，万物的生命周期亦与节气时令相关，春生、夏养、秋杀、冬藏是"天之道"，围绕这一天道信仰，不仅圣人要"副天之所行以为政"，以春庆、夏赏、秋罚、冬刑来对应天道，就是普通人的生活起居也要依照四季时令的阴阳特性安排，因此形成了特定节气时令的信仰、禁忌、仪式活动。

依照节气到来的时间，在特定的方位举行隆重的迎气仪式，是古老的时令仪式，其中以春天最为隆重。《礼记·月令》记载，立春日，东郊迎春气。周天子在立春之前三天斋戒，立春之日，天子亲率三公、九卿、诸侯大夫，到东郊迎春。[①] 汉朝继承周制，在立春日，皇帝率大臣到东郊迎接春气，祭祀青帝勾芒。这天，人们穿青色的衣服，唱《青阳》之歌，舞《云翘》之舞。[②] 直到明朝前期，北京地方官员立春前一天，仍要在东直门外春场举行盛大的迎春仪式。但官员一律着红色衣服，簪花迎春，然后将春牛由春场迎入府内。这天，塑小春牛芒神，由京兆生送入朝中，依次进

---

①　（清）孙希旦撰《礼记集解》卷十五，中华书局，1989，第413页。

②　参见顾颉刚《秦汉的方士与儒生》第十八章"祀典的改定和月令的实行"，上海古籍出版社，1978，第118页。

皇上春、中宫春、皇子春。然后，百官朝贺。[①]

随着时代的变化，以朝廷为主的迎气仪式逐渐为世俗的鞭春习俗所代替。宋朝开始有鞭春习俗，《东京梦华录》记载，当时北宋开封府在立春前一天"进春牛入禁中鞭春"。[②] 明代立春当日，府县官吏，各穿官服，礼勾芒神，用彩色的鞭子鞭打春牛三次，以示劝农之意。清代立春日，有"进春"仪式。各省会府州县卫"遵制鞭春"。清朝初年扬州土风，立春前一日，太守迎春于城东蕃厘观，令官妓扮社火。康熙年间，裁减乐户，没有官妓后，人们用花鼓戏中的角色代替。在扬州花鼓中，女性人物角色均由男性扮演，所以扬州俗语有"好女不看春，好男不看灯"。[③] 苏州立春前一天，观者如市，男女争着用手摸春牛，以求新年好运气。民谚云："摸摸春牛脚，赚钱赚得着。"立春日，太守在府堂举行鞭春仪式，用鞭子鞭碎土牛，谓之"打春"。立春日在苏州称为"春朝"，过节气氛与冬至差不多，人们用米粉做丸子，祭祀神灵、供奉祖先，并互相拜贺，名为"拜春"。[④]

民国之前，各地仍有"打春牛"的习俗。人们用泥土做成春牛，涂上五彩，还要做一个芒神。在立春这天，由县令在衙门内主持鞭春仪式。县令用彩鞭鞭碎春牛，众人争抢"牛肉"（即土块）带回家，说是当年就会有好收成。民间在立春前后要张贴春牛图。春牛图是年画的一种，有一儿童装扮的芒神，手持柳条，或立牛侧，或随牛后，或骑牛背。陕西的春牛图有"天下大吉""天下太平"的字样。

春季，东风徐来，大地回暖，阳气上升，春季的时令信仰围绕助阳迎春展开。立春，四季之首，是生命春天降临的标志，民谚云"立春阳气生，草木发新根"，是农事耕种启动的重要时令。在立春节气，古代有迎春、鞭春、进春、唱春、拜春、尝春等官方与民间的仪式活动。

夏季是阳气高涨的时节，迎夏与度夏是夏季时令信仰与仪式的主要内容。立夏，作为夏季的开始，自古受到人们的重视。围绕立夏形成了不少礼仪习俗。周天子重视季节之首，每一节气都要举行迎气的仪式。在立夏

---

① （明）刘侗、于奕正：《帝京景物略》卷二，北京古籍出版社，1983，第65页。
② （宋）孟元老撰，伊永文笺注《东京梦华录笺注》卷六，中华书局，2006，第534页。
③ （清）李斗：《扬州画舫录》卷九，山东友谊出版社，2001，第233页。
④ （清）顾禄：《清嘉录》卷一，江苏古籍出版社，1999，第1~4页。

前三天，负责天文历法的太史亲自谒见天子说："某日立夏，盛德在火。"天子于是斋戒。到立夏这天，天子亲率三公、九卿、大夫到南郊迎夏，天子回到朝廷后，就依从时气，颁行赏赐，封建诸侯。这样的封赏活动，自然颇得民心，上下人等"无不欣悦"。① 在上古时代，人们的饮食起居要依从时令，根据夏季时令火德盛行的性质，天子住在明堂南方的东室，穿着红色的衣服，佩戴赤玉，食用豆与鸡，出行就用朱红色的车马，打的自然也是赤色之旗。苏州立夏日，民俗要祭祀祖先，每家设樱桃、青梅、新麦供神，名为"立夏见三新"。②

在古代阴阳五行观念中，夏至是阴气生发的时节，主张顺气的古人在这天要举行相应的扶阴助气仪式。周代在夏至日举行地神祭祀仪式，同时驱除疾疫、荒年与饥饿。《史记·封禅书》："夏日至，祭地祇。皆用乐舞。"③ 东汉夏至日民间家户以桃印封门。南北朝时期，夏至吃粽子，唐朝依然。后改到了端午节。当然直到清代皇家还保持着夏至日祭地的大典，明清时期祭地典礼在北京地坛举行。夏至是气候转热的开始，三伏天从夏至后第三个庚日开始，夏至时节对一般人来说，因为阴阳二气争锋，宜闭门静养，安然度夏。

秋季，属于阴气生长的季节，秋风起，天转凉，收敛与对阴性世界的顺从，是这一季节的信仰与仪式表达的内容。其中迎秋仪式最典型。

立秋之日，古代朝廷要举行盛大的迎秋仪式。据《礼记·月令》，立秋日，周天子亲率三公、九卿、诸侯、大夫到京城西郊迎接秋气。天子回朝之后对有功的军人进行奖赏，并开始军事训练，整顿法制，修缮监狱，审理案件，处分罪犯，征讨抗拒王命之人。为了顺应秋天的服色要求，天子着白衣，乘白色的大车，佩戴白玉，树立白色的旗帜，吃麋子与狗肉，居于明堂西方的南室中，向下颁布秋令，并且寻找一些不孝不悌的有罪之人，加以处罚，以助阴气。这一季节，农人新收稻谷，进献给天子，天子尝新之前，先供给祖先。④ 在传统的时令信仰中，秋天的白露是治疗眼疾

---

① （清）孙希旦撰《礼记集解》卷十六，中华书局，1989，第442页。
② （清）顾禄：《清嘉录》卷四，江苏古籍出版社，1999，第85页。
③ （汉）司马迁：《史记》卷二十八，中华书局，1982，第1357页。
④ （清）孙希旦撰《礼记集解》卷十七，中华书局，1989，第467～469页。

的灵药，民间有八月收集露水洗眼的民俗。这种习俗始见于南北朝时期，《述征记》云："八月一日作五明囊，盛百草头露洗眼，令眼明也。"① 同时人们还用朱砂水点小孩额头，称为"天灸"，以除疾病。这种习俗在民间一直传承至今。

秋分在上古是祭月的重要日子，朝日夕月，说的就是春分祭日，秋分祭月。周人"祭日于坛，祭月于坎"②，坛，在上，光明；坎，处下，幽静。此后历代都有祭月活动与祭月之礼，明清皇家秋分祭月之礼在北京的月坛举行。

冬季，是冬藏的时节，北风呼啸，大地冰封。人们为了缓解生存的紧张情绪，举行迎冬与祭祖仪式，以求与上天沟通，获取祖灵的福佑。古代社会看重霜降，在霜降前一日及霜降日，将士披挂操练，迎请旗纛，并放炮扬威。

古代帝王重视立冬，《礼记·月令》记载，周天子从立冬开始入居明堂北方之西室，乘坐黑色的车子，驾黑马，树黑旗，着黑色的衣服，佩戴玄玉，食用猪肉与黍米。总之一切以黑色为尚。立冬之前三日，太史报告天子："某日立冬，盛德在水。"天子于是斋戒。立冬之日，天子亲率三公、九卿、大夫到北郊迎冬。回转朝廷后，天子要"赏死事，恤孤寡"。③后代帝王沿袭了立冬北郊迎气习俗。

冬至是重要的时令节点，是阴气高涨、阳气生发之时，是传统二十四节气的起点，是最困难也是开始萌生希望的时节，人们围绕冬至举行一系列节气仪式。汉代开始庆贺冬至，六朝时代，称冬至为"亚岁"，媳妇给公婆进献鞋袜，给长辈祈寿。④宋代官府放假如同新年。明清江南吴越地区冬至仍然是民俗大节。明代杭州，冬至称为"亚岁"，官府、民间各相庆贺，如元旦一样重视。⑤清代的安徽人、江西人、湖南人在冬至祭祀祖先，一般是合族聚会于祠堂，祭祀历代祖先，然后宴饮。近代以来苏州等地仍看重冬至。先秦时期，朝廷在仲冬时节，闭藏、斋戒，潜心静养，"以待阴阳之所定"。⑥冬至开始的数九游戏，实质上也是寒冬时节具有巫

---

① （南朝梁）宗懔撰，谭麟译注《荆楚岁时记译注》，湖北人民出版社，1985，第 119 页。
② （清）孙希旦撰《礼记集解》卷四十六，中华书局，1989，第 1217 页。
③ （清）孙希旦撰《礼记集解》卷十七，中华书局，1989，第 487 页。
④ （隋）杜台卿：《玉烛宝典》卷十一，载黎庶昌编《古逸丛书》之十四，中华书局，1985，第 15 页。
⑤ （明）田汝成：《西湖游览志余》卷二十，上海古籍出版社，1980，第 363 页。
⑥ （清）孙希旦撰《礼记集解》卷十七，中华书局，1989，第 497 页。

术性意义的召唤春天的仪式。冬至居于新旧更替的时节，在古人观念中它自然也就有了非同寻常的文化意义，冬至节俗中诸多信仰、仪式内容就来源于人们对这一时节的感受。

"故天有时，人以为正。"[1] 在中国传统社会里，节气天时是一个个重要节点，围绕这些节点形成了一系列信仰仪式活动，人们通过信仰仪式的表达，取得了与天地的沟通，从而实现了与社会人事、与自然的协调，保障了人间吉祥与幸福。

二　节气时令饮食与养生保健民俗

在节气时令中，饮食保健是特别引人瞩目的内容。它是我们祖先岁时生活的经验总结。传统时令饮食原则是"必先岁气，毋伐天和"。[2]《黄帝内经》云："春省酸增甘以养脾气，夏省苦增辛以养肺气，长夏省甘增咸以养肾气，秋省辛增酸以养肝气，冬省咸增苦以养心气。"[3] 即按照四季阴阳二气升沉流转与五行属性，调整饮食性质、内容。

春季养生，依据的是顺应春阳、提振精神的原则。咬春、尝新是春季饮食养生的主要方式。

在大地回春之际，以辛温食物，发散藏伏之气。立春饮食体现迎春、助阳的性质。上古是"献羔祭韭"。古代有春盘，也叫"五辛盘"，因为盘盛五种辛辣生菜得名，民间的五辛盘，一般盛葱、姜、蒜、韭菜、萝卜等，"取迎新之义"。五辛盘兴起于仙道信仰流行下重视养生护生的六朝时期，人们以五种辛辣之物，发五脏之气。[4] 人们还发明了春饼，春饼是一种薄面饼，人们用它裹生菜食用，杜甫在《立春》诗中曾写下"春日春盘细生菜，忽忆两京梅发时。盘出高门行白玉，菜传纤手送青丝"的佳句，至今伴随着春饼令人回味无穷。明代北京人立春互相请客宴饮，吃春饼和菜。用棉花塞耳，说这样新年耳朵的听力好。春卷是与春饼类似的近代立

---

①　《逸周书》卷九，辽宁教育出版社，1997，第75页

②　《黄帝内经》，西南师范大学出版社，1993，第103页。

③　（明）李时珍：《本草纲目》，人民卫生出版社，1999，第55页。

④　（南朝梁）宗懔撰，谭麟译注《荆楚岁时记译注》，湖北人民出版社，1985，第5页。

春食品，春卷将菜馅裹入薄面皮中，然后油炸食用。春卷具有皮薄、色黄、香脆、质嫩、味鲜的特点。萝卜也是立春的应节食品，明代北京人无论贵贱都嚼萝卜，称为"咬春"。清代北京人新春日献辛盘，即使是一般百姓，也要杀鸡割肉，做面饼，杂以生菜、青韭芽、羊角葱，冲和合菜皮，兼生吃水红萝卜，名为"咬春"。

清明时令饮食有清明团、乌饭与清明茶。清明团是用清明时节生长的软曲、艾蒿等与糯米饭揉制而成，在六朝时就已出现。湖北、福建、广东、江西都有这一清明食俗。清明的节令食品还有乌饭。在南方地区，清明节吃一种特制的黑饭，明代杭州，"僧道采杨桐叶染饭，谓之青精饭，以馈施主"。① 明清宁波人都称为"青糍黑饭"。这种食品大约与寒食节的禁火有关，寒食在宋朝以后与清明合一。浙江黄岩人清明采芜菁和米粉做饼，称为"寒食"。广东西宁（今广东郁南县）每年三月用青枫（一名乌饭木）、乌桕嫩叶浸一晚上，然后以其汁和糯米蒸饭，饭"色黑而香"。北京三月的时食有天坛的龙须菜，"味极清美"。② 香椿芽拌面筋、嫩柳叶拌豆腐是寒食的佳品。清明茶是饮食民俗中的佳品。饮茶的最好季节是春天，带露的明前茶是茶中的珍品。

夏天是高温潮湿的季节，为防止"疰夏"之疾（夏天不适应症），人们提前在立夏日进行饮食的预防保健。江南立夏饮"七家茶"，也称"立夏茶"。明人田汝成记述，杭州"立夏之日，人家各烹新茶，配以诸色细果，馈送亲戚比邻，谓之七家茶"。③ 清代苏州人立夏日用隔年的撑门炭煮茶，茶叶是跟隔壁左右的邻居要来的，称为"七家茶"。吃立夏饭。④ 杭州立夏还有"三烧五腊九时新"之说。三烧为：烧饼、烧鹅、烧酒。五腊为：黄鱼、腊肉、盐蛋、海蛳、清明狗（清明日购买狗肉，悬挂庭上风干，立夏日取下食用，民间认为是夏天保健食品）。九时新为：樱桃、梅子、鲥鱼、蚕豆、苋菜、黄豆笋、玫瑰花、乌饭糕、莴苣笋。北京也注重食物的配制，用清明柳穿的面点，煎做小儿食品，谓之"宜夏"。立夏是强身健体的节日，人们的饮食有强身助力象征意味，浙江新昌人立夏日吃

---

① （明）田汝成：《西湖游览志余》卷二十，上海古籍出版社，1980，第359页。
② （清）潘荣陛：《帝京岁时纪胜》，北京古籍出版社，1981，第17页。
③ （明）田汝成：《西湖游览志余》卷二十，上海古籍出版社，1980，第359页。
④ （清）顾禄：《清嘉录》卷四，江苏古籍出版社，1999，第86页。

健脚笋，说这天食用鲜笋，会强健脚力。吃立夏蛋，也是民间立夏强身的风俗，俗谚云"立夏吃蛋，石头都踩烂"。立夏还有饮食养颜民俗，喝驻颜酒。立夏以李子泡酒，说此酒可以养颜，女性服用。

大暑时节，正在伏天。为了保证安全度夏，古代有伏日民俗，朝廷给官员赐肉，放假回家，闭门不出。宋代皇帝为了表示对臣僚的体恤，三伏天给臣下赐冰解暑。明朝朝廷颁冰的日子改在立夏，可清代苏州民间仍然在三伏天启出窖冰发卖。蔡云《吴歈百绝》云："初庚梅断忽三庚，九九难消暑气蒸。何事伏天钱好赚，担夫挥汗卖凉冰。"[1] 因为炎热的夏天对人的身体、生命有重要影响，为了平安度夏，人们发明了以上诸多民俗饮食，以提前进行身体的保健。

夏至是极热时节，更重视饮食养生。白居易《和梦得夏至忆苏州呈卢宾客》诗云："忆在苏州日，常谙夏至筵。粽香筒竹嫩，炙脆子鹅鲜。水国多台榭，吴风尚管弦。每家皆有酒，无处不过船。"宋代发生了变化，京畿一带，夏至日要吃"百家饭"，说吃了"百家饭"就容易度过炎炎夏日。由于百家的饭难以凑齐，人们传说只要到姓柏的人家求饭就可以了。当时有一位名叫柏仲宣的医生，每年夏至日做饭馈送给相识的人家。明清以来，民间夏至食品是面条，俗有"冬至馄饨夏至面"之说。清乾隆年间成书的《帝京岁时纪胜》记载，当时北京人夏至日家家都吃冷淘面，也就是过水面。这种面条是都城的美食，各省到北京游历的人都说"京师的冷淘面爽口适宜，天下无比"[2]，北京俗语为"头伏饽饽二伏面，三伏烙饼摊鸡蛋"。苏州人除了享用凉冰外，还有许多消暑的佳品，乐善好施者，在门口普送药物，"广结茶缘"。

秋季凉爽，秋季时令养生，重视对夏天身体能量耗损的补充、身体的调养，以及未来冬寒的能量贮备。

立秋有咬秋民俗，人们在立秋这天要吃秋瓜、秋桃，以保健避疫。这也是古代《诗经》所说"七月食瓜"的遗意。《津门纪略》载："立秋时食瓜，曰咬秋，可免腹泻。"[3] 清代北京人在立秋日阖家同食西瓜、茄脯，饮香薷汁，说这样秋后可免暑热痢疾之害。四川一些地区，在立秋交节气

---

① （清）顾禄：《清嘉录》卷六，江苏古籍出版社，1999，第131页。
② （清）潘荣陛：《帝京岁时纪胜》，北京古籍出版社，1981，第23页。
③ （清）羊城旧客：《津门纪略》卷五，天津古籍出版社，1986，第32页。

的时候全家同饮一杯水，传说这样就能保证将积暑消除，不发生秋季腹泻。吞服赤小豆，也是过去立秋节日保健习俗。唐人《四时纂要》记载："立秋日，以秋水吞赤小豆七粒，止赤白痢疾。"① 山东临朐一带，在白露时节，八月初一采豆棵上的露水贮存起来，说是龙的汗水，用来做饭可医治百病。清代北方民间霜降期间吃迎霜粽、迎霜兔。迎霜兔是野兔，明朝宫廷中结合重阳节，吃登高迎霜麻辣兔。

冬季严寒，冬令养生，重在闭藏蛰伏，饮食以保暖御寒为主。民间在立冬酿酒、腌菜、舂米，准备过冬。民间谚语云："立冬不起菜，必定要受害。"一些地方冬至节俗的热闹场面超过了新年，所以当地有"肥冬瘦年"的俗说。清代苏州人"最重冬至节"，冬至前一天，亲朋好友互相馈送节日食品，提篮担盒者满路，俗称"冬至盘"。苏州冬至的节令食品是冬至团。冬至团用糯米粉做成，中间包裹肉、菜、果、豌豆沙、萝卜丝等。人们用它来祀先祭灶，并且作为节礼相互馈送。②

大寒是最寒冷的时节，寒气至极。民谚云："小寒冻土，大寒冻河。"人畜都要保温防寒，"人到大寒衣满身，牛到大寒草满栏"。古代的腊日就在这一时节，"腊鼓鸣，春草生"，腊日的腊鼓就在于驱除寒气，召唤阳春。人们食用黏米豆果杂煮的腊八粥驱寒。大寒临近年节，谚语有云："小寒大寒，就要过年；杀猪宰羊，皆大喜欢。"大寒之后是立春，苦寒的季节，人们期盼着春天的早日到来。

三　节气时令观赏与娱乐

节气时令是自然节律，也是传统中国人亲近自然的季节提示。人们依照春夏秋冬的天时，安排着四季的娱乐与休闲。

"二十四番花信风"是中国人特有的花事时间，花信从小寒梅花开始，一节三候，一候一花，直到谷雨牡丹花结束，共有二十四番花信。伴随花信的风也逐渐由北风变成东风，冰雪的世界也就变幻为烂漫的原野。

---

① 参见（宋）陈元靓《岁时广记》卷二十五，《续修四库全书》第 885 册，上海古籍出版社，1995，第 349 页。

② （清）顾禄：《清嘉录》卷十一，江苏古籍出版社，1999，第 194 页。

六朝时期，人们在立春日剪彩为燕，戴在头上，作为迎春的彩饰。还要在门上贴"宜春"二字。唐人更以立春剪彩为时尚，诗人李远的《剪彩》诗云："剪彩赠相亲，银钗缀凤真。双双衔绶鸟，两两度桥人。叶逐金刀出，花随玉指新。愿君千万岁，无岁不逢春。"立春剪彩中蕴含对情人的深深祝福。

清明是一个游赏的日子，踏青郊游、放风筝、荡秋千、吃清明团。清明要戴柳，"清明不戴柳，死后变黄狗"，"清明不戴柳，红颜成皓首"。山东一些地方，清明妇女在户外荡秋千玩耍，格外开心，有"女人的清明男人的年"之称。

立夏的到来，意味着春天的结束，天气变得炎热，宜静养。此外有各种夏令物品，如蕉扇、苎巾、麻布、蒲鞋、草席、竹席、竹夫人、藤枕等，沿门销售。当地人会用纸制作各种灯具，其中有萤火虫灯，别有情趣。人们用完整的鸭蛋壳做灯具，外粘贴五彩纸，做成鱼状，然后通过小孔将萤火虫放入鸭蛋壳内，萤火虫在蛋壳中闪闪发光。这种萤火虫灯，专供小儿嬉玩。苏州人还有纳凉的习俗，称为"乘风凉"。人们乘船聚于桥洞、水边，或到寺观，玩各种牌戏；有观赏各种民间曲艺的消暑方式，有自相比试的清唱，有盲人男女的弹唱，有演说古今故事的说书。人们将乘凉变成一种休闲娱乐。

古代文人多愁善感，一到立秋，就情不自禁兴起悲秋之叹，白居易《立秋日曲江忆元九》诗云："下马柳阴下，独上堤上行。故人千万里，新蝉三两声。城中江曲水，江上江陵城。两地新秋思，应同此日情。"宋代有立秋戴楸叶的民俗，人们在立秋日将楸叶剪成花样戴在头上，以迎节气。这是与立春戴彩胜迎春相对应的民俗。《东京梦华录》记载："立秋日，满街卖楸叶。妇女儿童辈，皆剪成花样戴之。"[①] 广东佛山立秋后，有民间工艺展演聚会，名为"出秋色"。在湘西苗族立秋日，人们要赶秋节，男女交游，荡秋千。贵州苗族这天赶秋坡，同样是男女交往的娱乐节日。在江南苏州，白露前后，驯养蟋蟀，作为博戏之乐，称为"秋兴"，俗名"斗赚绩"。人们提笼相望，结队成群。呼其虫为"将军"，头大脚长的蟋蟀为贵，青黄红黑白五色为正色，受到人们的推崇。蟋蟀开斗的时间在白

---

① （宋）孟元老撰，伊永文笺注《东京梦华录笺注》卷八，中华书局，2006，第805页。

露后，一直斗到重阳为止。

《春秋繁露》中说："秋分者，阴阳相半也，故昼夜均而寒暑平。"①秋分时节，风和日丽，秋高气爽，丹桂飘香，蟹肥菊黄，是美好宜人的时节。霜降之前有霜信，一般以鸿雁来为霜信。明人毛晋《毛诗草木鸟兽虫鱼疏》云，北方有白雁，"秋深方来，来则降霜。河北谓之霜信"。元朝诗人元好问《药山道中》诗云："白雁已衔霜信过，青林闲送雨声来。"霜降之后，秋收结束，农人开始休息，工人也停止工作。《礼记·月令》云："霜始降，则百工休。"这种霜降之后停止劳作，让工人休息的做法，既是顺时，也是因为天冷不便于工程或手艺制作。江南苏州，霜降后开始斗鹌鹑赌博，鹌鹑藏于彩色袋中，如果天寒，外加皮套，笼于袖中。北京在明代也有斗鹌鹑之戏，"霜降后，斗鹌鹑，笼于袖中，若捧珍宝"。②

冬至之后进入酷寒时节。民间的数九游戏，也是从冬至开始数起，俗谚有云："算不算，数不数，过了冬至就进九。""进九"意味着严寒的到来，有民谚为证："冬至前后，冻破石头。"（郧阳区）冬寒对于保暖条件简陋的古人来说，的确构成了严重威胁，人们掰着指头度日，为了纾解在冬寒胁迫下出现的心理危机，挨过漫长的冬季，人们很早就发明了数九游戏，从寒冬看到春日的希望。人们将从冬至开始的数九游戏，作为冬令时间的习惯表达，虽然立冬是进入冬季的时气点，但人们从身体感受出发，将冬至作为冬天到来的真正标志。数九游戏包括九九歌诀与九九消寒图两种。从宋元开始，九九歌诀就流传于南北各地，见诸记载最早的大约是宋人陆泳在《吴下田家志》中收录的那首，明清时期各地流行的九九歌诀与此大同小异。《五杂组》的作者谢肇淛说，今京师谚又云："一九、二九，相逢不出手。三九、四九，围炉饮酒。五九、六九，访亲探友。七九、八九，沿河看柳。"③最近仍在流传的一首九九歌为："一九二九不出手，三九四九冰上走，五九六九沿河看柳，七九河开，八九雁来，九九加一九耕牛遍地走。"正是延续了这一歌谣体式。

消寒图，主要为闺阁女子、文人雅士所习用，他们以图画的形式标示

---

① （汉）董仲舒：《春秋繁露》卷十二，上海古籍出版社，1989，第71页。
② （清）陆启浤：《北京岁华记》，清抄本，上海图书馆藏。张勃有专文讨论，见《〈北京岁华记〉手抄本及其岁时民俗文献价值》，《文献》2010年第3期。
③ （明）谢肇淛：《五杂组》，上海书店出版社，2001，第25页。

由冬向春的时间过程。染梅与填字是描画消寒图的两种流行方式。染梅是对一枝有八十一片花瓣的素梅的逐次涂染，"日染一瓣，瓣尽而九九出"。这种梅花消寒图最早见于元人杨允孚的《滦京杂咏》："冬至后，贴梅花一枝于窗间，佳人晓妆，日以胭脂涂一圈。八十一圈既足，变成杏花，即暖回矣。"[①] 胭脂红是美人的消寒图，一般人大都是用墨色涂染梅花花瓣，从冬至日起，九九八十一瓣涂满后，人间又是春草绿，故常在消寒图旁题联曰："试看图中梅黑黑，自然门外草青青。"还有与染梅类似的另一种涂圈方式，将八十一个圈按九行排列，每行九个圈，从冬至日起，每天涂一个圈，涂抹的位置视天气状况而定，阴天涂圈的上半部，晴天涂下半部，刮风涂左半部，下雨涂右半部，下雪就涂在中间，用当时人的话说，是"上阴下晴，左风右雨，雪当中"。另外还有填字的数九游戏，即对九个九笔画的字进行涂描，这九个笔画中空的字，大多组成一个独立的文句，一般是诗句，从冬至日起，每天依笔顺描画一笔，九天成一字，九九则文句成。清朝宫廷内曾有帝王御制《九九消寒图》，这种消寒图就是填字图，其九字为"亭前垂柳珍重待春风"，其语典雅，而寓意深远。无论消寒图是何种体式，其实这九九八十一天的描画，都是一种寓巫术信仰与娱乐于其中的迎春仪式。

传统社会形成的二十四节气，对于当代中国人是否有现实意义？我们对这一祖宗留下的非物质文化遗产还有传承的必要吗？答案是肯定的。首先，它是中国先民的文化创造，是我们祖先在长期自然生活中观测的经验总结，是宝贵的文化遗产，是我们古人时间体系的标志，具有重要的遗产认知与继承的文化价值。其次，二十四节气作为自然时间体系，在长期的传承过程中，已经成为一种民族的文化时间，它是我们把握作物生长时间、观测动物活动规律、认识人的生命节律的一种文化技术，例如中医的季节用药习惯与治疗方式、日常饮食生活的季节调节与身体保健等。立春尝春、迎春，清明品茶踏青，立秋吃瓜秋游，大寒咏雪赏梅等也是传统的生活情趣。最后，人生活在自然界，无论有多大的主动性与创造力，最终也逃脱不了自然世界的时空限制，人只有顺应自然，

---

① （元）杨允孚:《滦京杂咏》下,《中国华北民俗文献丛书》第四辑,《华北民俗文献》第137 册, 学苑出版社, 2012, 第 24 页。

依循自然时序，才能使自己生活得更幸福。例如春天播种，夏天到来之前清理沟渠防止水害等。

　　二十四节气对于今天的中国人来说，具有生活节奏提示与生活方式调节的指导意义。我们应自觉地传承这一文明财富，遵循自然时间，尊重生命节律，从机械的物理性的钟表时间中解放出来，享受色彩斑斓的自然时间生活。

农具研究

物质文化研究的格局
与民具学在中国的成长 *

周 星 **

摘要：在对中国物质文化研究的各相关学术领域，诸如考古学、文物研究、农具史、传统手工艺研究、民艺学、博物馆学等，予以初步扫描和概观的基础之上，可以发现民具学在中国物质文化研究大格局中长期缺位这一基本事实。民具学是物质文化研究中最为基层和基础的部分，因此，其缺位就使得中国现有的物质文化研究难有厚重的底气。中国是民具的"宝库"，在中国大力发展民具学，不仅具有非凡的学术意义，也具有重要的现实意义。在当前持续的"生活革命"浪潮中，无数民具被废弃，仅有极少部分成为"文化遗产"，若要改变这种状况，就需要大力开展民具学研究，有必要对民具学导入中国之后的成长历程进行详细的整理。伴随着中国社会物质文明的更新换代，中国的物质文化研究需要有更大的视野，需要将民具学也纳入其中。

关键词：物质文化研究；民具学；文化遗产；物质文明

物质文化研究（Material Culture Studies）是一个既古老又很有新意的学术领域。中国古代既有博物志记录的积累，也有格物致知的智慧传统，还有如赵明诚《金石录》那样的朴学路径，但近代以来，"博物"和"格致"逐渐向"科学"缓慢地实现着知识体系的转化①，随后，中国的物质

---

* 本文原刊于《民俗研究》2018 年第 4 期，收入本文集时略有改动。

** 周星，日本爱知大学国际中国学研究中心教授、中国民俗学会顾问。

① 金观涛、刘青峰：《观念史研究——中国现代重要政治术语的形成》，法律出版社，2009，第 331 ~ 344 页。

文化研究便基本上是在西方现代学术的影响之下，形成了诸如考古学、博物馆学、人类学及民俗学的物质文化研究、技术与物质文化史、艺术史、工艺美术学等一些不同的板块。20 世纪七八十年代以后，在西方学术界逐渐兴起了跨学科的物质文化研究，试图梳理不同历史时期、不同学术领域关于"物"的研究积累，并予以体系化。尽管这些努力始终面临不同表述中研究视角、话语体系、不同用语以及关键词的交错、混淆和重叠，但它还是在当代文化研究中发展出了所谓的"物质转向"。和较早时期考古学和历史学（艺术史）的物质文化研究相比较，这一新的"转向"突出地强调"物"在日常生活中的意义，如"物"的社会生命史、符号性、语境性、文化关联性，以及它对人的自我认同、社会身份建构等所具有的价值，甚至涉及"物性"对人性的形塑等。近年来，这一"转向"也开始影响到中国，刺激中国学者也对物质文化研究相关的理论问题予以关注。[①]韩启群教授引用了阿瑟·埃萨·伯格在《物的意义：物质文化导论》中的经典性说法，即正如"文化"的定义面临困扰，"物质文化"也有数百种之多的解说，且受到不同专业背景的影响[②]，接着，他在自己的论文中整理了西方学者有关物质文化的多种定义，包括考古学家的说法（人类一切遗留物）、人类学家的说法（物质文化不是文化本身，而只是文化的"产物"），以及很多其他观点，例如，有的学者把物质文化局限于"人工制造"，但也有人主张它还应该包括形成生活世界的所有自然物，等等。[③]显然，对应于不同的定义或界说，物质文化研究也就非常自然地形成了许多不尽相同的研究路径：从具体的物到抽象的物、从实用功能的物到表达功能的物，从富于技术含量的物到富于象征意义的物，等等。

在学习和思考物质文化研究的相关问题时，笔者深感当前中国学术界亟须在积极借鉴西方物质文化研究的理论、方法和视角的同时，对中国自身的物质文化研究领域的基本格局予以必要的梳理和总结。但每逢此时，难免会痛感中国的物质文化研究尚有一块巨大的"缺漏"，亦即民具研究的

① 韩启群：《物质文化研究——当代西方文化研究的"物质转向"》，《江苏社会科学》2015 年第 3 期；孟悦、罗钢主编《物质文化读本》，北京大学出版社，2008。

② Arthur Asa Berger, *What Objects Mean：An Introduction to Material Culture*, Walnut Greek Left-Coast Press, 2009, p.17.

③ 转引自韩启群《物质文化研究——当代西方文化研究的"物质转向"》，《江苏社会科学》2015 年第 3 期。

落伍。笔者认为，只有尽快弥补这一"缺漏"，彻底纠正相关的认知偏见，促使民具学在中国有相当的成长，中国的物质文化研究才有可能逐渐和海外的物质文化研究真正接轨，并最终得以并驾齐驱。

一　民具学在中国的"缺漏"

民具学是一门通过民具研究普通老百姓的生活文化的学问。所谓"民具"，就是普通老百姓在日常生活中所制造和使用的用具、工具、器具等所有实物、器物的总称。"民具"一词能够和"民俗""民谣""民话""民艺""民居""民宿"等一系列概念相并置，它主要就是指那些民众生活里寻常可见但又不起眼的器物。民具学可以说是广义的民俗学（如果把民间口头文学的研究视为狭义民俗学的话）的一部分，也不妨称之为民俗学的物质文化研究。① 主张在物质民俗领域开展综合性研究的美国民俗学家迈克尔·欧文·琼斯曾将物质文化研究归纳为若干种视角：视手工艺品为历史传承物的视角，基于器物实体样式进行类型学研究的视角，透过物质民俗揭示所属群体之文化（设计、价值观和行为模式）的视角，关注制作和使用器物之行为的视角，等等。② 所有这些视角虽然和人类学、考古学的物质文化研究纠缠不清，但美国民俗学的物质文化研究依然形成了一定的传统③，也大都可以与我们在此讨论的民具研究通约。

当然，民具学同时也可以是文化人类学之物质文化研究的一部分，亦即探讨"人"与"物"的关系，通过实物、器物和广义的"物"去研究人们的生活方式和文化价值观等，只是文化人类学的物质文化研究所视之为研究对象的，并不局限于"器"（如农器、乐器、玉器、陶器、漆器、

---

① 钟敬文主编的《民俗学概论》（上海文艺出版社，1998）曾专列"物质生产民俗"和"物质生活民俗"两章，中国民俗学的物质文化研究也大多把器物分为生产用具和生活用品两大类。

② 〔美〕迈克尔·欧文·琼斯：《手工艺·历史·文化·行为：我们应该怎样研究民间艺术和技术》，游自荧译，《民间文化论坛》2005 年第 5 期。

③ 张丽君、李维屏：《美国民俗学领域物质文化研究的兴起与现状——印第安纳大学民俗学与音乐人类学系杰森·拜尔德·杰克逊访谈录》，于倩、程安霞译，《民俗研究》2012 年第 4 期。

竹器之类）、"具"（如家具、灶具、玩具、灯具、文具之类），举凡食物（饮食人类学）、财物、药物（医药人类学）、嗜好品[①]、货物、礼物、饰物、遗物（物化的遗产）、吉祥物[②]、纪念物、技术产物，以及人类的各种"造物"行为[③]、拜物教、商品化[④]、影响族群关系的商品交换体系[⑤]、带来文化传播的物资流动[⑥]、物的社会生命史（物的文化传记）[⑦]，甚至于野生动植物（例如，民族植物学或文化植物学的研究路径[⑧]）等，皆可大做文章，故其视野要比民俗学、民具学来得更加宽阔。[⑨] 总之，文化人类学是通过"物"的存在和演变确认文化及文明的特点与进化，通过既定社会中"物"的交换与流动等现象分析社会的功能、结构与变迁。[⑩]

有不少学者认为，物质文化研究难以被文化人类学、考古学或民俗学等某一门学科所单独涵盖，它其实是在许多学科领域内部分别独立生成，并先后形成了各自的理论、路径和方法，只是到最近数十年才初步出现了跨学科趋向的一门颇为庞杂的学问。[⑪] 以"人"与"物"的关系为主题的

① 高田公理ほか編『嗜好品の文化人類学』、講談社、2004。

② 祁庆富编著《中国少数民族吉祥物》，四川民族出版社，1999。

③ 床呂郁哉、河合香吏編『ものの人類学』、京都大学学術出版会、2011。

④ 本田洋『商品としての南原木器—韓国のものつくりに関する一試論—』，伊藤亜人先生退職記念論文集編集委員会『东アジアからの人類学—国家・开発・市民—』、日本风响社、2006、第 3 ~ 18 页。

⑤ 吕俊彪：《财富与他者——一个古镇的商品交换与族群关系》，社会科学文献出版社，2009。

⑥ 张应强：《木材之流动：清代清水江下游地区的市场、权力与社会》，三联书店，2006；肖坤冰：《茶叶的流动：闽北山区的物质空间与历史叙事（1644 ~ 1949）》，北京大学出版社，2013；〔日〕河添房江：《唐物的文化史》，岩波书店，2014；〔美〕高家龙：《中华药商：中国和东南亚的消费文化》，褚艳红、吕杰等译，上海辞书出版社，2013。

⑦ 罗易扉：《松散的连接：物的社会生命史》，《南京艺术学院学报》（美术与设计）2014 年第 5 期。

⑧ 关于文化植物学，可参阅街顺宝《绿色象征——文化的植物志》，云南教育出版社，2000，第 3 ~ 13 页。

⑨ 关于文化人类学的物质文化研究，较方便的中文参考读物有：黄应贵主编《物与物质文化》，台北"中央研究院"民族学研究所，2004；〔英〕迈克尔·罗兰《历史、物质性与遗产》，汤芸、张原编译，北京联合出版公司，2016；马佳《人类学理论视域中的物质文化研究》，《广西民族研究》2013 年第 4 期；尹庆红《英国的物质文化研究》，《思想战线》2016 年第 4 期。

⑩ 彭兆荣：《物的民族志述评》，《世界民族》2010 年第 1 期。

⑪ 孟悦、罗刚主编《物质文化读本》，北京大学出版社，2008；潘玮琳：《海外中国研究的物质文化转向》，载上海社会科学院世界中国学研究所编《世界中国学理论前沿》，上海社会科学院出版社，2016，第 56 ~ 70 页。

物质文化研究，既可以涉及历史，也可以涉及当今；既可以是局地的、族群的研究，也可以是全球化的研究。它构成了对现有诸多学科的越界和连接。例如，对"技术"的人类学、民俗学与工业考古学研究①，对"艺术、技艺与科学"之技艺物质文化的研究②，对"民族与物质文化史"的相关研究③，等等，就很难被现有的学科分类所固化，反倒是在"技术""技艺""生活文化"之类的一些关键词的统领之下，能够将人类学（民族学）、民俗学、建筑史、技术史、手工艺研究、产业考古学等很多领域对"物"的研究成果整合起来。虽然诸多类型的旨在探讨"物"在社会及文化中的作用及其存在意义的研究往往都说要把日用物品，包括代代相传的、手工制作的凡俗之物也纳入视野之中，但从实际出版的成果来看，总体上还是以艺术品、工艺品或那些可以被用来讲"故事"的"物"为主，相比之下，那些真正草根性的、由庶民默默地使用着的民具，通常很难真正引起学者们的关注。

在中国物质文化研究的基本格局里，大体上，考古学的物质文化研究指向的当然是古代甚至远古，很多时候，它可以弥补史料的不足，不断地通过发掘、发现和复原的作业，使后人对古代乃至于远古的历史真相有所发现。如果和考古学相比较，民具学的指向则完全是当下，虽然它也关注一些传统的民具，例如风车、水车、石磨、铁犁、卧具、灯具之类在古代中国是怎样的，但这种兴趣主要还是因为它们在当下的民众生活里仍然被使用着。归根到底，民具学主要还是对现在老百姓的物质文化生活感兴趣，只不过有时候它需要寻求对某些器物的起源性解释。以在第三次文物普查中对蔚县夏源关帝庙壁画④的"发现"为例，固然它是考古学或清代文物研究的对象，但壁画中"百工图"的意义，从民具学的立场看，却是在于它和后世现存的民间百工之间有千丝万缕的联系。

在中国的文物研究领域，将文献和文物结合起来进行物质文化史的研究，一直是最为基本的学术理路。由于绝大部分的文物存量和文献记

---

① 张柏春、李成智主编《技术的人类学、民俗学与工业考古学研究》，北京理工大学出版社，2009。

② 罗子婷、罗易扉：《艺术、技艺与科学：今日欧美技艺物质文化研究读本述评》，《南京艺术学院学报》（美术与设计）2015 年第 4 期。

③ 卢勋、李根蟠：《民族与物质文化史考略》，民族出版社，1991。

④ 戴建兵：《府县乡里百工：蔚县夏源关帝庙壁画》，天津古籍出版社，2013。

载主要都和帝王将相有关，因此，即便研究者如沈从文先生在致力于"为物立传"的"抒情考古学"研究之际，非常重视和观照一些日常琐物①，但要涉足更为寻常且"名不见经传"的民具的世界，则几乎是不可能的。和"民具"这一范畴存在一定程度重合的，有"民族文物"和"民俗文物"之类的概念。有时候，这两个概念还会被混用在一起。②

"民族文物"是以民族为单位来整理物质文化的资料，它的指向更多的是体现物质文化的民族特点，甚或论证民族文化的辉煌，所以，器物的族属或器物的民族特点往往被视为关键。③ 此种思路的物质文化研究，主要就是"族别式"④ 的物质文化研究。它经常把器物的历史上溯至远古，但同时又把它视为民族史或民族文化史的一部分，例如，对土家族"器物的创制及其演变"的研究⑤便是如此。若要克服"族别式"物质文化研究的局限性，有时候就需要有"族际式"或通文化、跨文化的物质文化研究⑥，亦即强调某些物质文化的族际共享或跨文化传播。需要指出的是，在中国存在一个不成文的惯例，即往往把汉族之外的才特意称作"民族"的，于是，"民族文物"也就更多的或主要是指"少数民族文物"了。显然，这和本文讨论的民具及民具学的理念之间存在较大的差异。以孟凡行分别在陕西关中和贵州苗寨所进行的民具研究为例，他首先需要确认它们作为汉族或苗族的"民族文物"的属性，然后再去强调这些器物的民族文化特色。然而，正如他的研究表明的那样，即便"理论"上可以将关中汉族民具和贵州苗族民具分别视为"民族文物"，但贵州苗寨的"民具组合"或"民具群"却难以叙说苗族文化的特色，因为它们和周边其他民族所使用的民具有很多共享的部分，而且，不少民具还是通过集市从其他民族那里购置而来的。至于关中农村的民具，如果在不需要将它们和其他族群的

---

① 季进：《论沈从文与物质文化研究》，《爱知大学国际问题研究所纪要》2018 年第 151 号。
② 白劲松主编《鄂伦春、鄂温克、达斡尔、俄罗斯民族民俗文物》，内蒙古人民出版社，2014。
③ 凉山彝族奴隶社会博物馆编《凉山彝族文物图鉴》，四川美术出版社，2004；德红英：《达斡尔族木轮车的民俗研究》，中央民族大学硕士学位论文，2006。
④ 关于"族别式"的文化研究，参阅周星《中国民族学的文化研究所面临的基本问题》，《开放时代》2005 年第 5 期。
⑤ 黄柏权：《土家族器物的创制及其演变》，《中南民族大学学报》（人文社会科学版）2003 年第 4 期。
⑥ 任国英：《满 – 通古斯语族诸民族物质文化研究》，辽宁民族出版社，2001。

民具进行比较时，说它们是"民族文物"，似乎也没有多大的意义。显然，"民族文物"的概念若被僵硬地理解，将会妨碍通过民具探讨普通民众之生活文化的尝试。其实，在具体的学术实践中，很多情形都会凸显这一概念的局限性，例如，把中国西南甚至东南亚地区广泛存在的铜鼓说成"民族文物"，似乎并不能由此确认它的民族属性或民族文化特色。

"民俗文物"确实和本文讨论的"民具"概念密切相关。按照徐艺乙等学者的提示，中国近现代学术史上曾经相继出现过"民俗物"或"民物"等用语①，应该是较为接近"民具"的理念。但毋庸讳言，"民俗物"或"民物"这些表述，后来并没有在中国学术里发展出进一步的讨论，相关的学术研究几乎没有展开。尽管如此，截至目前，中国民俗学对"民俗文物"的相关研究，还是能够成为民具学非常重要的学术资源，值得民具学家认真地汲取和借鉴。但在笔者看来，"民俗文物"的相关研究还需要朝民俗学的物质文化研究亦即民具学这一方向再做一些延展。为此，笔者甚至还特别提出过"中国民俗学的物质文化研究应该向日本的民具学学习哪些方面的经验"② 这样的问题。实际上，"民俗文物"这一概念也存在一些难以绕开的困扰。第一，因为它是基于民俗学家对民俗的"分类"得以成立的，故在相当程度上，很自然地就可能带有民俗分类本身的局限，这样的民俗分类，其实大都是出自民俗学家自身较为随意的主观判断。按照民俗学的观点，并不是所有的文物都是民俗的反映，而只有与民俗有关的文物才可能被作为民俗的实物证据。也就是说，那些被人为地排除在民俗分类之外的文物，自然也就无法成为"民俗文物"，例如，收音机和手电筒若被视为和"民俗"无关，那它们也就很难成为"民俗文物"。第二，"民俗文物"主要是在"文物"研究的话语体系之内对其价值进行判断的，这就容易使之脱离它产生的社区生活背景而成为零散的孤件；文物价值判断的"稀缺"（物以稀为贵）原则，还有对它们的类似"老古董"之类的理解③，都会影响到研究者对"民俗文物"的看法。也因此，现在我们看

---

① 徐艺乙：《中国民俗文物概论》，上海文化出版社，2007，第 194 ~ 202 页。

② 周星「中国民俗学の物質文化研究は日本の民具学から何を学ぶべきか」，『非文字資料とはなにか―人類文化の記憶と記録―』，神奈川大学 21 世紀 COEプログラム第 1 回国際シンポジウム、2005、64 ~ 75 頁。

③ 〔英〕迈克尔·罗兰：《历史、物质性与遗产》，汤芸、张原编译，北京联合出版公司，2016，第 184 页。

到的"民俗文物"，绝大多数都是一些精心挑选出来、被认为可以反映某些民俗事象的民间物件，至于更为大量、普通、不起眼和重复存在的民具，则无法被"民俗文物"所涵盖和观照到。除此之外，"民俗文物"之所以不能完全等同于民俗学的物质文化研究，还因为即便它有时候能够成为非常重要的线索[1]，但往往仍无法涵盖或反映某个传统行业或部门的技术体系的全貌。[2]

中国还有农业考古与农具史的学术研究领域，很值得我们关注，它们和民具中的农业"生产工具"有相当部分的重合。中国农业考古和农具史的研究，通过把民族志/民俗志的相关资料和古代文献资料（例如唐陆龟蒙《耒耜经》等）、图像资料（例如，元王祯《农书》中的"农器图谱"，明宋应星《天工开物》中的图录，明徐光启《农政全书》中的灌溉图谱、历代耕织图，以及近代年画中的"女十忙"和"男十忙"等题材）以及考古发掘资料（例如，墓葬壁画所描绘的农具、各地历代遗址出土的农具实物等）予以相互参照，使之彼此结合的研究方法，产出了很多重要的学术成就，值得民具学家认真参考。但是，民具范畴中涉及"生活用具""玩具""祭具"等方面的内容，一般是无法在农业考古和农具史的框架里得到处理的。此外，农业考古和农具史的研究，归根到底是指向古代，当属于"过去"之学，民具学则基本上应该是"现代"之学，正是那些当下仍在使用或虽然已不再使用却仍为乡民们不忍抛弃的农具，才是民具学集中要探讨的。

截至目前，除了考古学，中国物质文化研究的主流其实是已经蔚为大观的传统手工艺研究。传统手工艺在中国有悠久的历史，虽然程度不尽相同，但其很多门类在现当代的中国社会里依然生生不息，持续地得到国人的喜爱甚至追捧。对传统手工艺的研究，大多聚焦于名匠大师（例如被认定的国家级或省级传承人）的手艺绝活及其产品，亦即那些被认为具有较高的技术和艺术价值的"工艺品"。这方面的研究可谓硕果累累，徐艺乙《手工艺的文化与历史：与传统手工艺相关的思考与演讲及其他》[3] 大概就

---

① 〔英〕鹤路易：《中国招幌：西方学者解读中国商业文化》，王仁芳译，上海科学技术文献出版社，2009。

② 朱霞：《云南诺邓井盐生产民俗研究》，云南人民出版社，2009；〔法〕蓝克利（Christian Lamouroux）主编《中国近现代行业文化研究——技艺和专业知识的传承与功能》，国家图书馆出版社，2010。

③ 徐艺乙：《手工艺的文化与历史：与传统手工艺相关的思考与演讲及其他》，上海文化出版社，2016。

是这方面较有代表性的成就。但也毋庸讳言，传统的具有较高艺术水准的手工艺品（例如牙雕、玉雕、景泰蓝、御用瓷器之类）在过去主要是服务于皇亲国戚、达官贵人、巨商富贾以及士大夫阶层的，其工艺绝活也主要是附丽于社会统治者集团才能够存续的。一般而言，它们可以代表中国传统工艺的最高水平，但其所产出的终究不是一般民众日常生活中寻常可见的普通器物。

　　若进一步追究，固然不能够将两者截然地割裂开来，但手工艺研究在中国其实有两个层面：一是上述对那些具有很高的技艺成就、专为上层社会提供服务的高级手工艺人及其作品（大都是"国宝"）的研究，二是对那些广泛地见于民间的各种手工业及其产品的研究。① 例如，德国学者艾约博对四川省夹江县传统的以毛竹为原料而形成的手工造纸业所进行的系统性研究②，应该属于后者。于是，和凝聚着精湛技艺的高级工艺品相比较，就又有了"民艺品"这一概念，它主要是指民间工匠手工制作的工艺品③，或一些从手工业的普通产品中发现和挑选出的具有美感的那些器物。与那些高级的手工艺品相对而言，民艺品的确较为接近民俗学的物质文化研究的理念，它从很多普通的器物中发现和发掘出"美"来，将它们视为具有审美价值的"身边的艺术"。④ 在某种意义上，我们不妨将与民艺品相关的民艺学视为民俗艺术研究的一部分，不同的只是民俗艺术的范畴，除了那些器物（民艺品）的存在，还包括各种无形的艺术形式，例如民间舞蹈、民间绘画以及刺绣、剪纸、年画等。在中国，民艺学已有成为一门独立学科的趋势，例如，张道一、潘鲁生等学者长期以来一直在努力建构"民艺学"。⑤ "民艺"这一概念和"民艺学"的思路，其实也部分地来源于日本，和柳宗悦提倡的"民艺运动"的理念及其实践密切相关。简单地说，所谓"民艺"就是"民众的工艺"⑥，这意味着民艺学关注那些用具、

---

① 〔美〕鲁道夫·P. 霍梅尔：《手艺中国：中国手工业调查图录（1921～1930）》，戴吾三等译，北京理工大学出版社，2012。
② 〔德〕艾约博：《以竹为生：一个四川手工造纸村的20世纪社会史》，韩巍译，江苏人民出版社，2017。
③ 〔日〕滨田琢司：《民艺与民俗——作为审美对象的民俗文化》，周星译，载周星、王霄冰主编《现代民俗学的视野与方向》，商务印书馆，2018，第268～278页。
④ 徐艺乙：《身边的艺术》，山东画报出版社，2001。
⑤ 张道一：《张道一论民艺》，山东美术出版社，2008；潘鲁生：《民艺学论纲》，北京工艺美术出版社，1998；潘鲁生、唐家路：《民艺学概论》，山东教育出版社，2002，第2～20页。
⑥ 〔日〕柳宗悦：《工艺文化》，徐艺乙译，广西师范大学出版社，2006，第13、9页。

器物，其视角主要是艺术性的，在承认民艺品之"功能"的基础之上，更加突出其"审美"的价值。[①] 应该说，"民艺"的概念和"民艺运动"的思路，后来对东亚各国及地区的艺术人类学研究产生了广泛的影响。[②] 然而，在现实的日常生活中，除了民艺品之外，还有大量被认为够不上"艺术"的器具或实物，因此，"民具"这一概念自然也就有了它自己的空间。正如日本国内的学术界往往将"民艺""民俗""民具"三者相并列一样，在民艺学之外，民具学也成为不可或缺的学术领域。在很多时候，民艺学家和民具学家往往需要面对同样的器具或实物。前者是以艺术家的目光，试图在普通百姓生活中的寻常器物中看到"美"，如犁具的造型和曲线之美，又如扎西·刘通过对马桶的凝视，发现了它的"臭美"[③]；后者则侧重于关注朴实的民具在生产和生活中被制造、使用、修缮乃至于二次利用或废弃的过程及状况，重视民具的实际功能以及凝聚其中的普通老百姓的生活智慧。

接下来，似乎还应该提到博物馆学的物质文化研究。博物馆作为现代社会的一种文化教育设施，致力于物态藏品的搜集、收藏、整理和展示，与此对应的博物馆学的物质文化研究基本上也就是围绕其"藏品"的相关研究。由于文化展示的逻辑，博物馆的藏品搜集难免带有猎奇色彩（殖民主义时代尤其如此）或过于追求独特性和艺术性，故对凡俗常见的民具缺少兴趣。不仅如此，博物馆对物品的处理，是要把它们从其原先的文化语境中抽离出来的[④]，即便在一些民族学、民俗学或人类学的博物馆里，存在以"民族志"的观点来搜集和展示某一族群之文化的尝试[⑤]，其遗产化的趋好仍然经常会使其忽视当下那些平凡的民具。在中国的具体实践中，博物馆民族志通过"物象叙事"[⑥]，往往更多的是要展现国家或地区、族群的宏大历史，总是很难顾及社区日常生活中的那些琐碎

---

① 潘鲁生、唐家路：《民艺学概论》，山东教育出版社，2002，第121~164页。

② 陈景扬：《日本的民艺与都市消费：一个人类学艺术研究方法论与案例的考察》，载周星主编《中国艺术人类学基础读本》，学苑出版社，2011，第311~333页。

③ 扎西·刘：《臭美的马桶》，中国旅游出版社，2005，第42~43页。

④ 〔英〕迈克尔·罗兰：《历史、物质性与遗产》，汤芸、张原编译，北京联合出版公司，2016，第147页。

⑤ 王嵩山：《博物馆与文化》，台湾远流出版事业股份有限公司，2012，第5~8页。

⑥ 安琪：《博物馆民族志：中国西南地区的物象叙事与族群历史》，民族出版社，2014。

细物。

通过以上对中国物质文化研究相关各个领域所做的初步扫描和概括，不难发现民具学在中国学术界缺位这一基本事实。笔者对中国物质文化研究领域里各个主要板块的上述点评全无贬损之意，只是为了强调在中国物质文化研究领域中长期以来始终存在这一巨大的空缺，亦即民具学没有发展起来。由于民具学是物质文化研究中最为基层和基础的部分，因此，它的缺位也就使得中国现有的物质文化研究难有更加厚重的底气。民具学的缺位或它在中国难以发展起来的原因很多，但主要还是因为一些偏见屏蔽了我们的认知。中国被视为"民具的宝库"①，这是一笔巨量的文化财富，它强力支撑着中国民众的日常生活，其中蕴藏着无数老百姓深邃的思想和智慧。因此，在中国发展民具学将是大有可为的。

二　民具学在中国的导入及成长

民具学是起源于日本的一门学问，以 1975 年日本民具学会的成立为标志，至今已有 40 多年的历史了。当然，民具研究在日本的历史则要更加悠久一些，大体上可以追溯至 1925 年涩泽敬三创立"阁楼博物馆"之时。②伴随着改革开放和中日两国学术交流的日益深化，一些留学、访学日本的中国学者很快就注意到，在日本学术界，存在"民俗学""民艺学""民具学"三足鼎立的格局。通过对介于柳田国男的"民俗学"和柳宗悦的"民艺学"之间，由涩泽敬三、宫本馨太郎、宫本常一等人所提倡的"民具学"的了解，他们深知民具学在中国也将会有巨大的学术研究空间，于是，基于"他山之石，可以攻玉"的理念，就出现了把"民具"的概念和

①　1998 年 9 月，经日本国立民族学博物馆的文化人类学家横山广子先生推荐，笔者以"中日民具的比较研究——日本民具学理论的应用"为题，申请了住友财团 1998 年度"亚洲诸国的日本相关研究"资助计划。1999 年 3 月申请获准，当时的立项通知书上附有专家委员会的评论："中国是民具的宝库。在生活方式的现代化进程中，大量民具正在从日常生活中消失，通过此项研究从日本导入民具研究的理论与方法，非常有意义，也具有紧迫性。"

②　周星：《日本民具研究的理论和方法》，载周星主编《民俗学的历史、理论与方法》（上册），商务印书馆，2008，第 276~325 页。

"民具学"的理论和方法翻译介绍到中国来的各种努力。[1] 当然，也不乏日本学者的支持。[2] 与此同时，大约在20世纪80年代中后期，中国以北京、南京等地区为中心，也形成了在民艺研究的大框架内同时发展当代民具研究的某些动向，"民具研究"的概念开始出现。[3]

对日本民具学给予较高评价，认为其对中国学术具有建设性贡献的中国学者，不仅有民俗学家，还有一些从事传统手工艺或民艺学研究的学者，以及从事考古学研究的学者。民俗学家柯杨认为，中国民俗学研究由于诸多历史原因，比较侧重于民间非物质文化遗产的研究，而对"物化"了的民俗器物的关注和研究，显得比较薄弱和不足，可以说是一种"跛足"的民俗学。为此，他曾撰文指出，应当在参考日本学者的民具"功能分类法"的基础之上，结合中国的实际，制定出中国自己的民具分类体系，为开展民具研究打下坚实基础。[4] 这样的分类可以使散乱无序、数量众多的民间器物体系化、秩序化、全景化，从而有助于揭示其产生、发展、演变和流传的规律性。在柯杨看来，农具乃是生产民具的一个子系统，可以将它与牧具、渔具、猎具、织具、蚕具以及建筑民具、冶炼民具、酿造民具、烧窑民具等相并列，在农具这一子系统的下面，还可以再细分为平田整地农

---

[1] 王汝澜：《略谈日本的民具研究》，《中国民间工艺》1988年第6期；张紫晨主编《中外民俗学词典》，浙江人民出版社，1991，第193～194页；〔日〕天野武：《庶民生活的见证——民具》，王汝澜译，载王汝澜等编译《域外民俗学鉴要》，宁夏人民出版社，2005，第119～138页；〔日〕佐野贤治：《地域社会与民俗学——"乡土研究"与综合性学习的接点》，何彬译，《民间文化论坛》2005年第2期；周星：《日本民具研究的理论和方法》，载周星主编《民俗学的历史、理论与方法》（上册），商务印书馆，2008，第276～325页；王建新：《神奈川大学日本常民文化研究所——独树一帜的物质文化研究中心》，载周星主编《民俗学的历史、理论与方法》（上册），商务印书馆，2008，第326～338页；周星：《垃圾还是"国宝"？这是一个问题——以日本福岛县只见町的民具保存与活用运动为例》，载王文章主编《非物质文化遗产保护与田野工作方法》，文化艺术出版社，2008，第408～436页；孟和套格套：《日本民具学研究概说》，载色音主编《民俗文化研究》，知识产权出版社，2010，第140～145页；孟和套格套：《民具研究的理论与方法》，《内蒙古文物考古》2010年第1期。

[2] 日本学者山口彻曾在与中国学者交流时，用日语发表过介绍民具学的讲演，具体记录参见山口彻《日本における民具研究の現状と課題》，载杭州大学日本文化研究中心、日本神奈川大学人文学研究所编《中日文化论丛1993》，杭州大学出版社，1995，第68～82页。

[3] 许平：《〈中国民具研究〉导论》，《浙江工艺美术》2003年第1期。

[4] 柯杨：《农具：农业民俗研究的一个重要领域》，http://www.chinesefolklore.org.cn/blog/? uid-170-action-viewspace-itemid-5497，最后访问日期：2018年8月17日。

具、播种农具、田间管理农具、灌溉农具、收割农具、打碾农具、簸扬农具、粮食贮存农具、粮食加工农具等。柯杨建议中国民俗学会农业民俗专业委员会的专家编制一份"中国传统农具调查研究分类细目",还建议中国民俗学会组织力量编制一份"中国传统民具调查研究分类纲目",以便中国有形(物质)民俗文化的田野作业和研究工作的推进。在分类、普查的基础之上,再进一步去开展不同层次、不同专题的学术研究,例如:组织编纂《中国传统民具大辞典》;以县为单位,编写和绘制民具志和民具图录;在广泛搜集传统民具的基础上,建立国家级和地方级的民具博物馆;展开各种专题性的研究,如民具的材质与形制演变、民具与生态环境的关系、汉族民具与各少数民族民具的相互影响、民具作为商品的流通问题、中国民具与周边各国民具的比较、某种民具的变迁史或传播史、传统民具与生活用品现代化之间的关系、民具的再生与振兴地方经济、民具博物馆展示的原则与方式、民具与人类智能的关系等。柯杨指出,从日本民具研究的经验看,要想使中国民具研究跃上一个新台阶,就必须充分利用考古学、文献资料学、科技史、经济史、美术史等相关领域的知识和文化人类学、社会学、民俗学的方法,进行多学科相互交叉与渗透式的研究。

民艺学家许平致力于在民艺学中发展出"民具研究"的方向,为此,他曾在南京艺术学院开设民具调研方面的课程。1997 年 9 月,许平出席在大阪举行的日本道具学会首届年会暨首届理论研讨会时,以《中国的"造物文化"研究》为题发言,向日本同行介绍了张道一教授等人的"造物文化"研究,以及中国民具研究的一些特点,例如:文献资料丰富;民俗学的物质文化研究起步虽早,但遭遇挫折;当代民具研究在民艺学的框架内发展;中国民具研究出现了和现代设计、现代经济建设相结合的新动向;等等。[①] 1998 年 5 月,许平在参加台湾艺术学院传统艺术研究中心"传统艺术研讨会"时,又以《〈中国民具研究〉导论》为题做了发言,提出中国的"民具研究"应当在吸收国际同行的研究经验与成果的基础之上,形成中国自己的特色。[②] 值得一提的还有,南京艺术学院在设计艺术系设立

---

① 许平:《中国的"造物文化"研究——在日本道具学会首届年会暨首届理论研讨会上的发言》,载《造物之门——艺术设计与文化研究文集》,陕西人民美术出版社,1998,第 138~156 页。

② 许平:《〈中国民具研究〉导论》,《浙江工艺美术》2003 年第 1 期。

了"中国民具研究所"，明确地将民具研究作为主要的工作方向。

考古学家熊海堂 1985～1992 年曾留学日本，获博士学位后回国，1993～1994 年在南京大学历史学院开设过"民具学"课程，承担过教育部资助的民具学调研课题，并带领学生开展过民具学的调查和研究工作。熊海堂认为，民具学的调查研究成果将成为书写劳动人民创造之历史最为直接的实物证据，它不仅构成文化人类学的重要组成部分，也对研究考古学遗物有相当大的帮助，所以，考古学家应该重视民具学，对现存的传统民具在品种、类型、组合、制作、功用等方面多做科学的调查工作，以便研究人类物质文化的传承和发展。他在《怎样写学年论文》一文中说："以民具学调查资料为主，论证某地区民具与自然、民具与文化、民具与传统、民具与技术的关系，在横向比较时可以划分出同类民具的地方特色，为文化区的划定提供有力证据；从纵向比较，可以用民具学调查所获得的知识复原古代同类民具的形态和使用方法，探明某种民具发展的渊源。"①

如上所述，"民具"的概念和民具学逐渐被介绍到中国以后，引起了一部分中国学者的关注。与此同时，也有一些青年学者在各地进行了一些民具调查②，或从事有关民具的专题性学术研究，并取得了一些重要的民具学研究成果。③ 当然，在此必须指出的是，在"民具"的概念和民具学的思路进入中国之前，中国的物质民俗研究④、民俗文物研究⑤、农具研

① 贺云翱：《短暂的生命　不息的光华——熊海堂先生学术生涯记述》，《农业考古》1996年第 1 期。

② 例如，许平《惠安女印象——闽东南沿海民具调研散记》，载《造物之门——艺术设计与文化研究文集》，陕西人民美术出版社，1998，第 440～457 页。

③ 孟凡行：《民具·技艺与生活》，载方李莉等《陇戛寨人的生活变迁——梭戛生态博物馆研究》，学苑出版社，2010，第 207～334 页；王宁宇主编《关中民间器具与农民生活》，学苑出版社，2010；孟凡行：《民具的性质与文化结构——以贵州六枝梭戛长角苗民具为个案》，载色音主编《民俗文化研究》，知识产权出版社，2010，第 107～133 页；李国江：《传统农具保护中民众参与做法之我见——日本民具保护"只见方式"的启示》，载色音主编《民俗文化研究》，知识产权出版社，2010，第 134～139 页；刘昌翠：《侗族社区的民具类型——以贵州省黎平县三龙中寨为例》，载色音主编《民俗文化研究》，知识产权出版社，2010，第 146～183 页；吴琼：《生存与理想——鄂伦春族狩猎时代桦树皮民具纹饰分析》，《呼伦贝尔学院学报》2005 年第 6 期。

④ 可参阅苑利主编《二十世纪中国民俗学经典·物质民俗卷》，社会科学文献出版社，2002。

⑤ 可参阅宋兆麟、高可、张建新主编《中国民族民俗文物辞典》，山西人民出版社，2004。

究、传统手工艺研究等，其实也都分别积累了颇为丰厚的学术成果。虽然如尹绍亭教授等人的云南物质文化研究①多少可被视为在日本民具学的影响之下写作较早、相对较为完整的民具志②，但其中还是有很多方面的研究是在没有或很少受到民具学思路的影响之下完成的。毋庸讳言，"民具"概念和民具学思路的导入，确实给中国物质文化研究的各相关领域带来了一定的紧迫感，但也产生了积极的影响。笔者认为，在中国学者的物质文化研究成就和民具学的理念及思路之间，理应能够形成较高水准的学术对话。例如，由民俗学家金煦和民俗画家陆志明合作完成的《吴地农具》一书③对苏州蠡墅一带曾经兴盛一时的陆松祥、陆聚兴"椿木作"④制作农具的情形进行了系统的著录和解说，他们对江南稻作木制农具的翔实和形象的记录⑤，就曾引起日本民具学家的高度关注；再如，中国江南地区有为稻作农具"号字"的风俗，亦即在农具上墨书或张贴涉及族房户主、制作年月日等方面的信息，以及一些吉祥祝语等，这些信息对于民具学家而言，乃是了解民具的历史、称谓以及制作和使用情况的重要线索。⑥这种被地方志（乾隆《吴江县志·风俗》）描述为"牛耕器具，各有名号"的风俗，其实是可以和日本的"纪年民具"等⑦做一番比较的，它应该也是今后开展跨国民具学研究的重要课题之一。

王宁宇主编的《关中民间器具与农民生活》一书⑧在中国近年来的物质文化研究成果中显得较为突出。和很多其他地域性的传统器物研究成果大多是编纂而成的有所不同，这本书主要是基于田野调查撰写的。作者们对陕西关中

---

① 尹绍亭：《云南物质文化·农耕卷》，云南教育出版社，1996；罗钰：《云南物质文化·采集渔猎卷》，云南教育出版社，1996；唐立：《云南物质文化·生活技术卷》，云南教育出版社，2000；罗钰、钟秋：《云南物质文化·纺织卷》，云南教育出版社，2000；周星：《物亦载道：我心中的学术精品》，《中国图书评论》1999年第4期。

② 孟凡行：《器具：技艺与日常生活——贵州六枝梭戛苗族文化研究》，中国文联出版社，2015，第9页。

③ 金煦、陆志明编著《吴地农具》，河海大学出版社，1999。

④ 旧时苏州一带将生产木制农具的作坊称为"椿木作"，把专卖木制农具的店铺叫作"椿作店"，把制作农具的匠人称作"椿木匠"。

⑤ 金煦、陆志明：《苏州稻作木制农具及俗事考》，《民俗研究》1993年第3期。

⑥ 杜晓波：《江南稻作农具的"号字"风俗》，《神州民俗》（通俗版）2012年第6期。

⑦ 周星：《日本民具研究的理论和方法》，载周星主编《民俗学的历史、理论与方法》（上册），商务印书馆，2008，第276~325页。

⑧ 王宁宇主编《关中民间器具与农民生活》，学苑出版社，2010。

地区十多个县几十个乡镇的上百个村落进行了实地踏勘，深入考察了木匠、铁匠、制秤世家、手工编制、豆腐制作等传统的手工艺行当，不仅对乡村的家常饮食、民居、仓储、老水车、农机具、手工纺织机等予以重视，而且对簸箕、笤帚、灯具、饸饹机等一些经常会被忽视的民具也予以专题调查，从而为我们理解当地老百姓的日常生活提供了独特的角度和大量鲜活的第一手资料。由于坚持"忠实记录"的原则，该书除了文字记录，还通过测量、拍照、绘图、制表等多种形式，整理了大量的数据和资料，故具有可靠的学术价值。

如果套用中国民俗学研究中"事象本位"和"地域本位"的说法①，确实有不少关于"事象本位"亦即个别专题的物质文化研究成果问世，如叶涛的《泰山石敢当》②、山曼等编著的《山东民间玩具》③、胡泽学的《中国犁文化》④、朱尽晖的《陕西炕头石狮艺术研究》⑤ 等，也有不少关于"地域本位"的物质文化研究成果问世，如近几年相继出版的《闽台民间传统器具》⑥、《东阳传统器具》⑦、《湖湘民间生产生活用具》⑧ 等，但是，关于"社区本位"亦即基层村落的物质文化研究仍然显得非常稀少。文化人类学家杨懋春教授早年曾经意识到农具改进的重要性，故在其大作《一个中国村庄：山东台头》一书中，有过一个简单的农具附录，他同时还注意到村民们通常并不自制工具，而是去集市购买⑨；青年民俗学家詹娜的《农耕技术民俗的传承与变迁研究》一书，也是以社区为背景，部分地经由农具探讨了乡土社会之农耕技术民俗的相关问题⑩。值得一提的是，

---

① 周星：《中国民俗学研究的"区域本位"和"事象本位"》，中国民俗学会成立 20 周年纪念大会会议论文，2003 年 11 月。

② 叶涛：《泰山石敢当》，浙江人民出版社，2007。

③ 山曼等编著《山东民间玩具》，济南出版社，2003。和"民间玩具"概念相近的，有"乡土玩具"一词，具体可参阅〔日〕香川雅信《乡土玩具的视野——爱好者们的"乡土"》，周星译，载周星、王霄冰主编《现代民俗学的视野与方向》，商务印书馆，2018，第 279 ~ 287 页。

④ 胡泽学：《中国犁文化》，学苑出版社，2006。

⑤ 朱尽晖：《陕西炕头石狮艺术研究》，中国社会科学出版社，2009。

⑥ 林慰文：《闽台民间传统器具》，福建人民出版社，2009。

⑦ 东阳市政协文史资料委员会编《东阳传统器具》，西泠印社出版社，2016。

⑧ 陈剑、焦成根：《湖湘民间生产生活用具》，湖南美术出版社，2012。

⑨ 杨懋春：《一个中国村庄：山东台头》，张雄、沈炜、秦美珠译，江苏人民出版社，2001，第 25 ~ 26、243 ~ 249 页。

⑩ 詹娜：《农耕技术民俗的传承与变迁研究》，中国社会科学出版社，2009。

另一位青年民俗学家蔡磊采用村落民俗志的研究方法，对北京市房山区一个从事荆条编织品生产的专业村进行了深入的考察，并由此探讨了乡村手工副业与村落共同体之间的互动关系，包括村落传统如何规定和制约手工副业的形式和规模，以及这种手工副业如何通过新的联结机制增进了村落的内聚等。① 除了这少数几个例外，中国人类学家和民俗学家的社区研究几乎都不怎么关注民具。不久前，孟凡行的《器具：技艺与日常生活——贵州六枝梭戛苗族文化研究》② 问世，令人耳目一新。作为中国第一部系统地研究一个少数民族基层社区的民具学著作，它在很多方面都取得了突破，具有很高的学术价值。

三 民具的文化遗产化

晚明江南文人文震亨撰写的《长物志》是一部着力于品评鉴赏文人雅士闲居生活所涉及物品的笔记体著作，共分室庐、花木、水石、禽鱼、书画、几榻、器具、衣饰、舟车、香茗等十二个部类③，突出地展现了明代文人所追求的被认为是清新典雅的生活方式和审美趣味。从庭院的园囿林池到室内的陈设雅趣，从起居坐卧到焚香品茗，无处不在显示文人雅士通过器物或陈设来建构品位和张扬情调的追求。但这部得到颇高评价、在中国古代造物设计领域具有重要地位的著述却有一个特点，即文震亨在赏鉴一切物品尤其是器物时，无处不以标示其"雅"为准则，对他认为"不雅"之物则极力贬损和摒弃。其将"雅""俗"对举，从而鲜明地表达了尚"雅"卑"俗"的审美理念。英国学者柯律格（Craig Clunas）对文震亨的《长物志》做了系统性研究，并出版了《长物——早期现代中国的物质文化与社会状况》一书，由于作者是出身于博物馆领域的研究者，故对艺术品较为重视，换言之，他的这部被推崇为在中国

---

① 蔡磊：《劳作模式与村落共同体：一个华北荆编专业村的考察》，中国社会科学出版社，2015。

② 孟凡行：《器具：技艺与日常生活——贵州六枝梭戛苗族文化研究》，中国文联出版社，2015。

③ （明）文震亨著，赵菁编《长物志》，金城出版社，2010。

物质文化研究领域开风气之先的著作，也集中于对艺术类器物的审美解读，不同的是，在揭示明朝文人通过对雅致器物和情调的追求以建构其社会地位这些方面，此书很是值得称道。[①] 正是在文震亨所建立的器物审美传统的延长线上，对雅致器物的研究成为中国物质文化研究的主流，这并不令人意外。但令人沮丧的是，普通民众的物质文化生活，他们所使用或珍惜的那些被目为"俗物"的平凡质朴的无数民具，则不仅被忽视，甚至还被不公正地贬斥。这也许是真正的民具学研究无法在"民艺研究"和"传统手工艺研究"的框架之内获得实质性进展的缘由。

美国人类学家博厄斯的见解是"多数日常用品也应该认为是艺术品"，应该承认"它们的形状都具有艺术价值"[②]，但孟凡行在贵州的苗寨所观察到的却主要是人们对民具之功能的重视，以及对民具的外形及装饰有意无意的忽视，那里的人们对民具并没有特别的审美要求。的确，民具形状的朴素之美，如木犁的各种曲线、竹编器皿的均衡纹路，以及各种合乎"人体工程学"原理、以便于主人趁手使用的民具的诸多特点，并非完全没有，但是，对于外部视角的研究者而言，符合或内含所谓"美"的元素的民具，在当地非常稀少，除了因为嗜好，男人们不惜工本，选找曲度优美的"人面竹"制作的烟杆（烟具）之外，苗寨民具几乎都以质朴、实用、粗糙的面目示人。但即便如此，人们对民具依然有情感上的不舍，纵使不再使用的民具，一般也绝少丢弃。

或许我们可以说，中国传统的物质文化其实也有两个传统：一个是"大传统"，是典雅、华丽、有品位和为皇室、贵族及文人士大夫们所享用及推崇的雅致器物的传统；另一个则是"小传统"，是为最广大民众所使用和倚重的民具的传统。民艺学和民艺运动的贡献，在于从平凡的民具中发现了"美"，或挑选出一些被认为"美"的器具，将其作为艺术品来欣赏，但它对那些没有被挑选上的"俗物"并不关心。显然，那些被目为"俗物"的民具，确实是亟须民具学方面的学者去重视和研究的。德国的东方学家、艺术史学家雷德侯曾致力于在中国的汉字和印刷活字、青铜器、陶俑、瓷器、丝绸、漆器、建筑、书法、绘画、玺印等众多不同门类

---

① 〔英〕柯律格：《长物——早期现代中国的物质文化与社会状况》，高昕丹、陈恒译，三联书店，2015。
② 〔美〕博厄斯：《原始艺术》，金辉译，上海文艺出版社，1989，第22页。

的"艺术"当中，发现能够贯穿"万物"的诸如"模件化"之类共通的要素。① 这个学术理路启发我们，如果能够将中国物质文化的上述"大""小"两个"传统"同时纳入视野，相信也有可能发现能够贯穿两者的诸如中国式"造物"的那些最为根本的原理或理念。

中国在世纪之交迈入了全面实现"生活革命"的新时代。城乡生活革命的发展，突出地表现为大面积的物质文化嬗变。一方面，回归传统和追求优雅生活方式的动向，促使中国传统器具尤其是逐渐衰落的古典家具等有了一些新的机遇；另一方面，农村产业结构的调整、升级以及全中国朝向现代工业社会的迅猛转型，则促使大量的传统农具和平凡的生活用具日渐被工业产品所取代。都市型生活方式的普及，推动了人们日常使用的生活用具的更新换代，于是，大量的传统民具便被废置甚或抛弃。换言之，在剧烈的社会及文化变迁过程当中，传统民具的去向和命运正日益成为令人担忧的问题。无数普通的民具不仅是特定时代、特定地域或社区、特定生产和生活方式亦即文化的物证，而且承载着中国亿万人民的生活智慧和情感，因此，理所当然地，民具就是弥足珍贵的文化遗产。民具散失、废弃或零碎化，自然就会走上成为古董甚或垃圾的命运，但民具如果呈现组合的形态，或是成为具有明确的社区群景的民具群，那它们就能够成为社区博物馆的收藏和社群历史记忆的载体以及地方文化的物证，也才能够成为毫无疑义的文化遗产。② 在这方面，日本民具学中的"只见模式"，即动员社区居民，认真地搜集和整理本社区那些已经不再使用的民具，使之以民具组合和民具群的形态，成为社区有价值的文化遗产，进而再将其登录为日本国家级的有形民俗文化遗产的经验③，很值得中国借鉴。

眼下在中国社会出现了若干全新而又醒目的文化现象：像潘家园那样的旧货市场生意非常红火，其中展示的器物鱼目混珠、真假难辨，但基本上都是在中国传统的古董行业的延长线上得到定位的，虽然其中也有小部

---

① 〔德〕雷德侯：《万物：中国艺术中的模件化和规模化生产》，张总等译，三联书店，2005。

② 丁晓蕾、孙建、王思明：《江南稻作农具民俗文化遗产的文化表现及其意义》，《中国农史》2015 年第 6 期。

③ 周星：《垃圾还是"国宝"？这是一个问题——以日本福岛县只见町的民具保存与活用运动为例》，载王文章主编《非物质文化遗产保护与田野工作方法》，文化艺术出版社，2008，第 408～436 页。

分民具能够引起"收藏家"的青睐，但它们大多都是零散的单件，很少有构成完整组合的情形。近些年来，除了作为"收藏指南"而编撰的一些出版物①之外，还有一些主要是为了满足读者"怀旧"记忆的出版物②，再就是有一小部分知识分子到乡下搜集"老物件"或"民俗用品"③，把它们带进城市，或出版画册，或举办博物馆，或用它们来点缀各自的画室或书房。一旦人们将这些器物带离了它们所在的社区，点缀于博物馆或画室、书房、画册、影集等之中，也就意味着对它们重置文脉，将它们视为怀旧和寄托乡愁的对象，也就是对这些器物采取了"民俗主义"式应用的姿态，因此，便成为当代中国"民俗主义"现象的一部分。④ 所有这些努力固然都很值得赞赏，但他们所获得的器物的价值，与其说是学术的，不如说主要是艺术的。例如，有人试图以"复活平民的历史"为指向，采用摄影的理念和技法，使寻常百姓的劳动工具和生活用具之类的"老物件"能够以"原生态"的形式彰显出来，但这归根到底乃是一种艺术的求索⑤。和国家文物图录不同的是，他们努力去记录平民的器物，但如果透过摄影镜头看到的是乡愁，那就很难说是科学的记录。无论摄影师把民具的纹路、疤痕等细部多么清晰、多么艺术地呈现出来，没有时代背景，缺乏社群出处，就依然超不出民艺学的思路。

相对于传统的手工艺研究的理念而言，对于老物件或民俗用品的关注，确实有一定的进步，但要么是有"把玩"古物旧器的倾向（除了"把玩"，还有人特意将"包浆"做旧作为实现古董旧器之"再生产"的途径⑥），要么是把民具"艺术品化"，均和本文所追求的记录、分析和理解普通民众的日常生活有所不同。在现当代的中国社会，经济的发展使得人民生活富足，能够消费得起较为昂贵的工艺品的民众日益增加，如此的"工艺品热"，其实也就是诸多艺术品消费热潮的一种，只是其指向的是传

---

① 南文魁：《生活用品》，青海民族出版社，2014；蓝先琳：《民间器具》，中国轻工业出版社，2007。
② 沈玥瑛：《走进记忆——沈玥瑛江南旧时农家器具藏品图集》，古吴轩出版社，2007。
③ 钱民权：《上海乡村民俗用品集萃》，上海人民出版社，2000，第58~59页。
④ 周星：《民俗主义在当代中国》，载张士闪、李松主编《中国民俗文化发展报告2015》，山东大学出版社，2016，第98~136页。
⑤ 沈继光、高萍：《老物件》，百花文艺出版社，2005，第11、56~60页。
⑥ 赵旭东、孙笑非：《器物之灵：作为文化表达的包浆与意义的再生产》，《民族艺术》2017年第1期。

统文化，并促成了对很多传统器物之价值的重新评价，它们被用来点缀人们的生活空间或满足持有者把玩的欲求。然而，那些更为平凡和朴实无华的民具，却不断地沦为无用之物，或改作他用，或束之高阁，或被焚烧，或被抛弃。① 少数"运气"不错、或许可能成为"活化石"的，则有可能被"识货"之人（有时候可能是外国人）所收购②，抑或孤零零地作为"民俗文物"被纳入某个民俗博物馆收藏。近年来，"民俗文物"的海外流失亦曾一度成为重要的话题，有论者以为除了现行国家法律法规对"民俗文物"缺乏明晰和严格的界定之外，国内收藏单位因为没有足够资金去征集和保护它们，才使得大量的"民俗文物"不断流失。③ 在笔者看来，中国现有的"文化遗产"概念和相关范畴虽然把"民俗文物"视为有形的文化遗产，但对一般的民具并不视之为文化遗产，也因此，人们对"民俗文物"的理解，或多或少就是把它当作"值钱"的旧货或"宝物"看待的。其实，若想改变这种现状，也许将比"民俗文物"更为宽泛的"民具"也界定为文化遗产，就有可能为"民俗文物"的遴选或征集提供更为丰厚和源源不断的出处。

"民俗文物"和"民具"概念的最大区别，在于前者是从后者中挑选出来的，挑选的标准是具有"历史、艺术、科学价值"，并且应该是典型器具，外形完整且有一定的美感。④ 当然，有些则应当是能够反映某种特定民俗事象的。通常，它们一经被挑选出来，就不再属于它曾经所属的社群，而是需要肩负或承载起更为广泛的文化遗产的功能。虽然任何民具都存在于具体的社区和家庭，其制造者（部分被商业化）、所有者或使用者基本上是明确的，但它们很容易被宽泛化解释，例如，被用来说明人类或中国农业技术史的某个环节，或某省某区某民俗的某种特点等。由于"民俗文物"往往是零散的孤件，即便它被某博物馆收藏，往往也处于边缘性

---

① 王宇菲：《6 架清代水车被村民当废品拆毁　木头零件当柴烧》，中国新闻网，http://www.chinanews.com/sh/2013/03-22/4668877.shtml，最后访问日期：2018 年 8 月 17 日。

② 孟凡行：《民具·技艺与生活》，载方李莉等《陇戛寨人的生活变迁——梭戛生态博物馆研究》，学苑出版社，2010，第 207~334 页。

③ 柴海亮、刘晓莉、朱峰：《我国民俗文物大量外流令人十分担忧》，《经济参考报》2006 年 5 月 17 日。

④ 徐艺乙：《征集民俗文物的几个技术问题》，载王文章主编《非物质文化遗产保护与田野工作方法》，文化艺术出版社，2008，第 57~75 页。

地位，并不是很受重视。正如徐艺乙指出的那样，中国的"民俗文物"研究，其实也因不大受重视而处于"缺失"状态。① 民具虽然相对而言更不被博物馆或很多学者、知识分子所重视，但对于民具学家而言，如果它们不仅具有社群背景，还能够以民具组合的面目存在，那么，就可以成为探讨其所在社群民众的生活文化或探讨传统农业生计之生产技术体系的珍贵且第一手的资料。2013 年 10 月，第三届中国（山西）特色农产品交易博览会在太原举办，除了现代化的播种机、拖拉机、联合收割机、土壤翻动机、喷洒机等农机设备之外，还特别设有一个"古旧农耕具"的展厅，展示了曾经被用于称量的斛、斗以及灌溉农田用过的水车等已经"退休"多年的农耕具，引起了广大观展者的浓厚兴趣②，正是由于它们以组合配套的形式被展示出来，其在农业科技史上的价值才显得特别醒目。

截至 20 世纪 50 年代，中国各地基于不同的"经济文化类型"③ 分别形成了各自独特而又成熟的农具和民具体系（例如，在江南吴地就形成了以"江东犁"和"龙骨车"等为代表的水乡稻作农具体系），它们同时也是不同生计技术和相关乡村生活模式的反映。但是，近代以来中国农业机械化的发展，促使很多传统农具的形态以及相关的农作业逐渐发生了变化。以江南地区的稻作生产而言，20 世纪 50 年代以前，乡村主要使用传统的农具和以人力④、畜力为动力，而 60 年代以后，传统农具不断改良，部分农具逐渐被农业机械所替代，动力也逐渐地过渡到以电力为主。尤其是灌溉排水作业，电动力极大地减缓了劳作强度；铁制或橡胶管线的广泛应用，甚至改变了田间沟渠的景观。在旧时的稻作农活中，脱粒是一件劳苦之事，与此配套的也有一些农具，后来伴随着脱粒机的普及，不仅劳动量极大地减轻，相关的传统农具也慢慢退隐。脱粒机在江南农村又叫作

---

① 徐艺乙：《关于民俗文物》，《民俗研究》2007 年第 3 期。
② 赵静：《200 余件古农耕具亮相山西农博会 市民忆苦思甜》，中国日报网，http://www.chinadaily.com.cn/hqgj/jryw/2013 – 10 – 18/content_10361223.html，最后访问日期：2018 年 8 月 17 日。
③ 关于"经济文化类型"，可参考林耀华、〔苏〕切博克萨罗夫《中国的经济文化类型》，载林耀华《民族学研究》，中国社会科学出版社，1985，第 104～142 页。
④ 南文魁：《生活用品》，青海民族出版社，2014；蓝先琳：《民间器具》，中国轻工业出版社，2007；沈玥瑛：《走进记忆——沈玥瑛江南旧时农家器具藏品图集》，古吴轩出版社，2007。

"轧稻机"，它曾经从全部木制发展到铁木结合，即零部件既有铁制的，也有木制的。作为一种典型的近代化农具，其动力源也从 20 世纪 60 年代的人力（脚踏脱粒机）发展到 70 年代的电力，随后，又很快被联合收割机（"康拜因"）所取代。在中国，脱粒机的出现、改良和普及，它对传统脱粒农具（连枷、禾床/禾桶等）的取代，以及它被"收割"和"脱粒"合一的更为现代化的"康拜因"所取代的全过程，可以说就是中国农业机械化进程的一个缩影。类似的情形，还见于现代农机具对耕耘、播种、插秧、搬运以及粮食加工等几乎所有农业生产环节的程度不等但也颇为全面的介入，也因此，其和传统农具之间就形成了此消彼长的关系。

在日本，伴随着传统农具和家具分别被现代化的农业机械和家用电器等所替代，那些被淘汰下来的器物就作为"民具"被对象化和客体化了，这个过程其实就是"近代化"进程的一部分。1954 年日本修订其《文化财保护法》，强化并充实了有关民具等民俗资料的调查、搜集和保护的制度，这个举措其实与其都市化、经济增长所伴生的民具大面积"消失"相关。1975 年日本民具学会的成立，则意味着把传统器物对象化的研究已经有了很多积累。其中有关"器物和政治"的研究很值得中国学者借鉴。例如，日本各地农村曾经很具有地方性的犁，被大正时期（1912 ~ 1926）普及的"改良犁"所取代，这其实和政府提高稻作产量的政策构想有密切联系，但在一些山区，部分小农执着于旱田作业，继续使用传统的犁。[1] 类似的情形也见于中国，政府基于全球化和现代化的逻辑不断推进农业技术革新和农业机械化政策，持续地导致乡土社会里传统知识和传统农耕技术体系发生变迁，虽然在山地等机械化生产设备较难展开的地方，传统的农耕用具、耕种方式乃至于观念等仍或多或少得以保留，但机械化促使传统知识体系衰落亦是不争的事实。詹娜在辽东沙河沟村的研究发现，以前农家最为繁忙和重要的春种、夏锄、造粪和秋收等几件大事，虽然重要性依旧，可它们已经不再是每个男性农民所必不可缺的技能了。市场经济观念深入乡村，很多"大事"往往可以通过雇佣方式解决，由于被雇者会带来专业装备并亲自操作，于是，旧时有关"扶犁""招犁"等传统乡土社会评价男性劳动力的普遍性技术，就逐渐被少数人士掌握的专业性技术所替

---

[1]　牛島史彦「モノの近代―民具研究の現代性―」『日本民俗学』第 216 号、1998 年。

代，当然，传统农具及其使用的方法和技术，也就不是这一代农村的年轻人所必须学习和掌握的了。[①]

1994 年 9 月，中国民俗学会民俗博物馆专业委员会成立，标志着中国民俗博物馆事业进入了一个新的发展阶段。近些年来，遍布中国城乡各地的民俗博物馆在保护民俗文化遗产方面取得了很大的成就，通过"民俗文物"的遗产化，地域性的民俗文化也逐渐被视为重要的资源，它们不仅是各地独特的历史传统和民众生活文化的物证，往往也成为地方的"名片"和旅游观光产业的文化资本。确实有一些民俗博物馆获得了成功，例如，河南省滑县民俗博物院经过广泛搜集和认真筛选，收藏了滑县及周边市、县的民俗物品 1000 余件（套），这些在当地具有广泛的代表性和典型性的展品，大都是现已退出人们日常生活的传统器物，仅有小部分在当今中原地区的农村仍依稀可见。[②] 该博物院分别设计了婚俗厅、纺织厅、生活厅和生产厅等，浓缩反映了截至 20 世纪 90 年代中原地区农村社会生活的各个方面。例如，纺织厅展示了轧花、弹花、纺花、打线、浆线、络线、经线、灌杼、刷线、织布等从棉花到布匹的全过程；生活厅反映了居家过日子的习俗，例如，煤油灯、马灯等物品，很多都是老百姓曾经用过的，反映了不久前农村百姓的生活场景。但实际上，更多的民俗博物馆则经常因为藏品的短缺而发愁[③]，这主要是由于缺乏将民具作为文化遗产的意识，征集和收藏工作的视野比较狭隘，没有将民俗文化的概念扩大到民具的层面，故其藏品就显得单薄，以至于很多民俗博物馆最终都成了"婚俗"博物馆。但其实，伴随着民俗博物馆的需求增加，就连农具或民俗器具的模型制作都可以吸引很多看客。[④] 民俗博物馆如将民俗文物的概念扩大到民具，就有可能极大地拓展自己的馆藏资源。这方面的创意很多，既有依托乡村旅游或农业旅游而创办的博物馆，例如，南京市雨花台区江心洲街道

[①] 詹娜：《断裂与延续：现代化背景下的地方性知识——以辽东沙河沟农耕生产技术变迁为个案》，《文化遗产》2008 年第 2 期。

[②] 汪俊枝：《民俗文物透视豫北地区农村生活的历史变迁》，http：//hnwjz2001. blog. 163. com/blog/static/1027546172010714392422/，最后访问日期：2018 年 8 月 17 日。

[③] 郭子升：《中国的民俗博物馆》，载中国民俗学会编《中国民俗学年刊》（2000～2001 年合刊），学苑出版社，2002。

[④] 高道飞、彭宇：《74 岁老汉"复原"500 件古代农器具形态逼真》，《武汉晚报》2013 年 9 月 6 日。

农民鲁维胜创办的"农趣馆",陈列 600 多件既可参观又可参与操作的旧时农具,该馆自 2000 年 5 月开馆以来,每年要接待数十万人次的游客,也有依托地方产业而发展出来的专题博物馆,例如,"鞋都"温州的"中国鞋文化博物馆"。中国各地依托民具和民俗文物发展博物馆事业的前景,可以说是非常广阔的。

20 多年前,笔者在浙江省兰溪市的姚村进行民俗调查时,曾经提出过把即将或已经流失的民俗文物和民具就地保存在村落社区的祠堂或文化中心,建立社区博物馆的构想。① 2016 年 4 月,笔者重返姚村,看到在姚村新建的总祠堂里确实摆放着一些不再使用的传统农具(木犁、风车之类),但也是任其风化的状态。由此可知,乡村基层社区确实存在类似的需求,至于它能否真的实现,除了意识观念的转变之外,主要还是在于人,亦即当地社区居民的具体实践。陕西省户县甘亭镇西坡村的农民刘养利利用自己的农家院,于 2005 年办起了"泥腿子艺术馆",其中特意设置了一个民俗馆。他跑村串户,收集了一批曾经使用过的老式农器和工具进行展示。这个民俗馆开办以来,参观者已有好几千人次,乡亲们看了都说感到亲切,这些老式农器和工具唤起了人们对过往时代农耕生活的鲜活记忆。② 可以说,这就是将民具之类的文化遗产保存在基层社区并为社区居民所珍视的范例,其价值在于它提出了本地人(在地)的视角,所以,有助于摆脱传统博物馆式的分类展示法,将物件置于当地的文化和情景之中予以展示。③ 2016 年 9 月,内蒙古师范大学设立在呼和浩特市和林格尔县南山文化产业园的"来喜民具博物馆"正式向公众免费开放,据说这是国内首家以"民具"命名的博物馆,它有 2 个展厅 18 个展区 200 余件展品,基本包括了传统农具、民国器具、"文革"藏品、办公用品、教学用具、家用电器等在内的各种实用器具,集中反映了内蒙古地区农耕文化、游牧文化和城市时代多种生活方式的历史。王来喜教授历经 20 余年,不辞辛劳地从内蒙古中、东、西部 102 个旗县(市、区)搜集了大量的物件,或许正是

---

① 周星:《姚村:物态象征的民俗世界》,载《亚细亚民俗研究》(第五辑),学苑出版社,2005。

② 黄亚平、黄智卓:《村民办艺术馆展览老农具 望"留住农耕文化烙印"》,《西安晚报》2012 年 2 月 20 日。

③ 〔英〕贝拉·迪克斯:《被展示的文化:当代"可参观性"的生产》,冯悦译,北京大学出版社,2012,第 156 页。

由于采用了"民具"的概念，其收藏品的范围确实有较大的拓展。眼下，该馆已经被确定为内蒙古师范大学本科生、研究生的教学实践基地，内蒙古蒙古族文化保护发展研究会民具研究专业委员会也设在这里。笔者相信，类似的民具博物馆的实践，今后在中国肯定也有广阔的发展前景。

山东省枣庄市山亭区的"在地"民俗学家田传江不仅撰写了《红山峪村民俗志》①，还搜集和整理了250多件红山峪村以农具为主的"民俗器物"。2002年6月16～23日，枣庄市博物馆举办了"红山峪村民俗器物展"②，这些器物不仅具有明确的村落社区背景，还有翔实可靠的《红山峪村民俗志》作为背景文脉的解说，因此，其学术价值应该是更为靠谱的。至于那些和农具有关的民俗，包括故事、情感和人情世故等，都会成为民具研究的珍贵资料，例如，乡亲们"夸农具""借农具""骂农具""吆喝农具"③ 等行为，如果没有社区的背景知识，就不可能真正地理解它们。王新艳对山东省的民间盛器——"筼"所做的研究，除了揭示这种普通民具的种类及其在乡民日常生活的各种场景中被频繁使用的情形之外，还特意提到了"送筼子""借筼子""挎大筼子"等民俗事象。④ 旧时在华北农村，乡民之间彼此合用农具或频繁地借贷农具（"合具""搭伙具"）⑤，曾经形成了颇为严密的乡土社会规则。江南地区的农民在过年时，总是要在农具上"贴红"，有的人家在祭祖时往往也要摆上农具或用于制作农具的工具等（这很容易使人联想到日本的"道具供养"民俗⑥）；在不少地方，女儿出嫁时，要把一些农具和家具列为陪嫁品，甚至办喜事时就把犁铧之类的农具或马桶之类的民具摆在新房里。显然，如何理解这些涉及农具和民具的民俗事象，也应该是中国民俗学的课题。

---

① 田传江：《红山峪村民俗志》，辽宁文化艺术音像出版社，1999。
② 鲁讯：《"红山峪村民俗器物展"在枣庄举办》，《民俗研究》2002年第4期。
③ 田传江：《锄——红山峪村农具民俗之一》，《民俗研究》2001年第4期。
④ 王新艶：「山东省の盛り容器としての『筼』（ユウン）と民俗生活」『民具マンスリー』第46卷第11号、2014年。
⑤ 张思：《近代华北村落共同体的变迁——农耕结合习惯的历史人类学考察》，商务印书馆，2005，第71～74、81～83页。
⑥ 周菲菲：《『道具供養』についての宗教民俗学の考察》，《比较民俗研究》2018年第32号。

四 物质文明的更新换代与物质文化研究的大视野

当代中国城乡的生活革命，使得普通民众的衣食住用行均发生了极大变化。[①] 塑料制品、不锈钢制品、电视、沙发、摩托车等先后进入山村边寨，它们引起的发展和变革远不只是传统民具的衰落，更是民众物质生活的升级换代。中国民众所能够享有的物质文明，在近数十年间是如此迅猛地得以提升，其速度和规模可谓前所未有。在全国各大、中、小城市，人们对旧家具、老物件的淘汰颇为彻底。如果我们不把民具局限于乡村的生活用具和传统农具等，那么，城市里的民具流失更是令人触目惊心。无数乡民进城、无数市民乔迁新居，他们的家具器用追求焕然一新（犹如 20 世纪 80 ~ 90 年代，现代风格的大小立柜迅速地取代了传统的箱柜家具组合一样），故除了极少数看起来"值点钱"或有点艺术性的民具进入旧货古董市场之外，绝大多数被扫地出门，沦为垃圾。慢慢地，旧物件损坏之后已不再需要修理，所以，修钢笔的、修手表的、弹棉花的和补锅的匠人们，也就从当今的社会中逐渐地销声匿迹了。[②] 伴随着消费主义的兴起，20 世纪 90 年代以降的"一次性消费"打破了长期以来民众"惜物"的价值观，这固然促使物质文明快速发展，却也导致一次性筷子、纸杯和塑料袋等垃圾的成倍增长。[③]

由于民具实在过于平凡，人们对它的留恋远远达不到要去惋惜或珍藏的程度。例如，自来水系统确立之前的水缸、水桶、水瓢，已经被铝蒸笼替代的竹蒸笼，城乡居民做饭和取暖时用过的风箱、火盆和火钳，爱美人士的假衣领和用来去除虱子、头皮屑的箆子，被电熨斗取代的火熨斗，被一次性纸巾取代的手绢，因电灯的普及而不再使用的油灯、马灯、手电筒，被计算器或手机替代的算盘，被电子游戏取代的陀螺、铁环、滑轮车、万花筒和跳皮筋，被室内卫生间取代的马桶、痰盂，被洗衣机取代的搓衣板，被"席梦思"替代的木板床及传统棕垫，被小推车取代的摇篮、

---

① 周星：《中国人的生活革命》，《社会科学报》2017 年 5 月 11 日，第 6 版。
② 蒋蓝、顾斯嘉：《正在消失的职业》，上海远东出版社，2002。
③ 鲁稚、陈强：《正在消失的物品》，上海远东出版社，2002，第 24 页。

站桶和母亲背孩子的竹背椅，等等。① 除了一些具有鲜明时代特色的器物用品，如油印机、红宝书、军挎包、石膏像、收音机等之外，像铝饭盒、回力鞋、油纸伞、蚊帐、暖壶、热水瓶、鸡毛掸、缝纫机等，不知何时已悄然退出了人们的日常生活。只有当更为宽泛的民具概念的意义被更多的人体味到，这些曾经的凡俗之物的价值，这些能够反映民众生活史细节的器物，才有可能被重新认识。有些民具看起来很不起眼，甚至人们有意无意地忽视和选择遗忘它们，但其在过往生活中的意义非常重要，可以成为时代变迁和生活革命的指标性物件。例如，在 20 世纪 90 年代前后纸尿布、纸尿裤和卫生纸传入之前，中国广大城乡曾经广泛使用过"尿布"和"月经带"，现如今，卫生巾已经取代了旧式的"月经带"，纸尿布正在向乡下迅速普及，纸尿裤越来越多地用于照护自理能力衰退的老年人。不言而喻，正是这些新的物质文明的产品，极大地提升了普通民众的生活质量乃至于个人卫生的水准。

如果扩大视野，我们不难发现，当代中国物质文明的更新换代，其实是处于更为广阔的推动人类物质文明大规模和大面积提升的全球化物流事业的延长线上的，从某种意义上说，中国物质文明的更新换代既是它的一部分，也是中国人民孜孜以求、追求美好生活之持续不断努力的结果。在这个过程中，既有对中国古代传统器物的继承、创新和扬弃，又有对海外器物的接纳、利用和改造。19 世纪西方列强入侵中国，伴随而来的就有各种西洋器物，其中既有日常用品，诸如肥皂（洋碱）、火柴（洋火）之类，也有各种近距离（马车、人力车、自行车之类）和远距离（摩托、汽船、汽车、火车、飞机之类）的交通工具，还有通信设备（电报、电话之类）、文化娱乐（照相机②、魔术、电影之类）以及缝纫机③、兵器、电器（电灯、电梯之类）等。这些西洋的"奇器淫巧"曾经令国人目眩，给当时的民众留下了深刻的印象，一时间，人们趋之若鹜。④ 大批"日用洋货"长驱直入，从东南沿海各地迅速地向内地扩散。荷兰学者冯客（Frank Dikt-

① 鲁稚、陈强：《正在消失的物品》，上海远东出版社，2002。
② 葛涛、石冬旭：《具像的历史：照相与清末民初上海社会生活》，上海辞书出版社，2011。
③ 袁蓉：《缝纫机与近代上海社会变迁（1858～1949）》，上海辞书出版社，2017。
④ 李长莉：《晚清上海社会的变迁——生活与伦理的近代化》，天津人民出版社，2002，第 39～54 页。

ter）曾经对 19 世纪中期至 20 世纪中期这一百多年间中国普通民众日常生活的物质景观所发生的各方面变化进行过研究，他认为，所有这些变化早已经和全球化的进程发生了十分密切的关联。长期以来，"舶来品"成为中国各界精英人士展现其现代化价值观和自身社会地位的标志，同时，无数"日用洋货"也逐渐进入寻常百姓的家庭。① 和对西方某些价值观的拒斥形成鲜明对照的，便是对西方器用物品几乎没有多少犹豫的接纳。工薪阶层热衷于追求所有看起来更为现代化、更为洋气、更为便利和具有更好品质的器用物品，巨大的需求甚至催生了大批生产廉价低端仿制品的企业，当然也有各种各样的模仿和再创造。此类"物质现代性"在民众的家庭日常生活中出现并不断积累，从而日甚一日地改变当代中国的物质文明，甚至在某种程度上还出现了大量积蓄"生活'非'必需品"②，即通过占有更多财物来彰显富足的情形。在冯客看来，这是一个"主动性借用、创造性拼装和适应性仿效"的过程。③ 显然，在对中国传统民具的体系予以总结的同时，我们也不应该忽视近代以来中国民众的物质文化生活确实深受海外"洋货"的渗透和影响。关于"西物东渐"所带来的社会变化，有学者曾以收音机为例，进行过专题研究。④ 其实，这方面的例子不胜枚举，沙发西物东渐，从东南沿海的大中都市逐渐朝向内地城镇扩散，再到在山村乡民家庭内部完成配套，就是一个非常典型的例证。

在把民具研究的视野从乡村扩展到城市，把当代中国民众的物质文化生活和更大范围及规模的全球化物流联系起来予以思考时，具体、实证的类似考现学（modernology）那样的物质文化研究就显得尤其重要。"考现学"这一概念，是由日本学者今和次郎于 1927 年提出的，和"考古学"相对应，它主要是指对现代都市社会的风俗、世态和各种现象进行绵密的野外调查、记录和分析的学问。第一次世界大战以后，日本社会进入剧烈变迁的时代，日本民众传统的生活结构也开始发生巨变，于是，就出现了

---

① 孔祥宇：《"西化"影响下的北京家庭物质生活变迁（1912～1937）》，《社会科学辑刊》2009 年第 1 期。
② 鏡味治也「生活〈不〉必需品の効用」『民博通信』第 154 号、2016 年、16～17 頁。
③ 潘玮琳：《海外中国研究的物质文化转向》，载上海社会科学院世界中国学研究所编《世界中国学理论前沿》，上海社会科学院出版社，2016，第 56～70 页。
④ 姜红：《西物东渐与近代中国的巨变——收音机在上海（1923～1949）》，上海人民出版社，2013。

对世态变迁予以调查和记录的动向。1930 年，今和次郎和吉田谦吉合作出版了《考现学》一书①，引起了很大反响。今和次郎通过对传统民居和民具进行详尽的实测，非常细致地观察现代社会的风俗，诸如服装、饰品、室内家具器物的配置等变化，不仅留下很多珍贵的记录，同时也开发出风俗世态研究的一种全新的方法，亦即在既定的场所和时间，组织对特定现象的系统性观察与调查（例如，定期在东京银座的街头实地观察行人的发型、服饰，并进行必要的统计等），进而分析相关风俗世态的流变。采用这种方法，可以对社会生活所有领域的变迁均进行如实记录和研究，它因此也被认为可以和日本民族学的原点相互通融。② 20 世纪 60 年代以后，高速经济增长和工业化使得日本人传统的生活结构趋于彻底解体，于是，只是观察和琢磨现代生活变迁的考现学似乎也落伍了，随后就又发展出旨在帮助民众设计和选择生活方式的"生活学"。无论是民具学，还是考现学，乃至于"生活学"，它们都是具体、实证的研究，其价值在于能够记录和揭示那些往往被宏大叙事性研究所遮蔽或湮没的历史与生活的细节。就此而论，不久前在日本和韩国文化人类学及民俗学领域得到实施的"生活资财生态学"研究，例如，"2002 首尔生活样式"项目（亦即对某市民家庭的全部生活资财予以全数调查和彻底分析）的方法等③，也是很值得推荐给中国学术界的。近些年来，中国新兴的中产阶层的物质消费模式，亦即注重品位的物质欲望④，及其对全社会的示范和引导作用，应该也是中国物质文化研究的新课题。徐赣丽将中产阶级的生活方式纳入都市民俗学的研究领域⑤，认为现存的手工艺已经不再具备它曾经有过的那些传统的功能，眼下主要是面向城市里新的中产阶级而进行生产，它们只有提升技艺水准、增加产品的文化附加值，才能赢得城市文化精英们的青睐，进而作为收藏品或高档装饰品而重新获得全新的机遇。⑥

① 今和次郎、吉田谦吉『モデルノロヂオ考现学』、春阳堂、1930 年。
② 久保正敏：「考现学と民博」『月刊みんぱく』（特集今和次郎の考现学とその遗伝子たち）2012 年 4 月号。
③ 周星：《追问现代社会的日常生活——东亚民俗学者的新探索》，载周星、王霄冰主编《现代民俗学的视野与方向》，商务印书馆，2018，第 999~1013 页。
④ 朱迪：《品味与物质欲望：当代中产阶层的消费模式》，社会科学文献出版社，2013。
⑤ 徐赣丽：《中产阶级生活方式：都市民俗学新课题》，《民俗研究》2017 年第 4 期。
⑥ 徐赣丽：《手工技艺的生产性保护：回归生活还是走向艺术》，《民族艺术》2017 年第 3 期。

中国当前正处于"生活革命"的进程之中，民众生活的变迁及物质文明发展的无数细节需要有翔实和准确的记录，也需要有基于翔实记录而展开的物质文化研究。在这个意义上，日本民具学和考现学的思路、理念和方法都是具有借鉴价值的。当然，民具学或考现学并不是唯一有效的路径，事实上，中国物质文化研究的不少领域所取得的成绩及其特点，往往也是能够和民具学或考现学形成对话、交流，从而相得益彰的。例如，对从汉字形义对器物文化的标记及命名相关问题的研究①，对中国古代农器记录之观念传统的研究②，当然，还有对中国农具的很多研究③，都完全可以充满自信地和日本的民具研究形成学术对话；至于对相同或类似民具进行中日比较研究，也无疑有很多潜在的可能性。中国学者对传统器物的分类，主要就是将其分为民间生产用具和民间生活用具，其下再有诸多小目。例如，《东阳传统器具》一书的上册为生活用具，分为坐置、寝卧、盛储、饮食、灯饰、文娱、防保等 7 类，下册为生产用具，分为农耕、渔猎、饲养、加工、腌酿、编造、泥作、木作、五金、贸易等 10 类，大体上也可以涵盖日本民具学所涉猎的范围。不仅如此，中国学者的相关研究往往还独辟蹊径，对物质文化的研究做出了独特的贡献。例如，张柠对乡土器物所承载之乡土价值的研究，就非常富有想象力。④ 他把乡土器物视为理解乡村秩序和乡村生活的基本路径，以此为前提，深入讨论了器物对人的支撑和限制，指出人和器物关系的变化就是乡土价值的变化。张柠的研究事实上提出了从器物研究去接近行为、结构和社会文化逻辑的路径。通过"物"及其周边事象深入研究特定历史时期的社会变迁或文化结构，乃是当代物质文化研究的范式之一，但想要这样的研究获得可靠的成果，则有必要借鉴"新史学派"的研究方法，亦即经由那些似乎微不足道的琐碎器具或物品——把它们视为重要的"文本"资料或基本素材，着力考察普罗大众包括衣食住用行等在内的日常生活。

---

① 朱英贵：《汉字形义与器物文化》，人民出版社，2009。
② 王琴：《显与隐：中国农事器物记录观念论》，《民俗研究》2015 年第 5 期。
③ 金煦、陆志明：《苏州稻作木制农具及俗事考》，《民俗研究》1999 年第 3 期；詹娜：《农具：肢体功能的延伸与象征意义的衍化——以辽东沙河沟人的农具制作与使用为例》，《民俗研究》2006 年第 3 期；詹娜：《农耕技术民俗的传承与变迁研究》，中国社会科学出版社，2009。
④ 张柠：《土地的黄昏：中国乡村经验的微观权力分析》，东方出版社，2005。

中国民具研究的重要特点之一，还在于有相当多的研究往往从设计学的角度出发，分析和研究各个地方和各个民族的传统民具，通过在田野现场的观察和实测，掌握构成传统民具之生产工具和生活器具的基本形态，并依据现代设计学的原理，分别从形制、功能、结构、材料、工艺、装饰等多方面，对传统民具的设计特征进行归纳，进而探讨影响其设计的各种因素，揭示传统民具内含的"造物"理念和民众智慧。[①] 从设计学的角度探讨民具之所以成为可能，是因为设计之"原道"本在于日用[②]，将日用之物的设计求诸传统民具，堪称一条正本清源的路径。这一路径将古拙鲜活的民具视为当今各类产品设计的基础或源头，由于传统民具被认为是蕴含生活之美（包括造物之美和物用之美）的设计，因此，它能够为机器时代冰冷的高科技用品带来些许暖意。在这个思路的延长线上，很自然地就会探讨到传统民具对现代工业设计所可能具有的借鉴性意义。[③] 显然，我们对这方面的中国民具研究应该认真地予以总结，而不应妄自菲薄。

总之，针对中国这个"民具的宝库"，民具学是可以大有作为的。中国尚有无数类似的村落社区蕴藏着巨量的民具，有待民具学家去发现、发掘和研究。不仅如此，全国各地民间还有无数的集贸市场，其中也有为数众多的农具交易活动，有的甚至还发展成为专门的农器市场。例如，苏州过去有"轧神仙""游石湖"等许多民俗庙会，庙会的会期往往也是买卖农具较为集中的时期，每逢此时，制作农具的椿木作坊沿着蠡墅河滩搭满作业场，前来购买农具和农船的船只络绎不绝，甚至挤满了河道。[④] 福建

---

① 张亚池：《皖南民俗家具研究》，北京林业大学博士学位论文，2007；梁盛平：《赣南客家传统民具设计研究》，南京艺术学院博士学位论文，2010；行焱：《陕西关中民俗家具研究文化》，北京林业大学博士学位论文，2012；巩聪：《自然、人文环境视野下藏族民具设计研究》，江南大学硕士学位论文，2015；张重：《山西民间家具的研究》，北京林业大学硕士学位论文，2005；陶琨：《藏东南传统民具设计研究》，江南大学硕士学位论文，2015；巩淼森、陈黎：《江南传统桶型木器的造型和工艺》，《设计艺术》2002 年第 2 期；沈法、张福昌：《民间竹器物的形式特征及本原思想研究》，《竹子研究汇刊》2005 年第4 期。

② 李立新：《日用作为设计的"原道"——兼谈"小道致远论"》，载《2016 年中国艺术人类学国际学术研讨会论文集》，长沙，2016，第 457～460 页。

③ 董洁晶、武瑞之、汪成哲、李梦：《论传统民具对现代工业设计的启示》，《河南科技大学学报》（社会科学版）2005 年第 1 期。

④ 金煦、陆志明：《苏州稻作木制农具及俗事考》，《民俗研究》1993 年第 3 期。

省武夷山市（原崇安县）在每年农历的二月初六有所谓"柴头会"，全市各乡镇的民众会集城中，进行耕牛、苗木、农具、竹木制品等各种农副产品的民间贸易集会。这天，除了本市基层乡村的民众会来赶会之外，邻近县市如邵武、建阳、浦城以及江西省的铅山、上饶、广丰等地，也有很多民众前来参加交易。① 广西壮族自治区桂林市的灌阳县，有一个"二月八"农具文化节，每逢农历二月初八，灌阳及周边县市甚至湖南江永、道县等地的数万名民众，就会聚集在灌阳县城，出售或购买各种农具、果苗及种子。② 虽说是"农具节"，其实除了琳琅满目的农具，还有大量的竹木制品和各种家具器物，这些民具会把一条街挤得水泄不通。这些大都是在春耕农忙季节到来之前，集中进行农具和各种农副产品交易的典型事例。在农具节上，不仅民间手工艺人相互交流献艺，很多乡民前来参加，近些年还有不少城里人也来"淘宝"，他们对箩筐、犁、蓑衣、撮箕等自制农具也充满兴趣，有的还把做工考究的农具作为手工艺品买回家去。再比如，云南保山市隆阳区河图镇大官庙村也有一年一度举办的"哀牢犁耙会"，这也是一个依托庙会发展起来的农具交易市场。早先的"哀牢犁耙会"是民间自发组织的，现在逐渐发展到由政府参与筹办，所以，赶会的人数可达数万。"哀牢犁耙会"的会期为正月十四、十五两天，四邻八乡甚至外县市的数万人聚集在大官庙下从事交易，很多前来赶会的农民将自制农具拿到这里出售，或以物易物，换取自己中意的农具。③ 交易的器物大都是一些传统的生产工具，诸如犁耙、扁担、绳索、竹帽、蓑衣、镰刀、锄头、粪箕、筛子、簸箕、篮子、扫把等，既有木器，也有竹器和铁器等。上述例子表明，虽然从全国范围看，物质文明的提升将导致传统民具日趋衰微，但到具体的社区和地域去做实地观察，则不难发现传统民具仍然具有顽强的生命力。笔者认为，这些也都应该成为中国民具学研究的重要课题。

---

① 龚少峰：《武夷山市"柴头会"研究发轫》，《闽台岁时节日风俗——福建省民俗学会第二届学术研讨会论文集》，1991。

② 赵琳露、杨陈：《民间能人广西灌阳农具节上亮绝活 桂湘两地万人赶集》，网易新闻，http：//news.163.com/13/0319/22/8QC4KSF700014JB6.html，2013 年 3 月 19 日。

③ 廖珮帆：《犁的制作工艺与民俗》，北师大民俗学微信公众号，https：//mp.weixin.qq.com/s/oPlPYq5ImniflsR8yFQcpg，2016 年 5 月 1 日。

五 结语

近些年在中国兴起的"非物质文化遗产保护运动"，极大地推动了国家的文化建设事业，纠正了过往只重视"文物"的较为狭窄的文化遗产观。但也毋庸讳言，有些媒体人士和少部分学者过于强调文化遗产的"非物质"属性，不仅把文化的"有形"和"无形"加以割裂，甚至还对"非物质"的表述产生了误解、误读，似乎只有"非物质"，才是真文化。其实这是对"非物质文化遗产"这一概念做出了过度阐释，并且将其本质化了。这种理解当然既不利于中国物质文化研究的健康发展，也会妨碍对文化的全面性认知。[①] 实际上，文化既有物质的层面、物化的形态或载体，也有非物质的内涵和意义，而它们原本就是不可分割的整体。也因此，各地对非物质文化遗产的保护，经常离不开物化的形态，例如，采取博物馆展示的方式，就必须依托各种包括传统民具在内的征集物；与此同时，对传统的生产工具、生活器具的研究，当然也不会只停留在其物化的形态或材料、造型的层面，而是需要揭示它所承载的技艺、身体感觉乃至于情感。[②] 换言之，民具研究的本义原本就应该包括深入地探讨民具的物质性和非物质性之间的关系问题，包括民具与环境的关系、民具所体现的民众生活智慧、民具所承载的族群历史和身体技艺等。[③]

目前国家大力推动的新型城市化和新农村建设，正在实质性地促进城乡居民日常生活在物质层面的进一步变革，因此，传统民具之日益衰微乃至于进一步流失的可能性也就不容忽视。所以，加紧对民具的调查与研究，其实也就是对文化遗产的抢救性作业。但我们也应该看到，新型城镇化和新农村建设反倒有可能为民具研究和传统民具的保护带来新的机遇，因为新农村建设和新型城镇化之"新"，就在于要"看得见山水，记得住

---

① 参阅彭兆荣《物·非物·物非·格物——作为文化遗产的物质研究》，《文化遗产》2013年第2期。

② 梁景之、李利：《西藏跨越式发展中的非物质文化遗产保护——以传统生产工具为中心》，《西藏大学学报》（社会科学版）2014年第3期。

③ 蒋萍：《过山瑶的民具——以广西恭城瑶族自治县三江乡石口瑶寨为例》，中国民俗学会年会论文集，2011。

乡愁"。于是，乡愁情感所得以寄托和依存的老房子、老物件、传统民具等，就会成为"宝贝"，更加受到青睐。在笔者看来，只有把无数的传统民具尽可能多地保存在基层的村落社区或地域社会之中，才能够最大限度地满足或慰藉最大多数城乡居民的乡愁。在这个意义上，中国各个地方凡是有条件的村落或村镇社区，如果都能够对传统民具进行必要的"在地保护"，就可以为当地居民提供乡愁可以依凭的实物根据，也可以为子孙后代保存最大宗的文化遗产，从而为社区的文化传承做出贡献。中国各地大量涌现的民俗博物馆，如果能够树立起超越"民俗文物"和"传统手工艺"之类的理念，真正对平凡却又传统的民具也予以重视，则其可以收藏和展示的物质文化和乡土生活的幅度和深度，都将更上一个台阶。显而易见，把传统的民具中那些具有艺术感的器物带离它们所属的社群或地域社会，将其点缀在完全不同的其他文脉下的民俗主义实践，虽然也有文化创意之类的意义，但相比起来，把它们保存在基层的社区博物馆或陈列室里，成为社区居民生活历史的见证，则要更加适得其所。

伴随着中国民众所享有的物质文明的全面提升，物质文化研究的界域当然不能为民具的概念和民具学的思路所局限。例如，当物质文化研究面对现代社会之家用电器已然普及的现状时，研究者也必须与时俱进，予以正面回应。汪民安基于个人生活中的使用经验，认真地思考被家用电器所形塑的家庭空间，对人与家用电器的关系进行分析，对家用电器之文化功能进行追问，进而对机器为人带来的解放、对人的控制和促使社会分层等多方面进行探讨①。笔者认为，这些都是有可能与来自民具研究的结论形成呼应和对话的。更进一步，还有手机导致的社会变迁，不只是信息的便捷化，更促成了社会的"个人化"。②那么，人拥有一件民具和拥有一部手机，究竟会有哪些不同呢？虽然民具学通常在把民具与现代工业产品进行区隔之后才对其予以定义，但笔者依然相信，民具学不应该在现代社会止步不前，我们经由民具研究所获知的那些关于"人"与"物"之关系的智慧，能够且应该被延伸至对人与手机之类关系的阐释之中。

---

① 汪民安：《论家用电器》，河南大学出版社，2015。
② 藤本宪一「ケータイ文化人類学の可能性」『月刊みんぱく（特集ケータイ）』第7号、2006年；费中正：《手机与西江苗民的生活：城乡转型发展中的文化传承》，人民出版社，2016；周星：《信息机器（手机）与"贴身"的生活革命》，载日常と文化研究会《日常と文化》2017年第3号，第115~132页。

农具：肢体功能的延伸与象征意义的衍化

——以辽东沙河沟人的农具制作与使用为例[*]

詹　娜^{**}

摘要： 农具不仅是一种朴实的物质工具，而且是一种亲密的情感关系，农具为我们带来了更高的劳动效率，也为我们积累了丰富的劳动经验。尽管从效率上来看农具不如现代化机械工具，但其包含了与自然界打交道所产生的智慧。农具具有强烈的地域特色，它们往往制作时取材于当地，使用时适合于当地，农民对于当地的农具也具有强烈的文化认同感。农具同时也能代表农民的身份，因此农民总是十分爱护自己的农具，农具也可以是动物，这便有了情感的依托，成为一种"文化的技术"。

关键词： 农具；农耕技术；地域认同；农耕情感

农具，是传统农耕技术民俗中最具代表性的一种技术，它的出现与使用是农耕技术民俗传承与发展的基本线索与脉络。农具知识的传承不仅是物质文化研究的核心，同时也是农耕技术民俗与农耕知识体系的重要组成部分。作为物质载体，农具是减轻民众劳动负担的媒介与辅助性工具；作

---

* 辽东沙河沟村位于辽宁省东部本溪满族自治县草河城镇，是典型的以山地地貌为主的辽东山区，在人口构成上属于以满族本地居民与山东等关内移民共同组成的多民族融合聚居区。由辽宁东部多山地丘陵、少平原沃土的生态区位特征决定，当地的经济生产始终以农业、林业为主，较少有水产养殖业。同时，由于当地的柞树资源十分丰富，柞蚕养殖也一直是大多数村民从事的主要副业之一。本文原刊于《民俗研究》2006 年第 3 期，收入本文集时略有改动。

** 詹娜，女，满族，辽宁本溪人，现任沈阳师范大学社会学学院院长、民俗学专业硕士生导师。

为民众生活层面的一种文化事象，农具在传承并沿袭传统农耕知识的同时，还盛载着民众丰富的心理需求与精神内涵。

一　农具研究的相关成果

农具，我们经常所见却又熟视无睹的农民自制的劳动用具，它既没有华丽的造型和精美的外表，又没有深奥的内涵与神秘的象征，农具就像其制造者——农民一样朴实无华、粗糙简陋。然而，在这平凡的外表下却隐含不平凡之处。仅从人类发展进程看，如果说是"劳动创造了人本身"，那么，工具的诞生便是人类文化的起点。[①] 人类的一切文化活动皆是围绕生产工具的出现和使用而产生并世代沿袭的。同时，农具是农民在生产生活中为了有效地提高劳动效率、减轻劳动负担而制作和使用的具有传承性的器具。农具的产生和发展既是农耕民众在长期的生产实践活动中所积累的有效经验，又是民众生存智慧及农耕知识的结晶。对于我国这样一个农耕大国而言，农具在我国农业文明史中历来占有极其重要的地位，而对农具的研究也向来是众多学者所关注的重点之一。

首先，农具研究起始于考古学及农史学，此二学科最早开始对古代农具加以关注并逐渐视其为重要研究对象。此类研究更多地侧重于从"史"的角度出发，或是对特定农具的出现、发展及流变做追踪溯源式的探讨，或是对农具的构造、形状、功能和使用方法等进行图说式的描述，例如周昕的《农具史话》[②]，宋兆麟的《侗族的农具和耕作技术》[③]《我国的原始农具》[④]，王星光的《中国传统耕犁的发生、发展及演变》[⑤] 等。然而，我们说，考古学及农史学在研究农业技术时过多地侧重内史而较少关注外史

---

① 《马克思恩格斯选集》第 3 卷，人民出版社，1972，第 509～513 页。

② 周昕：《农具史话》，农业出版社，1980。

③ 宋兆麟：《侗族的农具和耕作技术》，《中国农史》1983 年第 1 期。

④ 宋兆麟：《我国的原始农具》，《农业考古》1986 年第 1 期，第 122～136 页。

⑤ 王星光：《中国传统耕犁的发生、发展及演变》，《农业考古》1989 年第 1 期，第 219～226 页；王星光：《中国传统耕犁的发生、发展及演变（续）》，《农业考古》1989 年第 2 期，第 228～237 页。

的研究取向也同样存在于农具研究中。① 所以，在多数农具研究成果中，大多只能表现纵向的农具发展史或应用史，而很少从横向视角出发探讨农具与其他文化现象之间的关联。此外，此二学科往往偏重于古代农具研究而较少对现代农具的分布、制作及使用状况给予关注。

我们知道，研究物质文化绝不能只研究器物本身，而应把物质放于生活层面来看待，诚如马林诺夫斯基所说："单单物质设备，没有我们可称作精神的相配部分，是死的，是没有用的。"② 随着各学科研究的不断深入，学者们越来越发现只重技术的内史、忽视技术的外史的重大研究弊端，并试图扭转此种研究困境。在经济学界，一些学者将农具视为民众经济生活的重要表象之一，着力从农具与农家经济、农村社会的内在联系等外史角度对农具的社会属性进行探讨。例如：张思的《近代华北农村的农家生产条件·农耕结合·村落共同体》③，以 20 世纪华北农村在耕作收获时普遍出现的农具借用、互换活动为视角阐述中国农村家庭的生产样态以及村落共同体的变迁等；朱洪启的《二十世纪华北农具、水井的社会经济透视》④，探讨华北农具及其生产方式，揭示农具与农家经济和农村社会之间的内在联系。从以上研究可以看出，此时的农具在经济学者眼中再也不是一件单纯的物品，而是衔接农民与生活、与经济、与社会关系的物质纽带，是社会经济与生产关系的物质性反映。此种跳出农具研究中仅仅关注农具本身而转向农具的社会属性方面的分析，无疑对民俗学的农具整体研究有很好的启迪和借鉴意义。

尽管如此，我们仍然不得不说，经济学者大多强调从经济核算角度出发，对农具的关注依然限于农具作为生产器物的经济表象及其价值功用。然而，农具，特别是那些农民亲手制作和常年使用的农具，绝不仅仅是农民生存利益的需求，同时更是民众生活文化的表达。所以，对作为民众生

---

① 所谓内史，是指把科学技术史的研究对象局限于科学技术内部，把科学技术史仅看作科技知识体系形成和发展的历史。所谓外史，是指把科学技术看作社会的一个组成部分，研究它与社会其他部分的相互关系。

② 〔英〕马林诺夫斯基：《文化论》，费孝通译，华夏出版社，2002，第 5 页。

③ 张思：《近代华北农村的农家生产条件·农耕结合·村落共同体》，《中国农史》2003 年第 3 期，第 84～95 页。

④ 朱洪启：《二十世纪华北农具、水井的社会经济透视》，南京农业大学科学技术史专业博士学位论文，2004。

存文化及生存智慧的农具进行整体研究的重大任务及使命自然落到以理解民众生活为己任的民俗学者身上。

在民俗学界，农具作为民俗生活中一项重要的民俗事象也一直被民俗学者所关注，在诸多地方志、民俗志、风俗志等资料中对各地区传统的以及现存的生产工具、生活用具的制作、构造、使用方法及功用等大多有详细丰富的描述。这些描述、记录式的资料对物质文化研究无疑具有不可忽视的参考价值。但是，民俗学者，特别是身陷于纷繁复杂的现代学术背景下的民俗学者，对民俗事象的研究再也不能仅仅停留于资料的堆积及事象的描述之上了。随着物质文化研究的日渐升温，尤其是在非物质文化遗产的保护和开发的全球性意识鼓舞下，越来越多的学者已经意识到研究现代农具的必要性与可行性，一些学者逐渐将农具列为物质民俗研究的重要内容，对农具在生活层面上的价值和意义展开实践上的研究并提出学理上的设想。

在日本，物质民俗研究者涩泽敬三早在1936年就提出"民具"的概念，后与宫本馨太郎、宫本常一等学者的观点相综合，认为民具是普通民众因劳动生产和日常生活的需要而制作和使用的传承性器具，它涉及生活文化的所有领域，并显示出基础性的传统文化的特质，且是人们用手工或简单的（非现代机械的）加工道具制作出来的。[1] 在对日本各地农具进行普查的基础上，一些学者还依照农具的用途和功能、材料和质地、形态或形制、制作方法以及博物馆的陈列等不同标准提出多种分类方法。[2] 尽管这些分类方法过于粗略且没有很强的科学性，但它确实为地大物博、储备丰富的中国的民间农具研究提供了一条切实可行的模式。柯杨在指出日本学者的民具分类局限后，从我国农具区域性分布广泛的具体实况出发，指出农具作为生产民具的一个子系统而存在，大有在全国范围内开展普查研究的必要，并对传统农具的分类、普查提出了详细的建议和计划。[3] 无疑，此一计划的真正实施必会为我国传统农具的保护及研究做出突出贡献。

此外，我国的一些物质文化研究者并不满足于仅以农具的分类与普查为研究目标，他们更加关注对农具形态的多样性及其区域性特征的阐述和分析，进而为农具研究提供全新的观察视角。例如尹绍亭曾对云南山区各

---

① 周星：《日本民具研究的理论和方法》，全国首届农业民俗研讨会论文稿，2004。

② 柯杨：《农具：农业民俗研究的一个重要领域》，全国首届农业民俗研讨会论文稿，2004。

③ 柯杨：《农具：农业民俗研究的一个重要领域》，全国首届农业民俗研讨会论文稿，2004。

地所能收集到的各种现存农具进行精细描述，在对以往诸种农具研究理论进行探讨与修正的基础上，提出一些当代农具研究中切实可行的方法与方案。在具体的定性及定点研究中，尹绍亭采用点面结合与动静结合的具体操作方法，搞清每类器物的结构、形式、构件的名称、功能和使用方法，为每类器物划分出不同类型，确定其具体分布，并探索了各类器物的历史渊源、传播途径、演变过程及发展趋势。在尹绍亭看来，农具研究主要是解释农具在种类和形态上所呈现的多样性问题。对于农具多样性的解释，尹绍亭以为流行的进化论观点并不足以为据，还应使用更广泛意义上的文化传播及生态适应观点去加以理解。① 从他的研究中可以明显看出，农具不仅是物质文化的表现形式，也是精神文化的凝聚展现。

综观以上研究成果，尽管不同学科、不同研究视角的学者们对农具的研究经历了由单纯的物质纵向研究向物质与社会、物质与精神、物质与区域间关系的纵、横向研究相结合的发展趋势，但我们不难发现，大多数研究者对农具的关注依然是过多地重视其物质存在的表象，而忽略了农具作为一种文化的存在，与它的制造者、拥有者及使用者——生产主体以及生产主体的生活之间的密切关联与依附关系。我们说，农具，作为民众生活中的重要民俗表象，不仅仅被农民作为辅助性的劳动工具而使用，同时也与农民之间结成了一种亲密的超物质性的情感关系。对于农具的这一特性，农民学者田传江在对锄这一普通生产工具的描述中曾给予一定的关注②，在他对红山峪人的锄的描述中，我们不仅可以看到锄的结构、安装与修理等技术性知识，还能看到红山峪人购买农具、使用农具以及"夸农具""骂农具"等各种生活细节及常识。这种从当地人的角度出发来理解当地人的行为及其意义的研究取向恰是民俗学界所一向推崇和倡导的。当然，田传江的研究是简短而零散的，却为我们的农具整体研究开了一个好头儿！

二 "弯弯犁杖"：人类机体功能的延伸

作为"人类机体功能的延伸"，农具在人类生存和发展史上发挥着不

---

① 参见尹绍亭《云南物质文化·农耕卷》（上），云南教育出版社，1996，第5~8页。
② 田传江：《锄——红山峪村农具民俗之一》，《民俗研究》2001年第4期，第147~151页。

可忽视的作用。然而，与现代化机械工具不同，传统手工农具大多劳动效率相对低下，却包含着民众常年生产经验的累积。在一次次与自然打交道的过程中，人类在经历挫折与失败的同时还欣喜地发现各种自然资源的特性，并渐渐学会利用它们为自己服务，尤其是在这些手工制作的传统农具身上，我们可以强烈地感觉到人与自然之间和谐纯朴的适应关系。正如柯杨所说，传统农具的出现只是人类在合理的范围之内，为了生存而与自然保持适度索取与低度控制的关系，是人类与自然和谐共处的产物。[①] 的确，传统农具是民众在理解自然的基础上所生发的生存智慧与生存知识的展现。在此仅以沙河沟人的犁杖知识传承为例来论述。

犁杖，是沙河沟人最为重要且传承较久的生产工具，不仅在传统社会，即便是在现代化的今天，由当地特殊的山地条件所决定，犁杖也依然是农民耕种的重要工具。在沙河沟人的心目中，"农具中最重要的就是犁杖，种地蹚地都得用它"。当地人亲切地称犁杖为"弯弯犁杖"，这是为何呢？一位村民的解释直观而质朴，"那犁辕、铧子、犁小脚、犁刺头、犁底哪儿都是弯的，（整个犁杖）没有直溜儿的地方，咱老百姓叫时间长了就都叫它'弯弯犁'了"（见图1）。

图1　沙河沟的"弯弯犁杖"

沙河沟的犁与北方多数农耕区相似，都属长坐犁[②]，是山东移民带来的农耕技术之一。在最早记录犁的各部位名称、材质和功能的《耒耜经》

---

① 参见柯杨《农具：农业民俗研究的一个重要领域》，全国首届农业民俗研讨会论文稿，2004。
② 长坐犁由曲犁发展而来，使用三角形铁铧，其犁底、犁身、犁辕和犁箭组成四角形框架结构，这种犁可以自由调节耕种的深度，且确定性较好，非常适于北方山地使用。有研究表明，在北方的斜坡地、山坡地，使用犁身弯曲的曲犁更为合适。

中，详细描述了中国传统长坐犁（四角形框架犁）的最初构造，这种传统长坐犁经过发展，与后代所使用的长坐犁大体相似，当代山东、吉林、辽宁等华北及东北大部分地区的犁与之基本属于同一类型。由于生活区域不同，生活主体对生活的理解也不同，所以，各地农民对同一农具各部位的称呼亦不相同。现以《耒耜经》中对犁的各部位的划分及称呼为基准①，将沙河沟犁与之相对应，列表 1 详细展现沙河沟犁的构造及组成。

表 1　沙河沟犁杖的各部位组成及功用

《耒耜经》中的长坐犁	沙河沟的长坐犁			
组成部位	当地称谓（括号里为别称或相关说明）	具体位置	功能	制作材料（无说明即表示无特别要求）
手把	扶手	犁身的上部	扶住犁杖，使其前进	犁杖通常由蜡木、柞木、槲木、黄柏木制成。其中，蜡木，当地人又称"花曲溜"。这类木材天然弯曲较多，且较沉重，做成犁辕最为结实耐用
手把	犁插把儿（瞎摸儿）	犁身中部后面的辅助把手	扶住犁杖，使其前进	犁杖通常由蜡木、柞木、槲木、黄柏木制成。其中，蜡木，当地人又称"花曲溜"。这类木材天然弯曲较多，且较沉重，做成犁辕最为结实耐用
犁身	犁身	犁杖后部，斜插进犁底的整块长木	固定犁辕、犁底和犁箭	
犁辕	梨辕	犁杖前身的长的弯曲木棍	犁杖的主要支架，使牛拉犁的部位，犁身和犁箭固定在一端，另一端与犁钎钎（牵引环）相连	
犁床	犁底	犁杖底部、铧子后端与犁身相连的部位	托负犁身、犁箭的底盘	
犁箭	犁刺头	直插于犁辕后部，与犁底相连的部位	犁辕的主要着力点，起分土作用	常由杨木制成，结实有力
犁铧	铧子（分大、小铧子两种）	犁底前端的三角形铁制尖锐利器	直接插入土中，翻整土地	铁制
犁壁	无犁壁，用一捆草把儿代替	犁铧上面，靠在犁箭上	起翻土作用。当地人用草把儿放在铧子上，使泥土平分两侧，不堆在铧子上	

---

①　关于《耒耜经》中对犁的构造的描述，详细参见〔韩〕郑然鹤《中国犁与韩国犁的比较研究——以中国华北、东北地区为中心》，北京师范大学文学院民俗学专业博士学位论文，1998，第 9～14 页；尹绍亭《云南物质文化·农耕卷》（上），云南教育出版社，1996，第 141 页。

《耒耜经》中的长坐犁	沙河沟的长坐犁			
组成部位	当地称谓（括号里为别称或相关说明）	具体位置	功能	制作材料（无说明即表示无特别要求）
犁评	犁梭（好汉站儿）	直插于犁箭上，在犁箭与犁辕的连接处。其前面厚，后面薄	调节耕地的深浅，如把它往前拔，那么铧子向前使劲，翻地较深，如把它往后插，则铧子向后使劲，翻地较浅	
犁盘	甩杆（有大小之别，若一牲口拉犁，只需一个大甩杆；若两牲口，则还需用两个小甩杆）	犁辕前端与犁钎钎相连部位	用绳子将甩杆与犁钎钎相连，作为牲口拉犁之用。甩杆可使牲口拉犁用力均匀，保证犁耕直行	
犁舵	犁舵舵（犁小脚）	犁辕前面的丁字形小木	既可支撑犁辕，使犁平稳，又可使犁在地上滑行，还可调节深浅，控制耕地方向	

除上述主要构成部分外，一副犁杖在使用时，还要配有牛样子[①]、牲口套以及牛兜嘴等附加装置。

由表1可见，沙河沟的犁与古书中记载的长坐犁的形态、构造及用法大致相同，只是当地人在具体的生产劳动中根据自己的劳动实践对它进行了细节上的改造。这既体现了农具的传承历史，也表达了农民对生产技术的理解和运用。仅以当地人对犁杖各部位的地方性称谓为例，可以调整耕地深浅的犁梭之所以被称为"好汉站儿"，是因为"它管用呀，就像好汉一样，犁杖全靠这个好汉站儿了"；犁身后部的犁插把儿，"走到地头要转犁杖时，你根本不用看，用手一摸就摸着它了，就叫它瞎摸儿"。在这种简单却又形象鲜明的称谓中，我们不难体会到，农民在生产劳动过程中，并不是一味被动地去接受、去适应，相反，他们会意识鲜明地走到自己的生存世界的创建活动当中，依靠自己的劳动实践及亲身体验来创造性地理解并传承生产知识。

---

① 牛样子，套在牛背上的"人"字形木制框架，木架底部连有脖带儿，且有绳索与甩杆相连，使牲口与犁杖相连。

通常，沙河沟的犁大多由木头制成，较少有铁犁，而距离沙河沟不过5公里远的徐家卜则早已开始使用铁焊的犁杖，用徐家卜农民的话说："那沙河沟出木头呀，弄块木头就能捅个犁杖，人家当然都用木头犁啦。"虽然与铁犁相比，木头犁杖的使用寿命较短[①]，且储备较为麻烦[②]，但沙河沟人仍然青睐于他们使用已久的木制犁。木制犁不仅制作容易，而且价格低廉。[③] 同时，从某种意义上讲，犁是传统农耕生活及农耕观念的象征，而手工制作的木头犁杖更是传统思维在现代社会中的较为原生态意义的展现。

三　农具与地域认同

村落作为一个共同体，是由"血缘、地缘关系结成的一个相对独立的社会生活圈子，是一个各种形式的社会活动组成的群体，而且是一个人们所公认的事实上的社会单位"。[④] 生活于同一村落当中的人们，在朝夕相处之中，无论是对村中的山林、土地等自然资源抑或是习俗、信仰等精神文化事象，大多在心理上形成共同的认同感，正如费孝通所说，本村人大多具有一定的文化特色。[⑤] 当然，这种文化特色不仅仅表现在语言、服饰、信仰、庙会、娱乐以及民间叙事等地域性特征明显的民俗事象当中，同时也强烈地表现于日常生产劳动之中。在此仅以沙河沟人所使用的犁杖、镢头、镐头、镰刀、碌子等传统农具的传承为例来说明。

首先，沙河沟农具的种类、形态与北方多数农耕地区尤其是山东各地的农耕用具大体相似，这主要是农耕群体迁移而带来的文化传播与文化互动的结果。由沙河沟的建构历史可知，山东移民是辽东农耕民众的先祖，

---

① 通常木头犁杖的使用寿命为六七年，铁犁可用 10 多年。

② 一是木头犁杖用完后，要将铧子取下备好，放在雨水浇不到的地方，否则犁底部分容易腐烂；二是木头犁杖安装铧子比较麻烦，要用绳子勒上。而铁犁既不需要特别加以安放，且安装铧子只需用螺丝拧上即可。

③ 依当前价格估算，一副木头犁杖 60 元，一副铁犁杖 160 元。

④ 李培林：《村落的终结——羊城村的故事》，商务印书馆，2004，第 35 页。

⑤ 例如，开弦弓村的女性从不下地劳动，而且妇女总穿裙子。参见费孝通《江村农民生活及其变迁》，敦煌文艺出版社，1997，第 25 页。

是他们携带先进的农耕用具与大量的农耕技术，远涉关东，与当地土著民众共同开辟生存空间，共同分享多种农耕技术及民俗知识。前文已述，沙河沟人的犁杖，无论是构造抑或是功能都大体上与山东的山地犁杖相似。正如一位老农所说："咱们这儿用的犁杖，从最开始到现在，一直都是这样，我听我爷爷说他们打小在山东用的（犁杖）也是这样的。"

其次，在理解不同区域间农具的相似性特征时，我们还应该注意到文化传播过程中所出现的变异情形，即农具地域性特征的起因。为了更方便地从事农耕劳作，农民们总要根据特有的生态条件去制作和使用农具，自然，同出一辙的形态及构造大体相似的农具势必会随着生态环境及社会环境的差异而出现少许不同。由于特定生存空间的限定性影响，作为山东农耕区的舶来品，沙河沟的农具除保持固有的大致形态及构造外，在其他方面本土化倾向尤其明显，从制作到使用都明显地洋溢着浓郁的山区气息。在山多地少、树多田少的沙河沟，漫山遍野都是天然生长的自然林和人工栽培的人工林，山里的榆树、桦树、柞树、杨树、柳树、槐树、椴树等树木都是农民制作农具的上好材料，当地农民靠山吃山，其生产工具大多就地取材，自己制作。农民用粪筐和粪耙搂茬子见图2。

图2 粪筐和粪耙

说明：图为农民搂茬子，当地人称残留于地中的头年的玉米根茎为"茬子"。

最后，农民对本区域文化的认同，还更多地体现在农民自身是如何看待农具的，尤其是在与外地农具的相互比较中，农民对本地农具的心理认同感及地域认同感大多会表现得十分突出。在田野调查中，笔者曾采录到这样一则有关锄头来历的故事。以前没有锄头，那锄头也不像现在这样，就是个锄杠前面有个像锹刀似的东西，除草的时候往前使劲。有的懒人嫌锄杠短，就用蔓杆子当锄杠，然后就在蔓杆子前面安上块石头，就这么除草。这天，说有这么个懒人在地里，不爱干活呀，就叨咕，要是这地里能草死苗活多好呀，他叨咕着叨咕着就睡着了。睡着了他就做了个梦，梦到用个钩往后捞，一捞就一片，一捞那草就死了，苗就还在地里。等醒了以后，他就找了个钩，安在锄杠上，一看这么往后钩还真挺得劲儿，这就渐渐有了锄头。①

常言说得好：农具不顺手，好汉也发愁。好汉尚且如此，更何况是懒人呢？这则故事，情节简短，却鲜明地向我们暗示了这样一条重要信息：锄头的发明源于辅助农民劳作，锄头的造型则直接取决于劳作的省力与方便。正如一位农民所说："农具主要就是实用，使唤起来要好使、得劲儿，这是最主要的；再一个就是得好看一点儿，得是样儿。"在农民心目中，农具是他们劳动的左右手，是减轻他们劳作量及提高劳动效率的重要媒介。无论何种农具，"好使""得劲儿""省劲儿"是农民对它的最起码要求，也是农具制作过程中必须遵守的最基本准则。正如尹绍亭所说，对于农民来说，生产工具就是在生产活动中使用的器具，人们怎么去定义它们并不重要，重要的是必须适用，即每一地区的农具，都必须适宜当地的自然条件和劳动条件。②所以，那种偏重于对农具的审美意识及观念形态方面的评估取向大多是不可取的。当然，一件农具好使与否，经常摆弄农具的农民们一用便知，尤其是一些有经验的老农，即使不亲自使用，只需用眼瞄上一眼，也可看出个大概。③

与此同时，作为人类肢体功能的延伸，在最基本的实用要求得到满足之后，农民对农具造型上的审美意识也日渐产生。手艺好的老农做出的农具既好用，又好看，通常会得到多数乡邻街坊的喜爱和赞叹。然而，农具"是样儿"与否并非完全由客观因素所决定，在更大程度上，农民主体的心理因素对其影响更为突出。正如认识发生学的观点告诉我们的：

---

① 访谈对象：刘凤梅，女，满族，58岁，中学文化。访谈时间：2005年4月5日。访谈人：詹娜。
② 尹绍亭：《云南物质文化·农耕卷》（上），云南教育出版社，1996，第8页。
③ 例如新做好的锄头，在锄板钉上之后，有经验的农民通过估算锄板和锄杠间的间距就可以知道锄头好用与否。通常，锄板与锄杠之间不能宽过一个拳头的距离，否则一定不好用。这样的锄头需要人把腰弯得很大，锄草时相当费劲。

"人类对具体环境的认知有时是失真的和程式化的，对环境的认知在某种程度上是'心理上的'，我们在描述环境时是有选择的，不完全的。不仅如此，人们对环境的了解和感觉往往存在明显的自我中心主义。"①可见，不同地域、不同群体对审美的具体评判尺度并不相同。生存于特定空间内的群体出于对自己的生存环境的相对了解，大多认为自己家乡的就是好的。沙河沟人亦不例外，这种自我中心主义明显地表露于他们对自己劳动工具的言谈表述之中。"咱这拐子筐就像元宝似的，筐当间还带点儿掐腰，挎着正得劲儿。"（见图 3）其喜爱与夸奖之情显露无遗。

图 3 沙河沟人的"拐子筐"

就在这种自我中心主义的潜意识心理驱动下，农民在生活及区域性文化中所表现出来的对农具的认同倾向更为明显。尹绍亭曾经对云南各地各种同类的小型农具例如刀、斧等进行观察，发现各种农具的地域性特征鲜明，依其分布地域可做出相应的分布图。②可见，农具的制作及使用本身即具有鲜明的地域性特征，尤其是在不同区域间的相互对比中，农民通过农具所表达出来的对于本村及本地文化的认同心理更为强烈，在村庄认同出现多元化的现代趋势下③，农具越来越应该成为我们关注村落认同及区域认同的一个角度和途径。

---

① 参见何群《地域意识行为与小民族发展——以鄂伦春族为例》，《西北民族研究》2001 年第 1 期，第 171 页。

② 尹绍亭：《云南物质文化·农耕卷》（上），云南教育出版社，1996，第 108 页。

③ 王斯福曾在《什么是村落》中提出，村庄的认同出现了多元化趋势，一些仍然以地方文化如家族、村庙为认同焦点，其他地方则可能以基层政权和成功的乡镇企业为单位来表达认同。参见王铭铭《走在乡土上——历史人类学札记》，中国人民大学出版社，2003，第 13 页。

四　农具：农民身份的象征

杨懋春曾将中国家庭定义为"不完全是指生活在一起的一群人……家庭是家庭成员、家庭财产、家庭牲畜、家庭声望、家庭传统和家庭神祇构成的复杂组织"。[①] 农具作为符号化的象征，它与一个家庭的声誉、财产以及传统等始终保持密切的关联，它的占有及使用状况明显地传递着它的主人及其家庭相关状况的某些重要信息。从古至今，一直如此。

在传统社会，土地与牛通常是家庭财富的象征，在它们的身上通常盛载着农民对财富、美好及未来生活的寄托，添地买牛始终是农民奋斗的主要动因。自 20 世纪 50 年代农民拥有自己渴望已久的土地之后，购买牲畜、拴套农车、置备各种必要农资的想法便立即充斥于大部分农民心中。能干的沙河沟农民放蚕、种地、砍柴、卖木头，各种谋生手段一并用上，在添置各种农资农具、提高家庭生活水平的同时，也为自己的家庭在乡村中赢得较高的声誉。

在沙河沟村，无须刻意地调查与寻访，只要看看各家农具的置备及使用状况，就可大致了解它的主人在社会评价体系中的地位及其家庭的生活状况。那些大到牲畜、犁杖、推车，小到镰刀、剜刀等各种农具都置办得妥妥当当的人家必是那些"会过日子""日子过得好"的农户，而那些"要啥没啥"，天天想着伸手向人借的人必定是闲散懒惰或是极为贫困之户。在使用农具时，爱护农具的农民们大多是倍加小心，例如，在用镐头刨地时，他们会尽量避开石头等硬物，以免刀头受损。在田间劳动中，尤其是集体劳动时期，大量农具混杂在一起，精心的老农不仅能一眼认出自己的农具，而且还保管得相当仔细，他们大多是"把守得登登的"[②]。休息时，把农具放在自己的身边，至于锄头、镐头等小型农具，则干脆放在屁股下坐着，这样既可防止地凉，又可看管农具，真是一举两得！会过日子的农家在挂锄之前，大多要将农具用水清洗干净，再在刀头等铁制部位涂些灶坑灰，然后将锄头、镐头等农具并排挂在仓房中的挂子上，以免水淋

---

① 杨懋春：《一个中国村庄：山东台头》，张雄、沈炜、秦美珠译，江苏人民出版社，2001，第 47 页。

② 把守得登登的，方言，看管得比较紧的意思。

生锈。通常，只有这样的人才称得上农民中的模范。

五　农具：农耕情感的依托

沙河沟农民常说"换镰不换锄，换锄使唤不服"，这不仅体现了农民对农具知识的理解与掌握，同时还传达了农民对自己的农具在心理及情感上的认同。尤其是在外人来借农具的时候，有心的村民总会不失时机地对自己的农具夸奖一翻，这样既可让对方认同自己的农具，也可表达自己对农具的重视，以期来者在使用农具时会加倍小心并速借速还。当然，在借农具的时候，借给谁而不借给谁，什么农具可以借而什么农具不可以借，在村民的心目中自有一把衡量的尺子。

> 那借东西总得有个三厚两薄的呀，那玩意儿不是谁都能借的。那有的人家借东西，就谁都愿意借他，就那牛都舍得借，人家说这老头行，知道怎么摆弄牲口，那我愿意借给你。可要是不行事的那人家，别说是牛了，就是锄头、镰头都不爱借。①

可以想见，农具所盛载的东西远远超出其本身的价值，甚至会成为其主人某种心理情感的依托，这种情感上的依托往往更明显地体现在农民对牛、马等牲畜的依赖之中。

在沙河沟人的观念中，"带毛喘气儿的不是财"，饲养牲口不仅要甘冒牲口得病或意外死亡等各种意想不到的风险，而且还要花费较多的精力和心思来照料它们。倘若单将牲口养活倒并不很难，可是要想将牲口喂得好，养得壮，那可不是人人都能做得到的。同样是农户各家饲养的耕牛，有的牛膘肥体壮、皮毛光亮，而有的牛却瘦骨嶙峋，甚至连"站都站不起来了"。可见，主人对牛的精心与否直接关涉到牛的健康状况，那些"服不了辛苦，下不了大力"的人是绝对不适合饲养牲口的。沙河沟人用牛耕种见图4。

---

① 不行事，方言，不善理家，不会过日子的人。访谈对象：林玉塔，男，汉族，71岁，小学文化。访谈时间：2005年2月15日。访谈人：詹娜。

图 4　耕种

在村中调查期间，笔者还目睹一户人家的马患病，女主人急得焦头烂额的场面，她一面请来兽医医治，一面又急匆匆地向村中的神婆求助。无奈，两种医治方式均无回天之力，马最终还是死掉了。女主人痛哭不已，还当场晕倒。后来，笔者了解到，三年前，女主人花了4000元买下这匹马，可是干活还不到三年，马就病死了。在沙河沟村，死马通常并不自己宰杀，而大多要以马肉的价钱出售给屠宰户，最终女主人只得到1500元。对于农村中收入一般的小户人家来说，失去这样一头牲畜无疑是个致命的打击。

当然，农民对牲畜的情感并不仅仅表现在物质利益的折算上，还表现在日常饲养及使用细节中，有时候，农民在家畜身上所流露出来的特殊情感往往是细腻而复杂的。以耕牛为例，它不仅可以为农田积攒大量的粪肥，还可以出力拉车。

在与农民的长期共同生活中，牛所表现出来的各种优秀品质，使它与人类的关系逐渐由僵硬的工具性关系转变成特殊的亲情关系。可以说，牛不仅是出力的工具，更是农耕家庭的成员，尤其是与那些不肖子孙相比，牛更是可靠与忠厚的象征，难怪沙河沟人时常感慨地说："哑巴畜生比人强呀！"一旦牛生病，或是必须要出售之时，牛的主人们大多会为此伤心难过。对于死去的牛，沙河沟人大多将它卖掉，而禁忌自己食用。在沙河沟村，尽管没有法律或社会习俗明令禁止职业性宰杀耕牛，但杀牛会遭到所有人的一致谴责，几乎没有人会瞧得起从事这一职业的人。在当地村民的观念中，"杀牛是丧良心的事，牛为你出了大力，结果你再把它杀了吃肉，在良心上是说不过去的"。直到现今，在村中，倘若人们责骂某个人没良心，大多会说他"就像哪辈子杀老牛了似的"。

综上所述，农具，作为一种生活层面的器物事象，它的使用及传承通常表现了丰富的民俗内涵。第一，农具作为一种物质层面的生产用具，它的出现及使用是与一定的自然生态环境及生产状况直接相关的。作为农民肢体功能的延伸，农具更是农民适应生存环境的生存智慧与生存策略的重要表现。同时，农具作为农耕技术民俗的重要表象及传承载体，它的传承与断裂明显地体现着农耕知识及农耕传统在现代生活中的延续与中断。第二，农具作为一种符号的象征与意义的载体，它在民俗生活中不仅可以成为地域认同的表象，还是农民声誉的象征以及农耕情感的依托。这是农具这一物质实体的背后所隐藏的深层文化内涵，是农民对农具的理解与认知。随着农民赋予农具更多的意义与理解，作为技术手段的农具逐渐与民俗生活相互融合，而日渐成为一种"文化的技术"。

苏州稻作木制农具及俗事考[*]

金　煦　陆志明[**]

摘要：作为农耕文明的富庶之地，苏州地区的农耕理念是精耕细作，农具十分考究，材质与功能也十分丰富。本文主要介绍了苏州地区灌溉农具、耕种农具、脱粒农具、脱壳农具，由小见大，反映了我国农具的牢固、精密、平稳。

关键词：农耕文明；农具；稻作文化

苏州地区是著名的鱼米之乡，自古以来就有"苏湖熟，天下足"的美称，长期积累的稻作文化内涵非常丰富。种田讲究深耕细作，农谚云"耕地耕得深，黄土变黄金"，因此，使用农具也十分考究，有"工具好，工效高；工具全，工夫半"的说法。农民不仅爱惜农具，而且常常将其作为祭祀物品，如过年时农具上都贴上大红纸，祭祖时也摆上农具或制作农具的工具，说明对农具的崇拜。女儿出嫁的陪嫁品中也有农具，办喜事时就摆在新房里，不仅说明种田人不忘根本，而且象征人的生产力和物质生产的密切关系。农民这种由对土地崇拜派生出的对农具的崇拜，是长期的小农经济形成的意识形态，由此产生的生产民俗也独具风采。

中国自古以来以农立国，曾有 80% 以上的人口务农，几千年来用手工业制作的农具耕耘，现在这些农具已逐步被淘汰，制作这些农具的人多数已转业。如今在江南要是有人想把这些旧式农具收全，当作"历史文物"

---

　*　本文原刊于《民俗研究》1999 年第 3 期，收入本文集时略有改动。

　**　金煦，苏州民俗博物馆副研究员；陆志明，苏州新市商场退休职工。

保存起来，已非易事。然而，人类的进步与生产力的发展和使用工具是分不开的，依附于它的文化和民俗现象，研究价值很高。

中国农业生产发达和农具制作的精良是分不开的。人类最早使用的工具，曾经历漫长的旧、新石器时代。我国最早发明冶炼技术在春秋晚期，考古发现吴越时期的铁制农具很多，有锸、铧、镢、铲、锄、镰、铚等，铁器对农业发展和社会经济产生巨大影响，人们往往把铁器的普遍使用作为告别石器时代的标志。在战国时期，我国传统农业的一整套工具，如平整土地、中耕、灌溉、收割、加工等工具，已经基本齐备。农业从耙耕走向犁耕，从石、骨、木器，到铜、铁冶炼工具，不断促进生产力的发展和社会的进步，自汉代始，铁制农具完全取代了铜制农具的地位，并沿用到现代。《汉书·食货志》记载，汉武帝时已是"亩五顷，用耦犁，二牛三人"。耦犁是适用于翻沟、造垄、整地、播种的农业器械，用耕牛牵引，"用力少而得谷多"。到西汉已发明了用杠杆原理和利用水流为动力的踏碓和水碓用来舂米，用风扇车来簸扬谷糠，还发明了灌溉用的水车雏形——翻车，这些农业器械的发明，使传统农具发展到成熟期，领先西欧1000多年。六朝以后受中原农业文化的影响，吴地农业技术有了重大进步，不断由粗放走向精细，以水稻种植为主体的农作技术体系日趋成熟，作物种类和种植制度等均发生了一系列重大变化。正是在这一阶段，产生了我国最早的一部犁耕农具专著——唐代陆龟蒙的《耒耜经》，书中详细记载了"江东犁"的形制结构，由直辕变曲辕，使犁辕长度缩短，犁架重量减轻，一头牛就可以牵引，改变了二牛抬杠的方法，节省了畜力，特别适合南方水田操作。当时吴地已经形成以江东犁、龙骨车等为代表的适用于江南水乡农作需要的农具体系，一直沿用到近现代而未发生根本性改变，只是向更精细的方向发展。其中木制农具十分突出，又少为人注意。

由于长期闭关自守，中国的农业科技在近代大大落后于西方，在我国，冶金铸造的机械农具的使用，只是近几十年的事，至今还没有遍及全国农村。《苏州市志》记载："苏州郊区解放前，从种到收皆靠人力、畜力和老式农具。解放后，改良农具进展加快，多数农具已被农业机械所替代，如电力排灌已基本代替人力。"但由于我国农村现有制度还不可能适应大规模生产，许多大型机械尚难以普遍使用。可见传统的手工木制农具延续使用的时期最长，它伴随着农业生产的发展而发展，伴随着农业生产的改革而改革，对农业生产起着至关重要的作用，特别是近代木制农具，其精巧程度已渐和农业机械化接轨。农具经过不断创新，不但经久耐用，而且构思巧妙，匠心独运，做工灵巧，切合实际，历史文献对于吴地的农民，以及他们之中的能工巧匠，常以"精""黠""巧""慧"称之，是名不虚传的。有的传统农具在吴地农事中还有强大的生命力。

江南水乡，以稻作生产为主，水田作业要求精耕细作，因此木制农具的制作也很有特色。过去生产木制农具的作坊，叫"椿木作"，专卖木制农具的店铺叫"椿作店"。椿是椿木，《庄子·逍遥游》云："上古有大椿者，以八千岁为春，八千岁为秋。"大椿长寿，后因以为父的代称，古称父为"椿庭"，母为"萱堂"。长期以来，中国以农为本，而农具又被称为生产之父，以"椿"字挂帅做作坊或店名，也含尊意。制作农具的人，称作"椿木匠"。椿木作一般作坊规模较大，坊主有好手艺，雇用木匠。椿木店是自产自销的夫妻店，规模较小。制作农具要配合农时季节，一般在春季开张，因此又称"春张店"，特别是灌溉、耕地的农具都在春天开始制作，称为"春作"。

苏州南郊蠡墅镇，清金玉相撰《太湖备考》载，"五龙桥之蠡墅"为著名造船处之一。清初有陆姓、朱姓等造船工场，有木船两百多艘、工匠两百多人……祖孙相接，父子相传，师徒相承，技艺精良，做工考究。这里只说了造船，没有提到制作农具。其实，陆、朱二家都做的是椿木行当，并兼造农船。现在的陆家，往上追溯三代，于清朝道光年间，老板陆松祥被誉为江南第一把斧头。这个人的木工手艺，除了斧、锯、凿、刨的基本功扎实外，还善于动脑筋改良农具，使农具制作有自己的特色，并掌握了不少秘诀。清末民初鼎盛时期椿木作坊沿蠡墅河滩，直通石湖，沿岸都搭满了作场，来往到蠡墅买农具和农船的船只不断，特别是春耕秋收季节，苏州有"轧神仙""游石湖"等民俗庙会，更是买卖农具的高峰期，船只挤满了河道。可惜，1937年日本侵华的国难，这两家椿木作的主人都没有逃脱，搞得家破人亡。所幸陆松祥有三个儿子继承父业，陆聚兴椿木作得以保留到新中国成立后的手工业合作社时期。但随着时代变迁和生产的变化，椿木作已日渐衰落。这三代人前后经历了整整150年。陆松祥三子的长子叫陆志明，承继父辈衣钵，学了五年椿木生意，对父辈的高超技艺，看在眼里，铭记于心。父亲在他学艺五年中，一再叮嘱，要深得陆家祖传椿木作的秘要，但时代变了，新中国成立后陆志明终于丢掉斧头，进城读书，后来进了农业专科学校，今天他仍能凭记忆绘制陆家祖传的一整套椿木制作经典，是江南农具发展的活档案。

苏州农具制作起码也有上千年的历史，而且品种繁多，包括灌溉农具、耕种农具、脱粒农具、脱壳农具、碾糠农具等，总之，包揽了江南水乡农作的全部生产工具，甚至可以扩大到渔业和造船业，如灌溉用的戽斗，也是渔家不可少的工具。江南农业生产水田劳作较多，木制农具要适应各种生产特点，制作要求可用"牢固""精密""平稳"六字来说明。牢固即要经久耐用。精密即有磨损的可能，但不能脱臼。平稳即使用时没有跳抬之杂声。这里试举几种类型的农具做一概括介绍。

一　灌溉农具

水车（古称翻车、龙骨车）

农业生产离不开灌溉，特别是水稻生产，灌溉农具是不能缺少的。俗话说："水是田家娘，无水秧不长。"苏州水乡，河网纵横，对灌溉固然十分有利，但过去亦很难旱涝保收。弘治本《吴江志》记载："吴地平，尽为田，略无旷土。然滨江傍湖最为低洼。凡春夏之交，梅雨连绵，外涨泛滥，淹没随之。农家结集车戽，号为大棚车。""大棚车"即水车，是用一块块木板连接翻转汲水，称为"戽斗"。我国早于唐代即已使用，那时有了这种水车，不知节省了多少劳力，当时发明水车可谓"当惊世殊"，其他国家是没有的，后人有诗云"江南水轮不假人，智者创物真大巧"。我国自古以来，灌溉农具从用人力到用畜力、用风力，再到用电力，有一个发展过程，而且因地区贫富不均，有交错使用的现象。古代最初用的是拷水灌田，如古代"桔槔"，即提水灌溉法，用一高杆，上端置一横杆，横杆一端绑重石，另一端悬绳挂水桶，利用杠杆原理提水灌溉。吴地一般只用人力从河里拷水灌到田里，这只拷桶积肥罱河泥也是不可少的。后来才发展到汲水灌田，发明了水车，又称"龙骨车"，配套"荷叶盘"成为完整的牵动灌溉农具（见图1），是拷水灌田向木制机械农具的发展。戽斗是引水的容器，如现代的汲水管，下端通河水，上端通灌溉沟渠。这就要靠木板刮水。从拷水到刮水是一个很大的进步。它的结构就像自行车上的链条一样，上下运转，活像龙的椎骨游动，灌溉时鹤膝（连头）板子联动刮水，上下回旋像龙汲水，因此叫它"龙骨车"。汲水的板子因经常在水中，秋收后逢天气干燥，木质发脆易损坏，因此耗量很大，基本上一年要换一次，这就给椿木匠招来生意，每年清明节一过，第一件事就是锯板子、做板子。用杨木做，不能晒干，反而要在河里浸透，技术要求也很高。

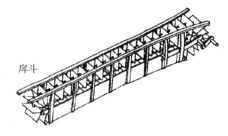
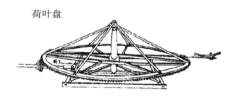

图1　牛牵水车及其细部

龙骨车的构成，为发展农业机械化和电气化奠定了基础，中国使用龙骨车的历史已有上千年。唐诗有"黄昏见客合家喜，月下取鱼戽塘水"句，宋陆游有"山高正对烧畲火，溪近时闻戽水声""水车罢踏戽斗藏，家家买酒歌时康"句，明徐光启《农政全书》卷十七有灌溉图谱，是明史中的珍贵资料。顾炎武《天下郡国利病书》记载："灌田以水车，即古桔槔之制，而巧过之。其制以板为槽，长二寻有奇。广尺三寸至五寸，深五寸许。旁夹以栏盾，中斫木为鹤膝，施键以联之。屈伸回旋，用持辐以运水。"可见明清时农村灌溉用的水车与现在基本相同。使用机械及用铁管、橡皮管汲水也不过是近几十年的事。木制的水车是使用机器的前奏，制作水车的椿木匠是农业机械化的奠基人。

在农村最常见的脚踏水车，靠人力脚踏引动戽斗汲水，这是大江南北田野中最广泛使用的车水灌溉农具（见图2）。它简便实用，易于搬动，适用于荡田（低于河面的田地），而且戽进戽出均可以。但这种劳作既吃力又枯燥，初学的人上去，不是脚踏榔头，而是榔头打脚，只好"吊田鸡"（人扒在搁手棒上，两脚缩起来不敢踏）。踏车经常在暑热天旱的时候，俗话说"六月晴，水如金"，"千车万车，不如处暑一车"。如遇旱涝灾情，踏车更为辛苦，古人有《踏车叹》云："溪水清，田水浊，腰挂横辕足转轴，妇子唱歌声似哭。去年雨少枯我苗，平畴俱作龟文焦，今年雨多水过腰，小麦烂尽蝌蚪跳。雨少踏水人，雨多踏水出，两胫青苔背赤日，朝餐未食饥欲踏。长官宴客张水嬉，管弦响遏行云飞，清歌颇厌秧歌恶，一舸垂杨深处移。"这首诗歌"叹"得好！不但写出了农民的辛苦和焦虑，而且和为官者的享乐生活形成了鲜明对照。尽管官场人厌听秧歌，但农民为了解除疲劳，踏水车时山歌号子响连天，敲锣打鼓，抒发胸臆。

图2 踏水车

现在农村已经普遍用电力灌溉了，龙骨车也已经成了历史文物，但它毕竟陪伴了中国农民上千年，功不可没。这种灌溉方法，曾经早于欧洲，而它终于又落后于先进国家的机械和电力灌溉上百年，使得中国这样一个农业大国，粮食产量落后于其他国家。科技进步会起到多大作用，值得深思！

二　耕种农具

江南水乡农业稻麦两熟，耕地的主要工具有犁、耙、锄、耥等，其中锄头等铁器由铁铺生产，其余是木制农具，由椿木作生产。耕地的方式有深翻和浅翻，深翻用犁，是在种作物之前的操作，称深耕。因各地中耕除草条件不同，要求不同，锄的形制亦有各种变化。

铁搭

垦田农具，锄头类，吴地称铁搭。浅翻用锄，是旱地松土用的，由古代耒耜发展而来。《王祯农书》称其"齿锐而微，似耙非耙，削土如搭，是名铁搭"。其始于刀耕火种的年代，如我国夏商时钱币的造型，原为两齿，随着生产力的发展逐渐改为四齿，有尖齿和板齿的区别，尖齿垦得深，可垦旱地，破硬土。两齿的可挖树根和石块。板齿又称"满封铁搭"，用于浅锄、碎土，在水田碎土，拉平田面称为"搭田"。两齿的用于旱地作物，如株间除杂草，称为"中耕"。锄头属铁制农具，即使实现农业机械化，锄头、铁搭仍起到辅助作用。俗谚有云"三耕六耙九锄头，一季收成抵一年"，过去农民深深懂得种田不能只靠老天，要锄头、铁搭底下看年成。

耙

翻土后碎土、平整水田的农具。种植水稻，有一个平整土地的工序，特别是水稻育秧，秧田要细作，使之在灌水后水深一致。

耙为江南稻农创制，有刀耙与齿耙两种形式。刀耙，古称"耖"，是在两块1米多长的杉木板上面装上铁刀（如马蹄刀一样，刀面较长），称"耙栏"，和两根两头呈"S"形的木料叫"耙冒头"构成的长方形农具。适用于软土的水田，只要耙过两三遍就可以插秧了。齿耙，古称"耢"。

其与刀耙不同之处，是耙栏狭，冒头具有上翘的弯势，中间阔，两头狭，中间一眼装入齿轴，通称"刺毛芯"。齿是用粗毛竹削成橄榄形（古代用树枝编在木框中），对穿插于圆轴上（也有六角形的轴），交错变化，像满身刺毛虫，故通称"刺毛耙"。利用竹尖刺入泥中可达到粉碎泥块的特殊功能，在水田硬质泥块操作，有使硬泥化作泥浆的特殊效果。齿耙适合人力拉，前栏安上绳索甩在肩上拉行，后栏压上石块加大耙的重量，以免浮滑失去耙劲。犁耙是水田操作土壤处理的配套工具，耕耙之后即可插秧，耕作前后的土壤处理有利于提高秧苗的成活率及生长速度。

犁

深耕翻土农具。近代使用的犁又称步犁，有大犁与小犁，相差五与三之比。其功能不同，大犁是旱耕农具，小犁是水耕农具。旱耕主要耕扳田，即割稻后暂不种作物的"休闲地"。水耕是在油菜、小麦收割后灌水折垄时用小犁耕作。犁由犁辕、犁头、霍铁板、千斤板、犁底（即犁身）、犁柄、提手柄七个部件组成。犁的单位为"张"，如"一张犁"，它是农具中很巧妙的农具。

犁辕是牛拉犁耕地前进功能的主要装置。材料是呈"S"形的树干，大犁犁辕粗如手臂，小犁略细，过去制犁材料来源于自然形态的弯曲树干，并没有固定的尺寸，全凭木工经验。犁头和霍铁板是入土翻泥功能的主要装置，亦名犁铧。操作安装犁头和霍铁板，其诀窍在于要把犁头设计成如蜗牛壳旋转的纹路，并对准犁进膛，不偏不倚。按照蜗牛在壳内伸缩的自然现象推理，做成的犁头的面积、形状与弯曲程度，恰好能使泥块翻转 180 度，使泥块均匀地倒向一边，这种离心力的抛物线与犁进膛的吻合，符合物理学的原理，而椿木作师傅是从实践中获得的真知，特别是大犁的田垄泥土的翻转，垄底泥土朝上，垅面平贴于垄底沟，最见实效。

牛的拉力和犁耕的阻力都在千斤板上，它是犁耕翻土的重要部位。霍铁撑头使霍铁板与千斤板连成一体，并与犁底一起承受土块翻卷的重力，起到"秤砣虽小压千斤"的作用。犁柄的作用如船舵一样，是犁耕时的操作杆。其巧妙在于使用灵活。提起犁身，犁头向下钻，就可深入土面，达到深耕的目的；撳下犁身，犁头就向上昂，入土面少，达到浅耕的目的。犁这七个零件的制作，使犁操作起来轻巧灵活，坚固耐用，在农民中取得信誉。

"江东犁"在我国唐朝就已出现，早于欧洲几个世纪，是吴地先人的一项智慧结晶，吴地农民继承了这一光荣历史，再创辉煌，因为有了这些先进的农具，才使江南鱼米乡成为全国的知名粮仓。

耥耙

插秧半月左右，水田稻苗长至尺来高时，开始第一次中耕，即耘稻。耘稻兼施肥、除草、松土三种作用，这是稻作生产过程中土壤处理的必要操作，也是最艰苦的作业。人在烈日下的水田里，跪在稻苗之间，用手在稻苗根旁挖捏，称"挖空根泥"，同时施基肥，拔除杂草。《王祯农书》中记载："尝见江东等处农家，皆以两手耘田，匍匐禾间，膝行而前，日曝于上，泥浸于下，诚可嗟悯！"足见耘稻之艰辛。稗草是与稻叶混同的害草，色较浅，将它拔掉，绕成团，埋入行间泥中做肥料。稻叶糙毛，易擦伤皮肤，故制竹膀夹，保护两腿内侧。耘稻时值夏季，作业时面朝水面背朝天，汗流浃背，要穿上贴肉的竹马夹，再穿上麻布大袖衫以免汗渍生疮。挖空根泥要用手抓，带上竹编的竹指甲（古称"耘爪"），增加松土的效果，并避免损伤人的指甲。水稻田的泥土，沤在水中，很容易板结，影响稻根生长，通过挖捏，根须可以舒展，根发苗长，促进发棵。这是稻作生产的关键作业。

大耥耙又名大耥板、耥板耙。约元末明初由太湖地区农民首创，沿用至今。是用 7 寸厚 2 尺长的木板制作的，前小中阔，有五排钉齿向下拉草松土。

小耥耙又名"草鞋耙"，是稻行间的中耕除草木制农具。它将两根弯弧形的板条与三根横木（前、中、后），用榫眼搭成耙板，形状很像草鞋，故名草鞋耙。

三　脱粒农具

稻麦收割后，有一道脱粒的工序。脱粒的场地俗称"打谷场"。打谷场上有许多竹木制作的农具，是椿木作的产品，如稻桶、稻床、风车（见图 3）、脚踏脱粒机等，还有许多辅助工具，如盛谷用的笆斗（拷栳，柳条藤编盛谷用具）、清谷用的谷筛（江南称"缠汰"）、扬谷用的扬匙板、清场用的铁柴耙、竹柴耙、竹扫帚等（其中有些是竹器店的产品）。制作这些产品，每年的高峰季节在中秋节之后，行话叫"开砻仗"。

图 3　风车

稻床

古代稻谷脱粒的方法是在地上铺一张大竹席，上面放一块大石头，人们手举稻把用力掼稻于石上，稻粒脱落于席上，然后收拢起来。后来发展到用稻床，又称"掼床"，是脱粒掼稻用的农具，各地形制不一，蠡墅制作稻床架子先用杨树做成木框，中间一根是稻床梁，呈凸形，选料严格，床梁弯度高，配上竹片平、紧、硬，平不等于紧，紧才能硬，只有硬，才能适应甩稻时人的甩力。要做到紧，在工艺上就有妙诀，主要在于床框的结构和榫眼，以及插入竹片的技巧。做农具的人，要会用农具，不会用农具，也不会做农具，道理看起来很简单，做好稻床亦非易事。

扇车

此扇车是在打谷场上扇谷用的，是十分轻巧的清理谷物工具。将谷放入扇车上的漏斗，用手摇动风扇把手，谷从漏斗里通过活门流下，经扇板扇风流入车肚中，车肚下有两个出口，安装在扇车肚下两旁，一前一后，叫"流斗咀"。有手柄扇风一边的叫"头食咀"，流出来的谷，均为实粒谷，后面的叫"二食咀"，流出的是瘪谷。扇车另一头通称"扇车屁股"，把杂物瘪壳等废物全部扇出。活闸和活门是进谷的关键所在，活闸是一块斜面的木块，中有凹槽，在木条上可移动。活门是一块串向对面的流谷门，它开启大小由活闸控制，位置在头食咀之上，偏前二分之一，扇风时，实谷落于头食咀中央，瘪谷落于二食咀，稻叶飘向后身板。此扇车同样可用于小麦、油菜等作物的收粒清理，是多功能的清理农具，充分体现了农民制作农具的智慧。

四　脱壳农具

从稻谷变成大米，有一个脱壳的工序。这道工序的主要工具是砻。砻的作用在于"砻去谷壳而不碎谷"。它可以磨去谷的一层坚硬的外壳，这些外壳即砻糠。这时的大米称为糙米，即头铺米。糙米表层有薄软的皮层，叫米糠。把米糠剥磨后，才是雪白的大米，即二铺米。古籍中有"砻以坚木为之，上圈造直齿，下畔造横斜之齿，令上下龃龉。砻上搭直档曰大桁，旁加横档曰小桁。四五人扶其档而牵之，壳自脱而米不伤"之语。这部分工具还有碾、磨、榨等，统称为农产品加工的农具，都是椿木作生产的。

砻

由上下两片圆形带齿的木制品构成。上片为动片，用人工可以转动。下片是固定的。放在架子上进行磨转，谷从上片圆孔（砻膛）中送进，转动上片，谷经磨转从砻齿缝中出来，已脱去谷壳。这种劳动就是牵砻，是苦力活。用人牵动的一人牵是小砻，三人牵是大砻，也有用牛牵动的。经砻过的谷，要经过两三次清理，如用风车扇米，用网眼筛筛米，或用簸箕簸动，扬去糠秕和灰尘，和稻场（打谷场）上的作业基本相同。牵砻是一件相当辛苦的农活，农民称其为"大作场"，一面牵砻一面唱山歌："今日牵砻大作场，老砻摆起正当阳，老砻肚里千条路，条条路里进谷粮。今日牵砻大作场，砻头师傅把住桁，大砻牵来千年米，小砻牵来万年粮。"

以上均为农产品的加工农具，覆盖了从收割到稻谷变成大米的全部劳作过程，从谷粒进入砻膛，通过砻的运转摩擦过程，去壳成为米粒，从砻场上出来的谷壳、米粒等混合物经过风车扇动而分离出米粒和砻糠，谷粒要经过几次砻牵才能成为糙米，再经过打米碾去皮，最后才成为白米。要做成粉还要用磨来牵。风车分离出来的青秕米谷，可以加工做饲料。砻糠又是一种特殊的燃料，老虎灶烧水、做酒和做酱的作坊里、用风箱扇的灶头都要烧砻糠，一点儿也不会浪费。

除此之外，农民要使饱满结实的大米入仓为粮，还要经过日晒、翻谷、堆谷、扬、簸、筛、淘等过程。为了颗粒无损，对甩过的已经脱粒的稻柴，用一种叫"豁子"的工具，反复抽打，不漏一粒谷，名为"小秋收"。在用稻柴烧火时，灶后还有个"积谷鬶"，见到谷粒，就用手摘下放入鬶内。苏州民间传说，元末明初张士诚被朱元璋围困在苏州三年，城中缺粮，就用积谷鬶中的稻谷做种子，解决了粮荒。

苏州一带农民有八月十八游石湖在庙会上买稻床的习俗。从农业生产的季节和顺序来看，秋天从收割、脱粒、脱壳、牵砻到碾糠，是农业的大忙季节，到了"十月朝"就可以吃新米了。岂不知这米到手有多么不容易，正如古代诗人李绅《悯农诗》中说的："谁知盘中餐，粒粒皆辛苦。"因此江南农民对稻谷和大米的崇拜与爱惜也达到极点，有首山歌唱道："半年辛苦半年忙，霜降催得稻头黄，轻割轻收轻轻放，颗颗粒粒要归仓。"他们甚至把稻谷奉为"谷神"，把大米称为"米仙人"，相信把稻穗系于屋檐下可以镇宅驱邪，乞千家米、请米仙人，就可以为孩童治病消灾，在祭祀神灵和祖先时，供米一碗，谓"堂前供米神，邪鬼勿进门"。甚至娶妻生子也要用稻草铺床，称生谷子可祈求早生贵子，在大年初一开门时将米撒向天、地，感谢天地之恩，祈求来年丰收。凡此种种，都饱含农民对自己辛勤劳动的成果的爱护和尊重，从脱粒、脱壳这些农事中也可以深切地理解农民这种感情，制造这些农具的人也不例外。

江南稻作农具民俗遗产的文化表现及其意义 *

丁晓蕾　孙　建　王思明 **

摘要： 江南稻作农具文化与江南地区的地理环境条件高度契合，具有明显的区域特色。稻作农具除了发挥劳动工具的作用之外，已深深融入当地人的生产生活、精神信仰，成为区域文化的组成部分。江南稻作农具的民俗文化内容丰富，层次鲜明，从农具使用过程中的各种实用行为习俗表现，到对农具的爱惜、敬畏，甚至视其为神灵的象征，这些都是农耕文明长久积淀的成果，是传统农耕文化传承和发展的文化形式与文化载体，具有不可替代的非物质文化遗产价值。

关键词： 稻作农具；民俗遗产；文化表现；文化意义

江南地区气候温暖湿润，水网密集，是我国重要的稻作农业起源地。这里的自然生态环境、人文历史、民族构成、生活习惯、语言文化等独具特色且自成体系，历史悠久的水稻生产技术、稻饭鱼羹的生活方式、天人合一的人地关系，孕育了当地朴实的民风民俗。目前，对江南地区的民俗文化研究多聚焦于衣、食、住、行等生活习俗和民间宗教信仰，而对稻作农业民俗的研究则较少，对稻作农具民俗的表现及其文化意义的深入研究则更少。本文从系统梳理江南稻作农具民俗文化的表现入手，全面考察其在行为、精神以及语言领域的表现内容和表现形式，对稻作农具民俗遗产

---

　　* 　本文原刊于《中国农史》2015 年第 6 期，收入本文集时略有改动。
　**　丁晓蕾，南京农业大学人文与社会发展学院教授，主要从事农业科技史、农业历史研究；孙建，南京农业大学体育部副教授；王思明，南京农业大学人文与社会发展学院教授，主要从事农业科技史、农业遗产保护与研究。

的文化意义进行分析，揭示其与江南农业文化之间的关系，力求为研究江南农业文化遗产的保护与开发提供依据。本研究所关注的江南地区主要指狭义的江南，即长江下游南岸的古代吴越地区，其地望大致包括浙江大部、江苏南部、上海全境以及安徽东南部。

一 江南稻作农具的类型与特点

江南是中国重要的稻作起源地，分布于杭州湾两岸和太湖平原地区的吴越先民是中国稻作文明的重要创造者。[1] 从地理区位上看，这里既有钱塘江流域宁绍平原上距今约七千年的河姆渡文化，也有太湖流域杭嘉湖平原上距今约六千年的马家浜文化、距今约五千年的崧泽文化、距今四五千年的良渚文化等。人们在河姆渡文化遗址上发现了稻谷、稻秆、稻叶、谷壳的遗存[2]，在崧泽文化遗址发现了具有排灌系统的水稻田，在良渚文化遗址的古井中发现了碳化的稻谷。一系列考古成果证明，这一地区的稻作文化历经几千年的发展，可谓底蕴深厚。[3] 在这一进程中，农具的发明和使用是推动江南稻作农业文明走向成熟的重要技术因素。江南地区的稻作农具类型丰富，特色鲜明。

（一）品种齐全，类型丰富

为了适应水网密集地区水田耕作的要求，早在崧泽文化晚期，江南地区就已发明使用三角形石器，到良渚文化时期，出现了石犁、石刀和石镰。春秋战国时期，随着铁农具的出现，稻作农具的品类日渐丰富，中唐以后迅速发展，出现了以曲辕犁为代表的一系列新式农具。随后，以江东犁、龙骨车为代表的水田农具体系开始逐步形成，到宋元时期，江南水田农具体系定型、成熟，农具的成熟发展也使得当地的稻作农业生产技术和生产水平达到传统农业时期的巅峰。

---

① 吴维棠：《中国稻作农业的起源和传播》，《地理学报》1985 年第 1 期。
② 浙江博物馆自然组：《河姆渡遗址动植物遗存的鉴定研究》，《考古学报》1978 年第 1 期。
③ 吕烈丹：《稻作与史前文化演变》，科学出版社，2013，第 301 页。

江南地区的稻作农具类型丰富，功能分工细致，人们发明创造出各种精细的农具（见表1），力图将稻作劳动每一个环节的效率和质量都提到新的高度。明崇祯《松江府志》载："江南地广，火耕水耨，民食鱼稻，故农器与渔具比他方甚备。"乾隆《吴江县志》载："……艺麦有耖，戽水有车，取土有镐，芟草有耥，筑场有轴，刈稻有锲，曝稻有竿，击稻有床，翻谷有笍，脱谷有砻，去秕有筛，扇粟有车，击屑有柫，削藁有豁。"类型丰富的农具在水稻种植生产的各个环节，如浸种催芽、整地、中耕、灌溉、收割、加工、贮藏等，发挥了无可替代的作用。

表 1　江南地区的稻作农具类型

稻作环节	农具名称	主要材质
浸种催芽	筠笼、筠篮	竹
深耕熟田	江东犁、铁搭；耙、耖、碌碡	木、铁、石
灌溉中耕	拷桶、龙骨车、牵车、踏车、牛车、风车；耘爪、耘荡	竹、木
积肥、施肥	泥罱、牵耙；粪桶、粪勺；绞草杆、捞草网	竹、木、麻
收　刈	镰刀、稻桶（掼桶）、稻床、竹席；荞杆	铁、木、竹
脱粒清选	杈、梯、锨、稻耙；筛、簸箕、筥帚；连枷、风扇车	竹、木
加　工	舂碓、脚踏碓；砻磨；捻磨、牵磨、推磨	木、竹、石
贮藏运输	仓、廪、扁担、木盆；篮筐	木、竹、芦苇
劳动保护	竹马甲、竹膊笼、秧马	竹、木

（二）就地取材，实用方便

江南地处丘陵平原相接地带，盛产各类竹材、木材，农具制作多就地取材，功能形制实用方便。竹质农具轻便、耐用，竹竿、竹皮、竹青、竹篾、竹枝等材质特点不同，可以制作成类型、功能丰富的稻作农具。如浸种的竹篮也称筠笼、筠篮，用坚韧的竹皮篾制作，具有泡不烂的特点，同时还富有弹性，能够满足稻种吸水膨胀后体积变大的需要。竹质材料也容易塑形，人们用它制造出各种独特的生产保护工具，如竹马甲、竹膊笼等，以及各种小农具，如杈、梯、荞杆、连枷、筛、簸箕、筥帚等。竹质农具耐用、轻便，最大限度地满足了稻作农业的各种细致要求。如脱粒用的连枷头多为竹质，可以长时间持续使用，范成大在《四时田园杂兴》中对连枷脱粒进行了描述："新筑场泥镜面平，家家打稻趁霜晴。笑歌声里轻雷动，一夜连枷响到明。"清选稻谷的竹筛通过调整网眼的疏密，满足稻作收获时，从除去稻谷中碎草的粗选到白米分级全过程不同环节的需要。木质农具造型丰富，不同类型的农具和农具构件对木材材质的要求也各不相同。江南地处丘陵地区，丰富的树木品种类型能够满足农具制作对不同材质的要求。如高大的杉木、不易变形的楝木、耐浸泡的柳木、坚韧的榆木等适合用于水车不同部位的构件制作，柔韧的桑木适合制作扁担，木质柔和的松木适合制作小砻，在提高出米率的同时，也保护了出米的质量。

（三） 因地制宜，适应风土

江南地处长江下游地区，水网密集，丘陵错落，农具因地制宜，适应当地风土。从整地的江东犁到平整泥土的耙、耖、碌碡，江南稻作农具与当地自然地理条件结合紧密。唐代，江南地区出现了便于水田耕作的曲辕犁，即江东犁，将原来的直辕、长辕改为曲辕、短辕，辕头安装可以自由转动的犁盘，小而轻的犁架便于调头、转弯，操作灵活，充分适应了江南丘陵地区地块高低不平、大小不一的特点。江东犁为江南人役使牛力，充分利用地势各异的土地资源，提高耕作效率提供了技术条件。稻田整地需要平整泥土，为此，人们发明了专门的水田整地工具——耙、耖、碌碡。耙用来平整土地，耙齿多为铁铸或木质，方形或人字形，多用牛牵引。耖是耖细泥土的整地农具，由横柄和耖齿组成，耖齿长、密，耖地时手握横柄，耖齿插入土壤，也多用牛力牵引。碌碡发挥破块、压草、混泥的作用，经碌碡整理过的水田平整均匀，泥浆与土块混合恰当，适合布秧及后期秧苗栽插。

（四） 科学利用资源，提高效率

水稻生产有许多环节费工费时，仅仅依靠人力远远不能满足劳动的需要。农具成为必不可少的重要工具。如水稻在整个生长期，对水的要求较高，车水灌溉成为稻作劳动中最耗时耗工的环节。人们发明了不同形制的龙骨车，如人力翻车、水转翻车、牛转翻车、风力翻车等，充分利用了人力、水力、畜力、风力等资源。此外，还有利用水流推动转轮来提水灌溉的筒车，车毂上绑缚汲水竹筒，竹筒如鸦衔尾依次排列，旋转时低则留水，高则泄水，民间俗称"衔尾鸦"。稻作劳动的另一耗时耗工环节是中耕除草，人们为此发明了耘荡、耘爪。耘荡状如木屐，大多长一尺，宽三寸，底部有多枚铁钉，上面横凿榫眼，安有竹柄，用来推荡禾垄之间的草泥，省力省工，实用高效。耘爪是用竹管制成的耘田器具，按照人的手指大小制成，长约寸余。削去一边，形状就像爪甲，用来耘稻苗，提高效率，也可起到劳动保护的作用。

（五） 造型丰富，实用美观

稻作农具是与江南农人朝夕相伴的"伙伴"，其材质、工艺、造型、装饰等体现了这一地区人民对美的欣赏和追求，折射出当地人独特的审美情趣。例如：竹质农具的光滑细腻，木质农具的色彩、纹理、手感等体现出特有的材质美；圆的竹筛、竹篮、砻磨，长的龙骨车、连枷，方的稻桶，椭圆形的耘荡等，均体现出稻作农具的造型美。此外，一些农具的图案花纹，如竹筛、篮筐的经纬和缠边，石磨的刻纹，风扇车的构件等都呈现丰富的造型，体现了多重的装饰美学特征。

二 江南稻作农具民俗遗产的行为文化表现

劳动工具的创造是人类文明产生的基础，也是文明的重要组成部分。稻作农具的发明使用是江南人民生产生活经验的积累，同时也是人们生存智慧与生产知识展示和传播的载体。在制作、购置、使用、维护这些劳动器具时，江南人有丰富的行为习俗，具体体现在生产、生活的各个环节中，如语言、习惯、生活方式、宗教信仰、文艺创作等，江南稻作农具的行为习俗也成为区域民俗文化最实用的组成部分。

（一） 稻作农具的置办与收存习俗

江南稻作农具类型丰富，做工精良，不同材质的农具从取材、制作到购置、收存都十分讲究，形成了富有特色的地方风俗习惯。

首先，不同种类农具的制作有专门的特色店铺，如生产出售铁搭、镰刀、犁头的铁匠店，生产出售木犁、牛车、顺风车、砻床等大农具的椿作店，生产出售粪桶、粪勺、木盆及各种木桶的圆作店（俗称"打桶店"），制作米筛、竹篮、竹筐、竹席、扁担、畚箕、笤帚等竹器的竹坊等。

其次，由于各类农具的制作技术特点不同，也因此形成了独具特色的制作方式、专业分工、制作中心等。如竹质农具类型多样，有单纯用竹制作的，也有与藤、柳等其他材料合编而成的，工艺技术独具特色，一些地方竹具制作远近闻名，如浙江平湖钟埭镇的联丰村，人称"篾竹窝"，是否会编竹篮甚至成为当地人考验新媳妇的重要内容。铁质农具类型丰富，明清时期江南地区出现了相对集中的铁农具生产中心，如太湖流域钱塘县生产耙、犁，宜兴市篠里村生产铁犁，吴江区庞村则生产铁搭、锄头等。①此外，还有一些小农具，由工匠携带工具、原料等，边制作边叫卖，同时兼顾修理和以旧换新。②

再次，农具的购置要顺应稻作生产时节，具有季节性。开春时，多以购置耕种农具为主，一些木质农具大多在春天制作和销售，因此椿作店也称"春张店"。在江苏江阴市，农历二月二十二日，"邻境商贩骈集，百货杂陈，农家器具及家常什物终年所需者，多取给于此"。③浙江温州乐清于三月初十举行白石大会市，有各类农具沿场叫卖。④秋收时，多以购置收割工具为主，在苏州一带，每年中秋前后，是竹筛、风车、稻桶等各种稻谷脱粒农具的制作和购买高峰，俗称"开砻仗"。当地人也有农历八月十八"游石湖"买稻床的习俗。⑤此外，购置农具还大多在逢节赶会的时候进行，如庙会、神会等。农具的制作售卖成为江南地区集市的重要内容。

最后，农具是劳动工具，也是农家财富的象征，寄托了人们对丰收的期望。稻农非常珍惜所置办的农具，一些大型农具常常成为传家之宝，江南地区有在农具购置后进行"号字"的习俗，即将主人姓名、置办日期写在农具上。一些重要的农具还要题写上对功能和作用的期许，如"五谷丰

---

① 李伯重：《明清江南生产工具制造业的发展及其特点》，《浙江学刊》1987 年第 4 期。
② 苏州市地方志编纂委员会：《苏州市志》第 2 册，江苏人民出版社，1995，第 809 页。
③ （清）光绪《玉环厅志》卷 14《风俗》。
④ 浙江民俗学会编《浙江风俗简志》，浙江人民出版社，1986，第 179 页。
⑤ 金熙、陆志明：《吴地农具》，河海大学出版社，1999，第 39 页。

登""大有丰年""民以食为天，谷乃国之宝"等多题写在稻桶或谷仓上，表达丰收和珍惜粮食的寓意；"玉粒珠玑""吞金吐玉"等题写于米柜、扇车、水碓或碾子等加工工具上，表达稻米丰收的寓意；"川流不息"等题写于水桶、水车上，期望其提水灌溉源源不断。一些地方还会将地名和灌溉工具的"号字"结合起来，如浙江建德寿昌地区，龙骨水车上题写有龙游、上海、分水、浙江、青田、万县、常熟、寿吕等地名。①

（二） 稻作农具的使用习俗

农具是人类肢体的延伸和加强，其最重要的功能是辅助生产。② 因此，在耕作前要做好全面、充足的准备，整修、添置、检查，缺一不可。清张履祥在《补农书》中说："凡农器不可不完好，不可不多备，以防忙时意外之需，粪桶尤甚。诸项绳索及蓑、箬、斧、锯、竹、木之类，田家一阙，废工失时，往往以小害大。"在生产过程中，农具又被赋予了丰富的文化意义。人们根据农具的材质、造型，并结合其在生产中的作用和使用技巧，总结出了大量与使用习俗相关的歌谣、谚语、使用禁忌，成为传承与传播稻作农具文化的重要内容和载体。

在耕种阶段，农具的使用习俗体现了人们对耕种顺利的期待。如浸种时，为祈求风调雨顺、稻谷丰收，浸种的篮筐或水桶上要插上柳枝、柳叶，下种时插到田埂、水井或者秧田的进水口上，待秧苗移栽时才拔去。中耕除草时，人们总结出大量与使用耘荡、耘爪相关的习俗谚语，如"耘禾抖动泥，赛过一道犁"，"三耘六耙九摸田，一季收入抵一年"，"三稨九耘田，砻糠变白米"，"眼窥八方田中草；两膀弯弯泥里拖，十指尖尖摸穴棵"等。③ 这些使用农具时的习俗谚语不仅是对农具使用方法的描述，还包含人们对使用农具重要性的深刻认识。

在灌溉车水时，江南地区有传唱车水民歌的习俗。车水民歌一方面可以起到计数作用，另一方面还可以发挥劳动号子的作用。如浙江海宁的《哈头歌》："踏起来啊踏起来，用点劲道踏起来，正月梅花二月杏，

---

① 浙江民俗学会编《浙江风俗简志》，浙江人民出版社，1986，第 66 页。
② 詹娜：《农具：肢体功能的延伸与象征意义的衍化——以辽东沙河沟人的农具制作与使用为例》，《民俗研究》2006 年第 4 期。
③ 杨晓东：《灿烂的吴地鱼稻文化》，当代中国出版社，1993，第 290 页。

三月桃花四月槐，五月石榴六月荷，七月茉莉八月桂，九月菊花十月芙，踏起来啊踏起来……"还有一些地方通过在特定的时间使用水车等农具来祈求雨水丰沛，如浙江的"女踏车"，即在多日无雨的情况下，发动妇女参与车水，祈求降雨，也因此形成了五月二十三日农家妇女盛装下田踏水的习俗，有所谓"五月廿三落了麻花雨，红粉娇娘出踏车"的谚语。

在收获阶段，人们对收获工具——镰刀、稻桶的使用习俗多表现为祭拜礼仪。如开镰要祭祀稻神、镰神。在湖州，开镰前，先到田里摘三五棵稻穗，蒸熟后插在饭上，配上酒菜，吃过开镰饭后才持镰下田收割。镰刀、稻桶等工具在使用过程中也有诸多注意事项。如磨过的镰刀要在使用之后才能再磨，否则称"磨重刀"[1]，对劳动者安全不利；使用稻桶时，稻桶不能仰放或倒放，而要侧放，桶口要对着主人；割稻时，不可将脚搁在稻桶上。

在加工阶段，人们用风车除去瘪谷、稻草屑等杂物，或者直接用木锨、笆斗等进行扬谷、清选、晒谷，这时劳作者要祷告："壮谷好谷落黄金，神农菩萨把的好年成。"在牵砻加工时，各地创作流传有大量的砻谷歌，如江南流传的"芙蓉花开十月中，牵砻打米吭不空，糯米团子当家吃，长工吃粥牵夜砻"。用扁担箩筐将稻谷挑入谷仓时，箩筐内切忌装满稻谷，表示"担担挑，袋袋满"。挑谷担子时要说"头马朱谷分二要倒"[2]；谷担必须一挑，不能两人抬，象征年成好。一些地方在第一次往仓里倒谷时，要在仓的东、西、南、北四个方向都倒一点，寓意四面皆发。从谷箩里往外倒谷子时，不要朝向太阳，否则谷箩会变成空箩。[3] 最后，要在仓门、谷囤上贴上"五谷丰登"，祈求稻谷储藏安全。

农具的使用习俗不仅反映了人们对劳动效率的追求，同时也包含了人们对生产经验的客观总结，很多农具使用习俗是保护劳动工具或保护劳动者的注意事项。如铁耙翻地时，中途不能把铁耙扎在地上，尤其不能把铁

① 江苏省地方志编纂委员会编《江苏省志·民俗志》，凤凰出版社，2002，第52页。
② 上海民间文艺家协会、上海民俗学会编《中国民间文化——民间稻作文化研究》，学林出版社，1993，第45页。
③ 任兆胜、李云峰主编《稻作与祭仪——第二届中日民俗文化国际学术研讨会论文集》，云南人民出版社，2003，第392页。

耙齿扎在地上过夜，习俗解释为铁耙扎在地上，田公田母会腰痛，影响秧苗茁壮成长。其实，这一禁忌的实际作用是保护生产工具，防止铁耙锈蚀。此外，在日常生产生活中，农具的摆放使用有一些禁忌，如：木叉、铁锨、扫帚、竹耙等，不用时要头向上靠墙；铁叉、铁锹、锄头等头向下靠放；刀具如铡刀、镰刀等平放在墙根；人不能跨过农具，尤其是跨越耙、锄、镰刀、铡刀等铁制农具。[①] 从表面看，这些都是当地农具使用的风俗禁忌，实际上，这些习俗都反映了人们对劳动工具的保护，力争延长农具的使用寿命，或是从安全的角度，对劳动过程中劳动者人身安全的保护。

三　江南稻作农具民俗遗产的精神文化表现

江南稻作农具在与人们长期密切接触的过程中，被赋予了除生产工具之外的丰富内涵与精神文化意义。人们爱惜农具甚至敬畏农具，把农具神化成为神灵的象征，将其看作保佑人平安幸福的神秘力量，稻作农具不仅是生产工具，同时也是一种精神象征，寄托了人们的情绪、期望和追求，从中映射出当地民众的祈福心理和敬畏天地的积极心态。

（一）对农具充满爱惜甚至敬畏之情

农具是重要的生产工具，其作用发挥得好坏直接关系到一年的收成，因此，人们认为只有把农具"照顾"好，才能获得丰收。农人热爱农具、珍惜农具，甚至对农具产生了深深的敬畏之情。

稻田深耕是稻作的前提，犁是深耕农具，犁的发明将土地肥力的利用水平提升到了新的高度。犁具的发明也让人有机会役使畜力，大大提高了劳动效率。农家对犁的珍惜体现在平时对犁具的养护与爱惜，有时这种爱惜之情已达到"敬畏"的程度。例如，春耕开始，人们要举行隆重的开耕仪式，祭拜犁具，祈求犁耙牢固稳当，祭拜完成后，才扛犁下田耕地。在吴越地区，耕田时，犁头不能对着太阳，否则犁头会因触犯太

---

① 江苏省地方志编纂委员会编《江苏省志·民俗志》，凤凰出版社，2002，第52页。

阳而容易折断。① 因为犁与"利"同音，可讨得吉利，所以犁具必须与其他农具分开放置，尤其忌与粪桶等秽物放在一起。

收获是稻作的最后一个环节，人们期望通过给收获农具以特殊的礼遇，来触发其灵性，保障丰收。如，石臼是"舂米"的工具，是出米的最后环节，江南地区因此也盛行石臼崇拜，俗称"人是娘舅大，石是米臼贵"。在每年使用石臼"冬舂米"之前，要举行"斋臼"仪式，点烛焚香之后才能开工舂米。

（二） 农具被神化成为神灵的象征

稻作生产是人们为获得基本生活资料而进行的重要生产活动，在生产不能完全满足需求的时候，人们常常期望通过与天、地、神灵的沟通以及祈求和祭拜实现稻谷丰收的美好愿望。这时，稻作农具就不单单是生产或生活的用品，而是一种粮食富足、财力旺盛的象征物，具有了给人类带来吉祥、幸福的灵性，并且，这种灵性几乎无所不在。例如，耕地的犁有"犁神"，存放稻谷的谷仓有"谷神"，加工粮食的砻和碓有"砻神""碓神"，运输工具的扁担中有"扁担大人"，等等。这些神灵化身为江南人民获取丰收、求得财富的象征，在人们心目中占有崇高的地位。

农具具有神性之后，人们在购置、修整、使用农具时就有了诸多的礼仪要求。例如，在"犁神"生日时，即二月初二或三月初一，要举行"祭犁"活动，将用红布包裹的犁具供奉在谷场，犁辕上挂上绣球，贴上"一犁（利）万利，大吉大利（犁）"的纸符，进行祭拜，祈愿耕作顺利。新犁的配置、旧犁的维修如更换犁头等，也大多在犁生日前后才可以进行。砻是稻谷加工工具，在砻谷前要祭祀"砻神"，叩拜砻床，备好祭拜的酒菜，诵念"砻来砻来，我家发财""祭祭砻神，年年荡囤"等吉利语。砻谷时由于砻帽的松紧直接关系到出米率，所以安装砻帽时，砻谷手要捧香作揖，祈求丰收。② 在浙江桐乡，在牵砻结束后还要举行"散砻头"仪式，俗称"谢了砻头，一年饭米勿愁""斋了砻头，亩亩可收三石零六斗"。

---

① 上海民间文艺家协会、上海民俗学会编《中国民间文化——稻作文化田野调查》，学林出版社，1994，第13页。
② 德清县文化广电新闻出版局主编《德清县非物质文化遗产大观》，浙江大学出版社，2009，第163页。

扁担是运输工具，其中有"扁担神"，也称"扁担大人"①，对"扁担神"的敬畏体现在使用习俗等方面。如人不能随意放置或跨越扁担，否则要烧糖茶洗净扁担，祈请"扁担大人"的宽恕。一些地方甚至要求跨越了别人扁担的人，承担一个月内挑担人肩上生疮的医药费和误工费。稻桶、粮仓是贮藏工具，其中驻有"谷神""仓神"。收获时要进行祭拜，如浙江东阳人在谷米进仓时，要举行"拜斗会"，祭祀谷神。而谷神也会依附在稻桶之上，所以祭祀前，要将稻桶装扮好，放在台坛上接受祭拜。② 谷仓是粮食富足的象征，在浙江衢州、金华等地，"仓"也因此成为给孩子起名的吉祥字，如"仁仓""满仓""木仓""仓根""仓实"等。

（三） 农具具有福佑人民平安幸福的神秘力量

由于稻作农具功能、造型、名称等方面的特殊性，一些农具还被赋予了更多的文化意义，成为人们建筑安居、结婚、祈雨、辟邪时，保佑人们平安幸福的神秘力量，如加工清选工具中的竹筛、米箩，贮藏加工工具中的碓、磨、米囤，中耕收获工具中的镰刀、锄头等。

米筛是农家的日常农具，主要用于稻米清选，因筛面上有许多"洞眼"，因此又称"百眼筛""千里眼"，同时其经纬骨架具有"八卦之形"，所以被认为具有看清妖魔鬼怪、照出魑魅魍魉原形的功能，从而拥有辟邪趋吉的神秘力量。米筛也成为孩子出生、婚礼、建房上梁时祭祀鬼神、驱邪逐祟的神器。在浙江，新房落成上梁时要挂上竹米筛，丽水等地区还在米筛上插上铜镜、剪刀、尺等物品，在江苏苏州地区则要拴上秤杆。③ 在江苏苏州，孕妇产后要在自家门前悬挂"百眼筛"。④ 在浙江奉化地区，小孩出生三天后要用米筛供物，祭祀床神。⑤ 在海州地区，除夕夜要用筛子在熟睡孩子的头部罩一下，免灾除祸。在婚庆礼仪中，米筛的使用也很多见，例如：在浙江萧绍地区，新娘在上轿前，要在米筛上站一下，寓意滤去一切不吉；在温州地区，新娘上轿前要脚踏米筛，坐在谷桶上，就寝

---

① 江苏省地方志编纂委员会编《江苏省志·民俗志》，凤凰出版社，2002，第52页。
② 党金衡、王恩注纂修《东阳县志·岁时》，民国三年重刻道光年间本。
③ 姜彬主编《稻作文化与江南民俗》，上海文艺出版社，1996，第608页。
④ 金煦：《江苏民俗》，甘肃人民出版社，2002，第202页。
⑤ 姜彬主编《稻作文化与江南民俗》，上海文艺出版社，1996，第607页。

前，要将珠冠放在米升上，称为"升冠"，寓意粮多米足，步步高升；等等。

石碾是粮食加工工具，因"碾""撵"同音，因此，石碾必须与主宅分开单建。① 一些坚硬沉重的铁石农具，则具有抵御妖魔鬼怪的能力。因此，江南人常在房屋外墙上嵌砌入石盘、石碓等，用以辟邪。碓似青龙，常置门左，磨似白虎，常置门右。米囤是贮藏的器物，在江南人民的心目中，它有带来丰收、禳除灾害的能力，《昆新合志》载："除夕，以石灰画米囤或戟矢于地，祈年禳灾。"这时，米囤已具有了巫术灵力，这种习俗实际上衍生于江南人民对稻米生产的崇拜心理。镰刀、锄头等利器也是辟邪趋吉的"厌胜"之物。锄头因有"五谷神""田神"的帮助而具有保护生产的功能。② 如在浙江衢州，农民会在狂风暴雨时把锄头丢到屋顶上止雨③；在苏南农村房屋上也常常挂着镰刀镇邪驱鬼。

农具有时还是神秘巫术的道具，如儿童受惊时佩戴犁铁以压惊。《定海县志·信仰民俗》载："孩童胆怯易惊，常制佩囊，置犁铁少许佩之，或结以隔年之历本。"④ 民间请巫时，也要用畚箕（或淘米箩）"扶乩"，来判断吉凶祸福。⑤ 总之，在生产能力低下、生产技术落后的时期，人们因缺乏掌控自然的能力而寄希望于神灵的保佑，与生活有密切联系的稻作农具便顺理成章地成为驱邪避祸的神秘力量的象征物。

四　江南稻作农具民俗遗产的文化意义

民俗文化是区域文化的重要组成部分，也是区域文化演进与发展轨迹的记录者。英国学者班恩（C. S. Burne）在《民俗学手册》中把民俗按精神领域、行为领域、语言领域划分为三大类。⑥ 在中国江南乡村，稻作农

① 江苏省地方志编纂委员会编《江苏省志·民俗志》，凤凰出版社，2002，第 111 页。
② 姜彬主编《稻作文化与江南民俗》，上海文艺出版社，1996，第 607 页。
③ 上海民间文艺家协会，上海民俗学会编《中国民间文化——稻作文化田野调查》，学林出版社，1994，第 10 页。
④ 陈训正、马瀛：《定海县志》（1~2），台湾成文出版社，1970，第 585 页。
⑤ 叶大兵主编《浙江民俗》，甘肃人民出版社，2002，第 305 页。
⑥ 〔英〕查·索·博尔尼：《民俗学手册》，程德祺等译，上海文艺出版社，1995。

具民俗遗产在这三大领域都有丰富的体现，既有农具的置办、收存、使用等行为过程，也有对农具的爱惜、敬畏，视其为神灵的象征等精神文化，还有人们在使用农具过程中创作的大量农谚、号子、歌谣等。

江南稻作农具民俗遗产不仅丰富了江南农业文化遗产的内容与层次，也是江南岁时文化、农时文化区域特色的来源，折射出江南地区人民与天地人和谐相处的价值观念，反映了当地淳朴民风的形成过程。

（一） 丰富了江南农业文化遗产的内容与层次

江南农业文化历史悠久，积累了丰富的物质文化和精神文化，稻作农具民俗遗产是农业精神文化遗产的重要组成部分，从文化分类看，属于工具类农业文化遗产。工具类农业文化遗产是指在传统农业时期，人们创造、使用、传播的农业工具文化，其中既包括工具实物类物质文化，也包括农具的制作、使用及其在农村、农业、农民生活中所体现的精神文化。[①]江南稻作农具民俗属于工具类农业文化遗产中的精神文化部分，其发生、发展丰富了区域精神文化的内容，也是江南地区区域农业文化特色的重要组成部分。

稻作农具作为一种文化符号及文化象征物，与这一地区人民的生活方式、性格、心理、艺术创作和信仰关系密切，传达了当地的民俗信息与深层内涵。农具民俗已深深融入当地人生存发展的诸多环节，如物质生活民俗、社会生活民俗、岁时民俗等，是稻作区人民的生产技术成就与地域文化相融合的最好体现。

稻作农具是江南地区劳动人民与大自然和谐相处的重要"伙伴"，它在民俗活动中的文化表现体现了江南人民对生产工具、生产技术和生产劳动的文化理解，反映了民众的生存逻辑和生产准则。在内容方面，江南稻作农具民俗既表现在生产、生活、岁时、文化娱乐等方面，也表现在农具使用的谚语、诗歌中；既表现在农具使用的禁忌习俗中，也表现在人神相通的原始宗教信仰和巫术之中。稻作农具文化丰富了江南稻作农业文化遗产的精神层次，具有实用性与功利性并存、俗信与经验杂糅、信仰与神秘

---

① 丁晓蕾、王思明：《工具类农业文化遗产的价值及其保护利用研究》，《中国农业大学学报》（社会科学版）2014 年第 3 期，第 137 页。

性交融的鲜明特征。

生产习俗是人们在长期生产活动中总结出来的经验，是劳动者在精神层面的文化创造。江南稻作农具习俗文化与江南地区丘陵起伏、水网密集等自然地理条件高度契合，折射了人们对自然的崇敬，对生产的重视，有明显的实用性与功利性。大量的农具使用习俗常常是农业生产经验的传递，反映了人们对风调雨顺、旱涝保收的期待。有些农具民俗则具有俗信与经验杂糅、信仰与神秘性交融的特征。如各种无所不在的"农具神灵"及其在图腾、巫术和禁忌上的表现等，这些由农业生产经验总结而来的俗信，具有原始信仰的特征。此外，一些当时的科学水平所不能解释，但能发挥作用的民俗习惯，实际上是人们反复尝试后对生产经验的总结，对稻作生产起到了实用的指导与保障作用。江南稻作农具民俗赋予了区域民俗文化从实用到规范再到敬畏和信仰的丰富层次感。

（二）促进了区域岁时节日、农时节日特色文化的形成

区域岁时节日的形成、发展与流传、变化受到诸多因素的影响，江南稻作地区传统节日习俗的流变受到传统稻作生产方式及其所衍生出的各种生产生活习俗的影响。稻作农具作为稻作农业生产的重要技术推动力量，在江南岁时文化的形成发展过程中，扮演了重要的角色，起到了促进作用。

由于长期进行稻作生产，江南地区形成了许多与稻作器具相关的节俗。例如，在汉族人的重要节日除夕有"画米囤"的习俗，即在除夕夜，用石灰在门口晒场和道路上画圆圈，并题写上"白米千百石"，喻示白米满囤。苏州地区在米囤中心绘制古钱，写上"田禾茂盛""五谷丰登"等祝词；常州地区则用手蘸石灰往墙上打手印[①]；还有的地方直接用酒壶洒圈。清代袁景澜《吴郡岁华纪丽》卷十二中记载："农家除夕，闭门守岁时，竟以石灰画圈于地，圈中大书吉语，以祈丰稔；又画米囤、元宝于场，以祈年谷；画弓、矢、戈、矛之形，以禳灾辟祟，谓之'画米囤'。"江苏常熟人许青浮在《画米囤诗》中也写道："爆竹声中分岁罢，呼儿扫净空庭下。紫心帚细石灰浓，长绳倒拽周遭画。画得团团米囤圆，满庭小

---

① 江苏省地方志编纂委员会编《江苏省志·民俗志》，凤凰出版社，2002，第364页。

圈复大圈。圈中致祝无穷事，第一先书有年字。尽教禾黍多穰穰，千斯仓与万斯箱。明年米囤大且长，塞破屋子堆上场。"① 诗中所写的正是除夕夜江南家家户户画米囤祈愿丰收的节庆习俗。

稻作农具是重要的生产工具，在江南人的眼中具有生命与灵性，在岁时节日期间，农家有给稻作农具过节的习俗。例如，在杭州地区，腊月二十八、二十九日，将红纸条贴在锄头、扁担、风车、犁耙、箩筐、扫帚等常用的农具上面，并在每个农具上挂一副元宝锭，称之为"挂红"。② 此外，还要在稻作器具上贴一些写有吉祥字语的红纸，在米囤上插一些柏枝、万年青等，表达稻谷丰收、谷米富足的美好愿望。

此外，各式农具也丰富了江南岁时节俗的活动对象与内容。如，正月初十是石头的生日，磨、碾、碓等石制用具都忌动用，称"石不动"或"十不动"，须烧香祭拜石质器具，抬"石头神"。③ 在浙江地区，过上元节（元宵节）时有"妇女农家请门舅（曰）姑及簸箕神，以卜诸事休咎"的习俗。④ 此外，还有"打田番"的习俗，《平湖县志》载："'立春'前一日看迎春。届日，祭芒神，鞭土牛，家造春饼，进春酒……土人拜三木椎或铁叉踏歌，曰'打田番'。"⑤

在江南稻作区，除了岁时节日外，还有大量的农时节日。在农时节俗中，农具习俗多表现为各类农时谚语。如四月小满时，稻田需要日夜不停地车水，就有了"小满动三车"的俗语。《吴郡岁华纪丽》记载："小满节届……插秧之人挈水灌田，桔槔盈路，救旱备涝，忙踏水车。"⑥ 五月芒种时，江南地区家家插秧，就有了"雨打梅头，无水洗犁头"以及"黄梅寒，井底干"的谚语。六月六日是"天贶节"，这一天要"曝书晾衣，涤器具，农家晒蓑笠"。⑦ 七月，水稻生长尤其需要雨水，于是江苏武进地区有"七夕不洗车，八月依旧车"的俗语，意思是如果七夕这天不下雨，就

---

① （清）袁景澜撰，甘兰经、吴琴校点《吴郡岁华纪丽》，江苏古籍出版社，1998，第 332～336 页。

② 姜彬主编《稻作文化与江南民俗》，上海文艺出版社，1996，第 604 页。

③ 王文全：《中国传统节日趣谈》，内蒙古人民出版社，2006，第 16 页。

④ （清）杜冠英、胥寿荣修，吕鸿焘纂《玉环厅志》卷 14《岁时民俗》，中华书局，2000。

⑤ （清）彭润章等修，叶廉锷等纂《平湖县志》卷 15《岁时民俗》。

⑥ （清）袁景澜撰，甘兰经、吴琴校点《吴郡岁华纪丽》，江苏古籍出版社，1998，第 150 页。

⑦ 《吴县志》卷 80《岁时民俗》，民国二十二年新公司铅印本。

会秋旱，八月要继续戽水。① 杜牧在其诗中也写道："最恨明朝洗车雨，不教回脚渡天河。"七月十五中元日为稻谷收获农具荞杆的生日，有谚语"雨落中元水满川，定然割稻用荞杆"。七月二十日则为稻箩的生日，可以根据这一天的晴雨情况预测稻子收割的天气情况。八月初八日是八字娘娘生日，吴中主妇在这天要将装满草锭的小竹箩用金纸糊好，对合封固，作"金饭箩"②，保佑吴人稻谷丰登，饭箩充盈，生活富足。

总之，江南稻作农具在生产中发挥了重要作用，与老百姓的生活密切相关，同时，各种农具习俗在岁时节俗、农时节俗的形成过程中发挥了重要的作用，促进了江南岁时、农时节日文化区域特色的形成。

（三）折射出江南地区人民的价值观念，反映了当地淳朴民风的形成过程

稻作农具是江南人民获得富足粮食、旺盛财源的主要生产劳动工具，与之相关的人生礼俗也反映了江南人与自然和谐相处、对天地保持崇敬、淡对生死的人生态度，从中可以折射当地人的人生态度和价值追求，以及这一地区人民勤劳朴实的淳朴民风的形成过程。

江南地区自古以来就是鱼米之乡，民风淳朴，是传统农耕文化的发源地。这一地区存在稻作生产与农耕信仰游艺民俗等精神民俗间的丰富的交流与沟通，稻作农具民俗在这种交流与沟通过程中起到了桥梁纽带作用，人们认为个人的社会性质需要通过每个阶段的各种礼俗得到认可和确认，在这一过程中，稻作农具可以帮助人们"通过"人生的各个阶段，并获得民俗社会的认可。从生命的降临到生命的消逝，都有各种稻作农具在发挥作用。例如，苏南一带，孕妇产后要在自家门前悬挂"百眼筛"，驱邪避鬼，护佑母子平安；奉化地区，在小孩出生三天后，要用米筛装饭祭祀床神，祈愿孩子健康成长。在丧葬礼仪中，人们也常常请出这些农具，让逝者获得陪伴和护佑，让生者看淡生死，直面生命的循环。例如，在浙江温州一带，人去世后落葬时，要在坟头上印上谷仓囤印，保佑先人在另一世界不愁米粮③；在湖

---

① 《武进、阳湖县合志》卷 36《岁时民俗》，道光二十三年刻本。
② 杨晓东：《灿烂的吴地鱼稻文化》，当代中国出版社，1993，第 362 页。
③ 姜彬主编《稻作文化与江南民俗》，上海文艺出版社，1996，第 606 页。

州郊区，用盛饭的淘箩祭祀死者，佑其在"阴世"衣食无忧。

江南地区的这些习俗表明，稻作农具在江南人民心目中的地位崇高，它们是粮食富足、财富充裕的象征。农具作为一种神灵的实物象征，陪伴和护佑人的出生、劳作、繁衍、逝去乃至新的轮回。有时，这种象征性也化身成为实现主观愿望的手段，人们只要想实现粮食富足、财源广进的愿望，就会请出这些农具，帮助自己把理想变为现实。这也反映了江南人对自然的尊重，对自然力量的敬畏，折射了人们相信辛勤的劳动付出定能获得自然的慷慨回报、获得幸福生活的淳朴的生存观念。稻作农具民俗遗产成为对稻作区人民勤劳朴实的淳朴民风形成过程的平实描述与真实记录。

综上所述，农具民俗遗产是人们在农业生产的过程中所创造的带有集体性、传承性、模式性的文化现象，常常以口耳相传、行为示范和心理影响的方式扩布和传承。江南稻作农具是与江南稻作农业发生、发展相伴相生的重要工具器物，与之相关的各种民俗活动和民俗规范在一定程度上规范着人们的稻作生产活动的行为方式，同时也维系着这一地区人们对稻作生产方式的内在精神认同，使得这一地区的人们产生了特定的共同文化心理。江南稻作农具民俗遗产是农耕文明长久积淀的成果，是传承和发展传统农耕文化的形式与载体，是江南稻作农业文化的重要组成部分，在保存和恢复有价值的区域历史文化记忆过程中发挥着积极作用，具有不可替代的非物质文化遗产价值。

近代华北农村农具、役畜的使用习俗探讨 [*]

朱洪启 [**]

摘要：在近代的华北农村，一些重要的、日常生产生活必不可少的工具——如农具、役畜在村落内处于短缺状态，因此近代华北农民采用了资源共享来解决这一矛盾。如采用搭套的方式共同使用各自家里的役畜、农具，或者共同拥有役畜、农具，或者借用、换用、租用这些农具，对于碾、磨这种价格高但使用频率低的工具农民也有解决的方法。这些习惯反映并维系了农村中互惠型的人际关系。

关键词：华北农村；农具；役畜

在近代的华北农村，农具、役畜普遍缺乏，并且多集中于经济条件较好的农户手中。[①] 经营耕地少的小农由于生活贫困，无力购置价格较高的大型农具及役畜，而农业生产的一些环节又必须具备一些大型的专用农具，有些时候还要有牛、马、驴、骡等役畜。为了克服农具及役畜的不足，及时进行农业生产，各地农村约定俗成地形成了具有地域特色的大型农具、役畜的共有共用关系。这种以传统农业社会为基础的、以大型农具和役畜为纽带的合作形式带有"互惠经济"的特点，体现了农村社会的邻里关系、亲朋关系、经济关系诸多方面的习俗。

---

[*] 本文原刊于《农业考古》2008 年第 1 期，收入本文集时略有改动。

[**] 朱洪启，中国科普研究所副研究员，研究方向为科普基础理论与科普政策。

① 以上结论可从章有义编《中国近代农业史资料（1927～1937）》（第三辑）（三联书店，1957，第 859～869 页）中寻找证据。

一 搭套

搭套是一种广泛流行于近代华北农村的农户间在农业生产中的互助习俗。根据众多农民的看法，我们可对搭套进行如下界定：在农忙期，关系较好的几户农户把各自家的役畜、农具（有时仅仅是役畜）合在一起共同使用，并出动人力共同作业；其规模一般限于两户农家之间，也有三家或四家农户间合作的情况；其维持年数亦不算长久，一般以两三年为多。搭套关系主要限于本族及关系好的邻居朋友之间。[①]

搭套可以解决普通农户在农忙时农具、役畜以及劳动力不足的问题，从而使农业生产正常进行。但是并不是有了功能上的需求，就可以任意组成搭套，搭套对象的选择，包含丰富的文化批评的内容。搭套双方不只是经济形式上的组合，它将产生诸如信用、感情等意义上的判断，而这是影响搭套能否成立的一个重要条件。搭套伙伴之间的关系融洽是进行搭套的重要条件，否则无法进行搭套合作。

想要搭套的农家必须事前同搭套的对象进行商谈，并就搭套的时间、方法、内容等做出约定，这种约定虽然是口头上的，也并不十分严格，但一旦成立，便不能中途更改或随意终止。[②] 这种约束对搭套各方都是有利的，保证了搭套的顺利进行，没有合理理由而中途中止搭套的一方在村落公共舆论中，是会被谴责的。但是在一轮搭套完成以后，搭套的合作方是否会在以后的农业生产中继续进行搭套，则并没有硬性的约束，一般的搭套关系，大多会持续两三年。搭套的终止，也无须特殊的原因及理由，沙井村民刘悦说，搭套基本上都是口头契约，"事实上的扶助没有了也就自然中止了"。[③]

---

① 中国农村惯行调查刊行会编《中国农村惯行调查》（全6卷），岩波书店，1952～1957，1981年复刊，第1卷第4、14、16、17、24、31、32、37、41、44、45、46、149、214页，第2卷第15、45、105、121、214、222页。

② 〔日〕三谷孝：《中国农村变革与家族·村落·国家》，转引自张思《"近代华北农村的村民结合——以搭套为中心》，载马戎、周星主编《21世纪：文化自觉与跨文化对话》（二），北京大学出版社，2001，第626页。

③ 中国农村惯行调查刊行会编《中国农村惯行调查》第2卷，岩波书店，1952～1957，1981年复刊，第106页。

从习惯法的角度看，小农户间的这种劳动组合方式，其组织并不正规，但协作农户间仍然存在一定的权利义务关系。不过，在这种协作关系开展的过程中，农户间的权利义务关系并不是完全对等的。正如下面将要叙述的其他几种农户间的合作方式一样，大多从短期内来看是不等价的。但把搭套放在农民长期的日常生活中来看，则可以说是大致等价的。搭套多流行于关系不错的农户间，所谓"人心换人心，八两换半斤"，农民在日常交往中，相互照应的时候多的是。可以说，从总体上看还是等价的，关键是有个时间空间上的错位。

二　共同拥有农具、役畜

在近代的华北，农户对一些自家购置不起的大农具及役畜多采取几户共有的方式。农户共有的农具主要是一些比较贵重的大型农具。我们看看山东惠民县孙家庙村的农具所有情况（见表1）。

表1　山东省惠民县第一区和平乡孙家庙大农具所有情况

单位：户，件

	专有	二户共有的农户数	三户共有的农户数	四户共有的农户数	所有实数
大车	14	2	9	4	19
推车	4	2			5
剗子犁	30		9	8	35
碾子	6		3	8	9
磨	32	6	9	12	41

资料来源：南满洲铁道株式会社调查部编《中国北方农业与经济》（上卷），日本评论社，1942，第246页。

由表1可以看出，拥有大车的农户中，有15户是几户共有，占总拥有户的52%，推车有2户是共有，占总拥有户的33%，剗子犁有17户是共有，占总拥有户的36%，碾子有11户共有，占总拥有户的65%，磨有27户共有，占总拥有户的46%，由此我们可以看出，在大农具的拥有户中，有相当一部分都采取几户共有的方式。

在近代的华北，各地也多实行役畜的共同饲育。大多数农家与邻家共有役畜，所以可以发现有些农家只有半头马、牛、骡等，有些农户甚至只有 1/4 的牛，俗称拥有一条牛腿。在河北抚宁，有很多农家是两户共有一头驴。在石家庄—望都一带，盛行牛、驴的共同饲育。①

在山东惠民县所调查的 81 户农户中，共有役畜的农户数为 20 户，可见共有役畜的农户是相当多的。共有方式主要存在于经营面积在 20 亩以下者，其中，两户共有的有 5 户，三户共有的有 7 户，四户共有的有 4 户。经营耕地面积在 20 亩以上的共有役畜的农户主要是二户与三户共有役畜，没有四户共有的农户，四户共有一头役畜的农家主要是经营耕地面积在 10 亩以下的农户（见表 2）。随着经营面积的增大，采用共有役畜方式的农户在减少，尤其是采用三户共有及四户共有方式的农户在减少，这主要是因为随着经营面积的增大，家庭的经济状况会有所好转，自己可以购置一头牲口，并且随着经营面积的增大，多户共有将不能及时地将各家的农活轮流干完。

表 2　山东省惠民县八十一户农户中共有役畜的农户数

单位：户

经营面积	二户共有一头役畜的农户数	三户共有一头役畜的农户数	四户共有一头役畜的农户数
10 亩以下	1（与其他村的一户共有）	4	3
10～20 亩	4	3	1
20～30 亩	2	1	
30～50 亩		1	
50 亩以上			

资料来源：南满洲铁道株式会社调查部编《中国北方农业与经济》（上卷），日本评论社，1942，第 632 页。

共有役畜的农户，在购买役畜时，往往根据各自的耕地规模来确定出资的比例，并且依据其出资的比例，来确定各方使用役畜的时长。如有的农户因为自己耕地多，愿意多出一部分钱，例如两家共有，他愿意出 2/3 的钱，这时牲口就由他喂养及使用两天，再轮到另一农户喂养、使用一天。

---

① 南满洲铁道株式会社调查部编《中国北方农业与经济》（上卷），日本评论社，1942，第 238、239 页。

至于共有役畜的使用及喂养方式，各地流行着多种不同的方法（见表3、表4）。在冀鲁豫地区，三家或两家农户各出 1/3 或 1/2 的钱（也有两户各出 1/4，一户出 1/2 的），伙买一个牲口，轮流喂养，轮流使用，或各户摊出草料归一户喂养。[①]

表3　河北省武强县褚桃园村四户共有役畜的使用安排

农家	耕地面积	购入役畜时出资	使役日数
A	5 亩	5 元	使用一日然后给 B
B	16 亩	7 元	
C	20 亩	10 元	B、C、D 各使用二日
D	20 亩	10 元	

资料来源：南满洲铁道株式会社调查部编《中国北方农业与经济》（上卷），日本评论社，1942，第852页。

表4　河北省河间市中原太店村二户共有役畜使用安排

农家	耕地面积	购入役畜时出资	使役日数
A	10 亩	15 元	2 日
B	20 亩	30 元	3 日

资料来源：南满洲铁道株式会社调查部编《中国北方农业与经济》（上卷），日本评论社，1942，第852页。

役畜的共有关系，主要存在于关系较好的同族、亲戚及朋友间。至于共有役畜的使用及饲育方法，都是事先商量好的。从史料来看，共同饲育牲口多实行于两家、三家以至四家小农户之间，这大概是因为如果合伙的农户太多，可能会导致交易成本增加，会出现许多问题，并且农户间也会产生一些矛盾。

共有役畜的农户间关系融洽，这是实现役畜共有，并在实践中贯彻好其最初约定，达到最佳使用役畜的关键条件。事实上他们之间的关系也确实不错。以安徽省望江县习俗为例："望邑农户耕牛多系共畜，其法分牛值为若干股，股东三、五家不等，视牛之力能胜任为限，依田数之多寡，西畴有事，彼此轮驾，农隙则分任放牧，利害相均（平日股东往来，率呼为牛奶，夫情谊亲洽，虽姻娅不过是）。"[②]

---

① 史敬棠等编《中国农业合作化运动史料》上册，三联书店，1957，第42页。

② 前南京国民政府司法行政部编《民事习惯调查报告录》，中国政法大学出版社，1998，第553页。

以上的役畜共有事例，是几个农户共同投资、共同购买、共同使用、共同享有役畜带来的收益，同时也共同承担一切损失。还有一种共有方式，它的特点是投资及收益在共有农户间的不均衡性。如山东嘉祥县之习惯：贫户地少，不能独自养牛，帮给有牛之户，或全价1/3或半价，因得随时使用其牛，名曰"帮牛腿"，至牛户卖牛时，应返还其帮价。[①] 在冀鲁豫根据地也有类似的习俗：以一户土地较多的为主，再找一两户土地较少的农民，给帮半条、一条或两条牛腿的钱（即出牲口买价的1/8、1/4或1/2）。牲口归股份最多的这一家农户喂养，牲口的草料由其全部负担，积下的粪也归其所有，牲口副业收入（拉脚等）也归其所有，帮腿户不能分享，帮腿户的地，他须保证耕完。牲口死了或老得不值钱了，其损失部分，都归喂牛的负责，帮腿户帮进去的钱不受损失。[②]

农户间共有役畜及农具的原因，除了上面所说的由于农户经济贫困以外，还有一个重要的原因就是农户分家。在分家时，大型农具及役畜往往不分开，而是以后几家共同使用。如河北沙井村赵祥、赵良才、赵良弼分家时，众多物品多系均分，但碾、磨并没有分给某家，而是留以公用，分家单中特"言明碾磨公用"。[③]

农户间共同拥有农具、役畜，无疑对于缓解贫困农户的农具、役畜不足很有帮助，使缺乏农具、役畜的农户可以进行安定的农业生产，不至于因缺乏农具、役畜而不能进行正常的农业生产。并且各地对农户共同拥有的农具、役畜的使用秩序，也有深具地方特色的丰富的习俗规定。

三　役畜、农具的借用

需要用到自家没有的东西时向别人借，这是非常平常的事，在广大农村普遍存在。农具、役畜的借用，就是无偿地从他人处借用，并不需要任何报酬。正如民间俗语所言，"家有万万，农具用人一半"[④]，农具种类很

---

① 前南京国民政府司法行政部编《民事习惯调查报告录》，中国政法大学出版社，1998，第139页。
② 史敬棠等编《中国农业合作化运动史料》上册，三联书店，1957，第42页。
③ 中国农村惯行调查刊行会编《中国农村惯行调查》第1卷，岩波书店，1952～1957，1981年复刊，第290页。
④ 田传江：《红山峪村民俗志》，辽宁文化艺术音像出版社，1999，第38页。

多，没有一家能够置备齐全而不去借用别人家的农具的。

在河北沙井村，完全没有农具但还耕种土地的农民有10户，他们完全靠借用别人的农具进行耕种。[①] 在沙井村，借用农具时不用付钱，也不需要出短工作为报酬，但也许有时会去农具的主人家帮忙，而这仅是农户间由于关系较好而提供的日常帮忙而已，并不存在因为用了别人家的农具而必须以各种形式付出报酬的民间规定。在借大车、犁、驴等较大型农具、役畜时，如若只借一两回则不需要任何物质上的报酬，但若经常借，要和主人商量，并向主人送些饲料等。借用农具主要向关系好的人借，如本族的人、亲戚、邻居等。[②]

20世纪20年代卜凯（John Lossing Buck）对河北省盐山县150户农家的经济、社会调查显示，"大约盐山农民借贷驴子、耧、犁及大车者，约有一半之多"，该150户农家中借用过耧、犁、大车的分别占72.7%、65.3%、54.7%，借用过驴、牛的分别为75.4%和44.7%[③]，"普通农场，常借用邻居大农场之役畜。平均每家借用役畜之次数为六点四次，而平均每家出借役畜之次数为十二次"[④]。卜凯还特别指出："役畜农工，皆可借贷，并无所谓租费。富有之家，因恐贫民对于其住宅或作物有所加害，故对于贫农之借用工畜农具者，特别容易，以表好感。人工于耕种收获时，亦可互相借用，以示互助。"[⑤]

在此我们可以看出，农具及役畜的借用在近代的华北农村是非常普遍的。一般小农由于经济条件的约束，不可能拥有一些大农具及役畜，甚至某些经济条件较好的富裕农户也不把农具配全，这主要是由于农事活动的零碎性，不可能谁家都拥有随时需要的农具。农民尽管认为在农业生产中有些农具是必不可少的，但有些东西仍然属于不必要的开支，因为他们知道在需要的时候可以从什么人那里获得他们所需要的那些农具。

---

① 中国农村惯行调查刊行会编《中国农村惯行调查》第1卷，岩波书店，1952～1957，1981年复刊，第149页。
② 中国农村惯行调查刊行会编《中国农村惯行调查》第1卷，岩波书店，1952～1957，1981年复刊，第148页。
③ 〔美〕卜凯：《河北盐山县一百五十农家之经济及社会调查》，孙文郁译，南京金陵大学，1929，第158页。
④ 〔美〕卜凯：《河北盐山县一百五十农家之经济及社会调查》，孙文郁译，南京金陵大学，1929，第47页。
⑤ 〔美〕卜凯：《河北盐山县一百五十农家之经济及社会调查》，孙文郁译，南京金陵大学，1929，第157～158页。

关于借用役畜的饲料供应问题，各地也有不同的习俗。在近代的华北农村，很多地方役畜的借用者要送些饲料给役畜的主人，如沙井、郝家疃、侯家营等村①，但在山东省平原县后夏寨村，由役畜的主人负责饲料，役畜的借用者完全不用负担。后夏寨的老人对此的解释是："如果借用者送饲料来就使双方关系变得疏远了，役畜的主人还会想：'这不是看不起我吗？这是把我当成养不起头牿（牛）的人了。'"②

农具及役畜的相互借用，也增进了村民间的融洽关系。同时，对于出借农具的家庭来说，出借农具也提升了他们家的地位。正如杨懋春所言："农具器具和工具也很重要。它们可能是由家庭的祖先制造或购买，再一代一代传下来的。好的工具很贵，不是每个家庭都买得起的，因而成为家庭兴旺的象征。它们经常借给村中其他家庭使用，由此产生并加强了相互间的友好关系。在村民心目中，工具是和家庭联系在一的，因此对于拥有工具的家庭，它是非常重要的。"③

村落的习惯法也倡导村民间的互助。如河南义马村："谁家有较为少用的器具，村民相借，必须给予，若不给人用，则被说成'夹死'，村里人便不肯与他往来，逐渐孤立。"④ 也就是说，有些富人，尽管他在经济上很富有，但他若不大方地帮助其他村民，那他也就很难获得什么社会地位，相反，若他能够做些必要的付出，则会在村落内赢得较高的社会地位，农具的相互借用，尤其是富裕农户较多地出借农具与役畜，也是村民维持其在村落中的地位的一种方式。

四　换工与租用

除了以上所介绍的诸种习俗之外，在近代的华北农村，还广泛存在换

---

① 中国农村惯行调查刊行会编《中国农村惯行调查》第 1 卷，岩波书店，1952～1957，1981年复刊，第 214 页。

② 张思：《近代华北农村的农家生产条件·农耕结合·村落共同体》，《中国家庭史国际研讨会论文集》，天津，2002。

③ 杨懋春：《一个中国村庄：山东台头》，张雄、沈炜、秦美珠译，江苏人民出版社，2001，第 49 页。

④ 义马村志编纂委员会编《义马村志》，中州古籍出版社，1993，第 63、64 页。

工、农具及役畜的租用等习俗，同样包含了丰富的内容。由于篇幅所限，此处仅做简要介绍。

换工包括人力与畜力的换工及畜力与畜力的换工两种。各地有关于换工的非常细致的规定，比如役畜的饲料的供应方式，人力畜力交换的比例，生产过程中人畜的组合方式，是否请客吃饭，等等。[①] 在具体的一次换工中，通常很难做到合作双方付出及收益的完全等价，他们往往将欠别人的部分留在记忆里，以后再寻机以各种方式补上。

另外，有些地方流行役畜、农具的租用，有比较明确的租金规定。[②] 至于流行雇用役畜、农具的村庄是否意味着村落共同体的解体，还有待进一步的研究。

五 碾、磨的配置与使用规则

碾、磨都是农民生活中不可缺少的重要用具，但由于碾、磨的价格较高，并且其使用频率不高，因此并不是家家都配备这些农具。在近代的华北农村，碾、碾主要有公有、合伙共有、私有几种方式。

在近代的华北，有相当多的村落中有公共的碾。如蓟县纪各庄"庙旁边的碾和磨，是村民共有的，各户均可无偿使用，村落内有三个公共碾子"。[③] 在沙井村，村内有公共碾子三个，两个在村公所前，一个在村的中央广场。空着的时候谁都可以用，与所拥有耕地的多少及家离碾的距离无关。[④] 由以上资料我们可以看出，村中公用碾的设置地点，大都设在村中的村民常去的公共场所，如村庙旁边、村公所前、村的中央广场等处。由于公共碾子的公共性质及其位于公共场所的特点，村民大都使用公共碾子，"村民多使用公共碾子，相比较少使用个人家的"。[⑤] 村民对这些公用

---

① 张思：《近代华北农村的农家生产条件·农耕结合·村落共同体》，《中国家庭史国际研讨会论文集》，天津，2002。
② 〔日〕鞍田纯：《北方农业问题和领域》，新民印书馆，1945，第175页。
③ 满铁：《蓟县纪各庄农村实态调查报告》，南满洲铁道株式会社天津事务所调查课，1936，第60页。
④ 中国农村惯行调查刊行会编《中国农村惯行调查》第2卷，岩波书店，1952～1957，1981年复刊，第84页。
⑤ 中国农村惯行调查刊行会编《中国农村惯行调查》第2卷，岩波书店，1952～1957，1981年复刊，第141页。

设施也非常爱护，如在山东农村，对村境内的公益设施，各户都有维护修建的义务，这种沿袭下来的习俗，有很强的约束力，是习惯上共同遵守的"准则"。[①] 有些村庄只有私有的碾。如河北顺义县下坡屯村、张家庄村、临河村、十里堡村等都没有公共碾子。[②]

村中的碾除了公共的及私人的之外，也有由几户村民合伙配置的，如河北遵化县卢家寨"村里有 21 台碾，半数是个人所有，其他是共同的，共同的碾的维修由共同拥有者共同负担"。[③] 在山东省惠民县第一区和平乡孙家庙村，共有 9 个碾，其中有 6 个是个人所有，另外 3 个为几户共有。其中，三户共有的有 1 个，四户共有的有 2 个。[④]

借用别人家的碾，是不用什么报酬的。在沙井村，当碾主的碾子闲着时，谁都可使用，不用谢礼。[⑤] 在山西潞城县，村中碾、磨、水井，虽系有主之物，无论何人皆能使用，该物主不得拦阻，故俗有"碾磨千家用，打水不用问"之谚。[⑥] 这是村民世代相传的一套公共准则和制度性安排，建立在此准则上的公众舆论和话语空间体现了村民公共伦理的准则。

至于磨，大多是私有及合伙设置，公有的磨有些地方存在，如蓟县纪各庄[⑦]，但比较少。在山东省惠民县第一区和平乡孙家庙村，磨共有 41 个，其中有 32 个为农户独自拥有，由几户共有的磨有 9 个，其中，两户共有的磨有 3 个，三户共有的磨有 3 个，四户共有的磨有 3 个。[⑧] 私有磨别人皆可使用，这也是村落中的公共规则的一部分。借用别人家的磨，一般不用付任何报酬。但也有记载，若用驴去别人家借用磨则驴在拉磨时产生

---

①　山曼等：《山东民俗》，山东友谊书社，1988，第 257 页。

②　中国农村惯行调查刊行会编《中国农村惯行调查》第 1 卷，岩波书店，1952～1957，1981 年复刊，第 31、37、44 页。

③　满铁：《遵化县卢家寨农村实态调查报告》，南满洲铁道株式会社天津事务所调查课，1936，第 172 页。

④　南满洲铁道株式会社调查部编《中国北方农业与经济》（上卷），日本评论社，1942，第 246 页。

⑤　中国农村惯行调查刊行会编《中国农村惯行调查》第 2 卷，岩波书店，1952～1957，1981 年复刊，第 84 页。

⑥　前南京国民政府司法行政部编《民事习惯调查报告录》，中国政法大学出版社，1998，第 152 页。

⑦　满铁：《蓟县纪各庄农村实态调查报告》，南满洲铁道株式会社天津事务所调查课，1936，第 60 页。

⑧　南满洲铁道株式会社调查部编《中国北方农业与经济》（上卷），日本评论社，1942，第 246 页。

的驴粪，是不能带走的，要把这些驴粪留在磨主家，作为报酬。"在平汉线一带农村……见一农人在邻家借用一石磨，牲口所拉下之粪，却为磨主拾藏起来。据说此一堆粪，即借用磨子的酬谢。"[①] 在华北，也有同样的习俗，"用驴到别人家拉磨，产生的驴粪就要留在那里，以做使用磨的报酬"。[②]

对于村民使用私有的碾、磨等，可以认为是体现了詹姆士·斯科特所说的"生存伦理"。[③] 而将自家的碾、磨等借给其他人使用，也会换取自家较高的社会地位，赢得同村人的尊敬。

六　小结

在近代的华北农村，一些重要的、日常生产生活必不可少的工具在村落内处于短缺状态。近代华北农民是用资源共享这一方法来解决这一矛盾的。这种农户间农具及役畜使用的调剂方法的产生有其赖以产生的生态条件，同时又有其依存的社会条件，是在农村人际关系网中进行的，存在很多规则和一系列习惯做法，它所遵守的一系列规则作为一种"地方性知识"，反映了并在维系着农村中的互惠型的人际关系。

---

① 章有义编《中国近代农业史资料（1927~1937）》（第三辑），三联书店，1957，第879页。
② 南满洲铁道株式会社调查部编《中国北方农业与经济》（上卷），日本评论社，1942，第7页。
③ 〔美〕詹姆斯·C.斯科特：《农民的道义经济学——东南亚的反叛与生存》，程立显等译，译林出版社，2001，第53页。

水车与秧苗：清代江南稻田排涝与生产恢复场景 *

王建革 **

摘要： 本文以稻田排涝为主题，从圩田形态、人群和苗情景观等方面分析太湖地区乡村救灾的生产场景，指出易于戽水的圩田既要有良好的大圩岸，亦需梯级小抢岸和各种排水沟道。在清代，戽水以大棚车制动员乡民力量，集水车布于圩岸。由于时间紧迫，许多妇女也参加了戽水。在长期与水灾打交道的过程中，乡村社会中出现了许多与戽水排涝密切相关的苗情用词，非常直观地反映了稻田与水面的关系，也反映了稻苗与灾情的关系。

关键词： 江南；稻田；戽水

江南涝灾的防治重点在于河道水利系统维修，其次才是圩内排涝。明清时期，由于河道水系紊乱，涝灾加剧，水利本身对稻田涝灾的防御能力大大下降，因此，临时性抗灾措施——人力戽水，就显得特别重要。当然，大的水涝非戽水所能救。如道光三年南汇县水灾，"春二月苦雨，至夏五月始略止，秋七月又苦雨，禾稼尽淹，九月亦如之，平地积水高三四尺，舟行街巷，水退地生毛，通邑大饥，米石钱六千文"。[①] 但这种构成真正绝产结果的涝灾并不多见。如明末的湖州尽管多有水患，"而淹没无收，止万历十六年（1568）、三十六年，崇祯十三年（1640），周甲之中不过三

---

* 本文原刊于《清史研究》2006 年第 2 期，收入本文集时略有改动。

** 王建革，复旦大学中国历史地理研究所教授、博士生导师，主要研究方向为生态环境史、农业史与历史地理学。

① 民国《南汇县志·杂志·祥异》。

次耳"。① 与高地相比，低地的水灾更频繁一些。水灾到来时，农民所想到的第一个办法是水车戽水，戽水的成功取决于许多因素，包括乡村制度、人力与水车的聚集，同时也与圩田的形态有关。1868 年大雨，刚到青浦县的新任知县陈其元频繁地接到乡民报灾，他当时还比较惊奇，但"询之父老，习见不惊"。第二年，青浦又受水灾，"区图之报灾者仍复日数十百人。询其圩岸，则云不没也；问其田畴，则云被淹也"。田畴是指圩田内的小岸，圩田内的小岸不修，才导致水灾加重。之后，他又细究当地民情，发现以前有一位非常好的排涝专家孙峻，孙峻的做法是将圩田内田地修整得有序，方便水灾之年民众排水。孙峻的修圩筑堤法曾于 1814 年在青浦全县推广，"青邑无水患者几三十载"；1849 年大水以后，圩岸残破，其法废而不行。② 由此可见，能否戽水成功，也与圩田内各级田岸的维持有关系。

一　塍岸

太湖地区的圩田与圩岸的规模与分级长期存在，唐宋以来的变化主要与农业开发所形成的水面分割有关。唐宋时期江南地区的水面很广，后期则受到愈益严重的分割。

宋代的太湖地区有两种圩田。大圩田往往为军队或"有力之家"所占，"筑土作堤，环而不断，内容顷亩千百，皆为稼地"。在这种水田进行排涝需要很大的组织系统和动员系统。另一种是小圩田，即"柜田"。这种圩田"似围而小"，四面俱设水洞，"若遇水荒，田制既小，坚筑高峻，外水难入，内水则车之易涸"③，非常适于排涝。农民平时可以随时加固加高圩岸，水灾时也很容易将水排出，适合小农生产。太湖地区的农民非常聪明，他们会看天色而防止水灾的发生，比如"一番晕添一番湖塘"，就是在立夏时期看天空有无日晕，有则要挖塘岸防水灾。④ 如果是小农个人

---

① 陈恒力、王达：《补农书校释》，农业出版社，1983，第 72～73 页。

② （清）孙峻：《筑圩图说》。

③ （元）王祯撰，缪启愉译注《东鲁王氏农书译注·农器图谱集之一》，上海古籍出版社，1994，第 598 页。

④ 江苏省建湖县《田家五行》选释小组：《〈田家五行〉选释》，中华书局，1976，第 67 页。

发现这个问题，他会毫不犹豫地去挖圩岸，但大圩所涉及的集体却很难马上行动。到清代，因为经历了农业开发分圩与人为排水分圩的过程，大圩基本上很少存在。明中叶以后，太湖流域的大圩田的确也有一个分圩过程，许多人认为与排水有关。[①] 但在此以前已经有一个大圩自然瓦解的过程，这是农业开发所致。古人夸大了五代时期塘浦圩田系统的功能，因为他们忽略了农业开发的作用。五代时期的大圩田，其实并没有全都种植，"昔人筑圩括田，非谓得以播殖也，将持此以狭水之所居耳"。[②] 宋代的圩田实际上仍起着积水的作用，缓冲着灾期灌水。明清以降，太湖地区人口密度增加，村落发展，土地开发加强，更多水面被开发，大圩内的闲水地被辟成水稻田，水面自然被分割，水利上没有建大圩的必要，也会引起一些河道的变化，客观上就表现为分圩。的确也存在为了排涝而分圩的现象。明代松江府的张弼认为"分大圩益东南水田"，他所谓的大圩也并不大，"一圩之田，多或至于二三千亩，少或不及百亩"。这与民国时期差不多，说明真正的分大圩时期已经过去了。"小圩之田，民力易集，塍岸易完，或时遇水，则车戽易遍，水潦易去。虽有巨浸，莫能为害。而大圩之田，塍岸既广，备御难全，雨潦冲激，东补西坍，皆荡然淹没矣。纵使修举令民车戽积水，然居民有远近之不同，民力有富贫之不一，地形有高下之不均，故大圩之田，遇灾不救者十居八九。"所以，他建议："较田圩之大者，取而分之，以二三百亩为率，因其高下，督民取土里以塍岸，则田圩之形成矣。"[③]

由此可见，不仅要以小圩为好，圩田也必须有塍岸，才利于排水，这种塍岸不是大圩之圩岸，而是圩内小岸。小圩田在排水方面的优越性在清代一直引人注意。乾隆年间太湖周边地区往往"溃堤决岸，顷刻沉于水底"。吴江的儒林六都却由于"皆小圩，无有合二三千亩为一圩者，圩小则人力易齐，而便于车救"。同时由于地势较高，"小水难犯"[④]，受灾较轻。一般是低田遭灾而高田相对无恙。灾后农民买苗，也是从附近高地购买。在大水灾时，一般可以车戽救灾的地区往往也是高田地段。崇祯十六

---

① 〔日〕森田明：《清代水利社会制度史研究》，国书刊行会，1990。

② （宋）范成大：《吴郡志》卷十九"水利下"。

③ 崇祯《松江府志》卷十八。

④ 乾隆《儒林六都志·土田》。

年（1643），湖州和桐乡一带的许多地区遭水灾，"高阜者幸无大害，只费车戽"。其他地区往往是一片汪洋，"水势经月不消，有苗无种，百千圩岸，悉成沼池"。① 也有少数地区因在圩岸上下功夫，低田有收而高田遭灾。在太仓县双凤里，康熙"庚申大水，高田皆涸，低田有岸者熟"；到道光年间还是这样，"庚子三月雨，大水，高乡多淹，低田有坝者熟"。②

清代江南地区的大规模水利建设以河道水利为重点，而乡村地区关于圩田本身的水利建设则以圩内各种田岸的设置为主。实际上，早在大圩时代，大的圩田内部也有层层小圩岸阻挡外水泛滥。在嘉兴地区，北宋嘉祐三年（1058），"转运使王纯臣，上言诏县令民作田塍，位位相接"。③ 这是令民修筑小岸的政治动员。在太湖以西，芙蓉圩最为有名，这个圩面积近十万亩，典型的外高内低，"形如仰釜，渐进渐低，内画纵横水岸。如遇水涨，高水不入于中，中水不入于下，下水不入于低。每年冬水既涸，春涨未来，起土挑筑"。外层的基本圩岸在明初很完备，"阔一丈八尺，高八尺，内帮子岸高四尺，界堤阔一丈二尺，高六尺。形如坦盆，四围隆起，中心极度洼下"。但圩内也有岸，"内四周作抵水岸，逐层而下，若楼梯焉"。这样的大圩，可以抵御二尺的雨水。④ 圩内像楼梯一样的各级岸在明代一般统称为抢岸。耿橘在《常熟县水利全书》中对抢岸的修法讲得很详细，并用城墙和院墙的关系比喻围岸与抢岸。在筑岸时，低洼地带水中筑岸，抢岸最为难修；平地筑岸，稍低之地次难；稍高之地最易。⑤ 到清代，青浦县的孙峻在其《筑圩图说》中所讲的抢岸有明确的三进田结构。他将一进田称为高塍田，田内的积水称为上塍水；中间的称为中塍田，积水称为中塍水；下洼的地区称为下塍田，积水为下塍水。排水的过程就是"撤消上塍水，倒拔中塍水，疏消下塍水"。⑥ 如果没有梯级的小岸，低地就会一片汪洋，而高地却可能无水。一般的戽水是外边头进田先干，然后才是中间的田，最后是圩中心的田。圩田的这种形态现在叫三进田，从四周向中间依次为一进田、二进田和三进田。圩中心的三进田或圩心之田，

---

① 民国《南汇县志·杂志·祥异》。
② 道光《双凤里志·杂缀志》。
③ 光绪《嘉兴府志·水利》。
④ 光绪《无锡金匮县志·水利》。
⑤ 张芳：《明清农田水利研究》，中国农业科技出版社，1998，第75~88页。
⑥ （清）孙峻：《筑圩图说》。

往往低于海平面。水流分外河与内河，外河的水位在旱季略低于一进田的田面，雨季则高于田面。每进田之间的高差现在一般约为半米，而最中间处与四周圩岸的高差可达 1.5 米到 2 米。① 今日水泵和暗管协调的三进田排水可以很直接地提水出水，但传统时代却以这种分区的圩田排水为最有效率。圩周边的高塍田从阙口排水，阙口就是头塍田圩岸上的排水口；二塍田从倒沟放水，倒沟是从二塍田通到圩外的排水口；下塍水从由圩心到圩外的溇沼放水（见图 1）。孙峻已经认识到大圩内三种田之间抢岸分割的必要性。他指出："畔岸有五利：一、断上塍暗斗水（侧渗水之意），俾下塍戽救有效；二、利牧牛有草；三、有十分阔大，需泥六分，有十分工程，力劳六分（因为这种岸低于正岸一二尺，相比大圩岸的修护，省工省料）；五、保大岸根牢柢固，永无坍废。"他对抢岸不修的大圩田提出十分严重的警告："大圩大分水倾泻入小圩小分内（高塍地区的水泻入低塍地区），大圩泻水一寸，小圩顿深几雨寸。若无围岸、抢岸拦截上塍内泻，天雨三、四、五寸，小圩没腿齐腰。"另外，若没有内部的各种小圩岸设防，也很容易造成"走圩淹禾"。大圩内"一二处进水，害及全圩，俗名走圩"。孙峻特别指出，在同一圩田内，高下不同的田块之间没有畔岸有四种弊端。第一种弊端他称之为"漂膏壅"。膏壅乃"肥力"之意，平日农民挖河泥，垫入田内，戽水之时则搅动使水浑浊，也将肥水戽出圩外。在没有畔岸的地方，"畔泄清水下田"，通过侧渗和漂流的作用，将许多土壤内的肥分带到下田，下田的浑水戽出圩外，则造成肥水外流。第二种弊端是"养草脚"，水深则耘田难行，导致杂草生长。第三种弊端是"招观望"，有了畔岸可以动员各塍田的所有劳动力戽水，但在没有畔岸的条件下，由于低塍田的戽水使高塍田的水流于下田，高田种植者产生了观望态度，因为他们可以坐等水干。第四种弊端是惹风波，水不及时排出，雨天带风，使波流揉苗，造成缺苗；低田戽水，有时越戽越多。②

有的圩田并不是严格地按高低划分，只是为了排水方便而简单地将圩田再细划分一次，使每个小圩可以挖一个排水沟直通大圩岸以排积水。费孝通的家乡在震泽镇附近，村里的圩大小不等，大的有 900 亩左右，为了排水方便，将

---

① 李庆逵主编《中国水稻土》，科学出版社，1992，第 113 页。
② （清）孙峻：《筑圩图说》。

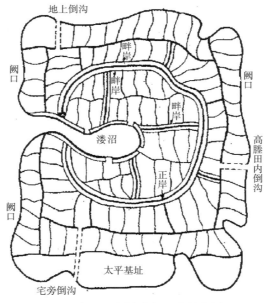

图1 阙口、倒沟在圩田中的位置

资料来源：孙峻《筑圩图说》。

大圩分成较小圩为"排水单位"。以他所描述的西长圩为例，这个圩被分成四个小圩，每个小圩都有可以直通大圩岸的排水沟，圩边与排水沟相连的地方，就是一个水车点，人们也可以在这里用戽斗排水。西长圩是一个长方形的圩，分成4个小圩后有四个集体排水点。小圩称"墐"，各"墐"之间有较大的田埂，是农田的主要道路。但小圩内仍分有许多块小田块，那是最基本的田块。①这也是一种三进结构。清代有许多圩的排水系统并不像西长圩那样可以完全分割。在较大、较方的圩田内，很难挖多条直通圩心的排水沟。在孙峻画的结构图中，所有的圩田基本上都只有一条直通圩心的排水沟，这种排水沟在不同的圩田中有不同的称谓。有的称"溇沼"，是一可资排水用的长条沼泽地带，时干时湿。这种沼泽面积如果较大，则称其为"内塘"，与圩外河道即"外塘"相对应。只有部分圩田存在像西长圩那样的排水沟即"长沟"。由于当时的人并不具备现代的排水设备，故低洼之处长年积水，很难耕种，只能成为排水、蓄水系统的一部分。这三种积水带都与外河直接相通。②

---

① 费孝通：《江村经济——中国农民的生活》，商务印书馆，2001，第141～144、152页。

② （清）孙峻：《筑圩图说》。

二 水车与人群

孙峻的圩田建设方案曾在青浦得到过一定程度的推广。青浦地势低洼，形如"仰盂圩"，常受涝患。他的方案在家乡孙家圩推广之后，"始则免其赔荒，继而渐臻成熟，得丰收焉"。但圩田内筑岸，需要一个非常健全的乡村动员体制，大的圩岸和河道的修理往往还要依赖国家政权的动员，可能十几年也没有一次，圩内小岸却需要年年修，所谓"田中之小岸必每年一筑，大岸则数百年如故也"。① 长期以来，圩长体制并不完善，圩长、塘长制度外受国家政府的影响，内受田主之间和主佃之间利害冲突的困扰，都会影响到修圩和排水。田主之间的冲突尤其在每进田之间产生。长期以来，外进田常常为豪强所有，占据排水之便。如果存在很强的乡村权势，基层的圩长、塘长是根本无法协调的。地主豪强不仅不愿意为修小岸出工，甚至在水淹己田时还放水于低田，嫁祸于他人。明代金匮县有魏国公的庄田，比其他人的田高2尺，"庄官恣横，旱则决塘引灌，潦则泄水民田，大为民病"。发生了这种事情，地方乡绅无力插手，倒是当时的知府欧阳东凤让人在"庄田北筑坝抵之"。② 小农的自私心态也使得围岸筑难废易。种高塍田的人与种低塍田的人在小岸问题上有不同的利益关系。"种高丘者十之五，不筑虽减收，亦无大害"；"种低丘者亦十之五，不筑惟希冀水之不来，筑则高丘之人不肯协力，遂致力有不逮"。泥土问题也是冲突的一个来源。筑岸需要挖土，一般人都将泥土视为珍宝，农田之间共用的小岸，往往被双方在两侧挖坏。常年水不来时，他们对小岸任意铲削即"斩岸"。青浦当地的农民在种插之时的习惯"斩岸脚"，就是这种挖土行为。护岸用的杂草也是一个问题。本来，"草有护岸之益，禁人肆掠"，但往往也被农民早早地铲掉以肥己田。清代是一个缺肥的时代，人们不断地挖泥涝草以壅田。春天，农民积肥时往往"连根和土"地将小岸上的杂草铲掉，同时也挖去了许多土，"占饕岸趾"。还有许多人在小

---

① 乾隆：《吴江县志》卷四十三。
② 光绪：《无锡金匮县志·水利》。

岸上种上作物，"禾苗浓密油油"，但固土作用很差。总之，小岸的确筑难毁易。① 这种状况也因地而异，乡村风化好一点的地方情况就好一些。

尽管人心自私，每到大水之时，共同而紧迫的任务还是能将村民集中到一起，为免灾而共同戽水奋斗。大水淹禾之时，圩长动员村民上圩戽水的体制称为大棚车制度。顾名思义，这种制度的运行在于对人力与水车资源的管理与调动。管理水车的人称为车埠头，车埠头在水涝时召集村人上圩戽水，迟到者罚。为了控制管理，有的地方还将水车的轴拴上绳子，这样，戽水所转的回数就可以通过绳结的多少表明出来，回数少的人会因此受到督责。② 在圩岸的水车点上，往往有几辆水车共同工作。这种习惯一直持续到 20 世纪 50 年代的集体化时代。昆山县石牌乡有 7 个大圩子，耕地面积达 1 万多亩，他们的集体排涝叫"车大滨"，他们的圩田一般的是 3 进，有的甚至达到 4 进，一般的圩子都有车口 3 ~ 5 处，"过去的每个车口，因地方狭小只能放 3 ~ 5 部水车"。清代的排水大致就是如此。1954 年的抗涝斗争将每个车口扩大了，扩大后的车口叫作"大棚基"，可以容纳 10 ~ 30 部 3 人轴的水车一起工作。尽管如此，这么多的水车大概也只有一部抽水机的效率。③ 劳动中有轮休。在吴县一带，"农家遇大水则集桔橰以救之，鸣金击柝以建作息，建瓴滴水以时番休，号大棚车"。④ 从更高一层上讲，大棚车制度还关系到乡村地区的安全。因为水灾一发，如不众志成城，及时救助，乡村地区的不稳定因素马上就会爆发。能够组织起来的，往往是有良好乡村秩序的地区。在盛湖一带，道光二十九年（1849）的水灾使民间发出了社会秩序败坏的叹息。"水利久不讲，恒雨辄损田。我生五十载，六度水毁年。"不但地方社会的失序导致大水利之不兴，水灾中的主佃双方关系也极其紧张。"始时田未没，佃农争筑防，费钱索田主，什佰哄满堂，众欲稍不遂，公然为寇攘。"一名可能是外乡人的新田主，被佃农们捆绑后扔到田间淹死。⑤ 从费孝通先生

---

① （清）孙峻：《筑圩图说》。

② 〔日〕森田明：《清代水利社会制度史研究》，国书刊行会，1990，第 225 ~ 228 页。

③ 江苏省昆山县人民委员会：抓住圩田特点，采取多种多样的排涝方法，石牌乡基本上取得了防涝斗争的胜利。1957 年 9 月。见中华人民共和国水利部编《水利是农业的命脉》第二集，水利出版社，1958，第 525 ~ 533 页。

④ 民国《吴县志·风俗一》。

⑤ 光绪《盛湖志·灾异》。

的书中所提供的照片可知，圩岸上的水车和人夫成排成行，两两踏车戽水，车上有棚。[①] 水车除了排水之外还有灌水之用。灌水时不用全体动员，灌溉秩序与北方差不多，一家一户有序地灌水；排水时却要集体行动，为的是抢时间。大棚车的发起也必须是大一点的水灾才行，小水灾则乡民自己可以戽出圩去。在桐乡，一般的"旱入涝出"由小农自己负责，"遇大雨连绵，河水泛溢，则集合圩之车戽水以救，谓之大棚车"。[②]

许多古人将大棚车制度当作一种习惯，也有的乡间士大夫将这种制度与古代村社制度相对比。陈瑚竟将这种制度与井田制相对比，"古者阡陌之世，凡圩皆有围，凡田皆有岸。即通力合作而八家而止。近世大棚车之法牵连百家，此后世权宜之计术，而非古人之制也"。尽管他的议论有点玄，但他仍认为这种制度的基础要以圩田建设为基本任务，"围田无论大小，中间必有稍高稍低之别，若不分彼此，各立抢岸，则高低互相观望，围岸虽筑，不能全熟"。[③] 抢岸不但有利于排水，而且还有利于巩固大棚车制度，免除一部分人的投机取巧心理。前文所述的"招观望"，就是没有小岸引起的。立抢岸的确有效，但快速的乡村动员还在于人气。政府与乡村，上下运动所带来的人气也很重要。"夫水之泛滥者，筑堤障之；壅遏者，疏渠导之；而停积者，若不竭力车戽，则何从而减乎？然民之贫乏者无力，豪狡者持顽以致互相推调，坐视陆沉，在乎上之人激劝而安集之尔。往年水患初作，上自长贰，下至簿史，无不躬亲看视，奔走道路。"[④] 可见，车戽的兴起关键在于一套动员工作，这种动员与乡村的民风与凝聚力有一定的关系。在民情懒惰、上下不同心的地方，即使设有水官，也难以完成动员工作。与家族势力很强的乡村地区相反，一些客民新开发的地区，由于上下同心，修圩戽水异常团结。江北和宁波的一些客民在青浦一带开发低田，虽原籍差异很大，却有棚头作领袖，"其耕种法颇与邑民异，善筑堤，堤高寻丈，逐层用檀木捣坚，厚四五尺，遇久雨则可捍御客水倒戽。积潦戽水用人力踏车，车床甚大，非四五人不可转踏。时打锣鼓，唱田歌，悠扬赴节，声闻远近"，"或风雨溃堤，则昼夜巡视，并力抢救，其耐劳苦有如此者"。[⑤]

---

① 费孝通：《江村经济——中国农民的生活》，商务印书馆，2001，第141～144、152页。
② 光绪《桐乡县志·农桑》。
③ 光绪《昆新两县续修合志·水利》。
④ 乾隆《吴江县志·治水》。
⑤ 民国《青浦县续志·遗事》。

在 20 世纪大部分时间内，传统的水车一直在起作用。清代的水车制造成本很高，是农户最贵的农具。以民国时期宝山县的农具价格而论，一台水车约 30 元，一架播种机才只有 20 元，最常用的铁搭才只有 4～5 角①，水车却是种水田农户之必备。农民不但靠水车戽水，在种稻时各种耕作环节的放水、排水也要用到水车。另外，戽水时使用的水车状态与灌溉时稍有区别，除了车尾的地点不同外，由于排涝时的戽水往往阴天有雨，故一般要有车棚。青浦县民国时期的一份水灾战时农具损失的调查表明，水车（车盘）和车棚对农家都很重要。农家第一位重要的是犁，第二位是耙，水车和车棚大约排第五位和第六位。② 造车集中的地区往往也是低洼易涝地区。青浦就是这样一个水车的集中产区，"车为田家戽水必需之具，或以人力或以牛力，形式不一，制作必秘。而他处皆不擅此"。③ 明代松江地区水车使用有低地和高地的差异。被称为龙骨水车的往往被用于高乡，"风车不常用"。④ 也有人认为风车更适合用于防涝。《天工开物》的作者宋应星认为，风车一般是为救潦，"欲去泽水，以便栽种。盖去水非取水也，不适济旱"。⑤ 牛转的水车形制更复杂一些，由于明清时期牛本来就少，所以，牛力水车也少。松江的脚踏水车可以三人直接踏车戽水。既可用人亦可用牛的水车有一个车盘，车盘与上水的车板子之间有轴连接。车板子的部分一般称为车棚。⑥ 在石门县，"农人戽水，全资人力，不若他邑之借力于牛。其耕作悉是丁男，不若他邑杂以妇女"。⑦ 但大户人家还是要用牛拉车。在吴县有人认为数十亩以上的农户排灌均用牛车以代人力。⑧

戽水的劳动力主要是男人，但与其他农活相比，有更多的妇女参加。在那些平日妇女不参加大田劳动的地区，戽水时她们也会走出来，因为时间紧急，她们会直接踏水车或做别的什么工作。在费孝通的家乡开弦弓村，一般也像石门县一样，妇女不参加耕作劳动，只在遇涝时上田车水。⑨

① 民国《宝山县再续志·农业》。
② 《农具损失情形调查》1946 年 8 月 26 日，青浦县档案馆，82－2－544。
③ 民国《青浦县续志·风俗》。
④ 崇祯《松江府志》卷七。
⑤ （明）宋应星：《天工开物·乃粒》。
⑥ 满铁上海事务所调查室编《江苏省松江县农村实态调查报告书》，1940，第 104～112 页。
⑦ 道光《石门县志》卷四。
⑧ 民国《吴县志·风俗一》。
⑨ 费孝通：《江村经济——中国农民的生活》，商务印书馆，2001，第 141～144、152 页。

但在许多地方，妇女什么农活都干，松江府的女子在明代就已经"耘获车戽率与男子共事"了。无论如何，妇女加入戽水行列，的确为劳动场面增加了不少特色，许多文人也非常敏感地观察到这一点，为此写了许多诗。比如"妾生田舍家，自小能踏车"，讲的是妇女从小就参加戽水劳动。平日的施粉打扮到戽水时一扫而光，"一方青布齐裹头，赤脚踏车争卷水"。① 旧式水车都是用木和铁制作的，润滑功能很差，声音很大，由于众多的水车一同戽水，水车的响声也是远处可闻，"脚痛腰酸晓夜忙，田头车戽响浪浪"。② 不但水车响浪浪，人的歌声也会播扬于远方。在枯燥艰辛的工作中，人们唱歌助兴。稻田地区自宋代以来就有薅鼓，这种鼓摆于田头，薅草耘田时击打助兴。③ 田歌也有类似的作用，戽水时人群的聚集甚于其他田间工作，唱歌是少不了的。"种田唱歌最妙。盖田众群聚，人多口杂，非闲话即互谑，虽严禁之不可止。惟歌声一发，则群嚣寂然，应节赴工，力齐事速。"④ 江浙一带的文人也有戽水之歌，元人张庸的戽水歌不但注意到了戽水场面，还通过对个别女子的关注反映了当时的乡村劳役苦情。"高田水，低田水，田田积水车不起。去年有水民薄收，今年又水朝廷忧。岸圩自是农夫事，工程赖有官催修。东家妇，西家妇，唤郎去刜荒田土。车沟昨日里外平，断塍紧待新泥补，踏车正忙儿又啼，抱儿踏车力不齐。车捩轴轴转，横牙伤妇足，妇忘嗟怨抚儿哭。水深未易干，怕郎受笞辱，愿天晴祛雨阴，入夏无苦旱，至秋无苦霖。上宽天子忧民心，吾农饱暖长讴吟。"⑤ 这首诗有政治意义，戽水时农民不会唱这个，因太过文雅，又太过苦情。顾颉刚先生对太湖地区的民歌进行了收集和整理，内有许多田歌，字句不像戽水的诗词那样文雅，却直观简单。江阴的民歌有："啥个圆圆在天边，啥个圆圆在地面……太阳圆圆在天边，水车盘圆圆在地面。"⑥ 天晴是农民心中的盼望，眼前看到的却是水车盘。天一直下雨，戽水的前景不定。

久雨不晴，形成灾害，戽水肯定失败。但一般而言，不同的田块有不同的情景，救与不救不一样。一些戽水失败的地区往往"菜麦不及收矣，

---

① 崇祯《松江府志》卷七。

② （明）邝璠：《便民图纂·农务之图》。

③ 〔日〕天野元之助：《中国农业史研究》，御茶水书房，1981，第247~249页。

④ （清）陆世仪：《思辨录辑要·修齐类》。

⑤ 光绪《宝山县志》卷四。

⑥ 顾颉刚等辑《吴歌·吴歌小史》，江苏古籍出版社，1999，第573页。

秧苗不及栽矣，即栽腐烂矣"。如果一个地区大部分戽水失败，少数胜利者是非常劳苦的，"间有可救者，皆数十百人共踏大棚水车。男罢耕，女罢织，甚则皮穿脚肿矣"。① 这不是一两天就可以结束的战斗，这时往往有决战悲壮之情，悠然自得的歌声可能不会有，但失败的经历往往也出现在诗歌中。在震泽，嘉庆九年（1804）大水，文人张莘写《水车叹》一词记叙戽水的失败："低田已连湖，高田多漏穴。穴水冲急堤防崩，阡陌依然浪头白，浪头白，雨云黑，愁肠饥，车轴折。"② 水车都坏了，也不见水退，真是一种不可挽回的失败。

三　水与苗

在踏车戽水过程中，农民们会不时地抬头看天，盼着天晴。长期以来，人们对水灾产生了恐惧，不断地观察可能出现的各种天色以判断是否有雨。娄元礼是元末人，他的家乡在吴江县。他记载的当地农谚中，有"水年只怕北江红"。北江是太湖，这种"红"像霞又不是霞，预兆以后每天都是阴雨天气。③ 踏水车的农民看见太湖上空出现这种天象时，不禁增加了失望与焦急。他们也不断地看田面，希望能尽快地从一片水汪汪的水面中看到秧苗。在农村用语中，出现了许多禾苗与水关系的词汇，这些词很直观，比现代科学用语更直接。后者往往是地面积水多少毫米、降水多少毫米，农民如果听了这样的新闻报道可能还不知道稻苗被水淹的状态。但清代的太湖农民如果听到人说"水里苗"，就知道水已淹苗了。这并不是说江南农民对水和秧苗有特别的观察力，只是传统社会有哪一方面的生产与生活的侧重点，就有哪一方面的词汇。草原社会的游牧民有更多的关于草地和牲畜的专业词汇，农业社会当然有关于农业的专业词汇，传统中国是精耕细作的传统农业社会，长期以来就有丰富的关于作物和土壤方面的词汇。就水灾问题本身而言，有一系列包括观测天气、预测水涝的词汇。当然，许多词汇也集中在稻苗方面。这方面的经验非常之多，但大部

---

① 崇祯《松江府志》卷十三。
② 道光《震泽镇志·灾异》。
③ 江苏省建湖县《田家五行》选释小组：《〈田家五行〉选释》，中华书局，1976，第25页。

分藏于民间，且不为农书所记。20 世纪 50 年代，松江的老农陈永康对看苗施肥很有一套，他的"三黑三黄"就是通过看稻苗在生长过程中所产生的苗色变化来掌握施肥和灌水、烤田的时机，方法非常有效，一度推广至全国。在与水涝的长期斗争中，农民也形成了许多关于秧苗的词汇与常用语。

首先看"没稻眼"一词。在费孝通的家乡开弦弓村，当时的人认为"如果水太多，淹过'稻眼'时，稻就会淹死"。稻眼是水稻上方叶与茎的连接点，这就是孕育幼穗的部位。当地人认为这部分被淹了，六七天之内，稻就会枯萎。费先生怀疑村民的观点。[1] 但从栽培学上讲，村民的观点是极其正确的。因正在分化的幼穗往往处于花粉母细胞的减数分裂期，这时的细胞对呼吸作用极为敏感，被淹六七天，生殖生长基本上就会停止。即使水退后成颗长穗，也是不结实的空穗。夏秋之季，从稻穗分化期开始，水稻对水淹的敏感期就开始了。稻穗分化期淹水 10 天，颖花分化受到抑制，稻穗虽可伸长，但不能出穗结实；在孕穗期，淹水 6 天就会使大部分水稻不能出穗；到出穗期，淹水 2～4 天，出水后尚能开花结实，6 天以上，因花粉、花药死亡，出水后虽开花不能授粉，最后使穗子枯干不实。所以，愈到后期，水稻对水灾愈敏感，灾后的排水也愈加重要。[2] 松江浦泖一带的农民对"没稻眼"有更深刻的认识："日禾长成未秀也，先有三眼，盖最上之三叶。其根皆有紫晕耳。于是乡人谓之做身分，又云做堂肚。此时不可遇风潮，一遇风潮，则稻穗之胎蕴于中者受伤不浅，及其秀出，遂多瘪谷白穗。又遇大水之年，水没第一眼者，逾三日不退，稻根即浮烂，没第二眼者，可二日；没第三眼者，一日不退，堂肚中之嫩穗皆烂矣。但没第一眼，虽当日即退，而秀时往往苞谷不开穗，分旁苗，俗谓三丫枪，其穗尤短，瘪者尤多。"[3] 这种堂肚的概念非常直观，且拟人化，用眼、肚来描述水稻，是传统社会天人合一思想的体现。

长江中下游一带有"稻怕秋水"之说，就是这个道理。不单是淹水，淋了雨都有空穗的危险。"稻花见日则吐，遇雨则收"，在白露以后，"当盛吐之时，暴雨忽至，卒收不及，遂至有白飒之患。圣人所谓秀而不实者，有矣夫"。[4] 江

---

① 丁颖主编《中国水稻栽培学》，农业出版社，1961，第 471、473 页。

② 丁颖主编《中国水稻栽培学》，农业出版社，1961，第 471、473 页。

③ （清）姜皋：《浦泖农咨》。

④ （元）娄元礼撰，（明）茅樻增编《田家五行·八月类》。

南的水稻一般都是晚稻，且只有一季，"成熟最迟，秋分后稻始扬花"。稻穗分化期之后是水稻成熟期，籽粒灌浆。成熟期水灾后果也很严重，早期的水灾容易形成半浆之禾。道光十三年（1833），"值风雨阴寒，遂多秀而不实"。巡抚林则徐认为当年的收成差不多应达到"中稔"水平。九月以后，天气仍是晴少雨多，昼则雾气迷蒙，夜则霜威寒重，难结颗粒，仅得"半浆"。"浆"与栽培学上"灌浆"一致，"半浆"指籽粒灌浆达到一半的水平。乡农认为荒年将到，林则徐不信，"立冬前后，亲坐小舟密往各处察看"，发现"一穗所结多属空稃半浆之禾，变成焦黑，实先前所不及料，然犹盼望晴霁，庶可收晒上砻"。到十月，又出现了"滂沱不止"的大雨，"在田未割之稻，难免被淹，即已割者，欲晒无从，亦多发芽霉烂"。[1] 成熟期后期的水稻遭遇一般水平的水涝之害，并不能被淹没，但因稻穗下沉，与水接触，易发芽霉烂。农民对抽穗以后稻穗与水的关系也很关注。由于传统时代的稻苗较高，水稻的支持能力比1949年以后的矮秆水稻品种要差得多，故结实过程中稻穗的下垂程度会很大，很容易着水而生谷芽。宝山的月浦一带，"当稻实之时，秋水涨溢，稻穗下垂，即生谷芽"。[2] 乾隆五十二年（1787）七月底，"连雨四昼夜，田中积水五六尺，花铃腐，稻生芽"。[3] 这就是排水之后还生芽的水稻。由于此时正值成熟之时，故可以水中收割，农民甚至乘船捞穗。钱邦彦记载了发生于昆山一带的灾后状态："深者四五尺，浅者二三尺，亦间有露岸者，其禾用镰割取，倒于田者随水东西，或沉或浮，望如野凫。"[4] 捞穗往往还能有些收成。光绪十五年（1889）昆新一带"低田尽没于水"，但由于"稻已成熟"，一些人捞穗，"用力虽多，取谷不少"。[5] 在昆山，"光绪十五年己丑九月，大雨兼旬，成熟之稻沉浸水中，仅露芒穗，农人置舟于田，没股以刈"。[6] 但在许多情况下，低乡在稻熟又遭遇水灾时，往往用竹制稻签，"缚驾水面，用以承稻，令干以便收载"。[7]

---

① 光绪《青浦县志·荒政》。
② 民国五年《洞庭东山物产考》卷二。
③ 光绪《月浦志·天人志·祥异》。
④ 民国《昆新两县续补合志·集文》。
⑤ 民国《昆新两县续补合志·杂记》。
⑥ 光绪《信义志·灾疫》。
⑦ （清）周厚地纂：《干山志》卷五。

　　与水稻的后期发育相比，稻田早期的淹水并不太危险。但淹水总会使呼吸作用受阻，进而危害稻苗。分蘖期的早稻由于稻苗矮，淹水极易形成水灾，但恢复能力很强。水淹 2 ~ 4 天后排水使稻苗出水，基本上不影响生长；淹水 6 ~ 10 天，地上部分均腐烂，但茎生长点和分蘖节组织仍未死亡，出水后分蘖节仍可重新发叶，只是淹水愈长，生长愈慢。[①] 清代太湖地区的早稻种植很少，一般的水稻夏天种植。这时正值梅雨，降水量处于高峰状态，但排水时间相对充裕，即使在水灾很严重的情况下也有解救的办法。以松江府为例，在徐光启时代的一次水灾中，"农田表里弥漫，巨浸茫茫，不浃旬而水底之苗尽为韭茹"。他鼓励低田重灾区的乡亲让已坏烂的稻田复生稻苗，"近日水灾低田淹没，今水势退去，禾已坏烂。我农人切勿任其抛荒，若寻种下秧，时又无及，六十日乌可种，收成亦少"。他提出两套解决方案。一种是从邻近乡里买苗种稻。由于高乡稻苗价高，贫穷人家常常无力购买，所以他又大胆地提出第二套方案，即利用旧有烂苗田地，令旧稻复发分蘖。"无力买稻苗者，亦要车去积水，略令湿润，稻苗虽烂，稻根在土，尚能发生培养起来。"[②] 这种方法要求人在水退之后继续排水，将田戽干，而那些买苗的人的稻田之中却要留余水以插秧。据张履祥记载，他家乡桐乡在崇祯年间的一次水灾中，一些早插秧的人其秧苗在水退后还是有不少复生的。那一年"正月十三日大雨雪，至十八日乃霁。五月初六日雨始大，勤农急种插，惰者观望。种未三之一，大雨连日夜十有三日。平地水二三尺，舟行于陆。旬余，稍退。田畴始复见，秧苗尽死，早插者复生。秋熟大少"。[③] 秧苗在水中的时间有 15 天左右，早插者因秧苗已经有根系生长出来，水退后才能发生分蘖。

　　在积水落干的过程中，低田与高田的干田不同步。同一时间内高田与低田有不同的苗色。孙峻将一块有良好的围岸与抢岸、"水淹易施戽救"的圩田，在同一时间里分出多种苗情。外塍田状态为"青绿依然""没稻眼""蚂蝗搭""露梢"，内塍田则为"游青"和"水里苗"。所谓"青绿依然"，就是一片青绿，这是不受害的秧苗；"没稻眼"前文已有所述；"蚂蝗搭"是指这种苗在水退之后的状态，由于苗叶粘苔，水退随苔而落，

---

①　丁颖主编《中国水稻栽培学》，农业出版社，1961，第 471、473 页。

②　崇祯《松江府志》卷六、卷七。

③　光绪《桐乡县志·祥异·张杨园桐乡灾异记》。

如蚂蝗之搭于泥上，为"蚂蝗搭"；"露梢"即已经没过稻眼，只留一梢在水面上。孙峻认为，即使如此，也很难得。因为"露梢"的稻苗往往是早种之苗，由于生长得力，在水浸虽深的状态下，"其梢挺露无恙"。由于水稻品种和播种时期不同，同是外塍田，会出现四种不同的状态。与外塍田相比，内塍田的苗情就很严重。"游青"是一种水大漂苗的状态。由于苗小叶嫩，青苗在水退之时漂浮于水面，这种状态为"游青"，这比"蚂蝗搭"严重多了。还有一种苗情为"水里苗"，顾名思义，这是一种彻底被淹的苗，也有称之为"水底耗"的。还有一种叫"杳没无踪"，往往不是指一小块田，而是指一大片田的苗情，内塍田的各块田同时处于"水里苗"状态，就是"杳没无踪"。农民对稻苗对水的反应也有记录，如"新苗遭水三四寸即白"，指淹水后不见光，失去光合作用所应有的叶绿素而变白。①

在排水过程中，农民往往盼着天晴，盯着田面。"桔槔勤所务。转运使水出，滑滑无停注。但愁云叶繁，未见秧针露。如彼中酒人，沉湎不能吐"②，这是以人的状态来分析稻田，将淹水的田形容为醉汉。刚露出的稻梢，称为秧针。很多时候，辛勤的戽水换来的是失望："水车日轧轧，溃堤日潺潺。下有垂死苗，根烂叶色殷。老农犹自慰，曰蘖芽其间。水固[涸]始分明，什一无余残。"这种灾情比徐光启所述的还要严重，田间的苗已经没有分蘖能力了。有的地方官为了不让乡民免赋，往往也会标语口号式地提倡一下补秧，但在秧苗烂死、民力不济的状态下，根本无法解决这一问题。"里正率乡老，入城纷报灾。报灾官不信，谓俟亲勘来。俟之日复日，忽布条告催。大书时雨后，农时毋迟回。低区暂淹没，水退堪补栽。呜呼田中水，已迫灭顶危。新秧尽烂死，不识当补谁。"这是道光三年盛湖水灾的情形。③许多时候，农民尽管费尽了力气，也没有效果。在康熙年间的一次水灾中，桐乡有的地方的村民"老幼男女群聚而戽救者历六十余昼夜"，最后还是失败了。④

在一般性的灾情中，如果能及时退水，补秧还是普遍现象。在道光三

---

① （清）孙峻：《筑圩图说》。
② （清）周厚地纂《干山志》卷五。
③ 光绪《盛湖志·灾异》。
④ 光绪《桐乡县志·食货志下·农桑》。

年的水灾中，嘉定大部分地区被水浸淹，"冈身西稻田水深至膝，农人筑堤抒水，竭二三日之功，秧梢才出水，淹死者三之一；其尤洼下者，水几及腰以上，抒之无可抒。及六月初沟塍能辨时，则已插者方谋补莳，未插者急欲立苗，然多苦于无秧"。[①] 这些已插者，应该就是那些早已插秧的人。他们的田可能较早地排了水，但仍然放弃旧秧苗而重插秧，等水彻底退了以后补插。他们早就不对秧苗的复生抱希望。买苗是到附近的高地买，因为那里没有水灾。在湖州和桐乡一带，有经验的人"买苗必须到山中燥田内，黄色老苗为上"，山区的苗往往经过旱情锻炼，最好。"切不可买翠色细嫩之苗，尤不可买东乡水田之苗，种下不易活。生发即迟，卒遇霜早，终成秕穗耳。"运苗也比较讲究，"下船不令蒸坏，入土易发生"。[②] 补插的时间很紧迫，紫堤村村民在道光二十九年（1849）的水灾中到西乡去"买秧翻种稻"，必须赶早，"早尚有收，晚则不及"。一些人拖到七月还未插上秧，只好翻种绿豆。[③] 有的人在立秋之时还插秧，但这时不能下肥，下肥则会使苗贪青晚熟，"枝多穗晚，有稻无谷"。[④] 什么叫"有稻无谷"？就是因种植时间晚，遇上霜冷，稻不结实。但有的时候，立秋后八九天插秧仍有收。在嘉定的望仙桥乡，"嘉庆甲子岁大水，淡南一图沈虎官于七月十三日插秧，前初四日已立秋矣，每亩计收七八斗"。[⑤] 如果不买苗的话，必须在大水时提前预备，浸种生秧，水退后补种。在道光三年（1823）的水灾中，嘉定钱门塘的农民"有力者纷纷重为浸种，重为落秧"。当然，许多有力者"棹舟远出，买秧买稻"。无力买苗者的选择很有限，他们老实本分，只能在水干之后补种"赤绿二小豆"。[⑥] 种稻与种绿豆差异很大。在湖州和桐乡一带，崇祯十三年（1640）的水灾中，"田禾尚未下籽，而低洼处甘心委弃不救，间有高田先种而后没，被水久浸，苗根腐烂，直至六月廿日立秋之后买秧补种，上农所收一石六斗，中户数斗，无力种秧者全白"。[⑦] 全白意味着无收，当时米价大涨，无米是很吃亏的。

---

① 民国《望仙桥乡志稿·灾异》。
② 民国《南汇县志·杂志·祥异》。
③ 咸丰《紫堤村志·灾异》。
④ 民国《南汇县志·杂志·祥异》。
⑤ 民国《望仙桥乡志稿·灾异》。
⑥ 民国《钱门塘乡志·杂录志》。
⑦ 民国《南汇县志·杂志·祥异》。

一些不老实的无力者有偷苗的举动，"更为乡里无籍小夫，黉夜掘近处稻苗，偷插己田，或私售邻右，得钱酿赌为乐，如是者迄六月梢才止"。① 嘉庆九年（1804）的水灾过后，盛湖一带的低地戽水失败，只好买苗，"东北地势高，苗长可易钱。向前问价值，一亩钱十千，悉索倒筐箧，且缓计米盐。非轻钱十千，侥幸秋有年"。有钱者以如此高的价格购苗，那是迫不得已，在高价格驱动下，整个地区出现了偷苗群体："东家有良苗，西家起强暴。夜来星月黑，田间走虎豹，青青卷一空，望望但泥淖。"②

鉴于水灾出现的危险，许多知识分子倡导早种。早插秧，早长苗，苗长大了，防涝容易一些。北方的作物季节紧，要抢收抢种。南方却不是这样，如果只种一季水稻，播种时间很充裕。由于肥力的限制，明清时期麦稻两熟的地区并不多，大多数地区只种一季水稻，然后稻田放水冬沤，或种一季绿肥养地。水稻可以早春播种插秧，也可以夏季插秧，甚至可以秋季插秧，有一个较大的弹性时间。早插秧，早成苗，苗高于水面，战胜梅雨期普通涝灾的可能性就大一些。如果在梅雨期秧苗嫩小，就太容易遭灾了。在杭嘉湖地区，不怎么提倡早种，却提倡施足底肥，为的是促苗长而避水，"凡种田总不出'粪多、力勤'四字，而垫底尤为紧要，垫底多，则虽遭大水，而苗肯参长浮面，不至淹没"。③ 19 世纪中期的潘曾沂讲得更仔细，他提倡早种、不插秧，就是为抗水灾："才发的苗，是吃不起风浪的。所以要赶紧忙早种，种得早，到底省多少惊吓。下种后不用拔秧，自然根底牢硬，耐得水旱。后首恶雾风潮等变卦，往往在八月中。若这时候，已经收割，是不怕的了。所以劝你们要赶忙早种。"同时，他还批评了那些贪二熟的人，"今吴人贪有小麦以为接济，直待刈麦毕后莳秧。近年有迟延至六月内方得莳秧者。正当吃紧之时，旱涝难必。苗嫩根浅，极易受伤"。④ 以此来看，太湖地区麦稻两熟之不兴，除了与肥力有关外，涝灾也是一个原因，因为种了麦易致水稻遭灾。同时期的李彦章也有相同的看法："麦毕刈，田始除，秧于夏，委于秋，及冬乃获，故常有雨雪之患。"但种麦却是灾后恢复的办法，如果水稻因水不收，排水后种麦，以

① 民国《钱门塘乡志·杂录志》。
② 光绪《盛湖志·灾异》。
③ 民国《南汇县志·杂志·祥异》。
④ （清）潘曾沂：《潘丰豫庄本书》，潘丰豫庄课农区种法直讲。

期明年麦收，也是减灾和恢复生产的好办法。如果水大到"冬田积水，不能种麦"的地步，那实在是水灾年了，影响要拖很长一段时间。[①] 正常情况下，农家一般可以通过麦收达到减灾的目的。"谁云田家苦，田家亦可娱。上年虽遭水，禾黍多荒芜。今年小麦熟，妇子尽足哺。"[②]

四　情怀

乡村社会的大棚车之制一直持续到近现代，集体化和人民公社时代更加兴旺，因为连基本农活都变成了集体出工，何况戽水。丁颖在《中国水稻栽培学》一书中总结的排水经验代表了 20 世纪 50 年代的集体排涝规范。他提倡群众运动，组织人力、物力，集中一切排水工具，大力抢救。排水的顺序是先排高田、再排低田，必要时也可以舍低救高，先排青苗田，后排白水田。[③] 水泵从民国时期就已经引入，但因其推广速度慢，一时难以替代水车。1957 年，青浦县在涝灾时仍然存在戽水工具不足的问题。同时，也有部分圩田因"圩内高低田间，未做隔堤，而后积水流入低田，增加了低田排水负担"，传统的问题仍然存在。[④] 在松江县的低洼地区，排涝工具缺乏，"机械数量不足，'三车'（风车、牛车、脚踏车）越来越少。一九六三年九月，两三天中降雨二百四十七毫米，有十八万亩土地严重受涝，积水五十厘米到一米，其中，有一部分排了七天七夜才脱险。对水稻有一定影响。还有许多地方由于高田低田之间不做隔岸，每逢暴雨，高田的积水都汇积低田，不能做到分级排水，因此低田的涝情就更加严重"。[⑤] 传统农田的戽水景观的真正改变是在 20 世纪 70 年代。"农业学大寨"运动使江南稻田实现了平整与方格化，再加上机电与暗管，排涝不再集人群于田边踏车戽水了。现今的江南更是发生了很大变化，工业化

---

① （清）李彦章：《江南催耕课稻编》。

② 光绪《月浦志·天人志·祥异》。

③ 丁颖主编《中国水稻栽培学》，农业出版社，1961，第 471、473 页。

④ 青浦县农村农林水利局：《青浦县沔荡乡沔淀农田水利规划》，1957 年 9 月 26 日。青浦县档案馆，23 – 1 – 17。

⑤ 松江县人民委员会：《松江县改造低洼地规划说明》，1966 年 9 月 28 日。松江县档案馆，6 – 8 – 14。

的扩展使上海的青浦、松江很少见到农田，更不用说看到人力水车与戽水了。这个传统的人文景观尽管在农田中消失了，但不会那么快从人们的感情中消失，那些住在都市圈内的人，在现代化的居住小区内制造了水车与流水的景观。

乡土景观研究

找回老家：乡土社会之家园景观 *

彭兆荣 **

摘要：在乡土社会的体系中，"家园景观"最具代表性。特别是居落，仿佛人之"表情"，以鲜明的特色赢得人的视觉印象。中国传统家园景观的"底色"中屡入了阴阳五行的观念和元素，它是存在，更是日常。在"城镇化"进程中，"城中村"在乡土村落中首当其冲，这是否意味着中国传统村落到了"终结"的时候？这个问题值得关注和讨论。乡土家园是人们的出发地和归属地，是"本"之所托，让我们重新找回自己的老家。

关键词：家园景观；乡土农耕；五行；城中村

一　引言："何处是"故乡"

在人类学的视野中，人首先是动物。"人类"原本就是动物的一个种类。动物会"动"，故名之。动物有巢穴。人类远古之栖居地便是巢穴，住在树上和地下，如鸟兽一般。智者如是说，考古证明之，今仍有遗迹、遗址。后来，人类从树上下来，从洞穴中走出来，在地上建筑、营造居处，有了聚居，有了秩序，有了伦理。聚居虽可搬迁，但总有原居地、根据地。人类的秩序、伦理便从聚居开始。无论何种原居地都是"故乡"，那不仅是人类的栖息地，也是秩序和伦理的原生地，是人类社会性的开

---

*　本文原刊于《贵州社会科学》2018 年第 2 期，收入本文集时略有改动。

**　彭兆荣，四川美术学院艺术遗产研究中心首席专家，厦门大学人类学系教授、博士生导师，主要研究方向为文化人类学、文化艺术遗产。

始。从历史遗留看，中国的村落在新石器时代就已现雏形。[①]

人类的生存与自然环境相适应，人类的生计与劳作方式相配合，人类的生活与社会关系相协调，这些决定了文明的差异性与多样性。游牧文明决定了居住方式的移动，农耕文明决定了居住方式的稳定，根本原因在于与土地捆绑在一起。离开土地就是离开家乡，这就是以农耕为主的传统。人群的聚居地被表述为"乡土"。费孝通先生以"乡土"概括中国——"乡土中国"[②]为精准的表述。若要定位、定义"中国"，便从乡土入手。诚如梁漱溟所云："中国这个国家，仿佛是集家而成乡，集乡而成国。"所以要"从乡入手"。[③]

"故乡"于是有了多层意思，它是以农耕文明为背景的人民的原址，以土地为纽带的原乡，以田作为生计的原本，以群体为聚集的原始，以家园为传统的原貌，以宗族为依据的原初。"原来中国社会是以乡村为基础，并以乡村为主体的，所有文化，多半是从乡村而来又为乡村而设——法制、礼俗、工商业等莫不如是……"，不幸的是，"中国近百年史，亦可说是一部乡村破坏史"。[④]

近代历史的中国经验再一次表明，中国的变革从农村开始。如果我们不以乡土社会的主体为重、为本，不考虑农民的根本利益，不了解他们的诉求，就一定会付出惨痛的代价。即使是在当下，我们的一些大的"工程"，仍然在破坏、消费、毁损传统的村落。这些工程属于"权力性善意工程"（以政府为主导、以资金为先导、为民众做"客位"思考），却显然未能做好详细的"长时段"准确评估，缺乏深入的调查和试点。这里需要纠正一个观念上的错误——中国的发展要以耗损传统的乡土社会为代价。此番道理仿佛是经济的发展必然以生态环境为代价。极而言之，传统村落的保护需要"国家作为"，否则便是不作为。从另一个角度看，我国现在的城市"特色"在逐渐丧失，而"文化多样性"的基因仍遗留在乡土中。

"故乡"有一个自古贯穿的线索，即与"祖"（祖先、祖宅、祖墓）同在，得到祖先的庇荫、庇佑和庇护。这是乡土社会看得见的"传统"。

---

① Knapp, Ronald G., "Village Landscape," in Ronald G. Knapp (ed.), *Chinese Landscapes: The Village as Place*, University of Hawaii Press, 1992.
② 费孝通：《乡土中国　生育制度》，北京大学出版社，1998。
③ 梁漱溟：《乡村建设理论》，商务印书馆，2015。
④ 罗荣渠主编《从"西化"到现代化》，黄山书社，2008，第944页。

然而，城市的高楼使这些来自农村的乡民甚至连"天地君亲师""祖先牌位"都找不到摆挂的地方。他们并不会将与土地分隔的高楼当作自己的归属，因为这里丧失了"天人合一"的认知，没有了依靠的土地，断裂了血缘的纽带，失去了祖先的庇护，淡薄了邻里的暖情，远离了农耕的伦理，他们仍然牵挂着梦中的故乡……

二　家园的"表情"

中国的重要特质是乡土性："从基层上去看，中国社会是乡土性的。"[①]乡土社会的基本形制是村落，即通常所说的"家园"，它成为最重要的乡土景观。人文地理学家杰克逊认为，人作为政治动物和生物物种所呈现的两种景观即政治景观和家园景观有明显的差异：作为政治动物的人，认为政治景观是他一手创造出来的，是属于他的，有一种界定清晰的领地，有明确的边界，能够赋予其完全不同于其他物种的地位；而作为栖居动物的人，则把家园景观看作一种远在他之前便久已存在的栖息地，他将自己视为景观的一部分，认为自己是景观的产物。[②]换言之，人与家园是一个生命共同体。由于生存的需要，人们的生活有群体性，类似于蜜蜂的蜂巢，群体共建"家园"。

乡土景观比政治景观中复杂的社会意识形态要单纯、朴素。当人们到达一个特定的村落，居落景观通常是"第一印象"——即有一群人居住在一个具有特色的地方，与大自然相适应、相协调，形成特殊的"人居环境"。对于地方的人民而言，聚落除了强调群体生活外，居所成为人类至为重要的生命保障和延续的基本，也是"家园"的根据地。与此同时，居住方式除了满足人们的基本生存和生活需求之外，也集中地体现了地方的特色。它是一个地方特定的产物，所以，能够反映该地方的文化和变迁的情况，甚至是该地区的标识。[③]居住方式也因此是人们的地方认同和精神

---

① 费孝通：《乡土中国　生育制度》，北京大学出版社，1998。
② 〔美〕约翰·布林克霍夫·杰克逊：《发现乡土景观》，俞孔坚等译，商务印书馆，2015，第57页。
③ Melissa M. Bel, "Unconscious Landscapes: Identifying-with a Changing Vernacular in Kinnaur Himachal Pradesh," *Indiain Material Culture*, 2013（45）: 2.

家园。

就这一逻辑而言，家园也就成了定义文明的重要内容。传说中华民族人文始祖黄帝（约公元前27世纪）"迁徙往来无常处，以师兵为营卫"（《史记·五帝本纪》），这显示黄帝时代尚处于迁徙阶段，居无常处。《礼记》生动地记载了当时凿穴为居、构木为巢的居住形态："冬则居营窟，夏则居橧巢。"到了帝舜（约公元前23～前22世纪）时期，早期的居住地开始形成规模，成为聚落。《史记·五帝本纪》记载："舜耕历山，历山之人皆让畔；渔雷泽，雷泽上人皆让居；陶河滨，河滨器皆不苦窳。一年而所居成聚，二年成邑，三年成都。尧乃赐舜絺衣，与琴，为筑仓廪，予牛羊。"这段史料记载了聚落的发展，它表明早在帝舜时代中国就已经进入耕稼社会，并且随着农业的产生和发展，聚落规模不断扩大，中心功能逐步显现，由"聚"而"邑"而"都"。①

如果这样的评述成立，那么，中国的乡土社会从原初就是以农耕文明为背景的。也就是说，中国传统的栖居以农耕为基础。"以农业生产为根基建立起来的华夏民族，从一开始就具有一种安土重迁的乡土情结和家园情结。他们耕耘撒播、辛勤劳作，在与天地万物的迎送往来中得到了身心归附和安顿。其眷念的是和平安适的田园生活，醉心于那浓情馨意的家园春梦。"② 笔者要补充的是，在中国历史上，游牧文明也是中华文明的一个重要组成部分，游牧也有"家园性"。

家园景观或许并非语言表达的那样平常和平凡，事实上，它是人们最为真实的"家"的实体，是人们的生活、生长、生产、生计最后落实的地方，也因此成为人们文化认同的最后根据地。乡土景观虽然只是日常生活的场景、与自然协调的风景，却体现了一个特定地方的精神，体现了文化的多样性。所以，乡土性的家园的历史在创造和确立地方感、创造家园遗产等方面都扮演着重要的角色③，乡土景观也因此成为人们生活和生命中记忆最为深刻的部分。我们每一个人倘若在自己的记忆中搜索最为真实的部分，寻找最为鲜明的形象，感受最为亲切的经历，"家乡"的场景、风

---

① 吴良镛：《中国人居史》，中国建筑工业出版社，2014，第16～17页。
② 吴良镛：《中国人居史》，中国建筑工业出版社，2014，第31页。
③ Jackson, John B., "Many Mansions: Introducing Three Essays on Architecture," *Landscape Winter*, 1952 (3): 10 - 31.

景、景观必在其中。我们也可以这样说，家园是人们最初生长的地方，也是人们记忆中永远伴随的"祖地"，尽管他后来可能侨居海外、客死他乡，但"故乡"永远伴随着他。

当人们怀念故乡的时候，通常某些景物最能够唤起回忆。对于族群而言，家园的某些景物、器物、符号、仪式等，也都可能成为族人记忆、认同和忠诚的对象。作为家园的故乡，"有它的地标，这些地标可能是具有高可见性和公共意义的吸引物，例如纪念碑、神殿、一处神圣化的战场或者墓地。这些可见的标志物可以使一个民族更有意义，它们可以提高地方意识和对于地方的忠诚度。但是，对于故乡的强烈的依恋可能十分不同于任何明确的神圣性概念，即使忘却了英雄史诗般或胜或负的战争，即便不存在对于其他人的恐惧情结或优越情结，它照样能够形成"。① 这就是说，家园景观有两种"碑"：一种是作为地标性、视觉性的具象物；一种是深藏于、永存于内心的依恋和忠诚。

乡土景观，从根本上说，就是家园景观——一种属于自己的景观，也是笔者所说的"家园遗产"，它是任何其他类型的遗产都无法替代的。现在的"新农村"建设，侧重的是工程性特质基础建设，而真正的乡土景观，除了物化的建筑和遗存，还有那些环绕古村镇的文化景观、居民的生活方式以及在他们中间传承的各种各样的民俗传统，这些都需要引起重视，得到保护。"新农村建设运动不仅需要保护古村镇的价值及其'文化景观'，在某种程度上，还需关照到古村镇里民俗文化的传承，这是因为民俗文化不仅是古村镇民众的生活方式，它同时也能够在特定条件下成为古村镇乃至地方发展的源泉和基础。"②

三　景在"五行"中

仿佛土地之于"乡土"的意义，"阴阳五行"对我国传统的乡土社会

---

① 〔美〕段义孚：《空间与地方：经验的视角》，王志标译，中国人民大学出版社，2017，第130页。

② 周星：《乡土生活的逻辑：人类学视野中的民俗研究》，北京大学出版社，2011，第255页。

的"草根性"起着重要的作用，哪怕经历了历代不同的政治运动，它仍然可以存活，因为阴阳五行原本生长于我国乡土社会的肥沃土壤中，反映在乡土社会的方方面面。吴良镛院士在论述《中国人居史》之"农耕生产基础上的乡土社会"时如是说：

> 农业是中国文明展开的根基，也是社会乡土性的根源。中国农业的起源可以追溯到距今一万年前，农业为人们提供了稳定的食物来源……农耕社会的生产方式，塑造了中国人天然的对自然万物的依附感和亲近感。中国人在利用自然、改造自然的过程中，与西方把物质视为孤立的客观存在不同，更注重从人对物的使用、人与物的关系的角度去认识自然物的特性。[①]

吴良镛院士将道理讲得很清楚：传统乡土社会"五行"其实就是生活本身。当然，"阴阳五行"也构成了一种特殊的景观，我们要寻找中国的"乡土景观"需从"五行"开始。中国的"乡土"是一个非常复杂的，集各种元素、材料、符号、关系于一体的结构系统。

任何文化系统的背后，都有一个思维模式。中国早期的思维模式与众不同，表现在注重具象和直观思维。这套思维模式将中国人（特别是中原人）的文化习俗、思维方式进行了简练的概括，并上升为一套哲学理论，这就是"五行"。顾颉刚曾经指出，"五行，是中国人的思维律，是中国人对于宇宙系统的信仰，二千余年来，它有极强固的势力"，"源于观象，用以治人，天人合一，万物关联"，这是五行学说的基本内涵。[②] 其将宇宙万物在并置和谐与分隔冲突的秩序中关联起来。这一秩序由与阴阳相关的对立成分构成的链条开始，又可分解为与五行相关的"四"与"五"（四季、四方、五色、五声、五觉、五味……），再往下依次分解为与八卦和六十四爻相关的内容。[③]

五行系统并非独立运行的，它与土地、与农耕的关系最为直接。上古

---

① 吴良镛：《中国人居史》，中国建筑工业出版社，2014。
② 艾兰、汪涛、范毓周主编《中国古代思维模式与阴阳五行说探源》，江苏古籍出版社，1998，第6页。
③ 葛瑞汉：《阴阳与关联思维的本质》，载艾兰、汪涛、范毓周主编《中国古代思维模式与阴阳五行说探源》，江苏古籍出版社，1998，第1~2页。

之世，哲人圣贤就在不断引述先世先民食衣生计，农业社会最根本的生产便是写照："凡五谷者，民之所仰也，君子所以为养也。"（墨子语）这便是农业社会乡土伦理的"秩序"。综先哲所言，"乡土"景观之首要内容在于崇拜土地。土地可以生产出人们赖以为生的食物，因此，"土地是人民的命根"，是近于人性的"神"。① 也因此，在乡土社会中，"社"为关键词，"社"就是崇拜土地。社，有的甲骨文假借"土" ，表示在原始村落中，人们聚土成墩，以便在祭祀活动中围绕土墩祭拜滋生万物的地神。金文 即 （示，祭神）。《说文解字》："社，地主也。从示土。"它告诉人们，在乡土景观中，祭祀土地是人民的共同事务和理念，而"社土"又构成了"五行"的典范。

在乡土社会，五行与风水的关系可谓十分密切。比如在村落选址方面，农耕文明讲究风调雨顺、天时地利，所以选择有山有水的地方，特别是水，在古代水被认为是财富，如果能够有一条水穿村而过，则大吉大利，在风水学中，水流进村处被称为"天门"，水流出村处被称为"地户"。天门宜开，表示财源滚滚而来；地户宜闭，表示留住财源。水流入和流出村的地方也称"水口"，水口往往与村口合一，以便于进行统一的经营和布局。常见的经营之法有以下几种。一是在水流出的村口处建水塘、筑堤坝以蓄存流水。如果水流丰富不需要留存，则在水口跨水而建桥梁，桥上或桥畔建亭、阁，造成锁住水口的形象，以象征将财富——水留住。二是在村口建龙王庙。② 水不仅是五行中的元素，更是人们生活中最为紧要的物质。简言之，阴阳五行不仅构成了乡土社会不可缺失的部分，也融入了家园景观之中。

四　祖先的庇佑

《祖荫下：中国文化与人格》是美籍华裔人类学家许烺光的经典著作，主要论述了中国文化和人格养育上的特征及其与祖先的关系。③ "祖荫下"

---

① 费孝通：《乡土中国　生育制度》，北京大学出版社，1998。
② 楼庆西：《乡土景观十讲》，三联书店，2012，第33～34页。
③ Francis L. K. Hsu, *Under the Ancestors' Shadow：Chinese Culture and Personality*, Columbia University Press，1948.

指活着的人脱离不了"祖先"的庇佑，而祖先与祖宅在一起构成"老家""祖厝"的基本部件。它构成了乡土景观中最重要的部分。

我们所说的乡土景观有几个基本的指向。第一，它是家园的依附地，是人们身体和灵魂的托付之处。第二，家园是历史积淀的文化遗产。在历史的演化过程中，有些传统的景观元素消失了，一些新的景观元素加入进来，叠加在传统的乡土土壤之上。第三，任何历史的演化对于乡土景观而言，都是特定土地上的人民的选择与放弃。一般来说，选择什么、放弃什么主要由家园的主人做决定，被动或被迫选择与放弃都是不理想的，所以，我们无论在乡土社会做什么，都要倾听家园主人的意见。第四，在特定的时代语境中，传统的乡土社会可能会面临巨大的变迁力量，如政治变革、朝代更替等，乡土景观作为乡土社会的"草根力量"，有的时候难以承受冲击，会极大地改变传统的乡土景观，但是，只要人们没有离开自己的家园，乡土景观的重要景观元素会得以保存，比如神庙、宗祠、水源、古厝（祖宅）、祖坟、风水树（保寨树）等，因为这是祖先创造、营造的家园，也是子孙后代要继续生活的地方。

城镇化使得一些传统的村落被吞噬，湮灭于城市的巨大阴影中，或成为所谓的"城中村"。对此，有学者甚至认为这是中国"村落的终结"："人们原来以为，村落的终结与农民的终结是同一个过程，就是非农化、工业化或户籍制度的变更过程，但在现实中，村落作为一种生活制度和社会关系网络，其终结过程要比作为职业身份的农民更加延迟和艰难，城市化并非仅仅是工业化的伴随曲，它展现出自身不同于工业化的发展轨迹。""我们试图在研究中建立一种关于中国村落终结的具有普遍解释力的理想类型（Ideal Type）。"这种从社会学的角度，以城市为中心的视角，是否足以解释广大的乡土社会，涉及学科上的分野问题。"城中村"的出现，或许只是中国自己的命题，"因为在其他国家的城市化过程中，这种'城中村'现象还几乎从未出现过。所以，'城中村'现象的产生，一定与中国的比较独特的因素相关联"。①

对此，笔者有不同的见解。如果所讨论的命题是"中国的'城中村'"，当然为中国所独有。但如果说的是在城市化过程中城市"吞食"周

---

① 李培林：《巨变：村落的终结——都市里的村庄研究》，《中国社会科学》2002 年第 1 期，第 168～170 页。

边的村落，使之城市化的现象，却非中国所独有。而且，以"城中村"现象判定中国"村落的终结"显然太过武断。毕竟，在人类历史的发展过程中，农业史是文明进程中的长时段的历史，除了少数因自然条件的限制，特别是缺少大面积的、适于农业生产的耕作土地的地区，农业都呈现历史的普遍性。而工业革命以后，随着城市拓展的加快，城市"蚕食"广大乡村的现象——"城市农村"的过渡现象在全世界普遍存在，只不过中国有自己的特色，比如中国特色的户籍制度。不过，以笔者之见，中国的国情确实有自己的特点——乡村是"土壤"，城市是"作物"，这是由中国历史决定的，与西方的以城市为中心，城市自主发生、发展的情形完全不同。"农村包围城市"的故事仅仅发生在半个多世纪之前，何以一个短时段、小范围的"城中村"现象，便能宣告"村落的终结"？欧洲的法国迄今仍然是农业国。在美国，农业不仅是国家重要的组成部分，许多地方也仍然保持着发达的农业技术和农业生产，保留着传统的乡村景观，而且这些乡村景观成为他们早期移民时期文化与族群认同的依据。①

现代城市的人造景观无论多么时尚，多么"话语化"，都永远是在乡土的草根土壤中长出来的，其与乡土的关系是永久性的。我们不相信中国城镇化能够使"村落终结"，就像无论全球化到什么地步，人总是要"家"、要"厝"的。哪怕是候鸟也有自己的"路线"和"栖息地"，人总要有一个"老家"，因为，人在任何时候总要问"你是谁？""你从哪里来？"之类的问题。我们也有理由相信，"城市化"的雾霾、噪音、拥挤、快节奏、陌生感、食品安全、交通阻塞等问题，与传统乡土家园那湛蓝的天空、洁净的空气、多样的地势、开阔的空间、安全的食品、多样的文化、淳朴的情感等相比，村落完全没有"终结"之虞。

五　认知乡土

守护家园遗产有一个认知（Cognition）问题。何为"认知"？它表示

① Buckley, James M. and W. Littmann, "Viewpoint: A Contemporary Vernacular: Latino Landscapes in California's Central Valley," *Buildings & Landscapes: Journal of the Vernacular Architecture Forum*, 2010, 17 (2): 2 - 12.

一种对诸关系的认识原则，尤其是对人的思想与现实关系的认识原则。传统的认知人类学侧重于检验日常性的文化知识与其起源和适用关系，并以分类方法做参照。[①] 认知涉及对事物的分类和态度。对于同一个事实，在不同的认知中可能有许多完全不同的维度。面对我国改革开放以后的"经济奇迹"这样的事实，认知与解释的理由可以也可能非常多。如对当下的"城镇化"的认知——它包含一种人为推动的行政化的特点，基本理由是城镇化和工业化是"经济奇迹"的主因，而延伸的逻辑是把农村按计划转变成城市，默认的理由是农村是落后的、阻碍的、消极的对象。认知包含一种叙事策略："不说的理由。"

当然，对于同一个事实，也可以有不同的认知性理由。如果我们回到改革开放时期的历史实景——中国的传统农村正在进行快速转型，新的压力和变化使得村落与外界有了更多的联系，生活方式正在变化，各种信息、货物和资本涌入农村，传统的"农民中国"（Peasant China）迅速向21世纪民族国家的城镇化转变，亿万农民涌入城市的景观在中国历史上从来没有经历过——我们要如何来判断这一历史现象？[②] 我们或许不能简单地用好或不好来评价，而是要找到其中的历史逻辑和变迁理由。今天乡村的城镇化事实上被赋予了一种特定价值，即"城市化"成为一种事实上的"霸权"，而"乡镇"起到了一个中介的作用。[③] 毕竟村落并不总是行政权力的掌控对象，那是一个具有自治传统的地方。加之，中国的村落的地方性和多样性一直是乡土本色。

"乡镇企业"（Township and Village Enterprises，缩写为 TVEs）作为一项工程一直受到学界的注意和重视。[④] 费孝通先生在调查了江苏的大量实例后认为："江苏农村在大中城市由封闭走向开放的过程中也脱离了半自给的封闭状况。在区域经济协调发展的基础上，乡镇工业是城乡新联结的

---

① Barfield, T. (ed.), *The Dictionary of Anthropology*, Blcakwell Publishing Ltd., 2003 (1988), p. 67.

② Guldin Gregory E., *What's a Peasant to Do? Village Becoming Town in Southern China*, Westview Press, 2001, p. 6.

③ Guldin Gregory E., *What's a Peasant to Do? Village Becoming Town in Southern China*, Westview Press, 2001, p. 11.

④ Ma Rong, "The Project and Its Methodoloty," in Jone Wong, Rong Ma and Mu Yang (eds.), *China's Rural Entrepreneurs: Ten Case Studies*, Time Academic Press, 1995, p. 1.

环节。而主宰这个环节的是农村中涌现出来的各种各样的企业人才。考察农村乡镇企业人才的培养、开发和变化，就可以活生生地看到农村这一社会系统由封闭到开放的过程。"① 这样的基调与当下城镇化的理由迥异。中国的乡镇企业本身也是一个"奇迹"②，而且，在很大程度上，它影响了中国的经济发展。

如果这一基本判断是正确的，那么，它的逻辑便成了另一种：我国"经济奇迹"的根本原因来自乡土动力，乡土社会并不缺乏经济创新的因素和能力，乡镇企业起到了桥梁作用，其人才、资本进入城市，促使了城市的开放，乡村自身也在这一过程中"脱离了半自给的封闭状态"。这是另一种认知，是人类学家经过大量村落调查所给出的理由。在人类学家眼里，乡土景观的基层是村落，"无论出于什么原因，中国乡土社区的单位是村落"。③ 而村落景观中的"经济"原本与自然环境构成了友好的亲和关系，同时也代表了区域性地方的特色。区域间的特色通过差异加以体现。④这就构成了乡土景观的生命景象。

认知也译为"影响因子"。也就是说，我们做任何一件重要的事情，特别是当其与传统的乡土社会发生关联时，我们首先要提出这样的问题：它符合传统的乡土脉络吗？评估其影响因子了吗？据此我们也可以这样质问：我国的"城镇化"评估过乡土社会的"影响因子"吗？如果换一种解释方式——我国当世之伟大成就，正是传统的农耕文明智慧中所具有的开拓性、务实性的产物，那么，我们就再也找不到"城镇化"必须、必然以耗损乡土传统为前提的理由。相反，我们找到了反面的依据：传统的乡土景观原本具有生生不息的适应和实践价值，值得我们深入调查、躬身体会学习。

如果我们认为不同的群体都有自己的文化类型，那么，其文化类型与其他文化类型不同的基本原则就是来自不同的认知原理。"一种适应社会

---

① 费孝通：《行行重行行：乡镇发展论述》，宁夏人民出版社，1992，第114页。

② Johe Wong and Yang Mu, "The Making of the TVE Mir-acle—An Overview of Case Studies," in Jone Wong, Rong Ma and Mu Yang（eds.），*China's Rural Entrepreneurs：Ten Case Studies*，Time Academic Press，1995，pp. 16 – 51.

③ 费孝通：《乡土中国　生育制度》，北京大学出版社，1998，第9页。

④ Knapp, Ronald G., "Village Landscape," in Ronald G. Knapp（ed.），*Chinese Landscapes：The Village as Place*，University of Hawaii Press，1992，p. 9.

的文化类型始于自我认知的发展——确认自己作为一个真实存在的能力，借以反映自我、判断自我和评价自我。"① 所以，当我们寻找传统的乡土景观的时候，当我们要对乡土景观的系统元素等进行分类、编列纲目的时候，我们事实上也带入了认知人类学和分类原理，原则是：每一个村落都是一个不同的文化物种，就像生物物种一样。如果中华民族是"多元一体"，那么，不同民族、不同族群、不同区域、不同文化基层的说明性在哪里？正是我们的乡土村落。它们与大熊猫、藏羚羊、金丝猴一样，属于文化物种。以城镇化的"刻板指标"和"数据目标"去处理传统村落文化物种的多样性，无疑是一种戕害。更需要警示人们的是，从经济学角度看，越来越雷同的城市，其安全性更低，而具有多样性的村落，其安全性更高。

六　找回老家

中国近几十年的发展被公认是全世界最快的，但同时消失的乡土本色也最多。回过头看自己的家园，已然依稀不在。道理大家都明白，"发展"不能成为忘本、刨根的理由和借口。面对自己的丢失，我们需要一个更大的"工程"——"重新寻找自己"。

如果仅仅是一个行政性的"工程"，即使效果不好，或者失败了，还有机会纠正、改正，弥补损失，但我国城镇化所面临的问题是城市建设需要占用大量农业耕地："从土地资源来看，城市用地数量巨大需求与可供土地数量的严重短缺的矛盾日益尖锐，土地资源的稀缺性非常突出……全国实际耕地面积为 20.26 亿亩，耕地面积越来越接近 18 亿亩'红线'（18 亿亩耕地被认为是保证中国粮食安全的最基本耕地底线）。"② 如果我们的耕地消失，"命根"都没有了，如何纠正？

在整个中华文明的历史中，"城市"作为乡土的一部分，遗留了许多乡土的因子和因素，更为直接的表现还是乡村，即"乡"与"土"的结

---

① Haviland, William A., *Cultural Anthropology*, Holt, Rinehart and Winston, 1986, p.134.
② 楚天骄、王国平、朱远等：《中国城镇化》，人民出版社，2016，第13页。

合。"乡土"的历史价值以"传统"昭示代际之承。"传统"是一个不易把控的概念，它是一个不断"累叠"的过程，各种各样的板块、土石都会沉积下来，它们都在时间的推演中呈现各种各样的时态、形态和状态，仿佛"传统的发明"。①

在西方，由于"城/乡"的二元，城市传统是"大传统"，乡村传统是"小传统"，而"原始"事实上常常是指那些"原始"的乡土传统表述。"城市"的传统是"现代文明"的标识，这在西方是一个真实的历史图像。移植到中国，如果也用这样的观点看待我国的城乡历史，连逻辑都没有。所以，我们在寻找和重新建构中国的乡土景观时，有一个重要的前提：必须厘清中西方历史价值观所赋予的各类景观。简单地说，西方的"文明基因"肇始于城市，而中国的"文明基因"根植于乡土。要移植、模仿西方的景观观念、设计、方法和模块，需要先进行筛选。要做到这一点，又附带了一个前提：回归乡土，找回自己。

俞孔坚教授以《回到土地》为题，提出了当今中国的环境设计、景观设计和美学设计要回到以土地为原型的"乡土"。因为，今日的任何景观，无论运用什么样的技术、理念，都必须遵守一个原则：回到土地。土地有五种含义：土地是美；土地是人的栖息地，是我们的家园；土地是个系统，是活的；土地是符号，是世世代代人留下的遗产；土地是神。今天，我们是在用农业时代的城市理想去追求一个工业化和后工业化时代的城市，而不是站在更高的城市时代或者后工业化时代来想象未来的城市应该是什么样子，所以我们所建造的城市是落后的。②

七 结语：我们在行动

习近平总书记在十九大报告中提出了"乡村振兴战略"：农业农村农民问题是关系国计民生的根本性问题，必须始终把解决好"三农"问题作

---

① "被发现的传统"既包含那些确实被发现、建构和正式确立的传统，也包括那些在某一短暂的、可确定年代的时期以一种难以辨认的方式出现和迅速确立的"传统"。参见〔英〕E. 霍布斯鲍姆、T. 兰格《传统的发明》，顾杭等译，译林出版社，2004，第 1 页。

② 俞孔坚：《回到土地》，三联书店，2014，第 140～142、155～157 页。

为全党工作的重中之重。要坚持农业农村优先发展，按照产业兴旺、生态宜居、乡风文明、治理有效、生活富裕的总要求，建立健全城乡融合发展体制机制和政策体系，加快推进农业农村现代化；巩固和完善农村基本经营制度，深化农村土地制度改革，完善承包地"三权"分置制度；保持土地承包关系稳定并长久不变，第二轮土地承包到期后再延长三十年；深化农村集体产权制度改革，保障农民财产权益，壮大集体经济；确保国家粮食安全，把中国人的饭碗牢牢端在自己手中；构建现代农业产业体系、生产体系、经营体系，完善农业支持保护制度，发展多种形式适度规模经营，培育新型农业经营主体，健全农业社会化服务体系，实现小农户和现代农业发展有机衔接。

从某种意义上说，"农政"不啻为中华农耕文明之根本，"三农"是"全党工作重中之重"。让我们记住乡愁，不忘初心，去实现伟大的中国梦。

一直喜欢听歌唱家彭丽媛的《在希望的田野上》这首歌，景观、景色、景致如在眼前：

> 我们的家乡　在希望的田野上
> 炊烟在新建的住房上飘荡
> 小河在美丽的村庄旁流淌
> 一片冬麦　一片高粱
> 十里荷塘　十里果香
> 我们世世代代在这田野上生活
> 为她富裕　为她兴旺
> ……
> 我们世世代代在这田野上奋斗
> 为她幸福　为她争光

我家就在田野上，让我们回家！

日本乡土景观研究的历史与方法

——从柳田国男的"乡土研究"谈起[*]

张　颖[**]

摘要： 近代以降，在城镇化与观光化的历史语境下，乡土景观研究引起国内外学术界广泛关注。然而对"乡土"的认同、对"景观"的认知，必然受到特定社会文化传统的支配和影响，在此基础上方能形成恰当有效的乡土景观概念定位、方法运用、价值指向。对日本乡土景观研究历史和方法进行梳理，亦是为了借镜观形，探索具有中国本土特点的乡土景观理论体系。

关键词： 乡土景观；日本；柳田国男；乡土研究

我国学者对乡土景观的关注，可以上溯到 20 世纪 80 年代。其研究多以农业化的"乡村景观"为对象，涵盖自然生态景观、农业生产景观和农业生活景观三个层次。近年来，随着国际景观理论大量引入，国内乡土景观研究的亮点与热点不断涌现，研究的学科方法也愈加多样化，主要涉及景观生态学、风景园林学、建筑学、文化地理学、历史学、考古学、人类学等。但严格地说，迄今为止各学科都还未能真正形成稳定的本土方法和代表流派。这一方面是由于我国乡土景观研究起步较晚，亟待夯实完善；另一方面也是因为中国乡土社会的复杂性以及配合城镇化建设工程的功利性，研究往往落入窠臼。

---

[*] 本文原刊于《中南民族大学学报》（人文社会科学版）2017 年第 5 期，收入本文集时略有改动。

[**] 张颖，女，四川美术学院副研究员，厦门大学人类学研究所博士后流动站研究人员，日本东京大学东洋文化研究所外国人研究员，主要研究文化遗产、博物馆、艺术人类学。

作为东亚文化圈中中国近邻的日本，其乡土景观研究历经近百年（以1922 年柳田国男编《乡土志论》为标志），得失成败，各有论断。但从知识生产的方法上来看，它有自己的特色和逻辑。与西方 20 世纪 40 年代起步的乡土景观从建筑学、考古学发端不同①，日本乡土景观研究脱胎于农学（农艺学、农政学），肇始于历史学和民俗学。这是因为，在不同社会文化背景下，对"乡土"的认同、对"景观"的认知大相径庭。以下笔者将从柳田氏的"乡土研究"出发，力求在庞杂的日本乡土景观研究资料中，梳理出一条较为明晰的学科史和方法论线索。

一 日本的乡土观、乡土论与乡土研究

日语中的"乡土"（きょうど）一词，在当下日本地方自治体的官方和民间表述中随处可见。"乡土料理""乡土艺能""乡土气""乡土教育""乡土意识"，其文脉大多指向现代行政市町村以下极小范围内的地域或人群。但在日语中，"乡土"的语感又与"故乡""乡下""地方"等用语都不同，它携带着日本人强烈的观念和情感。"国家"与"乡土"，亦成为昭和以来日本政治问题中的两个高频话题。

认识日本的乡土观，首先应从日本特殊的地理环境着眼。以比较的视野来看，日本地理环境极为复杂——整个国家溪谷纵横，山海之间围成许多天然小型盆地。尽管农耕文化长期被日本人视为"岛国之根"，但与传统中国"土地捆绑"的乡土社会不同，日本农村因其小型化、多样化的生产生活样态，采用马克思提出的"亚洲生产样式"（大水利灌溉工程是国家发生和国家性格养成的要因）来解析社会并不适用。日本现代村落根据成立方式分为"自然形成的村落"和"被制造的村落"两类。前者是住民世代自发利用自然环境的结果，后者专指明治以后因交通道路改善而共同开发的新田。虽然村庄起源不同，生产方式有所差别，但无论是基础农业生产、附加手工业生产还是山野杂地生活资料采集，大多以村内自立的共

---

① 〔美〕约翰·布林克霍夫·杰克逊：《发现乡土景观》，俞孔坚、陈义勇等译，商务印书馆，2015，第 117～147 页。

同作业为基础，这样便形成日本村落自治运营的传统。历史学家大冢久雄将日本村落共同体的特征归纳为：拥有共同体土地、拥有共同体规则和小地域宇宙观。① 概而言之，以小型町村为单位的差别化土地人群关系，承载着与近代化"中央"对应的不同生活存在事实，支配着日本乡土历史的定位和走向。

而日本乡土观念的兴起、乡土研究的发生和乡土实践的开展，都绕不开民俗学泰斗柳田国男。他在《乡土研究和乡土教育》中提出：并不是要研究乡土，而是研究成其为乡土的东西。这个"成其为乡土的东西"是什么呢？就是日本人的生活，尤其是日本民族整体的过去的经历。② 柳田氏在整个学术生涯中，并没有对"乡土"做出一个准确的定义。但在其不同时期论著中的乡土诸相，却以动态综合的方式，回应着"乡土"概念的内涵和外延，也逐渐拓开了"乡土景观"研究的专门领域。

第一，业与魂：承袭近代町村制的区别化"乡土"。柳田国男在1902年出版的《最新产业组合新解》中初次使用"乡土"一词。作为一名年轻的农政官，柳田所使用的"乡土"是与"都市"对应的地域概念，指从农村进入都市的流入民出生地。随着柳田国男学术思想从"农业政治"转向"农民生活"，1910年他与新渡户稻造共同成立"乡土研究会"，将"对地方文化多样性的传承和对乡村人民生活的内在理解"作为创会宗旨。与此同时，《后狩词记》《远野物语》等系列乡土志采用实地调研的方法，对日本众多村落的衣食住行、人生礼仪、年节祝祭、家族结构、故事方言、生产组织给予了广泛关注。1923年旅欧归国后，柳田国男针对被都市文化波及且迅速衰退的乡土文化，竭力倡导以还原"古老乡土精神"为目标的地方文化建设事业。在《民间传承论》中，柳田氏用"乡土研究并不是以东京日本桥作为乡土的意思"来强调"乡土"是与"都市"相区别的概念。③ 这一时期柳田国男的乡土观虽然还是以地方差别为要点，但明显更加着意"地方秩序"问题。④ 而其乡土研究也从之前保全地方文化多样性的立场，逐渐深化为在理解特定乡土价值意识的基础上，解决都市与乡村

---

① 〔日〕大冢久雄：《社区的基本理论》，岩波书店，1955，第18页。
② 〔日〕柳田国男：《柳田国男全集·乡土研究和乡土教育》，东京筑摩书房，2000，第145页。
③ 〔日〕柳田国男：《柳田国男全集·民俗学理论》，东京筑摩书房，2000，第71页。
④ 〔日〕柳田国男：《柳田国男全集·地域文化建设概论》，东京筑摩书房，2000，第464～471页。

关系中的现实问题，即在以都市文化为核心的现代文明背景下，追究原生文化变革再生的可能性与可行性。①

柳田国男通过大量案例研究证明，生业和信仰是日本人承袭传统町村制、保全乡土与都市区别的根本依据。首先，村民的生存要求和生产形式，是决定土地与生活交涉的最高准则。如何使日本多种业态的传统小农得以安定生活（经世济民）的问题意识，是所有乡土研究的立脚点。② 其次，与佛教轮回观不同，日本人认为人死之后不能投生到别的家庭或别的世界，灵魂会一直守护着子孙的生活。③ "乡土" 乃是先祖灵魂得以栖息依存的自然物。由于祖先崇拜是支配日本人心意原型的民族根性④，这便为日本人传统定居生活赋予了信仰层面的支撑，而信仰和风俗正是支配村落住民日常生活的原理形态。

承袭这一理论基点，日本民俗学继承者们对 "乡土" 的概念阐释基本统一在区别化的 "民俗传承地" 范畴内：乡土是个别民俗事象存在的地点，研究的立足点是对特定地点的人们传承特定民俗事象的条件、理由和意义进行分析说明。⑤ 乡土与个别民俗文化支持的 "地域社会" 同义，是与都市对置的村落或农村。⑥ 乡土对应的是乡土生活。⑦

第二，民与国：树立现代日本国民主体意识的认同性 "乡土"。柳田国男 1913 年创立《乡土研究》杂志，版面明确划分为 "论文发表" 和 "资料报告" 两个部分。"论文发表" 部分刊发柳田国男、折口信夫、南方熊楠等知名学者的学术研究成果；"资料报告" 部分收录全国各地读者整理的乡土传统信息。尽管后世学者对这种调查与研究分离的方法进行了尖锐的批评，但从另一个视角来考评，不得不承认正是这种学院派与民间互动的理念方法，才带动了更多没有受过专业训练的日本民众，重视和反思乡土生活的价值所在。这一举动也昭示了柳田国男所倡导的乡土研究的基

---

① 〔日〕宫田登编《民俗学思想》，岩本通弥，民俗·风俗·殊俗·作为城市文明史的民族民俗学，东京朝仓书店，1998，第 40~41 页。
② 〔日〕小野武夫：《农村地区的传宗接代》，社会经济体系，1927，第 29 页。
③ 〔日〕柳田国男：《柳田国男全集·明治大正史世相编》，东京筑摩书房，2000，第 512 页。
④ 〔日〕竹田听洲：《祖先崇拜》，京都平乐寺书店，1957，第 10 页。
⑤ 〔日〕福田麻生太郎：《日本村庄的民俗结构》东京弘文堂，1982，第 5、8 页。
⑥ 〔日〕宫田登：《日本民俗学》，东京讲谈社学术文库，1985，第 137 页。
⑦ 〔日〕谷口贡：《什么是民俗》，载佐野贤治《现代民俗学入门》，东京吉川弘文馆，1996，第 4 页。

本立场与方法，即乡土住民自己的观察分析才是最为重要的。

1930 年前后，日本遭受了严重的农业灾害。为防止农村人口流失，政府企图利用"乡土"观念来加强地域社会的向心力。以仙台、陆奥为首，各地纷纷设立具有政府背景的"乡土研究会"，乡土教育运动也随之空前高涨。然而他们所主张的乡土意识，是具有明确行政地域界线的认同归属。针对这一风潮，柳田国男公开提出批判意见：乡土是民族一体的共同经历，狭隘的乡土观根本不可能养成长久的爱乡之心。① 此后，《乡土研究十讲》（1931）、《民间传承论》（1934）、《国史与民俗学》（1934）、《乡土生活研究法》（1935）等专著的发表，标志着柳田氏的乡土研究从重视地域差别的"土俗学"，转变为通过比较研究构建国民整体生活变迁史的"国民的学问"。

柳田国男指出：乡土研究的第一要义，可简单归纳为了解平民的过去。现实生活中的种种疑问，以及那些至今未能获得圆满解释与说明的问题，通过乡土性知识也许能够得以解决。因此了解平民们的生活历程，便是对自我的了解，即"自省"。唯有通过对"个别乡土"的比较，才能认识"整体日本"。而日本公民教育的着力点，也应该是由国民在正确社会意识基础上做出自由选择，决定如何改善现实生活。② 通过对中世乡土生活和乡民意识的研究，为明治以后农业农政衰退困境下的日本村落（村民）找到新的连带关系和自治精神，形成与"国家社会"相对应的"国民社会"，成为柳田国男乡土研究后期的立场、方法和目标。

第三，美与用：建构未来人类共享的历史景观化"乡土"。1922 年柳田国男在其编著的《乡土志论》中，以成立起源为标准将日本村落分为新田百姓村、草分百姓村、根小屋百姓村、门前百姓村、名田百姓村、班田百姓村等六个类别。③ 新田百姓村是明治以后新开发的村庄，虽然其局部景观各异，但都以整体性规划为出发点。草分百姓村的家屋集中在村内一隅，耕地在周边展开。根小屋百姓村大多在中世纪城址周边，百姓居屋呈点状并行分布，也有台地上有势力的大型百姓居屋与下方小百姓居屋并存

---

① 〔日〕柳田国男：《柳田国男全集·乡土研究和乡土教育》，东京筑摩书房，2000，第 145 ~ 149 页。

② 〔日〕柳田国男：《柳田国男全集·乡土生活研究法》，东京筑摩书房，2000，第 202 页。

③ 〔日〕柳田国男：《柳田国男全集·乡土志论》，东京筑摩书房，2000，第 176 ~ 181 页。

的情况。门前百姓村居屋多包围着寺院分布。名田百姓村的类型较为多样，大致可分为集居和散居两类，且地域性很强。班田百姓村的情况则更为复杂不定。① 这一分类成果，使散落在日本各地的小型村落的自然文化特征一目了然，对之后的乡土景观研究起到了非常重要的作用。

柳田国男认为村落不可能脱离时代和环境的变化而存续。村落存续到今日，与居住在其中的人们不断地自发选择、判断、建设密不可分。唯有对重复出现的民俗现象进行认真比较和周密分析，才能辨别基础和派生之间的源流关系。1934～1935 年，柳田国男在《民间传承论》和《乡土生活研究法》中提出乡土民俗资料三分法。一是有形文化的 19 个子项：住居、衣服、食物、生活资料的获得方法、交通、劳动、村落、连合、家/亲族、婚姻、出生、灾厄、丧式、年节、神祭、占法/咒法、舞蹈、竞技、童戏与玩具。二是语言艺术的 8 个子项：新创语言、新文句、谚语、谜语、唱词、儿童语言、歌谣、故事与民间传说。三是心意现象的 3 个子项：知识、生活技术、生活目的。凭借这一方法，调查者能够有效地探究各村从成立到现在的生活样式和住民意识变迁。②

柳田国男在乡土研究中的村落分类法和民俗资料三分法无疑为后学奠定了坚实的方法论基础。更为重要的是，村落的"形神"与"美用"，被柳田国男深深地凝结在建构人类共享的历史景观化乡土之中——了解每一片乡土的生活是一种手段。综合观察乡土生活并进行精确比较，可以从中学习日本国民的生活和劳作方式，如果可能，还可以再进一步与世界其他国家的乡土研究者携手合作、共同探讨，客观理解人类一路走来的过程以及不断孕育着的新的发展与变迁。③

二 日本乡土景观研究的历史与方法

触发日本乡土研究进入"景观论"时代的直接原因有三个。

---

① 〔日〕木村础：《村落景观史研究》，东京八木书店，1988，第 15～16 页。
② 〔日〕柳田国男：《柳田国男全集·乡土生活研究法》，东京筑摩书房，2000，第 263～368 页。
③ 〔日〕柳田国男：《柳田国男全集·乡土研究和乡土教育》，东京筑摩书房，2000，第 128～143 页。

一是都市对乡村人口土地的侵占压迫，使得延续千年的传统田舍风貌与业态都岌岌可危。明治维新后，产业革命使得大量农业人口涌入城市。1920 年日本的城市化率仅有 18%，到 1955 年超过 50%，经济高速成长期的 1970 年城市化率甚至超过 70%。作为日本景观"原点"的农耕文化景观（尤其是水田景观）①的保护和复原，成为日本政府和民众近代化反思的焦点问题。

二是战后日本政府改正民法，效仿欧美重新定义家庭制度，使日本村落严格的家制风俗濒临崩溃。与中国基于同一男性血缘关系的庞大宗族不同，日本的"家"是一个单线独立的社会组织模型。由长男继承家产的直系家族是日本村落的基本构成单位，父母·子·孙三代构成家族实体。② 中国以"父系血缘"作为家族集合分类的根本，日本却以家名、家业和家产三位一体作为"家"世代永续的依据。从村落结构上来看，表现为依次递进关系：永续性家的确立→百姓宅基地的安定化→集落定住地的固定化→集落定住地·耕地生产地·林野采集地三分域结构形成。③ 因此，氏·家·村共同体关系，乃是日本乡土景观的原生依据。家之不存，景将焉附？

三是在日本村落研究前期占主流地位的"阶层构造论"，在新时代背景下呈现政治史研究僵化、抽象的局限性。而随着日本圃场整备事业的迅速展开，中世庄园村落遗迹调查成为保存日本乡土的贵重历史资料，研究方法亟待更新。

日语中的"景観"（けいかん）一词并非日本本土古传的词汇。1937年植物学者三好学在《景观地理学讲话》中，由德语"Landshaft"首次译入使用。「広辞苑」中"景観"的释义为：风景外观、景色、（眺望时看到的）景色，以及它们的美。这是一种混杂包含自然界和人类世界的现实状态。布野修司从词源入手分析景观原论时，指出德语"Landshaft"本义是"地域性行政区"，衍义为"土地性"或"土地的形态"。英语"Landscape"以德语和荷兰语为基础，"scape"具有"scene""scenery"（风景现场感）的意味。日语"景観"虽然作为西语译词，不可避免地带有自然、土地、地域的物理性概念，但它在实际使用中却更接近汉字"景观"

---

① 〔日〕布野修司：《景观的做法：杀风景的日本》，日本京都大学学术出版会，2015，第 190 页。
② 竹田听洲：《祖先崇拜》，京都平乐寺书店，1957，第 14~24 页。
③ 〔日〕坂田聪：《日本中世的氏·家·村》，东京校仓书房，1997，第 20~21 页。

的意涵——强调作为观者的主体行为。① 因此，历史学家与民俗学家首先从开发史、风俗变迁、家论的角度进入乡土景观研究。

第一，1900～1930 年：从"村落景观史"和"民俗学"起步。在日本早期村落研究中，"景观论"最早散见于江户时代的地方志和农书。其中虽然对村落景观诸相进行了极为精密的描述，但主要目的是针对宅基地、耕地的优劣加以判断，以此确定整体村落选址或推广农业经验。在新渡户稻造和柳田国男的带动下，村落史和民俗学领域一大批乡土景观研究成果面世。他们从西方压倒性的学术方法论中，开始了对日本本土文化的反思。诸如柳田国男的《远野物语》（1908）、《后狩词记》（1909）、《乡土研究》杂志（1913 年创刊）、《乡土志论》（1922）、《乡土研究十讲》（1931）、《民间传承论》（1934）、《乡土生活研究法》（1935），石黑忠笃等的《内乡村实地考察报告》（1918），小野武夫的《日本村落史考》（1926）等研究，分别从村落宗教祭祀实态、村落与自然的关系、村民的意识和世界观、日常生活技术艺能等方面，生动具体地解析了乡土景观的发生和变迁。

传统史学的研究方法主要以文献史料为核心。由于中世村落研究的特殊性，考古学方法在这一时期的村落史研究中得到重视，成为文献材料的必要补充。而柳田国男所提倡的民俗学方法论核心是实地考察参与，"乡土是文字以外的历史记录。乡土的历史也必须以国家的正史和旅人的见闻参酌旁证"。② 民俗学强调，只有对新旧景观诸相都熟知的人，才称得上是一个合格的实地考察者。文化的他者可以借助眼睛观察有形文化，借助耳朵获得语言艺术，但是如果不通过民俗学的方法参与到乡民的生活当中，去体验理解他们的价值观、感觉、意识，要理解心意现象是非常困难的事情。而心意现象的调研，才是民俗学的最终目的。

第二，1930～1970 年："景观论"确立，"景观复原"事业奠定跨学科格局。1930 年后，地理学者积极介入乡土景观研究领域。以绵贯勇彦和辻村太郎为代表的地理景观学派全力推广德国地理学研究方法。绵贯勇彦

---

① 〔日〕布野修司：《景观的做法：杀风景的日本》，日本京都大学学术出版会，2015，第 143～150 页。

② 〔日〕柳田国男：《柳田国男全集·关于"冢"与"森"》（一），东京筑摩书房，2000，第 98 页。

运用历史地理学方法，在条里、庄园和聚落、中世豪族与聚落、近世聚落的历史聚落分类基础上，加入对所在地地理形态要素（如山村、台地、沙丘等）的关注。《聚落地理学》（1933）一书，直到现在都是非常优秀和重要的学术著作。40 年代太平洋战争爆发后，乡土景观研究进入低潮期。60 年代"景观论"在村落史研究中被正式提出来，日本史学界通常把这一时期称为景观研究的萌芽期。永原庆二发表了《中世纪村落的构造和领主制：以小村、散居型村落为例》（1962）等景观复原研究成果。此外，稻垣泰彦的《初期名田的构造：关于大和国大田犬丸名》（1962）、小山靖宪的《东国的领主制与村落：平安到镰仓时代以上野国新田庄为中心》（1966）等著作均以丰富的材料支持了中世村落的景观复原。古岛敏雄的《土地中铭刻的历史》（1967）强调"土地乃是历史的体现物"，这一观念成为景观论的重要学理基础。60 年代在日本乡土景观研究史中是至关重要的时期，基本形成了多学科紧密关联支持的新格局。

景观复原，就是要探知对象物在特定时代的具体存在形态与其物性（Thing-ness）。因此，景观复原研究仅承袭文献史学的方法是远远不够的。除了考古学、民俗学的介入之外，地理学、生态学等自然科学方法的补充也极为重要。对乡土景观的研究主要运用历史地理学和集落地理学的方法。其研究方向一是基于类型学的地域界定和空间结构划分，二是对地域景观生成、变迁的分类研究。即从地理综合体的视角，解释人类文化与自然景观的相互作用关系。

历史地理学特别注意对乡土景观构成要素的整体把握，强调广域景观的影响，尽量避免将个别村落作为孤立存在看待。对个别村落的景观构成要素则细分为村落景观全相（过去与现在的村绘图），村落的形状、大小、边界，村落中的小地域（现代行政村与原来小规模聚落的关系），宅基地与家屋，耕地，林业，各种水体，道路桥梁，寺庙，墓所，各种石造物，地名，以及时代性识别，等等。这一跨学科的乡土景观研究方法，在 1963 年日本全国展开的"圃场整备事业"中广泛运用，对今天日本乡土景观的复原和保全起到了中流砥柱的作用。

第三，1970 年至今：学会、立法、观光背景下的研究走向。自 20 世纪 70 年代始，以学会为单位的乡土景观协力研究成为主流，景观论的方向性也得以更加鲜明。这一时期景观史学研究已经不被严格视为历史学分支，而是对景观本身具有的历史进行考察，因此被定位为历史研究的一种方法。信浓史学会连续举办四届地方史研究全国大会（1974～1980），下设集落、生产地、城馆址、道路等分论题。1982～1985年，史学会（东京大学）先后召开"以实地调查为基础的中世庄园复原研究及其问题点""中世村落的景观与村庄生活""遗迹·遗物中的中世都市和农村"等论坛，文献史学、考古学、民俗学、历史地理学等学科的实例发表精彩纷呈。20世纪80年代中期以后，日本村落史研究多以景观论、社会关系论和社会集团论为主线，研究的视角和方法也更加丰富。① 代表著作有香月洋一郎的《景观中的生活：生产领域的民俗》（1983）、木村础的《村落景观史研究》（1988）、樋口忠彦的《日本的景观：故乡原型》（1993）、金田章裕的《从古地图观古代日本：土地制度与景观》（1999）、米家泰作的《中·近世山村的景观和构造》（2002）、村井康彦的《出云与大和：探访古代国家原像》（2013）等。

随着2004年日本《景观法》的正式颁布，对"历史景观保存"的制度运用及有效性把握，成为日本乡土景观研究中的新话题。而日本社会"少子高龄化"现象的凸显，也促使政府和国民认同将景观作为地域再生和国家文化力提高的重要产业资源。各地方自治体积极展开挖掘潜在景观资源、进行科学景观测量的研究和实践风潮。② 与景观素材、资源利用相关联的设计规划、信息传达、开发评估问题，在乡土景观研究中开拓出全新领域。代表成果有鸟越皓之等的《景观形成与地域认同：增加地域资本的景观政策》（2009）、户所隆的《观光集落的再生与创生：温泉·文化景观再考》（2010）、日本造园学会的《复兴的风景像》（2012）、布野修司的《景观的做法：杀风景的日本》（2015）等。

此外，公开刊行的专业杂志也持续大量发表乡土景观研究的成果，如日本遗迹学会的《遗迹学研究》、第一法规的《月刊文化财》、农村计划学会的《农村计划学会志》、历史地理学会的《历史地理学》、人文地理学会的《人文地理》、日本造园学会的《景观研究》、日本建筑学会的《建筑杂志》等，标志着日本乡土景观进入了更加立体化的综合研究时期。从总

---

① 〔日〕田村宪美：《日本中世纪村庄形成史研究·序章》，东京校仓书房，1994。
② 〔日〕藤泽和：《景观研究之路：寻求景观形态》，东京日本经济评论社，2009，第122～123页。

体发展趋势上看，学科之间形成的良性互动为日本乡土景观研究提供了更为有效的概念工具和技术工具。但与此同时，如何在"景观战争"中规避政治影响和经济支配，从现象回归本质，也是当下日本乡土景观研究所面临的时代问题。

综上所述，从"村落景观史"和"民俗学"起步的日本乡土景观研究，与时代政治经济文化背景紧密相关，在不同时代有不同的方法和取向。日本乡土景观研究的发生和发展，既来源于也承载着他们对"乡土"的认同、对"景观"的认知：一是以人为本，始终坚持以共同体的生活为根本，坚持每个研究对象有独自的历史存续依据，重视"自体"本真确实的存在；二是应用优先，秉承连续与变化统一的思想，对每个时代乡土生活场景加以清晰辨识，并将具体化的历史研究落实于景观复原和景观再生事业当中。

河浜·墓地·桥梁：太湖东部平原 传统聚落的景观与乡土文化[*]

吴俊范[**]

摘要：传统时期太湖东部平原的聚落具有"浜村相依"的普遍特征，河浜是聚落景观的主体，具有提供饮水、交通、农田排灌等各种实用功能，同时还是民间风水信仰的精神依托所在。家族墓地围绕河浜而构建，更是聚落风水的聚焦点和家族福祉的寄放地。跨越河道的桥梁具有利通衢、益行旅、便耕耘等实用价值，由此逐渐衍变为乡村道德教化与慈善的载体。乡村各群体在对河浜、桥梁与风水的共同占有、享受、管理与维护中，形成了坚实的精神共同体。

关键词：太湖东部平原；聚落；河浜；风水；乡土文化

太湖东部平原指的是晚更新世末期太湖湖盆形成以后，其东部不断向海扩展而成的三角洲平原区域。至迟在唐代，太湖以东已经形成西部湖泖低地、东部冈身高地、前缘滨海平原这三个不同的亚地貌区。在人类活动的长期作用下，该区形成了网格状的水网地貌和圩田水利系统，农业种植以水稻为首位，交通以行船为主，河流的开挖与维护直接关系聚落的营建和人们的日常生计甚至未来的福祉，所以太湖东部平原在唐宋以后逐渐成为人们意识中典型的江南水乡地区。[①] 太湖东部平原的地理环境与人居环

---

　* 本文原刊于《民俗研究》2016 年第 2 期，收入本文集时略有改动。

　** 吴俊范，上海师范大学都市文化研究中心研究员，上海师范大学人文学院副教授。

　① 王建革在《水乡生态与江南社会（9～20 世纪）》（北京大学出版社，2013）一书"导言"中指出：宋代以来的太湖东部，是最经典的江南水乡，水是生命的基础，这一地区有丰富的水环境，孕育了中国最为发达的鱼米之乡。

境，在空间差异的基础上具有十分显著的地域一致性。无论在滨海还是腹地，聚落与河道都有紧密的依存关系，聚落形态具有"浜村相依"的显著特征，河浜与聚落互融互动，有村必有浜，有浜必有村。人工化的河道是这一地区人群生存空间的主体，其与聚落的发生、人群的精神诉求乃至地方乡土文化的形成与演变，均有直接的因果关系。

本文主要在环境史视野下，解释太湖东部平原聚落景观的发生过程及其与乡土文化建构的关系。一个区域的基础地理环境，对该地人群的文化性格、民俗风气与社会生活等都具有重要的塑造作用，这既是人文地理学的观点也为环境史学者所认同。王建革在《传统社会末期华北的生态与社会》一书导言中指出："人是地球生态系统的管理者，有着特殊的心智能力，人与环境的历史一方面是物质作用的过程，同时也是心灵、思想和人类整体社会关系对外界反映的历史。"[①] 王利华也提出环境史研究应当"着重探讨生态环境参与和影响下的社会文化演变，最终走向融会贯通"。[②] 值得注意的是，20 世纪 90 年代以来的民俗学领域，也开始将乡土文化与生态环境的关系作为重要课题来研究。20 年前在日本活跃起来的"环境民俗学"，将观察的视角转向人们怎样理解、认识与活用自然环境，重点针对农业时代的各种植物利用方式和水稻田形态展开研究。[③] 我国民俗学界也日益形成"生态民俗学"分支领域，运用现代生态学的一些理论成果，对我国民众世世代代所奉行、被人们视为"理应如此"的一些传统生产、生活方式、习惯等，进行当代性的反思与文化价值的重新评估。[④]

总之，地方性的生活方式、文化信仰等与地理环境的关系，日益成为人文地理学、环境史、民俗学共同关注的问题，只不过研究方法各有侧重而已。

基于上述理解，本文运用历史发生学的方法，详细复原太湖东部平原传统聚落的景观建构与地理环境的关系，在此基础上进一步讨论民间风水信仰、道德教化等乡土文化是如何在地方环境的孕育下发生和发展的。

---

① 王建革：《传统社会末期华北的生态与社会·导言》，三联书店，2009。
② 王利华：《中国生态史学的思想框架和研究理路》，《南开学报》（哲学社会科学版）2006 年第 2 期。
③ 〔日〕福田阿鸠：《日本民俗学演讲录》，白庚胜译，成都时代出版社，2008，第 118 ~ 120 页。
④ 江帆：《生态民俗学·绪论》，黑龙江人民出版社，2003。

一 河浜营造与水乡聚落的发生

太湖东部平原自有人类活动以来，人工作用下的河道就是人居环境的核心要素，人们的生产与生活空间围绕河道而展开，这是由大河三角洲沼泽湿地的开发利用方式决定的。

太湖流域考古遗址中多处水稻田的发现，可作为史前时期人们围绕定居地开浚水沟、利用陆上淡水进行种植与生活的证据。1995 年马家浜文化（前 5000 ~ 前 4000）晚期的草鞋山遗址发掘出水稻田 34 块，这些水稻田面积较小，从几平方米到十几平方米不等，周边有水沟、水塘及水路等水利配套设施。[①] 这说明新石器时期人们的定居地与人工水塘的依存关系已经确定，地表水的河渠化是与该区沼泽化的地理环境相适应的。

随着人类活动的深入，地表水的河渠化进一步完善，河道开凿与农田水利兴筑的力度加大，原来的沼泽地貌逐渐演化为塘浦圩田地貌。这种地貌以纵横交织的河道和排灌有序的圩田为主体，乡村聚落错杂分布其间，河道是人们生产、生活的根本依托。唐宋时期随着太湖东部平原人口的增长，塘浦圩田系统开始向细碎的河浜化演变，形成了"浜村相依"的格局，自此，民间开浜与造宅成为聚落发生的两个并列行为，小型河浜的快速增加使太湖东部平原的聚落向各个方向铺展开来。至明清时期，太湖东部平原各地（包括高乡、低乡、滨海）的聚落发生原理已经趋于统一，即建宅必须开浜，开凿河浜是聚落发生的必须前提，只不过河浜的自然属性与形态随地势和潮汐有所区别。

在松江、嘉定一带的高乡，由于河道水量不足及对潮汐的依赖，构村建宅之前必须开浚蓄水的河浜。光绪《松江府续志》记载，在华亭县新桥镇三十六保六磊塘上，国初训导徐基曾避兵于此，辟莱通道，浚河作宅，遂成村聚。[②] 此语点出了明清太湖以东高乡聚落构建的几个必要环节：清

---

① 谷建祥等：《对草鞋山遗址马家浜文化时期稻作农业的初步认识》，《东南文化》1998 年第 3 期。

② 光绪《松江府续志·疆域志》，载《中国地方志集成·上海府县志辑》（3），上海书店出版社，2010，第 1 页。

除杂草、开辟空地、修筑道路、开浚河浜、建造房屋。其中"浚河"与
"作宅"尤其不可分而为之。由于高乡地势较高（一般海拔 4～5 米，而低
乡仅 2～3 米），宋元之后随着低乡大圩的崩溃和塘浦系统的破坏，高乡受
此水环境变化的影响，干旱化逐渐显露，河道水量普遍不足，所以开浜蓄
水（包括留蓄来自太湖的过境客水以及在涨潮时蓄积潮水）成为聚落兴起
的重要前提。据该史料还可看出，这一徐氏村落属于明清时期太湖东部平
原上典型的宗族聚落，代表许多聚落在初创时期"一宗族一河浜"的人地
关系形态。

　　清代名儒钱大昕的《盛泾先茔之碣》也提到嘉定高乡的河浜与聚落兴
起的关系："盛泾先茔者，钱氏始迁祖之所葬也。苏松之水皆注于娄江、
松江入海，纵者为浦，横者为塘，其称'泾'者，特小之者尔。盛泾介于
吴塘、顾浦之间，广不过四五尺，不能容舟楫，相传昔有盛姓者居之，乡
人读盛姓为直上切，并以氏名斯泾焉。吾始祖自常熟之双凤里来赘于盛泾
之管氏，贫不能归，且乐其俗之朴而淳也，有田四五亩，有屋两间，夫耕
妇耨，足以自给，既殁而葬于泾之阳。"① 吴塘、顾浦均位于当时的嘉定县
境内，乃为干河，盛氏先人据以建村的盛泾，只是从干河引出的一条分支
尾闾，广不过丈，甚至不便交通行船，但即便如此，盛氏先人却依赖此浜
繁衍生息。后又有钱氏加入，聚落随之扩大。傍依"盛泾"而兴起的盛
氏、钱氏聚落，也包括其家族墓地，因墓地与村中住宅所依据的乃是同一
条河浜——盛泾。所以总体看来，高乡聚落的房屋、祖先的墓地、赖以生
存的农田往往共享一条河浜（包括从该河浜发散出的数支浜头，浜头一般
没有具体名称），整个聚落的布局围绕河浜而展开。

　　至于淀泖低洼区的低乡聚落，其与河浜的依存关系更为显著，这从村
落的名称上即可得到直接体现。清嘉庆年间修成的《珠里小志》所列青浦
朱家角镇下辖的村落有：陆九房、周家港、高家港、和上湾、道士浜、玉
阶桥村、薛家汇、小江村、南大港、理麻浜、长条、王家浜、罗家浜、江
家角、强固圩、汤家埭。② 清《金泽小志》所列的村庄有：潘家湾、仙泾

---

① （清）钱肇然编，王健标点《续外冈志·冢墓》，载上海市地方志办公室编《上海乡镇旧
　　志丛书》（2），上海社会科学院出版社，2004，第 30 页。
② （清）周郁滨纂，戴扬本整理《珠里小志·村落》，载上海市地方志办公室编《上海乡镇
　　旧志丛书》（7），上海社会科学院出版社，2005，第 59～61 页。

港、杨垛、颜家浜、西湾、神道浜、芦田浜、池家港、新池家港、南汪、谢家湾、李家圩西岸、徐家湾、小北沈浜、塘湾、西田、东圩生田、薛家港、俞家浜、斜河田、姚薱、金泽港。[①] 朱家角与金泽均位于太湖东缘的湖沴低地，该处大部分村落直接以"浜""港"为名，亦即村落与其所依存的河浜同一名称，这说明河浜与村宅在形态和名称上均已达到高度的合二为一。与高乡相比，低乡河浜宽深，水量丰沛，两端均与大河相通，交通便利，其在聚落景观中的主体地位更显突出。

今浦东一带的滨海平原虽然成陆较晚，水网地貌的发育与西部相比相对滞后，但滨海聚落的构建与河浜体系的形成依然具有同步性，开河引水和蓄水仍然是聚落发生的前提。我们在浦东的田野调查中发现，滨海一带的乡村聚落普遍存在"宅河"这种水体。早期在滨海定居的人缺乏淡水供给，除打井外，还在地面开挖池塘以储存天然雨水，人们将这种近乎封闭的水体称为"宅河"，可见其具有为人们建宅定居提供淡水的重要功能。由于地下水含盐较高，实际生活中人们的生活用水主要是依赖宅河。为防止咸潮进入，宅河与外面的河流只有很窄的通道相通，主要靠雨水补给水源。最近20多年，浦东地区农村的饮水已全部改为自来水，但依然随处可见宅河的遗迹。

关于滨海宅河的文献记载不多，主要在一些族谱中有所提及。例如南汇北六灶《傅氏家谱》记载：三房十二世南山公在弟兄分家时，分得田十二亩，房三间，衣食不能常给，乃弃读就耕，尝与曾伯祖矢鱼于自家宅河，得数十尾，不食，使家人畜之，曰，家有塾师，储以食之耳。南山公生于乾隆十年（1745），殁于嘉庆六年（1801），时南汇各盐场已届衰落，农业已成主业。傅家老宅所在地——南汇北六灶，当时已是农耕之区，族谱中所提到的宅河，就是当时滨海农耕人家所不可缺少的储水设施，也是建宅定居的前提条件。

《傅氏家谱》还载有一篇《访旧宅祖墓记》，其中则提到宅河与家族墓地的关系："窃思二世至七世祖墓无从查考，欲寻无由，欲修不得，心不自安，因又往访六十六图先君所访之惠元公老宅，又访先君所访或曰惠元

---

① （清）周凤池纂，蔡自申续纂，杨军益标点《金泽小志·疆域》，载上海市地方志办公室编《上海乡镇旧志丛书》（7），上海社会科学院出版社，2005，第3页。

公墓，晤族人十五世顺龙、学球等。顺龙谓此墓共九穴，向所祭扫者，似主山之西五穴，又谓其父祖曾祖之墓在河东新坟……又木和谓顺祥宅河西学球宅后则和田内，有一墓，似三穴，现由则和樵柴，相传系兰初祖墓。"① 从中可见滨海聚落的宅河与家族墓地的关系，也类似于西部内陆地区，墓地位于族人田内，距离村中住宅不远，住宅与墓地共享同一个小水系。

市镇是传统聚落的高级形态，那么市镇的发生与河浜的关系条件如何呢？从方志中看，太湖以东的市镇有以"溪"作为雅称的习惯，这种地名现象至少暗示了市镇房屋临大河而坐落的形态特征。例如清嘉庆《法华镇志》云：居民皆面李漴泾而居，故又号漴溪。② 再如，清代金山县松隐市，在七保，一名松溪，旧名郭汇，元至正开。僧德然参石屋禅师，琪书"松隐"二字示之，遂以名其庵，明景泰中赐额为寺，镇名本此。③ 康熙《嘉定县志》也提到当时市镇名称普遍有文饰之嫌，喜欢以"溪"称之，例如，安亭则曰安溪，娄塘则曰娄溪，罗店则曰罗溪。④ 作为村庄聚落的高级形态，市镇一般为交通要道，房屋不但要距河近，而且对河浜的交通功能要求更高，市镇以"溪"为雅称的现象，实际上点出了市镇河流形制更大也更为宽深的特点。

明代高乡一带形成大户创建市镇的风气⑤，创市者最初看重的往往就是交通便利的大河。例如清代华亭县的萧塘市，"一名秦塘，相传秦始皇东游望海，由此塘而南，故名，后萧姓居此，渐成市集"。⑥ 可见在萧姓定居之前，早已有称为"秦塘"的大河存在，萧氏傍塘而居，成为其后来由村聚演变成市镇的重要条件。嘉定望仙桥镇的开创者无疑也十分看重通潮

---

① 傅恭弼修《傅氏家谱·访旧宅祖墓记》。

② （清）王钟编录，许洪新标点《法华镇志·沿革》，载上海市地方志办公室编《上海乡镇旧志丛书》（12），上海社会科学院出版社，2006，第 2 页。

③ 嘉庆《松江府志·疆域志》，载《中国地方志集成·上海府县志辑》（2），上海书店出版社，2010，第 28 页。

④ 康熙《嘉定县志·疆域》，载《中国地方志集成·上海府县志辑》（7），上海书店出版社，2010，第 8 页。

⑤ 参见谢湜《十五至十六世纪江南粮长的动向与高乡市镇的兴起——以太仓璜泾赵市为例》，《历史研究》2008 年第 5 期。该文主要关注粮长群体的财富积累与创市的关系。

⑥ 嘉庆《松江府志·疆域志》，载《中国地方志集成·上海府县志辑》（2），上海书店出版社，2010，第 25 页。

大河"顾浦"的存在，《望仙桥乡志稿》记载："望仙桥人钱锅，字顺郊，生于隆庆五年（1571），卒于顺治七年（1650）。生平孝友、诚笃。以农事起家。先世常熟，明万历间由里南之盛泾卜居望仙桥，沿顾浦创筑市屋数十间，招贸易者居之，里遂成市。"① 又如清代嘉定县娄塘镇，在县治北十二里二十二都，因滨娄塘而以水为名，为里人王睿所创。②

总之，太湖东部平原河浜与聚落在景观结构上的高度融合，以及河浜对聚落构建的先决性，使本区域以河浜为物质内核的乡土文化的发生成为必然。

二　墓地、河浜与风水

无论从景观结构的角度还是从风水文化的角度，家族墓地都应当被视为水乡聚落不可或缺的组成部分。在一个宗族聚居型的水乡村落，家族的墓地一般分布在族人拥有所有权的田地间，田地距离他们居住的房屋并不远，这主要还是受制于河浜的分布。深入田间地头用之于农业排灌的河浜，同时也具有墓地风水的功能，与村内屋宅边的小河同样属于附近外河的分支。也就是说，从村边干河发散出的小河浜将聚落的各个部分联为一个有机的整体，房屋、墓地和农田共属于一个微小的水系。

上述情形可以图1所示的南汇航头镇富家宅村在1940年前后的样貌来说明。该村虽然位于浦东滨海平原，但其地处老护塘以内（北宋皇祐年间筑成的海塘），聚落历史较长，河浜与聚落的发生机制同平原西部的嘉定、松江一带已十分接近。从图1来看，小河浜成为凝聚整个聚落空间的主线条，住宅和墓地通过"王家港"干河发散出的几条小河浜连接起来。

太湖东部平原水乡聚落的风水形势以观水为要，许多家谱墓图显示，

---

① 张启秦纂辑，陆世益编，杨军益标点《望仙桥乡志稿·人物》，载上海市地方志办公室编《上海乡镇旧志丛书》（2），上海社会科学院出版社，2004，第48页。
② 康熙《嘉定县志·疆域》，载《中国地方志集成·上海府县志辑》（7），上海书店出版社，2010，第6~7页。

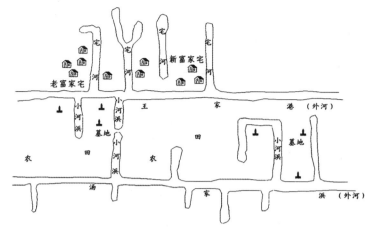

图1　南汇航头镇富家宅村1940年前后样貌

"三面环水"的墓地河浜格局是民间普遍认同的好风水。风水学上讲究平地要看土垄之脉，山地要看峰岭之骨，远来之山为势，近处之山为形，风水师以辨山势和山形为要旨①，但平原水网地区因缺少高冈山地，则必须以水道为要，所以墓地周围的小河浜被赋予青龙、白虎等四象的功能，河浜的方位也按照阴阳八卦的规则各就其序。河浜形态以屈曲环绕、层层环护为吉形，水流与坟地形成环抱朝揖之势，既彰显墓主之尊贵，又可减缓水流对墓周土地的侵蚀。

图2呈现的是清中期华亭竹冈（属高乡）董氏墓地的风水格局，从中可见水乡的小河浜承载着何等重要的风水意义。华亭董氏于南宋建炎年间自汴迁至华亭，一世祖官一，元初居华亭竹冈。据《董氏世墓记》：董氏之墓，一在杨泾（杨家浜）之原，一在竹冈西望海塘北原，一在沙冈西茭门塘北原。② 图2所示为董氏祖墓杨家浜原的墓基位置，据谱云，该墓风水上佳，主要得力于墓地周边优越的河流形势，远处有黄浦大江为干龙，发脉长远（源自震泽，即太湖），近处又有小河浜屈曲环护，藏风聚气："墓南距浦不到二里（图中黄浦江位置为南），自巽入，源源而来，几经曲折，环墓右入亥。亥之结尾处，东折而南，可二百余步，圆转一钩，形如新月。墓在其中，大不二亩，三百年来振振子姓，孰非基所自出，此岂人

---

① 何晓昕、罗隽：《风水史》，上海文艺出版社，1995，第102页。

② 《董氏族谱·董氏世墓记》，清刻本，上海图书馆家谱收藏部藏。

力也哉？厥后择地而葬者，隆隆相望，无不在此浦以北、沙竹两冈左右三四里间。"①

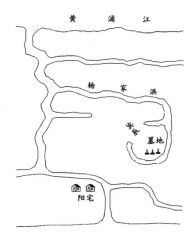

图2　清中期华亭竹冈董氏墓地的风水格局

华亭《董氏族谱·语儿泾墓序》中还有对水乡河浜独特风水意义的总结，不仅适合华亭高乡一带，亦应普遍适用于太湖东部平原感潮区的聚落："水乡葬地，以水为主……大溪缠远，小水缠身，杨公云，水缠胜似山缠……小水分龙虎，大水作盘护，九曲水入明堂，两潮汇聚为吉。"② 这就是说，聚落所依存的河流贵在充足，贵在通达，贵在潮汐汇聚，淤塞的河浜不利于风水，所以河道要经常疏浚，保持水流通畅。这种地域性的风水观念实际上是以人们日常生活和生产中对河浜的高度依赖和勤于修治为基础的，其中包含了对河浜实用性的深层理解和利用方式的深刻总结，可以说已经完成了由物质到精神的跃升。

太湖东部人群的风水意识与地理环境的关系，还可从另一侧面进行反向观察，即缘起于河浜实用性的风水观念，反过来也推动着水乡地貌的河浜化进程，并维持着水乡形态的长久延续。水乡地区无所不在的河浜，本来就是人类长期对湿地沼泽地貌进行开发利用的结果，所以人们也可以通过安排河浜的格局来人为地安排风水，根据风水吉地的准则在住宅和墓地周围开挖各种各样的小河浜。由于小河浜的营造以家族之力即可为之，所

---

① 《董氏族谱·世墓图序》，清刻本，上海图书馆家谱收藏部藏。
② 《董氏族谱·语儿泾墓序》，清刻本，上海图书馆家谱收藏部藏。

以传统时期太湖东部平原的河浜以某家某姓命名十分普遍，这些以家族姓氏命名的河浜在开挖之时，不乏营造风水的动机。在各地家谱中，也常可见到人们为营造风水吉地而花费钱财改造水局地形的记载，如浦东钟氏家谱所记："景元，字行甫，娶顾氏，二人合葬于宅西三十一图五十三号新阡主穴，雁行葬，公居东首，傍河，另筑零田为风水，故自栅门桥东塊至西二丈许，做三叉阳，而三叉上永不得耕种，系沟水，俱余家所有，及桥北往西至王浜为止。"① 可见，以河浜为中心的风水观念本就是从地理环境中孕育而来，反过来又影响着地理环境的变化。

三　桥梁修造与公共参与

桥梁对于水乡聚落社会生活的意义，正如清代《江东志》所云："海浦津航乘潮上下，早晚风波有不测之警，诚险矣哉。至于桥梁，无论木石，通衢者可以济行旅之往来，野外者不过便耕耘之出入，因时乘利，不烦惠政之施，自无徒涉之虞。"② 方志所记载水乡桥梁的名称和沿革信息十分丰富，从其与聚落的关系来看，大致可归纳为以下三类。

其一，以宗族姓氏命名的桥梁，可从一个侧面证明其所在的村落早期起源于聚族而居的性质。宗族的单一性后来可能随着村落的扩展被打破，演变为多姓杂居，但村落起源时期单姓定居的原始记忆与开拓情形仍可通过桥梁的名称保留下来。

这方面的证据如清嘉定县《厂头镇志》所记王家桥，"在张家浜南，驾木以通南北，两岸人家数十，中多王姓"；孟家桥，"驾木以通南北，东西百步许，有一聚落，名孟家宅，中皆孟姓"；李家石桥，"驾石以通南北，严贻钟谓中书李允新家此"；侯家桥，"跨长浜出口，驾木以通南北，两岸居者皆侯姓"。③ 清上海

---

① 钟愈纂修《上海浦东钟氏家谱》第五册，民国十九年铅印本，上海图书馆家谱收藏部藏，第33页。钟氏迁浦东始祖为琼，元至元年间避乱迁江东（原属嘉定，后隶宝山八都，滨长江口）。

② （清）佚名纂修，占旭东、贺姝祎整理《江东志·营建志·桥梁》，载上海市地方志办公室编《上海乡镇旧志丛书》（14），上海社会科学院出版社，2004，第43页。

③ （清）钱以陶著，魏小虎标点《厂头镇志·营建》，载上海市地方志办公室编《上海乡镇旧志丛书》（3），上海社会科学院出版社，2004，第24～29页。

县《二十六保志》所记徐家桥，"在十五图徐家宅东偏"；赵家桥，"在二十二图赵家宅前"。[①] 清宝山县《月浦志》所记潘家桥，"在马路河，潘氏聚族而居，在镇东南四里"。[②]

造桥对于聚落发生和延续的重要性绝不亚于开河。在聚落发生之初，开河与造桥同等重要，所以才会出现河浜、桥梁与村落共同使用宗族姓氏来命名的现象。由此也可见，桥梁与河浜一样，是需要聚落社会各成员共同参与营造，也可共同使用的公共资源，因此，桥梁的营造机制可较好地体现聚落的共同体性质。

其二，由桥梁在社会生活中的实用性及其对聚落社会的凝聚力，逐渐生发出文化意义，首先体现在桥梁名称的吉祥性及造桥动机的向善性。

聚落进入稳定期，子孙繁衍，经济实力增强，村中桥梁的材料和坚固性也随之升级，一般是由木易石，名称也随之变得吉祥而雅致，原先取自宗族姓氏的土名逐渐消失。清嘉定《厂头镇志》所记的此类桥梁名称有万善桥、天福桥、万寿桥、五福桥、永康桥、永安桥、太平桥、聚龙桥、永丰桥、虹桥等，这种桥梁所在的村落也一般为多姓杂居、历史较长的大型村落。如其中的万寿桥："石梁也，嘉庆二十四年（1819），里人重修。夹河而居者，不下百家。南畔为吉家宅，中多陈姓，而吉姓实少，北畔为庄家池，庄姓居多。"[③] 又如民国《钱门塘乡志》所记寿人桥："原名寿宁，为康熙间里人姚西亭，寿其封翁八旬，翁命减宾客之需以倡建此桥者也。光绪六年（1880）有僧人今涌，联合当地善堂捐款重修，更名为寿人桥。"[④] 可见人口众多、兴旺发达的村落才可能不断地重修和改建桥梁，桥梁的美称则融入了众人的美好寄托，也反过来为村落增光添彩，彰显出村庄的文化水准。修桥造桥作为乡村美事，一般有美好的动机，典型的事件往往被载入地方文献而流传后世。

---

① （清）唐锡瑞辑，张剑光等整理《二十六保志·桥梁》，载上海市地方志办公室编《上海乡镇旧志丛书》（12），上海社会科学院出版社，2006，第29～35页。

② （清）张人镜纂，魏小虎标点《月浦志·营建志·桥梁》，载上海市地方志办公室编《上海乡镇旧志丛书》（10），上海社会科学院出版社，2006，第27页。

③ （清）钱以陶著，魏小虎标点《厂头镇志·营建》，载上海市地方志办公室编《上海乡镇旧志丛书》（3），上海社会科学院出版社，2004，第24～29页。

④ 童世高编纂，许洪新、梅森标点《钱门塘乡志·营建志·津梁》，载上海市地方志办公室编《上海乡镇旧志丛书》（2），上海社会科学院出版社，2004，第33页。

其三，桥梁修造行为向更高层次的公益性和慈善性转变，人人力争参与，桥梁最终由物质的景观实体上升为乡村社会道德教化的精神载体。跨越大河的大型桥梁的修筑，一般由官方统一组织和投资，地方大户捐资支持；而乡间造桥所需的资金（包括市镇和村庄），则为大户、富户、乡绅、衿耆等组织筹措或捐赠，即使贫穷小户人家，也无不以修桥为积德行善之举，踊跃加入其中。这种具有民间公益性质、全员参与的造桥铺路机制，在乡村聚落精神共同体的塑造方面发挥着重要作用。

桥梁之所以由一种物质性的交通设施上升为乡村道德教化的载体，首先是因为其在水乡社会生活中的有用性，其实用价值与每家每户的利益密切相关，为一日也离不开的必需设施。虽然在我国古代的各个地方，修桥铺路、解决交通需求均为聚落存续和发展的基础，但在江南水乡，建造桥梁的意义尤为重要。太湖东部平原的低乡地区河道宽深，河浜密布，陆上交通对桥梁的依赖性非常高；东部高乡虽河流浅窄，但河浜密度并不比西部小，造桥仍然为陆上交通之必需，加之水流和每日涨落的潮汐对桥梁冲击严重，对桥梁不断加固和重修也是乡村的重要事务。所以在传统江南水乡，捐资建桥的人以"易木为石"为常事。例如，清代上海县二十六保之百步桥，在龙华港口，初建时为木制，明万历年间张云程易木架石。清朝康熙年间，举人张泰、僧上机募捐重建。乾隆十年（1745），邑令王侹重修。四十五年，周国祯等重建。嘉庆四年（1799），徐思德创捐重建。同治十年（1871），僧观竺募捐修葺栏杆。① 可见出于交通出行和聚落发展的需要，乡间维修改建桥梁的频率是很高的。参与修桥的人士包括乡间士绅、知识阶层、富户、僧侣、普通乡民等各种人群，对于交通要道上的桥梁，地方官也时有参与修建。

同类事例又如清代宝山县罗店镇的丰德桥，居镇中，俗名张家桥，明成化八年（1472）初建为木桥，清雍正八年（1730）方重建为石桥。东阳桥在镇西六里，跨练祁，初建时为木桥，道光十年（1830）里人沈树易木以石。② 此类易木为石的案例在地方志中多不胜数，由于重建改建过于频

---

① （清）唐锡瑞辑，张剑光等整理《二十六保志·桥梁》，载上海市地方志办公室编《上海乡镇旧志丛书》（12），上海社会科学院出版社，2006，第 30~31 页。

② （清）潘履祥总纂，杨军益标点《罗店镇志·营建志·桥梁》，载上海市地方志办公室编《上海乡镇旧志丛书》（11），上海社会科学院出版社，2006，第 80~85 页。

繁，而早期造的桥一般又比较简陋，以至于地方志编纂者往往弄不清许多桥梁的初建情形，方志中是缺载的。

桥梁被频繁改建的原因，主要是出于交通安全的考虑。激流对桥梁的破坏性有时难以想象，简陋的材料（例如木材）经不起流水的侵蚀，所以造桥材料需适时升级，有时地点也需变换。清代金山县朱泾镇的万安桥就曾因地理位置的特殊性而历经变迁，据《朱泾志》载：

> 万安桥，跨秀州塘，明洪武初建自里人宋华甫。永乐十年（1412），僧道胝重修。弘治辛亥（1491）重建，年久而倾废。万历初，徐文贞罢相归，复建于南渡口。癸丑（1613）复坍，楚雄太守徐裕湖与朱晚庵言于方郡尊岳贡，移建北三十余丈水阔处，崇祯八年（1635）落成。至本朝顺治三年（1646）三月倾废，即广生庵前桥基也。康熙十九年（1680），里人张仲玉、顾俊生以渡船不便，募建木桥于文昌阁前，水口狭，舟触桥柱辄覆。癸亥（1683），程中翰白山独建大木桥于旧址之前，未及复坍。雍正元年（1723），杨九皋等仍建木桥于文昌阁前，坏舟如故，旋复废。乾隆四十三年（1778），程邑侯名程以水急桥易坏，与董事张扶摇、周涵、徐溶、张同庐诸君议，别浚支流以杀其势，乃于桥之西岸开池泾，东南三里通泖漕，并建木桥及池泾庙，修积骨塔。费千金，遂疏遂塞，功迄勿成。盖桥建水狭处，无论木石均碍行舟。若依旧址，水面阔处石尚易倾，何异于木？多设津渡，以便往来，地方急务也。①

正是基于造桥在乡村公共事务中的重要性，乡村士绅往往通过修桥的组织或捐赠行为获得社会的认同，方志显示的造桥事件多数由乡间绅耆所领导。同时也不能忽略平民百姓的参与，他们虽然财力拮据，但由于将造桥视为积德行善之举，期待善有善报，因此常常有倾其所有投资修桥的行为。南汇北六灶《傅氏续修家谱》中《族人建石桥记》，就十分详细地记述了乡间小民的公益造桥之事及其背后的真实心态：

---

① （清）朱栋纂，郭子建标点《朱泾志·疆域志·桥梁》，载上海市地方志办公室编《上海乡镇旧志丛书》（5），上海社会科学院出版社，2005，第8~9页。

为善者昌，积善之家必兴。近于善则善，习于善则善，人饥如己饥，人溺如己溺，饥者饱之，溺者救之，为善者必以此为责任也。建桥筑路，公益也。吾傅氏族人之众多，为浦东第一慈善家祠。近始发起建石桥便行人者，族祗一人，本年有十五世傅春山者，在第三区六灶镇东南严桥乡建造寿春石桥，谕子孙曰：此即功德，余夫妇百年后不再做道士之功德也。上年有十六世族人傅企岩，以子有神经病许愿建石桥于六灶港见龙桥之西南傅氏公墓之西，旁跨船舫港，建石桥曰企岩桥，桥未竣工而病已愈矣。前有四房十世族人白福号焕章，无子，同妻庄氏变产建石桥于见龙港之西六灶港北岸，曰报祖桥，以为无子而建石桥以报祖宗也。桥成而产。盖年老不能工作，无以自养，又无辅助之人，不得已夫妇为丐。当时人称此桥为告化石桥，相传至今无有知为报祖桥者。近始检阅桥侧，刻有"乾隆十五年九月傅焕章同妻庄氏建是桥，载明县志及家谱"，始知所由来，惟未载为丐也。[1]

市镇桥梁修造的公益性更加明显，这是因为市镇的桥梁密度本身就比乡村要大，各方人士需投入更多的财力、物力来改善交通条件，以维持市镇经济的繁荣兴旺，由此牵动的社会群体也更为复杂。清康熙三十八年（1699），黄渡镇横跨吴淞江上的迎恩桥建成，邑人张诗作《迎恩桥记》，从中可见整修和拓展桥梁在市镇这样的商业聚落中占有何等重要的地位，修造桥梁之人也因之得到大力颂扬：

吴淞江自震泽迤逦历昆山、嘉定、青浦、上海，延袤三百余里而后入海。民居在腹，独黄歇渡北属嘉定，南属青浦。江之两涯，居民稠叠，屹为巨镇，形势至此一束。镇东西向有两江桥，用木为之。后东江桥废，不惟不利于行，而镇亦日就凋耗，盖镇所以束吴淞形势，而两江桥又为一镇锁钥而聚其气者也。里中任事者谓桥之兴废关乎镇之盛衰，乃协心齐力竭己资创始，广为劝募，矢公矢慎，以底于成。高广若干尺，为级各五十，面平如砥，约可坐百人，坚致宏敞，两邑中得未有也。桥成，适今上南巡，行幸松郡，因名曰迎恩桥。自此民

---

① 傅恭弼续纂《傅氏续修家谱·族人建石桥记》，民国二十八年油印本，上海图书馆家谱收藏部藏。

物日阜，行其途，往来不绝者肩相摩焉。[1]

市镇桥梁的密度之大，则可从图 3 所引用清代嘉定南翔镇的镇区图清楚地看到，该志有载的桥梁比图中所绘更多，共计 71 座，其中有 1/3 经过反复重修和改进，投资造桥的人士之多难以一一列举。[2]

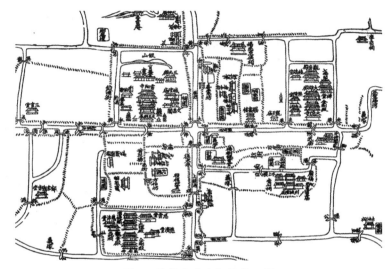

图 3　清代嘉定南翔镇镇区图

总之，水乡聚落的桥梁作为最重要的人工交通设施，其营造与维护的过程更加明显地体现了聚落社会全员参与的公共运作机制，成为聚落精神凝聚力的标志。桥梁所负载的精神内涵不断丰富，除作为道德教化和慈善公益的载体之外，也包括风水方面的内容，桥梁建造的方位被认为与村落或市镇的长远兴旺密切相关，建造地点和方位一般要经过形家的指点。即使在桥梁建成后，如果于风水有碍，迁移地址也是常事。上海县二十六保之太平桥，"在道光年间，里人张春龄从形家言，迁西数武，以三架石桥改为一架"[3]，就是一个例子。另外，桥梁落成后，往往在桥头附加建造水

---

① （清）章树福纂辑，邹怡标点《黄渡镇志·建置》，载上海市地方志办公室编《上海乡镇旧志丛书》（3），上海社会科学院出版社，2004，第 11 页。

② （清）张承先著，程攸熙订，朱红标点《南翔镇志·营建》，载上海市地方志办公室编《上海乡镇旧志丛书》（3），上海社会科学院出版社，2004，第 24～30 页。

③ （清）唐锡瑞辑，张剑光等整理《二十六保志·桥梁》，载上海市地方志办公室编《上海乡镇旧志丛书》（12），上海社会科学院出版社，2006，第 33 页。

井、井亭等公益设施，以供来往行人休憩，或为本地人提供茶余饭后的休闲空间，则是桥梁的公益性内涵不断增加的表现。

四　结论

霍耀中、刘沛林在对黄土高原聚落景观与乡土文化的研究中，借用了"景观基因"的原理，认为"一定区域内的聚落景观之所以如此相同，就是因为聚落作为文化的载体之一，在景观传承或传播的过程中总是保持其文化基因的遗传特征所致；同时，由于时间和空间的一定变化，又会导致聚落景观基因在遗传的过程中出现一定的细微变化，即为了适应环境而产生的必要的变异"。[①] 本文以太湖东部平原传统聚落为对象的景观与乡土文化研究，进一步证明该区聚落的"景观基因"是十分确定的：河浜是聚落发生的前提，聚落的房屋沿河浜分布，墓地围绕河浜而构建，桥梁成为水陆交通配合的重要方式。太湖东部平原的地理环境基因在聚落建构中的显著作用，并不受地势、潮汐、成陆早晚或聚落规模的限制，从地势低洼的湖泖低地，到依赖潮汐补充河流水量的高乡地区，再到成陆较晚水土盐碱程度较高的滨海地带，聚落发生的初始环节都是从解决淡水资源以及湿地的河渠化开始，这从根本上造就了从西至东广泛分布的"浜村相依"形态。

基于河流、桥梁在现实中的高度有用性发育而成的乡土文化，与聚落实体和景观享有共同的地理环境基因，也就是说，传统聚落的形态、景观与本乡本土的文化信仰、道德教化载体的认同具有生态环境的同源性。河道作为太湖东部平原聚落景观的重心，不仅是民众生活饮水之源泉，也是农业、交通之命脉，而由这些实用功能又生发出风水方面的象征意义。

按照阴阳五行的说法，河浜担负着"聚吉祥之气"的风水作用，因此乡间住宅和坟地周围的河浜格局都有方位的讲究。坟地的选址向来有"三面环水，谓之福地"之说，以通潮的活水为吉地，河浜淤塞意味着风水形势的解体，所以河浜需要经常疏浚以保持畅通。以现代科学知识来看，这

---

① 霍耀中、刘沛林：《黄土高原聚落景观与乡土文化》，中国建筑工业出版社，2013，第 59 页。

些地方性的风水观念是有充分科学依据的，与现代地理学、建筑学所理解的美好人居环境十分契合。

正是因为物质景观的形成与乡土文化的发育一脉相承，太湖东部平原的聚落才有条件从物理意义上的地缘共同体发展成为具有共同心灵生活的精神共同体。① 在这里，人们共同享受自然赐予的水资源和土地资源，也享受由此升华出的精神文化所带来的满足感，聚落各群体共同参与了资源的运作，也共同享用了文化上的归属感。水乡聚落的桥梁作为最重要的人工交通设施，其营造与维护的过程更加明显地体现了聚落社会全员参与的公共运作机制，因而成为聚落精神凝聚力的标志。

然而换个角度来看，正因地理环境对聚落形态和乡土信仰的形成和演变具有一脉相承的塑造作用，地理环境的逆转性变化也将带来传统乡土信仰的快速解体和聚落的崩解，这是我们在今天的城市化时代不得不正视的现实。如今城市化所驱动的土地商业开发，正使太湖东部平原传统的水网地貌发生急剧的变化，河道被阻断，潮汐不再流通，河流密度骤然降低，平原腹地的水体与海洋之水的沟通和交换变得困难，水质变得不适合健康人居，这等于从根本上忽略了太湖东部平原的地理环境基因。笔者曾经对上海开埠初期租界周围乡村聚落的解体过程进行研究，发现在租界城市空间不断向乡村地区扩张的影响下，乡村聚落所依存的河道体系首先从物质形态上瓦解，继而乡民所看重的风水形势被打破，由此引起了传统水乡聚落快速向非城非乡的棚户区转化，城乡交错带一直面临水环境突变所带来的种种问题。② 这一案例给今人的警示是，区域地理环境的基础和生态基因，在地方社会和经济发展中的作用是不可随意忽略的，对地理环境与地域社会、经济、文化发展的关系进行研究，仍将是未来环境史的重要课题。

---

① 德国著名社会学家斐迪南·滕尼斯系统阐述了人类共同体生活的结合类型理论，指出共同体是建立在有关人员的本能的中意或者习惯制约的适应或者与思想有关的共同记忆之上的，精神共同体才是真正的人的和最高形式的共同体，而自然形成的村庄是精神共同体的重要类型。参见〔德〕斐迪南·滕尼斯《共同体与社会——纯粹社会学的基本概念》，林荣远译，北京大学出版社，2010。

② 吴俊范：《环境·风水·聚落：以近代上海为中心的历史地理考察》，《民俗研究》2009年第4期。

哈尼族梯田文化的内涵、成因与特点[*]

陈　燕^{**}

摘要：哈尼族梯田文化是哀牢山地区哈尼族在漫长历史发展进程中以梯田为主要物质载体、以梯田生产生活为核心创造的物质财富和精神财富的总和。其内涵丰厚、独特，其成因有特定的自然地理和历史人文因素，其特点可概括为历史悠久、内涵丰厚，分布广袤、景观壮丽，天人合一、持续发展。

关键词：哈尼族；梯田文化；文化遗产

一　哈尼族梯田文化的内涵

徐光启《农政全书》卷五说："梯田，谓梯山为田也。"梯田是我国古代七种田制类型（区田、圃田、围田、架田、柜田、梯田、涂田）之一。在世界上的很多国家，如菲律宾、日本、智利，以及我国的许多省份，如广西、四川、贵州等，皆有梯田农业。哈尼族梯田及围绕梯田农业产生的民族文化有丰富而广泛的内涵。在正题开始前，先阐明两点。

其一，梯田并不是全体哈尼族的物质生产基础，梯田文化也并非哈尼族全民文化，而只是占本民族人口绝对优势的红河水系哀牢山地区哈尼族的主体文化。我国的哈尼族约有 136 万人，主要分布于红河与澜沧江之间

＊　本文原刊于《贵州民族研究》2007 年第 4 期，收入本文集时略有改动。

＊＊　陈燕（1974～　），女，哈尼族，云南墨江人，云南民族大学人文学院讲师。

的山岳地带，即哀牢山和无量山之间，以哀牢山地区的元江、墨江、红河、绿春、金平、江城、元阳等县最为集中，约占哈尼族人口的76%和此地区人口总和的一半以上，无量山区的哈尼族大多分布于西双版纳和澜沧。[①] 国外的哈尼族（阿卡）约有50万人，主要分布于泰国清迈省和清莱省、越南黄连山省和莱州省、老挝及缅甸北部。[②] 由于地理环境差异，不同地区的哈尼族生产方式不一样。西双版纳、澜沧等地的哈尼族很少耕种梯田，以种植旱地作物为主；泰国、缅甸、老挝、越南的哈尼族以耕种山地旱稻等作物为生；只有哀牢山区的哈尼族以耕种大量梯田为主要农耕方式。

其二，梯田文化的主体创造者是哈尼族。[③] 哀牢山地区生活着众多民族，形成"傣族、壮族居水头（河谷平坝），汉族、回族居街头（城镇及交通沿线），哈尼族、彝族居坡头（半山区），苗、瑶在山头（高寒山区）"的立体分布格局。傣族、壮族从事河谷平坝水稻农耕活动，基本不耕种山地梯田；汉族、回族以城镇生活方式为主，较少从事梯田稻作；彝族人口在这一地区并无优势，经营的梯田数量不多；由于历史和地理原因，苗族、瑶族在新中国成立前以游耕为主，新中国成立后才陆续耕种稻田，因居于高寒山区，水稻难以生长，所耕种梯田也不多。所以，具有悠久梯田耕作历史、占本民族人口76%、超过此区域人口总和一半以上的哈尼族无疑是梯田文化的主体创造者。

根据上述情况，结合其他学者的观点，做出如下界定：哈尼族梯田泛指分布于哀牢山地区以哈尼族为代表的各民族所开垦之山地稻田；哈尼族梯田文化是哀牢山地区哈尼族在漫长历史发展进程中以梯田为主要物质载体、以梯田耕作为核心所创造的物质财富和精神财富的总和；具体以元江、墨江、红河、元阳、金平、绿春、江城等县为分布中心，数元阳、红河最典型。

哈尼族梯田文化内涵丰厚，有科学性和完整性，具体表现在以下几点。

[①] 云南省历史研究所：《云南少数民族》，云南人民出版社，1983，第80页。

[②] 白成亮：《序》，载中央民族大学哈尼学研究所编《中国哈尼学》（第一辑），云南民族出版社，2000，第1页。

[③] 李期博：《论哈尼族梯田稻作文化》，载红河州哈尼学学会、李期博编《哈尼族梯田文化论集》，云南民族出版社，2000，第3页。

第一，"江河、梯田、村寨、森林"四素同构的人与自然高度和谐与可持续发展的良性循环生态环境。① 哈尼族居住的环境显现出浓厚的民族特色和朴实的人与自然和谐共生思想。哈尼族的生活环境一般由"江河、梯田、村寨、森林"四要素构成，并形成微妙的生态循环关系：山脚河水受热蒸发升空凝结为云海形成降雨，哺育森林、村寨，最后经梯田复归江河，然后再升空降雨、再回归江河，周而复始地循环；村寨建于半山腰，寨子下方和两侧是梯田，为粮食生产基地，是哈尼人的生存之本；村寨上方的高山森林茂密，是整个自然生态系统的核心，有蕴藏水源、保持水土、防风固沙、防洪抗旱、净化空气、改良气候、调节气温等作用，故哈尼人深谙其重要性，形成了朴实的自然生态观，严禁滥砍滥伐、过分掠夺森林资源，神圣不可侵犯的"神林"就是证明。

第二，以梯田农业为核心构建的哈尼族传统文化。② 梯田为哈尼族文化的根本，哈尼族以梯田农耕活动为轴心构建起了完整的传统民族文化体系。以梯田农业为生的哈尼人，民居、服饰、饮食、生产、节庆、婚丧、语言、文学艺术、信仰崇拜、价值观念、伦理道德等无不带有梯田农耕的烙印。以节庆为例，哈尼族的节庆与祭祀往往融为一体，而祭祀与农事活动密切相关。就一年的主要节庆而言，播种前"换龙巴门"（即寨门，神圣不可侵犯），祈求寨神保佑风调雨顺、五谷丰登；插秧开始前有"黄饭节"，拉开春忙序幕；谷子打苞时有"别我捏"，即捉虫之意，防止害虫糟蹋庄稼；谷花开时，有"卡耶"，祭谷花求丰收；农历六月，欢度"苦扎扎"节（六月年），杀牛祭祖，燃烧火把驱逐虫兽，祈求丰收；秋收大忙前有"尝新节"，引谷魂回家，做秋收准备；农历十月，稻谷归仓，梯田翻犁，哈尼族大年"十月节"到来。

第三，其他自然与人文要素。梯田、村寨与周围自然条件共同营造的大地艺术、气象景观、森林景观、地貌景观等体现了独特的美学意义，染有梯田文化色彩。此外，哈尼山乡漫长历史中创造的一些名胜、古迹（如土司衙署）等人文景致，与哈尼族梯田农耕生活、农耕历史有千丝万缕的

---

① 史军超：《对元阳哈尼族梯田申报世界遗产的调查研究》，载云南民族学会哈尼族研究委员会编《哈尼族文化论丛》（第二辑），云南民族出版社，2002，第 16 页。

② 史军超：《对元阳哈尼族梯田申报世界遗产的调查研究》，载云南民族学会哈尼族研究委员会编《哈尼族文化论丛》（第二辑），云南民族出版社，2002，第 16 页。

联系，亦可归属于梯田文化。

二 哈尼族梯田文化形成的自然地理和历史人文因素

（一） 自然地理因素

"哈尼族的梯田农业，是利用哀牢山区独特的地貌、气候、植被、水土等立体性特征创造出来的与自然生态系统相适应的良性农业生态循环系统。"①

首先，从地貌条件看，哀牢山为云岭山脉分支之一，苍苍茫茫，绵亘千里，和与之相伴的红河从西北向东南贯穿云南大地，成为云南地理单元的分界线，此线以东是起伏和缓的滇东高原，以西为滇西横断山纵谷地带。哈尼族聚居于该线以南。此地区红河支流众多，地貌断面呈"V"形发育，山势高大雄伟，为大规模开垦梯田提供了空间条件，同时，梯田耕作也是此种地貌下的必然选择。

其次，从气候、植被、水体条件看，哀牢山地区属亚热带季风气候类型，立体气候明显，可谓"一山分四季，十里不同天"；山脚河谷炎热，山腰半山区温和，山头高山区寒冷；梯田普遍分布于半山腰以下，半山腰以上为大森林；山脚河水受热蒸发凝聚为云雾及雨水，降水通过森林的过滤、贮藏，汇为常年流淌的溪瀑，形成"山有多高，水有多高"的灌溉条件。哈尼族利用这一优势，开挖水沟，引水入渠，灌溉梯田，田水层层向下回归江河，形成一个良性循环的生态系统。

最后，从土壤条件看，哀牢山土壤类型多样，分为5个土纲、11个土类、28个亚类，以黏性较强的黄壤、红壤为主，间有大量肥沃的深棕色森林土，为垦筑上千台不易溃决的梯田及水稻种植创造了土壤条件。

（二） 历史人文因素

哈尼族梯田文化的形成有其深厚的历史、人文背景。

首先，哈尼族梯田文化的形成和本民族历史渊源与迁徙经历有关。哈

---

① 王清华：《哈尼族梯田农耕系统中的两性角色》，载红河州哈尼学学会、李期博编《哈尼族梯田文化论集》，云南民族出版社，2000，第44页。

尼族源于中国古代的氐羌族群，原为游牧民族，在从甘青高原自北向南迁徙的漫长历史中，逐渐吸取农耕文化要素，最终转型为农耕民族。据史籍记载，春秋战国时，哈尼族先民"和夷"迁徙至今川南大渡河、安宁河（阿泥河）、雅砻江流域一带①（即哈尼族史诗中的"努玛阿美"），逐渐吸收南方夷越民族的稻作文化，出现了《尚书·禹贡》所言"其土青黎，其田下上"的局面。唐宋时，哈尼族已定居于哀牢山和无量山之间，成为"治山田，殊为精好"的农耕民族②，农耕文化初步定型。此外，哈尼族迁徙史诗《阿培聪坡坡》记述的南迁路线与史籍记载情况基本吻合。相传，哈尼族先民居住于遥远的北方一个称"虎尼虎那"的地方，后因人口增加而向南迁徙到"什虽湖"，又南迁至"嘎鲁嘎则"，再南迁至"惹罗普楚"，在此建起哈尼族的第一个大寨子，后由于瘟疫泛滥南迁至"努玛阿美"，又因异族入侵，被迫继续南迁到了"色厄作娘"（洱海地区）、"谷哈密查"（滇池地区），由于战争，经"那妥""石七"南渡红河，进入哀牢山区定居下来。③ 从史诗记述可见，哈尼族有水边、平坝生活生产的经历，易受到稻作农耕文化影响。当哈尼族迁徙到红河南岸时，河谷坝区有傣族、壮族，坝区稻作农业已很发达，故进山开垦处女地成了生存下去的唯一选择，哀牢山成为平坝农耕移植地和哈尼族创造梯田的空间，梯田文化最终得以在这片土地上生根、成长。

其次，哈尼族梯田文化的形成得益于中央的边疆民族政策。中国历代中央政府都重视边疆的稳定，以御边安民为边疆政策轴心，鼓励拓荒造田，尤其到元明时，大力实行移民屯田政策，有效促进了哈尼山乡大量梯田的开垦。作为中央政策的执行者，哈尼族土司或首领成为开荒垦田的重要组织者，这也是哈尼族地区规模化垦田的早期方式之一。不少哈尼族首领因此被朝廷授予官职世代相袭。嘉庆《临安府志》卷一八《土司志》记载："洪武中，有夷民吴蚌颇开辟荒山，众推为长。寻调御安南有功，即以所开辟地另为一甸，授长官司，世袭，隶临安。"④ 雍正《云南通志》卷

---

① 《哈尼族简史》编写组编《哈尼族简史》，云南人民出版社，1985，第18页。
② 《哈尼族简史》编写组编《哈尼族简史》，云南人民出版社，1985，第112页。
③ 王清华：《哈尼族的迁徙与社会发展——迁徙史诗〈哈尼阿培聪坡坡〉研究》，载云南民族学会哈尼族研究委员会《哈尼族文化论丛》（第二辑），云南民族出版社，2002，第387页。
④ 《哈尼族简史》编写组编《哈尼族简史》，云南人民出版社，1985，第51页。

二四《土司传中·纳更山土巡检》记载："明洪武中，龙咀以开荒有功，给冠带，管理地方。寻授土巡检，传子龙政……"①

再次，哈尼族梯田文化是哈尼族聪明才智和民族精神的产物。梯田是坝区稻作水田的山区成功移植，但并非简单的克隆，而是一项艰巨的创造工程，耗费了哈尼人千百年的心血与汗水，融入了哈尼人超群的民族智慧，闪烁着哈尼人富于创新、坚韧不拔、团结互助、兼收并蓄的民族精神和乐观豁达的民族性格。哈尼人居住的半山区山高坡陡，生产条件差，但哈尼族祖先积极吸取百越坝区稻作文明成果，利用"山有多高，水有多高"的自然条件，依靠集体力量，以"愚公移山"的精神，通过世代不懈努力，在山区开荒拓地、开沟引水，从一级、一丘开始，挖到几十级、几百级乃至数千级，把一座座高昂的大山驯服为绵延不绝的良田，把生存原本艰难的山区改造成人与自然高度和谐与可持续发展的美丽家园，并培育出适合山区种植的大量水稻良种，探索出一套山区稻作农业生产管理技术系统。

最后，哈尼族梯田文化是哈尼族与同区域各民族和谐共创的成果。哈尼族与汉、傣、彝、苗、瑶等族同居一山，和谐共处，互通有无。哈尼族向汉族学习先进文化和技术；哈尼族与山下的傣族互相帮忙，甚至共同管理和利用资源，两族间的"牛亲家"关系就是例证；哈尼族与彝族共同居住于半山区，一起经营梯田；哈尼族重视和苗族、瑶族的关系，苗族、瑶族居住的高山区分布着森林，是梯田水源，哈尼族助其在山腰开田，甚至赠其梯田，传授耕作技术，逐渐改变两族的游耕生产方式，有效促进了对森林的保护，从而维护了整个生态环境。可见，哈尼山乡壮观绮丽的梯田文化不仅是人与自然的和谐共生，也是人与人的和谐共生。

三 哈尼族梯田文化的特点

（一） 历史悠久、内涵丰厚

在遥远的迁徙史时期，在艰辛的迁徙历程中，哈尼族开始了梯田史的创造。《尚书·禹贡》记载，"和夷"所居的大渡河畔，"其土青黎，其田

---

① 《哈尼族简史》编写组编《哈尼族简史》，云南人民出版社，1985，第51~52页。

下上，其赋下中三错"。① 此处虽未直言梯田，但也不排除包括梯田的可能性，如此种理解无大谬，则这当是汉文史籍对梯田和哈尼族治理梯田的最早记载。另据《蛮书·云南管内物产》记载："蛮治山田，殊为精好。"② "山田"当指梯田，照此记载，最迟在距今1000多年前的唐代，梯田便已出现，且达到较高耕作水平。从后世云南众多少数民族经营梯田的技术、规模来看，在当时"治山田"的"蛮"里，应当包括哈尼族先民"和蛮"。宋代，"梯田"之名正式见于文献记录，范成大《骖鸾录》说："仰山岭阪之间皆田，层层而上，至顶，名梯田。"明代，徐光启把梯田载入《农政全书》，位列我国古代七种田制之一，并赞哈尼族梯田为"世外"梯田。有些哈尼族首领如吴蚌颇、龙咀等因组织垦田有功而被朝廷嘉奖。清朝时，如今宏伟壮丽的梯田景观已大致成形，嘉庆《临安府志·土司志》描述曰："依山麓平旷处，开凿田园，层层相间，远望如画。至山势峻极，蹑坎而登，有石梯蹬，名曰梯田。水源高者，通以略（杓），数里不绝。"③ 哈尼族梯田文化是以梯田为最基本的物质载体、以梯田农业为轴心构建的民族文化。以梯田耕作著称的哈尼族，其"江河、梯田、村寨、森林"的生产生活环境、用水的独特方式、对森林的崇拜，以及节日庆典、人生礼仪、服饰、歌舞、文学等，无不闪现着梯田稻作的影子。正如前文所言，哈尼族梯田文化内涵丰厚，其范畴不仅包括梯田、梯田物质生产与环境、梯田经营史，还涵盖围绕梯田经济所形成的民风民俗、意识形态及由这些要素组成的民族传统文化体系。而作为一种地缘文化，它不仅是居住于哀牢山区墨江、元江、红河、元阳、金平、绿春、江城等地以经营梯田为主的哈尼人之民族文化，也是该区域的代表性文化。

（二）分布广袤、景观壮丽

哈尼族梯田分布广袤，气势雄伟，景观壮丽，跨红河、思茅、玉溪等地州市，涉及十多个县，规模近7万公顷，集中连片分布达700余公顷，最高至5000多台，从海拔400米的河谷地带沿等高线逐级向上盘旋到

---

① 《哈尼族简史》编写组编《哈尼族简史》，云南人民出版社，1985，第112页。
② 《哈尼族简史》编写组编《哈尼族简史》，云南人民出版社，1985，第112页。
③ 《哈尼族简史》编写组编《哈尼族简史》，云南人民出版社，1985，第113页。

1900 米的高山。①

　　丰富多彩的哈尼族梯田文化和其所特有之梯田、村寨与周围自然环境共同营造的大地艺术、气象景观、森林景观、地貌景观等无与伦比的美丽景致，令无数中外游人倾倒。1990 年，香港《大公报》记者参观后评价曰"元阳梯田甲天下"；自 1993 年起，法国影视人类学家扬·拉玛四度到元阳摄影采风，并在老虎嘴田棚度过蜜月，其以元阳哈尼族梯田文化为主题的电影作品《山里的雕塑家》在全球 38 个国家发行，引起轰动；1995 年，法国人类学家让·欧也纳博士考察后感叹说"哈尼族的梯田，这才是真正的大地雕塑"，并建议申报世界遗产；1997 年，美国福特基金会中国项目官员麦斯文一边观览梯田一边激动地说："多么美妙的哈尼族梯田文化，真是了不起，千万不要破坏它一点点。"②

　　梯田非哈尼族独创，但哈尼族梯田宏大的规模、壮观的景色、悠久的历史、丰富的内涵、高超的技术，可谓罕见。从国内来说，广西桂林龙脊梯田名声很大，但不管是梯田规模，还是开垦历史、文化内涵，都难以与哈尼族梯田相比。龙脊梯田位于广西龙胜各族自治县和平乡平安村和龙脊村区域内，海拔最高的 880 米，最低的 380 米，占地面积 4 平方千米，始建于明朝。③ 从国际上看，菲律宾科迪勒拉水稻梯田于 1995 年被联合国教科文组织列为世界文化遗产，但该国专家到元阳考察后认为哈尼族梯田胜过菲律宾梯田，堪称世界一绝。④

（三）天人合一、持续发展

　　哈尼族梯田文化是人类利用自然又遵从自然规律的典范，体现了人与自然的"天人合一"及人与人的高度和谐。哈尼族梯田文化的创造者根据当地的地貌、土壤、气候、水利、植被等自然条件构筑了与之相适应的生存空间和农业生产系统：在气候较寒冷的高山，保留森林，保障了水源和

① 红河哈尼梯田申报世界遗产办公室：《红河哈尼梯田——农耕文明造就的大地艺术》，陕西电子音像出版社，2002。

② 史军超：《对元阳哈尼族梯田申报世界遗产的调查研究》，载云南民族学会哈尼族研究委员会编《哈尼族文化论丛》（第二辑），云南民族出版社，2002，第 12 页。

③ 黄胜林：《世界一绝——龙脊梯田》，《光明日报》2001 年 2 月 9 日。

④ 史军超：《对元阳哈尼族梯田申报世界遗产的调查研究》，载云南民族学会哈尼族研究委员会编《哈尼族文化论丛》（第二辑），云南民族出版社，2002，第 13 页。

自然环境的总体平衡；在气候温和的半山区建村落，便于人居和生产；在气候较热的下半山垦殖梯田。在长期的梯田经营中，逐渐形成并严格遵循刻木分水、神林崇拜等一系列生态保护、水利管理、乡规民约、宗教祭祀等措施或习俗，内含严谨的科学意义。同时，不管在哈尼族内部，还是哈尼族与其他民族之间，互帮互助、礼让谦和，营建了人与人和睦相处的生产方式和生活状态，共同维系、推动梯田文化的持续发展。

哈尼族梯田文化也是一个生生不息、有高度传承与持续发展的有机系统。哈尼族梯田的垦殖始于 1300 年以前，但直到今天，哈尼族梯田文化仍在发展，梯田依然是哈尼族物质生活和精神生活的根本，在未来，这一地位亦无可替代。就这一角度而言，哈尼族梯田文化比其他自然或文化遗产更具社会、经济意义。

文化景观遗产及构成要素探析

——以广西龙脊梯田为例*

王　林**

摘要：和谐的人文景观实质上就是文化遗产。景观遗产最大的不同在于它是"人类活动的历史遗留"，是稀缺的、独特的和不可再生的。梯田文化景观遗产包括自然景观遗产、梯田文化景观遗产、古聚落物质文化遗产以及梯田—古聚落非物质文化遗产四个维度，每个维度又有各自的分级指标。本文以广西龙脊梯田为例，分析对比了东道主和游客双方对龙脊梯田遗产的感知差异，提出了龙脊梯田文化景观遗产要素，以求达到景观遗产的活态保护与有效开发的目的。

关键词：文化景观遗产；遗产构成要素；龙脊梯田

从文化遗产的角度来看，和谐统一的文化景观是当之无愧的遗产，它是自然与人类相互作用、共同合作的结晶。对文化景观的感知调查属于行为地理学的范畴，在感知—认知—映象—决策—行为中，"行为是指以环境映象为基础的人的内在生理和心理的变化的外部反应"。通过东道主和游客双方对文化景观遗产的认知来指导当地旅游可持续发展，或可达到景观遗产有效保护的目的。

一　文化景观遗产及构成

（一）　文化景观

文化景观是近代地理学家拉采尔首次提出的。索尔（Carl O. Sauer）

---

　*　本文原刊于《广西民族研究》2009 年第 1 期，收入本文集时略有改动。

　**　王林，四川大学旅游学院 2007 级博士研究生，广西师范大学文旅学院教师。

提出"人类按照其文化的标准对其天然环境中的自然和生物现象施加影响，并把它们改变成为文化景观"，他首次将"自然景观"和"文化景观"的概念引入美国，并把景观看成地球表面的基本单元，发表了标志文化地理学形成的《景观的形态》一书。二战后出现的强调"文化的政治"的新地理学，试图把景观与历史发展联系起来，分析其符号学意义和关注景观的文化政治倾向，这一转变已从传统的注重景观本身研究转向对景观过程的研究，更多地借助社会学与文化理论来解释和研究景观。

在欧洲，学者基本认为"景观本身就是一个文化的概念"。① 德让安（Déjeant-Pons M.）提出"景观是一种自然力量和人类行为共同作用的结果"，而且强调"景观形成一个整体……自然与文化结合在一起而不是分离的"。② 欧维格（Olwig K.）进一步指出景观不仅是空间限定的区域，而且是一个长时期积累的习俗和文化的概念。③ 由此可见，景观不仅指地形形态，而且包括地表其他对象和现象有规律地重复着的群聚行为。其中地形、气候、水、土壤、植被和动物，以及人类活动，汇合为一个统一和谐的整体，典型地重复出现在地球上的一定范围内。景观已不是一个简单的地貌单元名词，而是包含一定组合并相互影响和作用的地理综合体。

（二）文化景观遗产

"遗产"一词大约产生于20世纪70年代的欧洲，其含义与"继承"（Inheritance）紧密相连，通常指从祖先那里传承下来的东西。从20世纪80年代中期开始，"遗产"的含义开始被不断引申，地方文脉、历史人物等都被认作遗产，并越来越多地被用于商业用途。20世纪80年代晚期，遗产进入大众化阶段，遗产学初具雏形。"文化遗产学"大约从20世纪中叶初步产生，到20世纪末21世纪初才基本完成了它的内涵和学科体系建构，也逐步展现了它先进和新颖的学科理念。④

---

① （英）麦琪·罗：《〈欧洲风景公约〉：关于"文化景观"的一场思想革命》，韩锋、徐青编译，《中国园林》2007年第11期。

② Déjeant-Pons M., "The European Landscape Convention," *Landscape Research*, 2006, 31（4）.

③ Olwig K., "Editorial: Law, Polity and the Changing Meaning of Landscape," *Landscape Research*, 2005, 30（3）.

④ 贺云翱：《文化遗产学初论》，《南京大学学报》（哲学社会科学版）2007年第3期。

1992 年 12 月联合国教科文组织世界遗产委员会第 16 届会议提出把"文化景观"纳入《世界遗产名录》中，其表述的内涵是"自然与人类的共同结晶"。作为世界遗产重要构成部分的"文化景观"，要具有突出的普遍价值和明确的地理文化区域的代表性及反映本区域特色的文化内涵，它包括三种类型：一是由人类有意设计和建筑的景观；二是有机发展形成的景观；三是关联性文化景观。从这个意义上理解，和谐的人文景观实质上就是遗产。

"文化景观遗产"，是一种重新阐释的文化景观，景观不仅是生态环境和视觉欣赏意义上的场所或自然栖息地，而且应该被看作"文件"（Documents）、"档案"（Archive）、"古代佚失作品的来源"（Palimpsest）。① 当然这个"文件"包括古人的文化、劳作方式、生产方式、生产资料、气候等。"文化遗产"体系中的"文化景观"概念的提出，扩大了文化遗产的认知范围，将文化景观的概念运用到世界遗产的语境中，会对世界旅游业的发展起到很重要的作用②，同时也使人们进一步去了解人、文化、自然三者之间互动后形成的某种创造性结果及由其体现的地域性、时间性、结构性、目的性等差异所导致的文化特征之异同，进而达到更好地理解人地关系，欣赏、保护和利用不同的文化景观类遗产之目的。由此可见，把文化景观放到遗产的语境中去理解，让社区居民感知、认知本社区的文化景观的遗产价值，进而用这种认知去参与文化景观的保护，必定会为文化景观遗产的可持续发展带来很深远的影响。③

从遗产学的角度来看，和谐的梯田景观是一种典型的文化景观遗产。它一般都处在较偏僻的区域，有较强的民族文化特色，受城市化、现代化影响的程度较低，原生态文化景观保持较好，具有边缘性、稀缺性、脆弱性等特点。它是前人世代相传的文化附加在梯田自然景观上的一种改造成果，而这种成果随着时间的流逝，不断得到发展，进而形成和谐的文化景观遗产。

---

① Lionella Scazzosi, "Reading and Assessing the Landscape as Cultural and Historical Heritage," *Landscape Research*, 2004, 29 (4).

② Ralf Buckley, Claudia Ollenburg, and Linsheng Zhong, "Cultural Landscape in Mongolian Tourism," *Annals of Tourism Research*, 2008 (6).

③ Marie Stenseke, "Local Participation in Cultural Landscape Maintenance: Lessons from Sweden Land," Use Policy in Press, Corrected Proof, Available online, 2008.

二　龙脊梯田文化景观遗产简介

（一）　遗产历史简溯

龙脊梯田位于广西龙胜各族自治县境内，在桂林以北80公里、县城东南27公里处。有廖家、侯家、平安寨、平段、岩湾、岩板、岩背、七星等多个村寨，其中以壮族、瑶族居多。本文所指龙脊梯田，是以平安寨为核心区域的梯田。先前多认为龙脊梯田开造于元代，距今600～700年，如黄钟警认为"从元末至晚清的600多年间"①，龙脊景区的官方宣传资料上也说梯田源于元代，但缺少历史文献资料支撑。

张一民先生1984、1985年对其进行调查时说，"据当地群众（包括壮族、瑶族）说，龙脊村的平安寨大约二百年前是红瑶先住的，后来壮族从南丹庆远府迁来才把红瑶赶走，所以就把这个村称为'赶瑶寨'"。② 周大鸣等通过龙脊潘姓提供的地契也证明，在龙脊及附近地区，潘姓人的祖先被认为是最早来到古壮寨的，而廖、侯姓人则是后到的。③ 瑶族不是典型的稻作民族，长期以来，"徭人耕山为生，以粟豆芋魁充粮，其稻田无几"④，瑶人"冬日焚山，昼夜不息，谓之火耕"⑤。近代学者也认为瑶族地区稻作农业产生较晚，一般只有200多年的历史，而且发展不平衡。一些边远山区直到新中国成立前几十年甚至新中国成立后才开始种植。⑥ 与此对应的是，龙脊壮族从南丹迁来，迁徙原因与明王朝征用"俍兵"有关。⑦ 壮族是一个典型的"稻作民族"，其生活方式是"饭稻羹鱼"。⑧ 如此看来，龙脊地方有梯田的历史应该不会超过廖家壮族在此居住的时

---

① 黄钟警、吴金敏主编《精彩龙脊》，书海出版社，2005。
② 张一民：《广西少数民族地区见闻录》，香港天马出版社，2006，第10页。
③ 周大鸣、吕俊彪：《资源博弈中的乡村秩序——以广西龙脊一个壮族村寨为例》，《思想战线》2006年第5期。
④ （宋）周去非：《岭外代答》卷三，上海远东出版社，1996。
⑤ （清）谢启昆：《广西通志》，广西人民出版社，1988。
⑥ 俸代瑜：《瑶族》，载覃乃昌主编《广西世居民族》，广西民族出版社，2004，第10页。
⑦ 黄钰：《龙脊壮族社会文化调查》，《广西民族研究》1990年第3期。
⑧ 覃乃昌：《壮族稻作农业史》，广西民族出版社，1997，第4页。

间，如果按其民间说法"明成化年间从南丹迁出，辗转至龙脊"，则龙脊梯田的历史上限是 500 年。付广华认为龙脊梯田从廖登仁建造第一块梯田开始，也不过 380 年左右的时间。①

（二） 龙脊梯田景观遗产的研究现状

随着 1995 年菲律宾的巴纳韦梯田被正式列入《世界遗产名录》，梯田的遗产价值和旅游价值引起重视。我国境内的梯田研究主要集中在三块区域：一是云南省哈尼族梯田；二是湖南省紫鹊界梯田景区；三是广西境内的龙胜各族自治县龙脊梯田。哈尼族梯田于 1995 年正式提出申报世界遗产，2001 年进入我国世界遗产预备名录。紫鹊界梯田则于 2004 年 9 月正式进入湖南省申报世界遗产后备名录。

龙脊梯田于 1992 年开始开发旅游业，时间最早，到 2007 年底，龙脊景区旅游呈现良好的增长势头，接待游客 36 万人次，同比增长 50%。笔者于 2008 年 11 月 9 日在中国知网上查询发现，"龙脊梯田"成果也颇为丰富，涉及民俗学、历史学、人类学、旅游学等多方面，其中最热门的问题是龙脊梯田保护、龙脊少数民族社会历史变迁、龙脊旅游开发、社区参与问题等。② 对比学界对哈尼族梯田和紫鹊界梯田遗产价值的重视，龙脊梯田的遗产价值研究相对薄弱。

作为南方山地文化景观典型代表的龙脊梯田，集梯田文化景观、广西少数民族文化、南方山地生态景观等多种遗产要素于一体，最重要的是，它是活态的文化景观遗产，梯田稻作文化的生产方式和生活方式依然存在。梯田社区内的居民、梯田景区的管理层该如何有效地开发与保护梯田景观？笔者认为，让社区居民主动感知梯田文化景观的遗产价值是一个值得借鉴的经验。只有社区居民自觉地认识到"什么是遗产""哪些遗产值得保护""哪些遗产正在消亡"等遗产保护的关键性问题，才会形成主动参与遗产保护与开发的意识，这也正是遗产社区参与活态保护的前提条件。

---

① 付广华：《龙脊壮族梯田文化的生态人类学考察》，广西师范大学硕士学位论文，2007。
② 覃彩銮：《龙脊壮族木制农具考析》，《农业考古》1996 年第 3 期；徐赣丽：《生活与舞台——关于民俗旅游歌舞表演的考察和思考》，《民俗研究》2004 年第 4 期；赵耀、吴忠军、王雪莲：《龙脊梯田景区平安村寨居民旅游感知调查分析》，《沿海企业与科技》2007 年第 2 期；文彤：《家庭旅馆业的发展——以桂林龙脊梯田风景区为例》，《旅游学刊》2002 年第 1 期。

三 龙脊梯田的遗产构成要素

从符号学意义来看，文化景观遗产是由遗产符号构成的。斯宾塞（Spencer）和霍华斯（Horvath）指出农业文化景观有六个要素：心理要素（对环境的感应与反映）、政治要素（对土地的配置与区划）、历史要素（民族、语言、宗教与习俗）、技术要素（利用土地的工具与能力）、农艺要素（品种与耕作方法的改良等）、经济要素（供求规律与利润等）。[1] 申秀英等对各聚落景观区系开展深层次的"文化基因"分析，认为聚落文化景观的构成因子有地形、地貌、气候、降水、地带、民族、习俗、生产方式、生活方式、建筑材料、审美习惯、宗教、礼仪，最终可以建立反映各个聚落景观区系演化过程和相互关联性的"景观基因图谱"。[2] 王云才从景观生态学和遗产生态学的角度来看山地文化景观，认为主要包括自然环境要素、硬质景观要素、软质景观要素等。[3] 皮尔曼则认为文化景观在地面的直接表现是聚落形态、土地利用类型和建筑样式。[4]

笔者认为，梯田景观遗产最大的不同在于它是"人类活动的历史遗留"，是稀缺的、独特的和不可再生的，其核心的要素也应该是与梯田紧密相关的自然与文化环境。基于以上分析，笔者初步认定梯田文化景观遗产构成要素包括自然景观遗产、梯田文化景观遗产、古聚落物质文化遗产以及在梯田劳作和古聚落乡村生活中形成的民间信仰、民俗风情等非具象的、意识形态方面的遗产，即梯田—古聚落非物质文化遗产。

以上因子体系是在学者的研究和笔者的思考的前提下形成的，有一定的普遍性，但缺少相关的量化指标进行确定。基于以上分析与设定，笔者选择广西龙胜各族自治县龙脊梯田文化景观遗产进行相关的量化研究。

---

① Spencer, J. E. and Horvath, R. J., "How does an Agricultural Region Originate?" *Annals of the Association of American Geographers*, 1963 (53): 74-92.

② 申秀英、刘沛林、邓运员：《景观"基因图谱"视角的聚落文化景观区系研究》，《人文地理》2006年第4期。

③ 王云才：《现代乡村景观旅游规划设计》，青岛出版社，2003。

④ 〔法〕皮尔曼：《人文地理学》，商务印书馆，1993。

四　龙脊梯田文化景观遗产要素考察

（一）　问卷设计

本调查小组于 2008 年 5 月和 9 月分两次进入龙脊梯田景区内的平安寨、龙脊古壮寨进行调查；同时，在桂林市区进行了对曾到过龙脊旅游的游客和潜在客源市场的调查。

本文首先检索文化景观、遗产研究等相关文献，并将检索资料中的指标作为遗产要素构成来源；再由 7 名专家组成评估小组对各题项进行筛选，根据专家意见将评价指标体系的题项分成 4 个维度——自然景观遗产、梯田文化景观遗产、古聚落物质文化遗产、梯田—古聚落非物质文化遗产，每个维度又有各自的分级指标，据此最终保留 23 个题项。调查问卷全部是封闭式问题，所有问题只需打钩，方便游客填写。问卷内容涉及"遗产构成要素""遗产保护的现状""遗产保护社区参与度""受访者的基本情况"等四大块主要内容，限于本文篇幅，只选择遗产构成要素的调查结果来进行分析。

（二）　调查结果及分析

本次调查共发放问卷 350 份，基本上采用个人访谈式的问卷调查。收到本地居民的问卷共 260 份，其中有效问卷 242 份；选取游客 200 人，收回有效问卷 167 份。有效率分别达 93.08% 和 83.5%。本次调查结果采用 SPSS15.0 进行统计分析。

1. 对自然景观遗产的认知差异

在对龙脊自然景观遗产的认知中，游客与本地居民几乎一致，认为龙脊的山地景观的地形地貌、空气质量和独有的山地小气候独具特色，大多数游客受到其良好的山地自然资源的吸引（见表 1）。但是，一方面，龙脊"地少人多"，长期垦荒，另一方面，由于大量使用化肥、农药，居民大量使用原木建房，砍伐森林，梯田和森林生态平衡受到了较大的破坏，野生动物几乎灭迹，访谈中村民说"野生动物好多年没见到了"。这不能不引起各界的重视，自然景观遗产是梯田遗产可持续发展的先决条件，若生态破坏严重，若干年后，梯田会不会成为一块荒地？若是这样，就无从谈起遗产旅游的问题了。

表1　对自然景观遗产的认知差异

遗产要素	因子分析	居民感知度		游客感知度	
		均值	排序	均值	排序
X₁自然景观遗产	X_{1-1}山地小气候	3636	3	3249	3
	X_{1-2}空气质量	6694	2	5714	2
	X_{1-3}景观的地形地貌	8017	1	7360	1
	X_{1-4}水源林植被	2645	4	2792	4
	X_{1-5}森林野生动物	992	6	1726	5
	X_{1-6}村内古树名木	1405	5	1218	6

2. 对梯田文化景观遗产的认知差异

居民与游客均感觉梯田的水土保持、传统水利设施的状况较优，应继续维护。他们同时认为，梯田的稻作农业方式，如犁田、耙田、播种、插秧、收割等构成了和谐的、原真性的乡村田园风光（见表2）。梯田一年四季的劳作是一个活态的农业民俗博物馆，使旅游者络绎不绝。

但是在梯田的耕作生产工具方面，由于居民很少使用，故很多独特的、调适性的农具已经少见。平安寨新任村主任廖政培向我们展示了原来龙脊传统工具的图片，他痛心地说："现在很多工具都没有了，制造铁具、木具的手艺都失传了。"这种变迁，使游客认为"本地没有什么特色的农具"。

表2　对梯田文化景观遗产的认知差异

遗产要素	因子分析	居民感知度		游客感知度	
		均值	排序	均值	排序
X₂梯田文化景观遗产	X_{2-1}梯田水土保持	5455	1	5482	1
	X_{2-2}梯田间传统水利设施	2810	3	2640	3
	X_{2-3}梯田稻作农业方式	3306	2	4264	2
	X_{2-4}梯田耕作生产工具	1322	4	1117	4

3. 对古聚落物质文化遗产的认知差异

对古聚落物质文化遗产的认知方面，两者基本认可龙脊"干栏式"壮族民居很有特色，而且新建房屋的风格也与原来的旧民居一致。可惜的是，龙脊现存的古建筑已经很少了，最古老者也不过一百年左右，这与天气潮湿、木建筑难以留存、人为火灾、旧房改造、旅游发展等多方面都有关系。民族服饰也成为龙脊壮族的"民族符号"，特别是中老年妇女，每个人都有 3 ~ 5 套民族服装（见表3）。

不同的是，本地居民认为特色饮食已经成为景区的特色，他们认为"游客到龙脊，主要是来看梯田还有少数民族的"，"吃点壮族竹筒鸡、喝点龙脊米酒、看看壮族歌舞和黄洛长发姑娘"等，所有的这些无不体现了社区居民商业化的服务意识。游客则认为龙脊的歌舞、饮食和纪念品已经失真，如"到处都有的旅游商品""餐饮又贵又没有特色""壮族歌舞失去了真实性"等（见表3）。

值得一提的是，平安寨里的道路是 2006 ~ 2007 年重新修整的，大部分地面采用水泥硬化，原来的青石乡村小路基本被取代，这大大方便了本地村民和游客的出入。但是从遗产保护的角度来看，这似乎起到了破坏性的作用，居民与游客感知最差（见表3）。

表 3　对古聚落物质文化遗产的认知差异

遗产要素	因子分析	居民感知度		游客感知度	
		均值	排序	均值	排序
X_3古聚落物质文化遗产要素	X_{3-1}特色民居	4050	2	3706	1
	X_{3-2}村寨布局	2562	5	2640	3
	X_{3-3}村内交通道路	992	7	711	7
	X_{3-4}民族服饰	4545	1	2690	2
	X_{3-5}民族歌舞	2727	4	1574	4
	X_{3-6}民族特色饮食	3719	3	1371	5
	X_{3-7}特色民族纪念品	1901	6	1269	6

4. 对梯田—古聚落非物质文化遗产的认知差异

本地居民对村民的热情度、道德观和乡村环境观持赞同态度，认为其受旅游影响不大，邻里之间互相帮助、互相扶持如昔。同时，本地居民也注意保护环境，提高生活质量。但是，他们认为自己对"梯田是遗产"

"梯田要保护"认识不到位，更多的人现在注重"挣游客的钱"。旅游利益分配的不均导致部分村民"不种田了""我种田别人得利，不干了"。游客则首肯村民的热情度和遗产意识以及乡村环境观，但认为村民的道德水平下降了，变得"唯利是图"（见表4）。

表4　对梯田—古聚落非物质文化遗产的认知差异

遗产要素	因子分析	居民感知度		游客感知度	
		均值	排序	均值	排序
X₄梯田 – 古聚落非物质文化遗产要素	X_{4-1}民间宗教信仰	1074	5	1015	5
	X_{4-2}村民的遗产意识	1901	4	2437	2
	X_{4-3}村民乡村环境观	2479	3	2183	3
	X_{4-4}村民乡村审美意识	1074	5	761	6
	X_{4-5}村民的道德观	3058	2	1777	4
	X_{4-6}村民的热情度	3636	1	2487	1

值得深思的是，龙脊民间宗教信仰原本是壮族和瑶族生活中非常重要的文化元素，师公、道公等民间宗教神职人员在社区生活中还发挥着一定的作用。由于历史的原因，村内的道观、寺庙、菩萨等全部被毁，难以形成景观遗产，我们应如何看待、保护或者说抢救这一式微的"文化遗产"？

需要着重指出的是，"村民乡村审美意识"这一项，是学者提出来的，相对来说较为抽象，难以理解，但是，调查结果表明，龙脊人对乡村意境的审美和理解，由于旅游业的迅猛发展，已经呈现了巨大的变化：在龙脊，上、中、下寨全修满了家庭旅馆，新修的高楼均有3～4层，高者达7层，有些商家入夜后采用霓虹灯，照得山区的夜晚犹如白昼，农家只种少量菜蔬和瓜果，养殖少量家禽，大部分生活用品从县城各地购买。可以认为，龙脊村民的乡村审美观出现了"集体的无意识"下的商业化巨变，这直接影响到梯田景观遗产的未来发展。

五　结论

总体看来，从遗产的角度来看龙脊梯田景观，山地独特的地形地貌和空气质量是相对较优的，但这仅仅是自然景观遗产的一个部分。与梯田景观紧密联系的古聚落，由于受到旅游业的冲击，许多遗产要素已经商业化，如村内建筑、道路、桥梁、民族歌舞、服饰、商品、纪念品等，主客双方感知的较大差异值得我们进行进一步思考。

主客双方对非具象的非物质文化遗产感知较弱，这说明村民深层次的、精神层面的文化遗产已经受到现代化的挑战。拿民间宗教信仰来说，是任其灭亡还是有意识地恢复重建，以期达到丰富景区内的民族文化特色的目的，这恐怕也是管理者和市场开发者应该进一步关注和考察的。

兴化垛田的历史渊源与保护传承[*]

卢　勇　　王思明^{**}

摘要：垛田是江苏中部里下河腹地的兴化地区一种特有的农业文化遗产。它由当地先民在湖荡沼泽地带开挖河泥堆积而成，状如小岛，物产丰饶，景色旖旎。垛田是在当地生态环境剧烈变化下，为适应防治洪涝以及人口快速增长而创制的，至今已有600年左右的历史。近年来，由于受到现代化与城市化等的影响，垛田在地形地貌、传统技术与文化传承等方面都受到较大威胁，甚至有濒临消亡的危险。要保护和传承好垛田必须深刻认识其价值，在此基础上积极组织申报世界重要农业文化遗产，开发生态农业旅游，并且做到合理规划，密切监测，这样才能走出一条保护与开发并重的和谐发展之路，并将其传诸后世。

关键词：兴化垛田；农业文化遗产；生态农业旅游

江苏中部里下河腹地的兴化地区有一种独特的农业文化遗产——垛田。垛田是一种高出水面1米乃至数米的台状高地，由当地先民在号称"锅底洼"的湖荡沼泽地带开挖河泥堆积而成。其形状因地制宜，大不过数亩，小的仅有几分。垛田地势较高，土壤肥沃疏松，排水良好，光照充足，宜种各种旱作物，尤适于瓜果蔬菜的种植。每到春季，垛田之上油菜花烂漫开放，形成了"河有万湾多碧水，田无一垛不黄花"的旖旎景色，恍若仙境，令人流连忘返。2009年2月，兴化垛田在国家文物局主编的

　＊　本文原刊于《中国农业大学学报》（社会科学版）2013年第4期，收入本文集时略有改动。
＊＊　卢勇，南京农业大学中国农业遗产研究室副教授、博士；王思明，南京农业大学中国农业遗产研究室主任、教授、博士生导师。

《2009 年第三次全国文物普查重要新发现》中榜上有名，是苏北地区唯一入选的文物普查重要新发现；2011 年 12 月，垛田地貌被江苏省确定为省级文保单位；2012 年 8 月，作为江苏最具特色的农业文化遗产，兴化垛田代表江苏正式向农业部申报中国重要农业文化遗产，并于 2013 年 5 月获得正式命名，垛田的保护开发与传承被逐渐提上重要日程。但是，对于如此重要和富有特色的一项农业文化遗产，学界却关注甚少，目前可见的仅有钱晓晴等的《江苏省的垛田》分析研究了垛田的土壤属性[1]；刘春龙等的《垛田之美》[2] 和陈祥麟的《垛田的菜花》[3] 等作品描写了垛田的美丽风光；拙作《江苏兴化地区垛田的起源及其价值初探》对垛田的历史起源中的时间和原因做了探讨。[4] 学界对垛田的现状与今后的保护传承一直未有深入和系统的研究，鉴于此，我们有必要对垛田的由来、现状与未来做一系统梳理和规划，以便科学有效地保护和传承好垛田这一珍贵农业文化遗产。本文拟从这条脉络出发，进行浅显探讨，以就正于方家。

一　昨天：因地制宜的独特和谐之作

垛田的昨天源自何时，为何仅为里下河地区所独有？史料阙如，遍寻当地方志、文人笔记等资料，也鲜见记载。民间则传说纷纭，众口不一，据笔者调研，在兴化民间口口相传的主要有三种说法。

第一，大禹造田说。兴化民间传说称，舜在位时，念禹治水有功，便传令召见欲加犒赏。大禹接令后不敢怠慢，泥腿未洗赤脚上路，日夜兼程赶往舜营。路过东海边一处海湾时，见此处风平浪静，水草丛生，大禹对随从说，若能将此海湾之处海水退去造一片良田，该能造福多少庶民！说完他将腿上泥巴抹下甩向水里，岂料那点点泥巴竟慢慢长出一个个大小不等的土墩来。禹大喜，令一随从前去谒舜，等他将这片海湾治成再去领

---

① 钱晓晴、陈清硕、封克：《江苏省的垛田》，《土壤通报》1996 年第 3 期。
② 刘春龙、董景云：《垛田之美》，《江苏地方志》2012 年第 1 期。
③ 陈祥麟：《垛田的菜花》，《档案与建设》1999 年第 6 期。
④ 卢勇：《江苏兴化地区垛田的起源及其价值初探》，《南京农业大学学报》（社会科学版）2011 年第 2 期。

赏。禹就率领海边民众筑大堤、退海水、挖土墩、种瓜菜，垛田由此而生。

第二，岳飞说。传说南宋时期岳飞迎战金兵曾在兴化地区驻扎。为了安营扎寨，他们曾在旗杆荡的草地荒滩之上垒起不少土墩，称为芙蓉砦，作为军事上的一种阻敌障碍物。到了明太祖洪武年间，为填补战后淮扬地区的人口损失带来的劳动力空缺，"朝廷驱逐苏民实淮扬二郡"，大批苏州、昆山地区的移民来到兴化，一些人来到城东开垦荒滩。有人发现了岳家军遗留的土墩，便在上面试种蔬菜，结果长得很好。受此启发，大家纷纷效仿，在荒草滩地间挖土堆垒，劳力多的人家挖大的，人口少的就堆小些，于是就形成了大大小小、星罗棋布的垛田。

第三，葑田说。兴化当地文化部门认为垛田应该源自古代的葑田（也叫架田，又称长岸、岛、坨等）。当地先民可能最初是在沼泽中以木作架，铺上泥土及水生植物（如葑，即茭白根）而浮于水上，因此，最早的垛田应该是漂浮水面，随水高下，不致淹没。北宋梅尧臣诗云："雁落葑田阔，船过菱渚秋。"[1] 明代邑人高谷《题兴化邑志初稿》中也有"葑田凫嗳嗳，芦渚雁喝喝"的描述。[2] 徐谦芳《扬州风土记略》记载："兴化一带，有所谓坨者，面积约亩许，在水中央，因地制宜，例于冬时种菜，取其戽水之便也；故年产白籽甚丰。"[3]

仔细推敲兴化民间垛田起源的种种说法，我们会发现其皆不可信。第一种大禹造田之说，大抵都是民众想象的结果，与史无证。第二种岳飞说看似合情合理，其实也不尽然。因为元末明初之际，兴化地区是张士诚的根据地之一，张氏和朱元璋双雄博弈，当地屡遭刀兵之祸，民众流离失所，大片土地荒芜。在这样的情况下，故有明初驱逐苏民以实兴化之举，可以想见的是，当时兴化地区的状况是土地大量抛荒，劳力缺乏，地广人稀，所以根本没有必要费如此气力去开垦荒滩，堆垛成田，因此也是不可信的。第三种葑田说，似乎能看到葑田和垛田之间的些许联系，但是没有确切证据显示垛田就是由葑田演变而来，而且我国有葑田的地方很多，但

---

① （宋）梅尧臣：《赴雪任君有诗相送仍怀旧赏因次其韵》，载《宛陵先生集》，四部丛刊本。

② 王强校注《兴化县志·词翰》，方志出版社，2011。

③ 徐谦芳：《扬州风土记略》，江苏古籍出版社，2002，第67页。

都未见其演化为垛田。

关于垛田产生的真正原因，笔者结合当地县志、名人笔记考证后认为，垛田产生的原因主要有以下三个。

第一，该地生态环境的剧烈变迁。兴化地处江苏中部的里下河地区，位于古时射阳湖核心区南域。但自元代时，射阳湖面已渐渐遭受黄淮泥沙的侵淤而缩小，元代文学家萨都拉写的《雨中过射阳》诗云"霜落大湖浅""孤蒲雁相语"。[①] 从这些诗句中我们可以推知元时湖虽很大，但孤蒲等湿生植物生长茂密繁盛，其沼泽型湖泊的特征已很明显。明清时期，特别是在潘季驯固定河床、蓄清刷黄以后，大量黄河泥沙在苏北平原及附近沿海堆积下来。兴化地区的湖泊日益被淤浅为滩地。泥沙的陆续淤填，又使湖泊内的水位抬升，向四周低地流散，进而又使周围低地化为沼泽水荡，这和我们今天在垛田镇和缸顾乡看到的情境极为类似。这种沼泽水荡的出现，为垛田的诞生提供了自然条件和客观基础。

第二，由于黄河南下夺淮，明廷为保祖陵、漕运，长期执行"黄淮合一、束水攻沙"的治水方针，黄淮二渎归一，淮河流域承担了流域面积比其大 2.8 倍的黄河全部洪水泄量。[②] 由于黄河多沙、善淤，中下游的淮河流域不断被泥沙淤积，汛期上游来水与中下游的泄洪能力逐渐悬殊，入海通道严重受阻，兴化地区水患频仍，民不聊生。当时的兴化先民为了抵御洪水，就选择稍高的地段，挖土增高，形成土垛，再在垛上种植，形成垛田。垛田的地势很高，要大大高于当地的整体地形地势，远远望去，就像是从水中高高冒出的一个个小岛，高的高出水面可达四五米，低的也有两三米。如此高的地势，在涝灾之年至少可保一家口粮无虞。

第三，人口增多需开辟新的田地是垛田出现的另一原因。兴化居江淮之中、运河沿岸，明清时期商贾云集，百业兴盛，人口增长很快。《重修兴化县志》卷三《食货志》记载，自元至明清时期，兴化地区人口增长 30 多倍，尤其是在明代中后期及清康乾盛世时期，兴化人口增长迅猛。在当时的农业科学技术没有显著革新的情况下，人口增长的压力只能靠较为粗放的耕地增加来解决。于是当地水面湖地被大量垦辟。据统计，明清时期

---

① （元）萨都拉：《雁门集》卷三，上海古籍出版社，1982，第 32 页。
② 水利部治淮委员会《淮河水利简史》编写组：《淮河水利简史》，水利电力出版社，1990，第 9 页。

兴化一县共增加农田近 2000 顷，折合田亩为 20 万亩。[①] 此时所增长的田地最大可能应该来自向水要田，在湖中开辟垛田，这是兴化垛田得以诞生和发展的重要经济原因。

概之，兴化地区垛田的出现应该在元代以后，它是以当地地理环境的变迁为背景，以防治洪涝为目的，适应人口快速增长的一种因地制宜的独特土地利用方式。当然，在垛田的最初创设阶段，当时的先民也许受到岳家军留下的土墩或者葑田的启发，这一点倒是有可能的。现在的垛田经新中国成立后土地平整，一般高出水面仅 1.5 米左右，防洪能力有所降低，但这也与新中国成立后大力整治江河，兴化地区的水灾已显著减少相适应。

二 今天：垛田现状与存在问题

垛田的核心区域位于江苏省兴化城区东南部的垛田镇。全镇南北长 12.7 千米、东西宽 7.5 千米，总面积 60 平方千米，其中陆地面积 37 平方千米、水域面积约为 23 平方千米，地处北纬 30°40′、东经 119°43′的里下河腹地。[②] 在人们过分关注农业生产力发展，追求最大经济效益的今天，垛田受到了严重威胁。为保护这一重要农业文化遗产，2011 年 12 月垛田地貌被省政府确定为省级文保单位，目前垛田正代表江苏向农业部申报中国重要农业文化遗产。当地掀起了垛田保护与开发的热潮，但作为一种农业文化遗产，垛田的保护远比自然遗产和文化遗产的保护难得多。和世界自然遗产、文化遗产相比，农业文化遗产的最大不同在于它保护的是一种生产方式，一种农民仍在使用并且赖以生存的"活"的农业生产系统和耕作方式。在这类系统中，农民的参与十分重要，可以说，没有农民参与就没有农业文化遗产的存在。[③] 因此，在农业文化遗产的保护中，又不可避

① 李恭简：《续修兴化县志》卷三《食货志》，民国三十三年铅印本。
② 《中国乡镇·江苏卷》编辑委员会编《中国乡镇·江苏卷》，新华出版社，1998，第462 页。
③ 闵庆文、钟秋毫主编《农业文化遗产保护的多方参与机制》，中国环境科学出版社，2006。

免地产生农业文化遗产地保护需要与农民生产生活方式发展需要等的矛盾，使得农业文化遗产保护工作格外艰难与复杂。就目前而言，垛田主要面临以下几个亟待解决的问题。

（一） 农业生态系统面临被蚕食与破坏的威胁

与40年前相比，垛田这一独特的地貌景观和生态系统已经发生了较大变化。第一，近些年来，由于治淮效益的逐渐显现，水涝灾害显著减少，当地农户已不再需要依靠垛田来抗洪防涝。为了扩大耕地面积、方便耕作，他们对原始的垛田进行了大规模改造，将原先高高的垛子挖低，所挖的泥土向周围的水面扩展，或将两个垛、三个垛连成一片。于是，原有的垛田普遍变矮了，大多成为高出水面1米多的样子。与此同时，垛田的面积大多变大，河沟的数量和水面面积减小了，原先那种高低错落、大小不等、绿水环绕的风韵已很难看到。第二，当地农民为追求经济效益最大化，争取蔬菜高产，往往大规模地施用化学肥料，传统的罱泥、扒苲、搅水草这些汲取自然肥料的方式逐步减少。同时，由于河道间缺乏原先经常性的疏浚，河水富营养化现象较为严重，垛田水环境逐渐恶化。第三，随着乡村工业的发展，一些原本的农业土地被改造成工厂企业等；随着人口规模的扩大和生活水平的提高，不少当地农户还普遍占用垛田来建造房屋，不仅导致村庄建设向田野扩展，而且破坏了垛田的整体地貌与景观。垛田核心区域地处兴化市城郊，随着城市建设规划的南扩东移，近年来城乡接合部的几千亩垛田耕地陆续被征用、开发建设。加上近年来干线公路、通村公路建设占用了不少土地，垛田的面积已大为减少，并有继续被蚕食、破坏的倾向。

目前垛田核心区的兴化垛田镇拥有耕地面积2.25万亩（垛田约1.5万亩），其中约3000亩垛田已遭破坏或占作他用，还有近2000亩垛田面临被破坏的危险；水域面积约为23平方千米，但境内河流大多已富营养化，不少垛间河沟淤塞、水草丛生，水质混浊恶臭，不复当年水清田秀的清丽风光。①

---

① 江苏省政协调研组：《兴化垛田》，内部资料，未刊发。

（二） 传统耕作方式面临丢失的危险

垛田作为一种独特的土地利用方式，与之相适应的有许多有特色的传统耕作方式与农业文化，随着工业化、现代化浪潮的冲击，它们也面临消亡的危险，最典型的就是罱泥、扒苲和戽塘技术。因为传统的垛田菜农们一直喜用有机肥，所以他们经常在星罗棋布的湖荡河沟间罱泥、扒苲（音 zǎ，淤泥和水草的混合物），即把河沟间疏浚掏出来的泥浆堆积覆盖在垛上，一年数次，垛田便以每年几厘米、十几厘米的速度渐渐地长高，而且土质肥沃，利于生产。20 世纪 60 年代之前的垛田一般都很高，低的两三米，高的有四五米。高耸的垛田除了顶端的平面，还有四周的坡面，都可以栽种作物。由于垛田较高，所以在垛身上每隔五六米就挖有一组浇灌系统：顶部平面处是一道流水槽，称为"灌槽"，灌槽口垂直向下，每隔一米多的高度，在坡面上挖一个小坑，称为"戽塘"，最高的垛有四五层戽塘。浇水时，每层一人，最下边的人将河水舀到第一层戽塘里，第一层的人再把水舀进第二层，逐层传递，直至上面的灌槽，有时需要六个人一溜站开，上下协同，斗来瓢往，蔚为壮观。

20 世纪 60 年代以后，新中国治淮渐显成效，原本是洪水走廊的兴化地区日趋安宁，更为重要的是人口的迅速膨胀给原本人均耕地不足半亩的垛田地区带来了新的难题。为了生存，有人发明了扩大种植面积的办法——"放岸"[①]，就是把高垛挖低，将垛与垛之间的小沟填平。于是相邻的两三个垛子连成一体，向四面水中扩展，面积一下子扩大很多，又省去翻水戽塘的繁杂，很多垛田遭到平整。再后来，随着联产到户土地承包，农户拥有了对土地的自主权，纷纷从垛田取土卖给砖瓦厂和城里的建筑工地。垛田于是变得更加矮平，变成现今所常见的一米多的高度，随着垛田高度的降低，与之相应的是传统的罱泥、扒苲和戽塘技术在今天垛田的绝大部分地区已经绝迹。

这些传统技艺的消亡对垛田申报农业文化遗产是极为不利的。我们知道现代意义上的农业文化遗产概念的提出源自 2002 年联合国粮农组织（FAO）启动的"全球重要农业文化遗产"（Globally Important Agricultural

---

① 垛田，又称"垛""垛子"，当地人俗称"岸"（方言读音）。放岸，即把垛田挖低整平。

Heritage Systems，GIAHS）项目。该项目旨在"建立全球重要农业文化遗产及其有关的景观、生物多样性、知识和文化保护体系，并在世界范围内得到认可与保护，使之成为可持续管理的基础"。从 2004 年 4 月开始，联合国粮农组织已经在全球挑选出具有典型性和代表性的传统农业系统作为试点，截至 2013 年 6 月底，已有 11 个国家的 25 个传统农业系统被列为全球重要农业文化遗产保护试点（其中我国有 8 个）。也就是说，农业文化遗产的保护日趋升温，成为政府和学界的共识。而它不仅侧重相对形象和直观可感的传统农业景观，而且对与之有关的农业利用系统、生物多样性、知识和文化体系也有很高的要求。对比而言，兴化垛田在此方面还有较大的差距。

（三）垛田保护与现代生活方式的矛盾

我们知道垛田作为一种独特的农业文化遗产，不仅包括地形地貌，也包括当地传统的耕作技艺以及与之融为一体的农民生活方式。但随着社会的进步与现代化浪潮的来临，要求农民依然停留在百年前的耕作与生活方式中无疑是自私的也是不现实的，当地农民也向往现代的生活方式，为了配合垛田的保护工作，当地农户的小企业扩大再生产与建房已停批一年多，个别农户的住房紧张问题得不到解决，村民有不满情绪。而且为了实现春天垛田壮丽的花海景观，片面依靠行政手段要求农户都栽种油菜，也带来了众多纠纷甚至干群矛盾。

可见，整体保护虽然在一定程度上达到了保护传统的目的，却又产生了一个新的问题：凭什么就非得由农民来承受垛田保护过程中无法追求现代生活的代价？诚然，这是一个难以调和的悖论。

垛田与人们熟知的世界文化遗产如北京故宫、西安碑林等不同，农业文化遗产还是一种社会生产力，必须适应社会的发展。随着劳动力机会成本的不断增加，当地那些掌握垛田传统技术而又专心在家务农的村民在迅速减少，祖祖辈辈传下来的老传统已经渐渐地远离他们的生活，农村劳动力特别是青壮年向城市流动甚至出国务工，以获得更大的经济收益，原来从事传统农作的人为了谋求更高的劳动力价值而改变先前的劳作模式，甚至放弃原有的劳动技术，这为垛田的传承带来很大的难度。

目前，垛田已经是江苏省第七批文物保护单位，并已入选中国重要农业文化遗产。如果沿着农业文化遗产这条道路前进，我们必须深刻理解垛田除了地形地貌之外，它还必须是一种生产方式，一种农民赖以生存的耕作方式，这样才能成为可持续发展的典范。那么我们的垛田保护工作就必须要处理好农业文化遗产保护与农民生产生活方式发展相互制约的矛盾，寻求两者的协调发展。如果不能使当地农户从中得到实惠，很难想象农民会对垛田保护给予积极支持和全力配合，那么所有的垛田远景设计和发展规划就会成为假大空的伪遗产。

三　明天：垛田的价值认知与前景展望

提到垛田的特点，排在第一位的当然是防洪。在那些洪涝频仍的年代，垛田曾经以高出水面四五米的独特地理优势，阻挡了一次次的洪水来袭，为灾时的当地民众提供庇护和衣食来源。除了防洪之外，垛田作为一种独特的农业文化遗产，还有很多罕有的价值，主要体现在以下几点。

第一，生态价值。垛田奇特的岛状耕地，田块通风好、光照足，而且四面环水，极易浇灌又难有水渍，是瓜菜生长的最佳环境；垛田由湖荡沼泽地堆积而成，其土质是以沼泽土为主的"垛田土"，富含有机质及钙、铁、锰等多种微量元素，是蔬菜生长的理想摇篮，且境内气候温和，大气、水源无污染，附近无物理、化学、生物的污染源，水上垛岸联田形成有效隔离，生产的蔬菜无论是品质还是产量，都是大田种植不可比拟的，达到了无公害蔬菜生产的环境要求；垛田地区三地七水，独特的地理地貌使得当地各种淡水鱼虾聚集，且滋味鲜美，远胜他处，有江北淡水产品博物馆之称。

第二，科研价值。垛田见证了当地从走千走万不如淮河两岸的鱼米之乡，到黄河南下的洪水走廊，再到因地制宜田水相依的垛田奇观，所以垛田是研究当地生态环境变迁和土地利用方式转变的一件珍贵标本，也是我国先民聪明勤劳智慧的经典结晶。更为难能可贵的是，几百年来垛田地区基本保持原有的地貌特征，田间劳作无舟不行，家家有船、户户荡桨成了一道罕见的风景。另外，由于垛田地理地貌的独特性，现代化的耕作方式在这里一直无法全面推广和普及。至今，垛田的核心地带还大量保存着原始古老的农耕方式，使用自然肥料，如罱泥、扒苲、搅水草等。唯一能派上用场的机械是抽水机，原本的消防器材被垛田乡民移作他用，装在小舟之上，漂浮喷水，以供农田果蔬之需，堪称一绝。所以说垛田是里下河地区最具典型意义的历史地理变迁的活化石并不为过。

第三，文化价值。垛田在当地已有600多年历史，它不仅体现了一种"因地制宜"和谐统一的思想观念，对当地的民间文艺、风俗习惯、饮食文化等社会生活的各个方面也有深厚的影响。兴化地区早先受楚文化的滋养，后又融入吴文化的内涵。深厚的文化积淀，造就了众多文人雅士，也孕育了丰富的民间艺术。这里既曾留下大文学家施耐庵的足迹，又是郑板桥的出生之地，晚清还有"琼林耆宿"大儒王月旦。得益于此，垛田的民间文艺可谓根深叶茂。2002年，垛田镇成为苏北地区唯一被省命名的"江苏省民间艺术之乡"。其主要文艺形式有高家荡的高跷龙、垛田歌会、垛田农民画等，都有鲜活的地域特色和垛田风情。除此之外，垛田自身的耕作体系和生态系统本身就是一种富于特色的地域农耕文化，"河有万湾多碧水，田无一垛不黄花"既是对垛田美景的真实描写，也是对垛田农耕文化的诗意写照和最好赞美。

展望未来，保护和传承好兴化地区的垛田农业文化遗产，有广阔的发展前景。当地政府已认识到垛田保护的重要意义，出台了一系列相关政策和办法，拟出了"政府主导、市场化运作"的基本发展思路。但从浙江青田等地的保护的先进经验来看，要真正保护好垛田，以下几个方面的工作，当是今后当地政府和学界、民众所应关注的重点。

第一，积极申报全球重要农业文化遗产。

2002年联合国粮农组织（FAO）提出"全球重要农业文化遗产"（GIAHS）概念与保护理念之后，很快成为世界各国政府、学界的广泛共识，并带动农业文化遗产保护热潮。我国在这些方面开展了卓有成效的工作，浙江青田稻鱼共生系统和云南红河哈尼稻作梯田系统等8个传统农业系统已名列其中。

GIAHS对遗产保护和当地发展的作用是显著的。以浙江青田稻鱼共生系统为例，该传统农业系统贴上"世遗"标签后，其所在地青田县龙现村就成了世界有名的小山村。从北京、上海、杭州乃至海外等地慕名而来参观的游客络绎不绝，当地特有的农业文化、山水景色、乡风民俗等吸引了游客，带动了龙现村以"农家乐"为主题的旅游业发展，2011年当地旅游业年收入已达到800多万元。农业旅游发展的同时，又带动了龙现村及其周围村镇一、二产业的发展，促进了当地经济的发展和人民生活水平的显著提高。对照GIAHS的项目要求，可以发现兴化垛田的景观地貌、生物多样性的有机系统是基本符合申报条件的，今后的发展目标应该立足于此，按照全球重要农业文化遗产的要求开展保护和规划。这不仅仅是一个学术问题，更是对前辈先民负责，为子孙后代留下一份宝贵的资产。

第二，着力开发生态农业旅游。

在农业文化遗产地开发生态农业旅游，被学界誉为解开遗产地保护与发展困境的钥匙。[①] 垛田地区万岛耸立、千河纵横的独特地貌和独特景色，在全国乃至全世界都是唯一的，历来就是当地胜景。昭阳（古兴化的别称）十二景中垛田独占三景：两厢瓜圃、十里菱塘、胜湖秋月。现在随着垛田油菜花的逐渐扬名，菜花季节的垛田旅游已开始逐渐红火。而且垛田不是只有春天油菜花开才是美的，事实上，垛田一年四季都是美的：夏秋——满垛碧绿，瓜果飘香；冬季——白垛黑水，满目圣洁。新华社原社长穆青断言："垛田是21世纪的旅游胜地。"著名作家贾平凹来过垛田后感慨地说："有如此灵性的垛田，施耐庵写出那部不朽之作《水浒传》也就不足为怪了。"[②] 所以，开发垛田生态旅游一年四节皆可进行，如果再重视其丰厚的人文底蕴的发掘，垛田的旅游开发将大有可为。

而且，正确引导和发展垛田的旅游业，可以调整和优化垛田的产业结构，促进经济发展，使当地农户从旅游业的发展中获益，并可提高农民对垛田这种农业文化遗产价值的认知及主动保护的意识，促使农民自觉保护垛田，从而更有利于垛田的保护与传承。

第三、合理规划，密切监测，实现可持续发展。

垛田作为我国特色的农业文化遗产，它是独一无二、不可再生的，具有不可替代性及破坏后的不可逆性，一旦失去将永远失去，任何复制品都不可替代，成为永久的遗憾。

---

① 袁俊、吴殿廷、肖敏：《生态旅游：农业文化遗产地保护与开发的制衡》，《乡镇经济》2008年第2期。

② 引自2010年夏，笔者随江苏省政协调研组调研兴化农业文化遗产时，兴化市文化局刘春龙局长的汇报材料《告诉你一个特别的地方——垛田》，特此鸣谢！

因此，对垛田应该保护与开发并重，它的资源开发应定位为一种保护性的开发，通过合理规划，返利于民，既增加当地民众的积极性与保护热情，又能在恢复垛田传统的农业景观和农业生态系统的基础上，传承悠久的农业文化和特色技术知识，从而实现当地生态环境和社会经济的和谐发展。

所以首先必须组织专家学者、工程技术人员，做好垛田的全面调查，论证在垛田区所有拟开展项目的可行性及环境影响。要以农业文化遗产的"完整性"和"真实性"是否得到切实有效的保护为标准进行规划，要以全局和长远的战略眼光进行设计和布局。可设立垛田核心区、缓冲区、实验区等功能区对农业文化遗产地分别予以保护与规划，同时进行蔬菜生产加工与旅游资源的容量研究，坚决将生产强度和游客流量控制在容量许可的范畴之内，以免过度开发。此外，为实现垛田自然文化资源的保护和可持续利用，在规划中一定要设立垛田的监测制度和与之配套的规章制度。当然，该监测体系不仅要包括环境影响监测，还应包括传统文化影响监测。根据当地的地理条件和实际情况，对垛田地区的空气、水质、土壤、生物多样性等生态环境以及当地农业传统文化、农业技术知识等进行监测，随时发现问题，随时依法整改提高。

附　垛田大事记

1. 考古证明，早在 4200 多年前的新石器时代，垛田地区便有人类活动。

2. 南宋建炎年间，岳飞驻军兴化，在垛田旗杆荡畔安营扎寨，利用荒滩堆垒土墩。

3. 1959 年 6 月 30 日，新华社曾经编发专稿，报道兴化垛田张皮大队平均亩产油菜籽 159.5 千克，破当时全国油菜亩产记录，生产队长王兰英受到周恩来等党和国家领导人的接见。

4. 1996 年，水产养殖场被列为江苏省万亩青虾基地。

5. 2001 年后，小型手扶耕作机开始进入垛田。

6. 2002 年，被江苏省文化厅命名为"民间艺术之乡"。

7. 2002 年，垛田镇成为苏北地区唯一被省命名的"江苏省民间艺术之乡"。

8. 2009 年 4 月，兴化市举办了首届中国·兴化千岛菜花旅游节，吸引全国各地近 20 万名游客前来观光旅游（至今已举办四届）。同年，在人民网举办的"全国最美油菜花海"评选活动中，兴化千岛菜花获得第二名。

9. 2010 年 7 月，江苏省政协农业文化遗产调研组来兴化垛田实地考察。

10. 2011 年 12 月，垛田地貌被省政府确定为省级文保单位。

11. 2011 年，因香葱和蔬菜生产，垛田镇成为农业部"一村一品"示范镇，全镇亩平产值达 6000 多元。

12. 2012 年 4 月 17 日，泰州电视台首次与中央电视台互动，在央视《朝闻天下》《新闻直播间》《共同关注》等栏目现场直播兴化千岛菜花美景。

13. 2012 年 8 月，正式代表江苏向农业部申报中国重要农业文化遗产，同年 11 月入选中国农业文化遗产候选名单。

14. 2013 年 5 月，被农业部正式命名为中国重要农业文化遗产。

图书在版编目（CIP）数据

农业民俗研究：节气、农具与乡土景观／季中扬，
杨旺生主编. --北京：社会科学文献出版社，2018.12
ISBN 978 - 7 - 5201 - 3577 - 1

Ⅰ. ①农… Ⅱ. ①季… ②杨… Ⅲ. ①农业 - 风俗习
惯 - 中国 - 文集 Ⅳ. ①K892.29 - 53

中国版本图书馆 CIP 数据核字（2018）第 227410 号

农业民俗研究：节气、农具与乡土景观

主　　编／季中扬　杨旺生

出 版 人／谢寿光
项目统筹／刘　荣
责任编辑／单远举　程丽霞

出　　版／社会科学文献出版社·独立编辑工作室（010）59367011
　　　　　地址：北京市北三环中路甲 29 号院华龙大厦　邮编：100029
　　　　　网址：www. ssap. com. cn
发　　行／市场营销中心（010）59367081　59367083
印　　装／天津千鹤文化传播有限公司

规　　格／开　本：787mm × 1092mm　1/16
　　　　　印　张：20.75　字　数：323 千字
版　　次／2018 年 12 月第 1 版　2018 年 12 月第 1 次印刷
书　　号／ISBN 978 - 7 - 5201 - 3577 - 1
定　　价／98.00 元

本书如有印装质量问题，请与读者服务中心（010 - 59367028）联系